Leo Strauss

Natural Right and History

"文化：中国与世界"编委会
（1986）

主　编
甘　阳

副主编
苏国勋　刘小枫

编　委

于　晓	王庆节	王　炜	王　焱	方　鸣
刘　东	孙依依	纪　宏	杜小真	李银河
何光沪	余　量	陈平原	陈　来	陈维纲
陈嘉映	林　岗	周国平	赵一凡	赵越胜
钱理群	徐友渔	郭宏安	黄子平	曹天予
	阎步克	梁治平		

丁　耘	先　刚	李　猛	吴　飞	吴增定
赵晓力	唐文明	渠敬东	韩　潮	舒　炜

（按姓氏笔画排序）

现代西方学术文库

自然权利与历史

〔美〕列奥·施特劳斯 著

彭 刚 译

生活·讀書·新知 三联书店

Simplified Chinese Copyright © 2024 by SDX Joint Publishing Company.
All Rights Reserved.
本作品简体中文版权由生活·读书·新知三联书店所有。
未经许可，不得翻印。

图书在版编目（CIP）数据

自然权利与历史 ／（美）列奥·施特劳斯著；彭刚译．－－ 4 版．－－ 北京：生活·读书·新知三联书店，2024.11.－－（现代西方学术文库）．－－ ISBN 978-7-108-07857-5

Ⅰ．D90

中国国家版本馆 CIP 数据核字第 2024AV7716 号

责任编辑	周玖龄　舒　炜
装帧设计	薛　宇
责任印制	卢　岳
出版发行	生活·讀書·新知 三联书店
	（北京市东城区美术馆东街 22 号 100010）
网　　址	www.sdxjpc.com
经　　销	新华书店
印　　刷	河北鹏润印刷有限公司
版　　次	2003 年 1 月北京第 1 版
	2006 年 7 月北京第 2 版
	2016 年 7 月北京第 3 版
	2024 年 11 月北京第 4 版
	2024 年 11 月北京第 1 次印刷
开　　本	880 毫米 × 1230 毫米　1/32　印张 12.5
字　　数	302 千字
印　　数	0,001－4,000 册
定　　价	79.00 元

（印装查询：01064002715；邮购查询：01084010542）

现代西方学术文库

总　序

　　近代中国人之移译西学典籍,如果自 1862 年京师同文馆设立算起,已逾一百二十余年。其间规模较大者,解放前有商务印书馆、国立编译馆及中华教育文化基金会等的工作,解放后则先有 50 年代中拟定的编译出版世界名著十二年规划,至"文革"后而有商务印书馆的"汉译世界学术名著丛书"。所有这些,对于造就中国的现代学术人才、促进中国学术文化乃至中国社会历史的进步,都起了难以估量的作用。

　　"文化:中国与世界系列丛书"编委会在生活·读书·新知三联书店的支持下,创办"现代西方学术文库",意在继承前人的工作,扩大文化的积累,使我国学术译著更具规模、更见系统。文库所选,以今已公认的现代名著及影响较广的当世重要著作为主,旨在拓展中国学术思想的资源。

　　梁启超曾言:"今日之中国欲自强,第一策,当以译书为第一事。"此语今日或仍未过时。但我们深信,随着中国学人对世界学术文化进展的了解日益深入,当代中国学术文化的创造性大发展当不会为期太远了。是所望焉。谨序。

"文化:中国与世界"编委会
1986 年 6 月于北京

"现代西方学术文库"自1987年出版第一部译著《悲剧的诞生》,迄今已近40年。这套译丛启迪了几代国人对学术的追求和对精神的探索,已经成为当代中国思想和文化发展的一个路标。其后,三联书店在这套文库编选思路的基础上陆续推出了"学术前沿""法兰西思想文化""社会与思想""西学源流"等西学译丛,为中国全面探究西方思想的时代前沿和历史源流提供了一大批极具影响力的作品。

在新世纪走向纵深、世界图景纷纭繁杂、中西思想交流日渐深化的此刻,我们重整和拓展"现代西方学术文库",梳理自19世纪中叶以降,为应对现代世界的诸多问题,西方知识界持续做出的思想反省和理论推进,以供当代中国所需。我们将整合三联书店的西学译丛,修订或重译已有译本,并继续遴选优质作品,进一步丰富和扩充译丛书目。

感谢"文化:中国与世界"编委会和丛书主编甘阳在历史时刻做出的杰出工作,感谢译者们的辛勤付出!三联书店将一如既往,与学界同仁一起,继续为中国的学术思想发展贡献自己的绵薄之力。

生活·读书·新知三联书店
2024年6月

目 录

政治哲人施特劳斯
——古典保守主义政治哲学的复兴 （甘阳）·1

前　言（杰罗姆·克尔文）·77
序　言·79
第七次重印本序言（1971年）·81

导　论·····85
第一章　自然权利论与历史方法······93
第二章　自然权利论与事实和价值的分野······117
第三章　自然权利观念的起源······159
第四章　古典自然权利论······195
第五章　现代自然权利论······239
　　A. 霍布斯······240
　　B. 洛克······273

第六章　现代自然权利论的危机 ······ 321
　　A. 卢梭 ····· 321
　　B. 柏克 ····· 361

索　引 · 389
译后记 · 395

政治哲人施特劳斯
——古典保守主义政治哲学的复兴
（"列奥·施特劳斯政治哲学选刊"导言）

甘 阳

为什么"前苏格拉底哲学"竟能不涉政治哲学，而苏格拉底本人则从哲人转变为政治哲人，这是所谓"苏格拉底问题"的题中之义。苏格拉底从蒂欧提玛那里得知爱欲的秘密时似乎还太年轻，……苏格拉底本人日后的一个深刻转变是从少年式地鄙视政治和道德事务、鄙视人事和人，转向成熟地关心政治和道德事务、关心人事和人。[1]

列奥·施特劳斯

---

[1] Strauss, *Socrates and Aristophanes* (The University of Chicago Press, 1966), pp. 4, 314.

一　引言

无论从思想学术的意义上讲，还是从社会政治的影响上看，列奥·施特劳斯（Leo Strauss, 1899—1973）及其创立的政治哲学学派都是当代西方最奇特的一个现象。这种奇特性突出地表现在其学术影响和政治影响的不对称上，亦即施特劳斯学派对当代西方学术界的影响历来甚小，而对美国政界的影响却似乎甚大。不太夸张地说，所谓施特劳斯学派在西方学术界历来是最孤立、最边缘、最不受承认甚至最受排斥的学派。例如尽管人们公认施特劳斯创立了一个政治哲学学派并与其弟子们编有西方大学用书《政治哲学史》[2]，但我们可以注意到，迄今为止的绝大多数当代西方政治哲学专著或政治哲学教科书和参考书都从不提及他的名字。在当代西方主流政治哲学的场域中，无论是在自由主义的内部辩论，还是自由主义与社群主义或后现代哲学等的辩论中，施特劳斯的名字几乎完全缺席。[3] 这首先是因为施特劳斯学派的治学方式大异于一般西方学术界，他们长期以来相当自觉地抱持一种孤芳自赏、独往独来的姿态，而与几乎所有当代西方学术都格格不入。施特劳斯本人几乎从不引用任何当代西方学术成果，事实上在他眼里几乎所有当代西

---

[2] Leo Strauss and Joseph Cropsey (eds.), *History of Political Philosophy* (The University of Chicago Press, 1963第一版；1973第二版；1987第三版)。此书已有河北人民出版社1993年中译本，但译文颇需重新校订。

[3] 这种情况在1990年代以后诚然开始变化，亦即主流自由主义学派开始日益注重批判施特劳斯。比较代表主流自由主义对施特劳斯看法的可参见，Stephen Holmes, "Strauss: Truths for Philosophers Alone", in his *The Anatomy of Antiliberalism* (Harvard University Press, 1993), pp. 61–87; Charles Larmore, "The Secret Philosophy of Leo Strauss", in his *The Morals of Modernity* (Cambridge University Press, 1996), pp. 65–76。亦参 Shadia Drury, *The Political Ideas of Leo Strauss* (St. Martin Press, 1988)。

方学术都早已误入歧途而积重难返。从施特劳斯的视野看，无论是各种各样的当代自由主义，还是各种各样的当代左翼学术，说到底都归属同一阵营，即他们都是坚信现代必然胜于古代、未来必然胜于现在的"现代人"或"进步人"，都属于施特劳斯所谓的"现代民主的官方高级祭司"（the official high priests of democracy）[4]，从而不可能真正切入他认为最重大的时代问题即"现代性的危机"和"西方文明的危机"。[5] 施特劳斯的不同寻常之处在于他坚持必须从西方古典的视野来全面批判审视西方现代性和自由主义（两者在他那里往往做同义词用）。在他看来，欧洲17至18世纪的那场著名的"古今之争"或"古典人与现代人之争"（quarrel between the ancients and moderns）[6] 虽然表面上以"现代人"的全面胜利为结果，但这争论本身并未真正结束，因为西方现代性的正当性究竟何在，西方现代性究竟把西方文明引到何处去，都是根本尚未澄清而且变得越来越迫切需要回答的问题。他同时认为，虽然对西方现代性的批判几乎伴随现代性本身而来，但从卢梭发端一直到尼采和海德格尔及

---

[4] Leo Strauss, *The Rebirth of Classical Political Rationalism*（The University of Chicago Press, 1989）, p. 31.

[5] 所谓"现代性的危机"、"西方的危机"或"西方文明的危机"是反反复复出现在施特劳斯所有著作中的主题，他不断强调正是西方文明的危机促使今天必须返回源头去研究西方古典，例如参见 Leo Strauss, *The City and Man*（The University of Chicago Press, 1964）, pp. 1–12。又特别参见他的"Progress or Return？The Contemporary Crisis in Western Civilization", in *An Introduction to Political Philosophy: Ten Essays by Leo Strauss*, edited by Hilall Gildin（Wayne State University Press, 1989）, pp. 249–310。

[6] 按施特劳斯学派的看法，17至18世纪"古今之争"的最伟大文本是斯威夫特（Swift, 1667—1745）的名著《格列佛游记》（*Gulliver's Travels*，1726年出版），而最后一位深刻理解这一争论之实质的则是莱辛（Lessing, 1729—1781）。参见布鲁姆对《格列佛游记》才华横溢的解读：Allan Bloom, "Giant and Dwarfs: An Outline of *Gulliver's Travels*", in his *Giants and Dwarfs*（Simon & Schuster, 1990）, pp. 35–51, 亦参见施特劳斯论莱辛：*The Rebirth of Classical Political Rationalism*, pp. 63–71。

其后现代徒子徒孙的现代性批判实际都是从西方现代性的方向上来批判西方现代性，因此其结果实际都是进一步推进现代性，从而进一步暴露"现代性的危机"和"西方文明的危机"。[7] 施特劳斯由此强调，对西方现代性的真正批判必须具有一个不同于现代性的基地，对自由主义的批判必须首先获得一个"超越自由主义的视野"（a horizon beyond liberalism）。[8] 而这个超越西方现代性和自由主义的基地或视野在他看来就是西方古典思想，特别是他所谓"柏拉图－法拉比－迈蒙尼德政治哲学"的视野。[9] 我们由此也就可以理解为什么施特劳斯会与几乎所有当代西方学术都格格不入，因为显而易见绝大多数当代西方学者都会认为施特劳斯这样一种取向简直是一种"时代错乱症"（anachronism）。也因此，长期以来西方主流

---

[7] 参见施特劳斯的著名论文《现代性的三次浪潮》，他认为西方现代性的第一次浪潮是马基雅维里、霍布斯和洛克等掀起的全面拒斥西方古典思想传统的浪潮；现代性的第二次浪潮也是现代性的第一次大危机，则是由卢梭掀起的对现代性的全面批判的浪潮，但实际则进一步推进了现代性；现代性的第三次浪潮也是第二次更大的危机，则是由尼采和海德格尔掀起（并由其后现代徒子徒孙时下仍在进行）的更大规模的现代性批判浪潮，这一批判深刻暴露现代性的本质就是"虚无主义"。参见 Leo Strauss, "The Three Waves of Modernity", in *An Introduction to Political Philosophy: Ten Essays by Leo Strauss*, edited by Hilall Gildin（Wayne State University Press, 1989）, pp. 81–98。
[8] 早在1932年批判施米特的著名文章中施特劳斯就已经指出，施米特对自由主义的批判仍然是在自由主义的视野内的批判，真正彻底的批判必须首先获得一个"超越自由主义的视野"，不过当时施特劳斯自己尚不完全清楚这个视野是什么。参Strauss, "Notes on *The Concept of the Political*"，该文作为附录收入 Carl Schmitt, *The Concept of the Political*（The University of Chicago Press, 1996）, pp. 83–107。
[9] 施特劳斯所谓"柏拉图路向的政治哲学"（Platonic Political Philosophy）因此是很不寻常的一种独门解释：他突出柏拉图哲学与中古伊斯兰教和犹太教的传承关系，而切断或拒绝柏拉图与基督教的关系。参其最后遗著 *Studies in Platonic Political Philosophy*（The University of Chicago Press, 1983）。该书备受主流柏拉图学界攻击，因为这本号称"柏拉图政治哲学研究"的著作，十五章中只有两章专门讨论柏拉图。

学界基本都把施特劳斯及其弟子看成是学界怪胎而从不认真理会。

但不可思议的是，从1980年代后期以来，施特劳斯这样一种对西方现代性和自由主义传统进行最彻底批判的政治哲学，突然被美国主流媒体说成已经成为华盛顿的官方政治哲学，特别是成了美国共和党高层的政治理念。尤其在1994年共和党一举结束美国国会被民主党把持长达六十年的格局，取得在参、众两院都成为多数党的历史性胜利时[10]，美国主要媒体如《纽约时报》、《时代周刊》、《新闻周刊》、《新共和周刊》以及《纽约时报杂志》等在惊呼美国政治大地震时，都指称当时已经去世二十年的施特劳斯是"共和党革命的教父"，认为这位原芝加哥大学政治哲学家是"当今美国政治最有影响的人物之一"。[11]不可否认，施特劳斯的学生或学生的学生确实大量进入美国联邦政府的各重要决策部门，而且实际并不限于共和党。在政界地位较高的包括目前小布什政府的首席全球战略家、国防部副部长沃尔福维兹（Paul Wolfowitz）以及共和党军师小克利斯托（William Kristol），但也包括克林顿的政治顾问、自由主义派政治哲学家盖尔斯顿（William Galston）等。1999年施特劳斯诞辰百年，其弟子们出版纪念文集，书名题为《施特劳斯、施特劳斯派与美国政教体制》[12]，似乎也有意突出施特劳斯对美国政治的影响。

---

[10] 1994年共和党革命的意义在于正式结束了将近六十年的美国"新政自由主义"时代，因此被共和党称为一个时代的结束。可特别参见共和党首席军师 William Kristol, "The Politics of Liberty, the Sociology of Virtue", in *The New Promise of American Life*, eds. by Lamar Alexander and Chester Finn, Jr. (Hudson, Institute, 1995), pp. 120–129。

[11] 最早的说法可参 James Altas, "Chicago's Grumpy Guru: Best-Selling Professor Allan Bloom and the Chicago Intellectuals", *New York Times Magazine*（3 January 1988), pp. 12–31。共和党掌权后见《纽约时报》1994年11月28日评论："Undemocratic Vistas: The Sinister Vogue of Leo Struass"；又该报1995年1月29日评论："A Very Unlikely Villain (or Hero)"。

[12] Kennth L. Deutsch and John Murley (eds.), *Leo Strauss, the Straussians*,（转下页）

而在此之前,自由派学者更出版有《施特劳斯与美国右派》,将施特劳斯与美国右翼政治直接挂钩。[13] 所有这些,都不免造成一种印象,似乎施特劳斯的主要关切不是古典西方政治哲学倒是美国政治。但事实上施特劳斯生前很少谈及美国,也从不参与美国的任何当代政治辩论或政治活动,更从未写过任何关于美国政治的文章。他在美国唯一从事过的一次"政治"行为也只属于那种典型的院系政治,亦即当卡尔·波普尔在50年代谋求芝加哥大学的职位时,施特劳斯曾与另一位政治哲学名家沃格林(Eric Voegelin)联手加以封杀,使波普尔终于没有在美国找到工作。这是因为这两位政治哲学家都认为波普尔的《开放社会及其敌人》是纯粹的半吊子说大话,品位低劣之极,从而认定波普尔是当代不学无术而欺世盗名的典型。[14] 施特劳斯对波普尔这类人的厌恶自然不足为奇,因为施特劳斯正是"开放社会的敌人"!事实上施特劳斯政治哲学的全部出发点首先就是强调任何"政治社会"必然是一个"封闭的社会"(a closed society),即柏拉图意义上的"自然洞穴"[15],而像波普尔这些自以为已经走出"自然洞穴"的人,在施特劳斯看来只不过是已经堕入现代人自己制造的"人为洞穴"或"第二洞穴"而尚不自知罢了。[16]

(接上页) *and the American Regime*(Rowman & Littlefield Publishers, Inc., 1999)。
[13] Shadia Drury, *Leo Strauss and the American Right*(St. Martin's Press, 1997)。
[14] 参见施特劳斯与沃格林的通信, *Faith and Political Philosophy: The Correspondence Between Leo Strauss and Eric Voegelin, 1934–1964*(The Pennsylvaria State University Press, 1993), pp. 66–69。
[15] 参Strauss, *Liberalism Ancient and Modern*(Cornell University Press, 1989), p. x。
[16] 关于施特劳斯的"第二洞穴"说,见其*Philosophy and Law*(State University of New York Press, 1995), pp. 135–136; 及其*The Early Writings*(*1921–1932*), ed. by Michael Zank(State University of New York Press, 2002), pp. 214–215。

二 现代性与"历史观念"的问题

施特劳斯对美国政治的影响诚然与1960年代以来美国保守主义的强劲崛起有关。当代美国保守主义本是对美国60年代学生造反的强烈反弹而发展起来的。美国保守派学者常将60年代美国与60年代中国"文化大革命"相提并论,称60年代以来的美国社会变革就是同样给美国造成浩劫的"美国文化大革命"。[17] 著名思想史家克利斯蒂勒(Paul Kristeller)在1991年一篇广有影响的文章中甚至有这样的名言:"如果中国人已经一定程度上克服了他们的文化革命,我们美国的文化革命却仍然天天都在愈演愈烈,而且在可见的未来都看不到可以克服这种文化革命的迹象。"[18] 施特劳斯虽然从不参与美国的政治辩论,但他对西方现代性的诊断却足以提醒美国保守派,当代美国问题的根源必须归结到西方现代性的起源。事实上施特劳斯早在60年代学生运动以前就深刻指出,现代性的本质就是"青年造反运动",其根源就在由马基雅维里开端的西方现代性对西方古典的反叛,因为"现代反对古代"正就是"青年反对老年",因此施特劳斯称马基雅维里是近代以来一切"青年运动"的鼻祖。[19]

---

[17] 参美国保守派名人Roger Kimball刻意借用中国革命的"长征"和"文化革命"等术语为书名而批判美国文化革命的近著,《长征:60年代的文化革命如何改变了美国》(*The Long March: How the Cultural Revolution of the 1960s Changed America*, Encounter Books, 2000)。

[18] Paul Kristeller, "A Life of Learning", in *The American Scholar*, summer 1991, 转引自上引Kimball, pp. 5–6。

[19] Strauss, *Thoughts on Machiavelli* (The University of Chicago Press, 1958), pp. 126–127. 从施特劳斯书信中可知他开始写作此书是在1953年,当时的美国和西方完全没有任何学生造反的迹象。因此施特劳斯这一"现代性的本质就是青年运动"的论断完全来自他对现代性问题的理论考察,而与美国的政治氛围无关。参见施特劳斯与沃格林的通信, *Faith and Political Philosophy: The Correspondence Between Leo Strauss and Eric Voegelin, 1934–1964*, p. 98。

在施特劳斯之前，尼采在其关于"主人道德与奴隶道德"的著名论述中已经指出，"主人道德"或"贵族道德"的全部基础在于"以最大的敬意尊重老年和传统，因为所有法律的基础全在于这种对老年和传统的双重尊重"上，因此贵族道德必然"尊祖先而抑后辈"（in favor of ancestors and disfavor of those yet to come）；但西方现代性则颠倒了这一道德基础，越来越不尊重祖先和老年，因为"现代观念"本能地只相信所谓"进步"和"未来"，尼采认为这是因为西方现代性起源于"奴隶"反对"主人"亦即"低贱反对高贵"的运动，因此现代性要刻意取消"高贵"与"低贱"的区别，而用所谓的"进步"与否来作为好坏的标准。[20] 施特劳斯的看法与尼采一脉相承，认为西方现代性给人类带来了一个全新的观念即所谓"历史观念"的发现，这一发现的重大后果就是人类开始用"进步还是倒退"的区别取代"好与坏"的区别。[21] 由于这种"历史观念"已经如此地深入人心，施特劳斯认为现代人常常忘了"好与坏"的标准本应逻辑地先于"进步和倒退"的标准，因为只有先有"好与坏"的标准才有可能判断某一历史变革究竟是人类的进步还是人类的败坏。[22] 但"历史观念"的兴起实际却使现代人本末倒置，不是用"好"的标准去衡量某种新事物是否对，而是倒过来用"新"本身来判断一切是否好。现代与古代因此形成一种有趣对照：如果说古代常常把"好"的标准等同于"古老"的，因此"古"就是"好"，

---

[20] Nietzsche, *Beyond Good and Evil: Prelude to a Philosophy of the Future*, trans. Walter Kaufmann（Viking Books, 1966）, pp. 204-206.
[21] 参 "Progress or Return? The Contemporary Crisis in Western Civilization", in *An Introduction to Political Philosophy: Ten Essays by Leo Strauss*, edited by Hilall Gildin（Wayne State University Press, 1989）, p. 264。
[22] 参 Strauss, *What is Political Philosophy?*（The University of Chicago Press, 1959）, p. 10。

而"最古的"(上古、太古)就是"最好的"[23]，那么现代性则恰恰倒过来把"好"的标准等同于就是"新"，由此现代性的逻辑就是：新的就是好的，最新的就是最好的，因此青年必然胜于老年，而创新必然胜于守旧。在这样一种强劲"历史观念"的推动下，现代性必然地具有一种不断由"青年反对老年"、不断由今天反对昨天的性格，从而现代性的本质必然地就是"不断革命"。在这样一个万物皆流，一切俱变，事事只问新潮与否，人人标榜与时俱进的世界上，是否还有任何独立于这种流变的"好坏"标准、"对错"标准、"善恶"标准、"是非"标准、"正义"与否的标准？还是善恶、对错、是非、好坏的标准都是随"历史"而变，从而反复无常？如果如此，人间是否还有任何弥足珍贵值得世人常存于心甚至千秋万代为人景仰的永恒之事、永恒之人、永恒之业？这就是施特劳斯五十年前出版的成名作《自然正义与历史》(Natural Right and History, 1953)所提出的中心问题。[24]

　　施特劳斯这本著作的书名中就出现的natural right一词颇足以对中文翻译造成困难。因为施特劳斯在此书中刻意用natural right一词指称两种正好对立的观念，即一是他所谓的古典的natural right学说，另一种则是他所谓现代的natural right学说。在指古典学说时他的natural right用法基本应该读作"自然正确""自然正当"，或更准确些可以译为"古典的自然正义说"；而在指现代学说时则是指人们熟悉的西方17世纪以来兴起的所谓"自然权利"或"天赋权利"说。[25]大体而言，施特劳斯这部著作的前半部分所使用的natural

---

[23] *Thoughts on Machiavelli*, p. 92.
[24] *Natural Right and History*（The University of Chicago Press, 1953）.
[25] 中文世界以往将natural right译作"天赋权利"几乎是惯例。此地不遑多举，仅以斯宾诺莎的《神学政治论》而言，只要比较英文版与根据英文（转下页）

right多指"自然正确"或"自然正义",而该书后半部分(第五和第六章)所用的natural right基本是指"天赋权利"说(因此后半部分有时也用比较明确的复数natural rights,但他往往仍然用单数的natural right)。施特劳斯全书的基本思想实际就是论证,17世纪以来西方现代"自然权利"或"天赋权利"说及其带来的"历史观念"的兴起,导致了西方古典的"自然正义"或"自然法"(natural law)的衰亡。[26]这也就是该书书名《自然正义与历史》的含义,即"历史观念"颠覆了"自然正义"或"自然正确"的观念。确切地说,施特劳斯认为,西方现代性及其"历史观念"的发展最终导致了"彻底的历史主义"(radical historicism)[27],即彻底的虚无主义,亦即根本否认世界上还有可能存在任何"好坏""对错""善恶""是非"的标准,同时这种"历史观念"导致似乎人间再没有任何永恒之事,因为一切都转瞬即逝,一切都当下消解。这种"历史观念"因此无情地冲刷着人心原有的深度、厚度和浓度,导致人类生活日益平面化、稀释化和空洞化。这就是施特劳斯所谓的"西方文明的危机"和"现代性的危机"。

我们这里不妨借用施特劳斯弟子,但后来成为自由主义政治哲学家的盖尔斯顿教授的《康德与历史的问题》来简略说明何为西方现代性意义上的"历史观念"以及为什么"历史观念"导致虚无主

（接上页）版转译的中文版,就可知原文中的the natural right of the individual都相应译为了"个人的天赋权利"。
[26] 施特劳斯在早期著作如《霍布斯的政治哲学》中多用"自然法"的概念,但以后他基本把natural law保留给基督教的托马斯主义传统,而用natural right来同时指古希腊的柏拉图和亚里士多德学说以及近代霍布斯以来的"天赋权利"说。
[27] 参*Natural Right and History*, pp. 26-34.施特劳斯在那里虽然没有提及海德格尔的名字,但所说的"彻底历史主义"除尼采外主要是指海德格尔。

义。[28]盖尔斯顿指出,西方现代的"历史观念"大体经历了三个阶段,第一阶段是"进步观念"的提出,第二阶段是"历史观念"的提出,而第三阶段则是走向所谓"历史主义"(historicism)。第一阶段即所谓"进步观念"的兴起是在马基雅维里开端的反叛古代以后,培根等早期启蒙哲学家的乐观主义的"历史"观念,他们坚信一旦现代人彻底地挣脱"古人"的思想枷锁以后就能走上人类无限"进步"的大道,尤其相信"科学技术的进步"必然会给人类带来福祉和光明。但卢梭第一个打破了启蒙运动的这种迷梦,指出"科学技术的进步"并不等于人类的进步,因为科学技术同样可以造成人类的败坏甚至毁灭。康德接过了卢梭的这个问题而将"进步观念"改造成他自己的"历史观念"。所谓"历史观念"就是承认卢梭所言科技进步和现代的进展将伴随着人类的灾难,但康德认为"历史"作为一个总体过程必然地甚至不以人的意志为转移地走向自己的终点,这个终点就是人类的"目的王国"即自由王国。这是因为康德哲学将"自然"(必然)与"道德"(自由)分离,因此康德的"道德"即自由的实现就必须在"历史"中来完成,但这"历史"的进展并不是由人的道德行为来实现,而是由"天意"借用邪恶和暴力来促成,但最后的结果则是根除邪恶和暴力。盖尔斯顿强调正是康德首先提出的这个"历史观念"导向黑格尔和马克思的"历史的狡计"概念,即所谓历史是由看不见的无形之手所推动或由"恶"推动,但人类最后必定将从"必然王国"走向"自由王国",从而达

---

[28] William Galston, *Kant and the Problem of History*(The University of Chicago Press,1975).盖尔斯顿曾入阁克林顿政府,是克林顿的重要政治顾问。可参其自述,"A Student of Leo Strauss in the Clinton Administration", in Kennth L. Deutsch and John Murley(eds.), *Leo Strauss, the Straussians, and the American Regime*(Rowman & Littlefield Publishers, Inc., 1999), pp. 429ff。

成"历史的终结"。而从这种终点的立场看,人类在这一过程中的一切苦难、灾难似乎都是必要的甚至值得的。第三阶段则是上述"历史观念"的破产,特别是第一次世界大战以后,欧洲没有人再相信康德、黑格尔的这种"总体历史",随之出现的是存在主义的"历史主义"观念,即认为历史根本就没有方向,更没有目标,甚至根本不存在所谓的"历史"。因为所谓"历史"至多是某个"特别时刻"(a privileged moment)的突然来临或"绽出"(ekstasis),这种"绽出"既无法预料,更没有任何因果必然性,一切都是任意的,一切都只能归结为某个体或某群体的"命运"。[29]——盖尔斯顿主要研究的是上述第二阶段即康德提出的"历史观念",因此他对第三阶段的"历史主义"未多论述。我们或许可以补充说,所谓第三阶段的"历史主义",或施特劳斯所谓的"彻底历史主义"(radical historicism),其最大的代表作自然正是海德格尔的《存在与时间》(1927)。正是海德格尔拈出的所谓"绽出"或他后期特别喜欢用的所谓"突然发生"(ereignis),根本地开启了以后的所有后现代哲学的思路:一切所谓的历史、世界、人,都是断裂的、破碎的、残片式的,一切都只不过是个"突然发生"的偶在而已。[30]

---

[29] 此地所引的"特别时刻"(a privileged moment)和"命运"等出自施特劳斯的说法,施特劳斯所指自然是海德格尔。参 *Natural Right and History*, pp. 27ff.

[30] 对海德格尔思想的最好研究之一我个人以为是 Reiner Schurmann, *Heidegger on Being and Acting*: *From Principles to Anarchy* (Indiana University Press, 1990,法文原版1982)。亦参 John Caputo 的两本书,*Heidegger and Aquinas*: *An Essay on Overcoming Metaphysics* (Fordham University Press, 1982),以及 *Radical Hermeneutics*: *Repetition, Deconstruction, and the Hermeneutic Project* (Indiana University Press, 1987)。Schurmann 原是研究中世纪神秘主义大师埃克哈特的权威学者,Caputo 则是研究阿奎那出身,而海德格尔本人最早的学术背景是中世纪经院哲学,因此他们两人对海德格尔的理解常比较透彻。但 Caputo 以后流入美国流行的对海德格尔的政治批判,虽然比沃林(Richard Wolin)之类高明一些,亦已无甚足观。

我们现在可以提出一个看法：施特劳斯的《自然正义与历史》虽然全书没有一个字提及海德格尔的名字，也没有提及海德格尔的任何著作，但《自然正义与历史》这个书名似乎正遥遥罩向他从前的老师海德格尔的代表作之书名《存在与时间》。海德格尔这个书名突出了他最基本的思想，即只有从"时间的视野"才能把握或领会"此在"甚至"存在"的意义[31]，但他所谓的"时间"，或他所谓的时间性、历史性，都是指某种突然"爆出"或"绽出"或所谓"自我出离"的"时刻"或"瞬间"。[32] 施特劳斯的书名《自然正义与历史》似乎隐隐地提问，在海德格尔这样的"时间"和"历史"下，是否还有"正义"的可能？"此在"是否能成为追问"正义"的存在者？"存在"是否至少能暗示"正义"的某种可能或不可能？在这种"爆出"或"绽出"的"时刻"中，或在这种"特别时刻"中领会到的此在和存在，是否还有"善恶"之别、"好坏"之分、"对错"标准？施特劳斯认为海德格尔的哲学没有给"政治哲学"留下空间，因为这个空间被留给了某些已知或未知的"神祇"。[33] 但在施特劳斯看来，西方现代性的"历史观念"发展到海德格尔的"时间"概念，正是堕入了最彻底的虚无主义，因为如果一切都只是由"命运"决定的无法把握的"绽出时刻"，那么人的一切选择就都只能是"盲目的选择"，人被免除了选择善恶与是非、好坏与对错的责任，因此"我们不可能再作为有责任的存在者而生活"，这表明"虚无主义的不可避免的实践结果就是盲目的蒙昧主

---

〔31〕 参《存在与时间》，第45节最后一段，第83节全书结尾语。
〔32〕 参《存在与时间》，第65节。
〔33〕 参 Studies in Platonic Political Philosophy（The University of Chicago Press, 1983），p. 30。

义（fanatical obscurantism）"。[34]

但我们需要立即指出，施特劳斯的目的却并不是要专门或特别批判海德格尔。恰恰相反，他只是要指出海德格尔的思想乃代表"历史观念"和现代性的最彻底展开。事实上施特劳斯认为海德格尔的最大贡献恰恰在于他以彻底的"知性真诚"（intellectual probity）第一个指出在现代性下"伦理是不可能的"，从而以最大的勇气面对一个基本"事实"即西方现代性的底下是一个虚无主义"深渊"（abyss），而其他人如新康德主义文化哲学家卡西尔却不敢面对这一"事实"。[35]施特劳斯最不同寻常之处在于他一再强调，从马基雅维里、霍布斯、洛克、卢梭、康德、黑格尔、马克思，一直到尼采、海德格尔，所有这些现代思想巨人实际都是"共谋者"，亦即他们都在参与同一个伟大事业即"现代性的筹划"，不管他们之间有多少分歧，但在"筹划现代性"这一总方向上是完全一致的。而所有这些现代思想巨人的共同之处就在于他们都具有最彻底的"知性真诚"。正是这种彻底的"知性真诚"使他们日益深刻地展开现代性的逻辑，从而日益暴露出现代性的最大问题即虚无主义，由此现代性的最大反讽就在于："理性发展得越高，虚无主义也就发展得越深，我们也就越无法成为社会的忠诚成员"（the more we cultivate reason, the more we cultivate nihilism, the less are we able to be loyal members of society）。[36]施特劳斯从1930年代开始

---

[34] *Natural Right and History*, p. 6.
[35] Strauss, *The Rebirth of Classical Political Rationalism*, p. 28. 此地颇可比较福柯后来所言："现代思想事实上从未能够提出一种道德。……对现代思想来说，没有任何一种道德是可能的"（Modern thought has never, in fact, been able to propose a morality. …For modern thought, no morality is possible），参Foucault, *The Order of Things*（Random House, Inc., 1970）, p. 328。
[36] *Natural Right and History*, p. 6.

就认为,现代性的最深刻问题就是这一所谓"知性真诚"或"哲学自由"的问题。[37] 早在他1930年发表的第一本著作《斯宾诺莎的宗教批判》[38] 中,施特劳斯已经指出,斯宾诺莎写《神学政治论》的根本关切和唯一目的就是要捍卫"哲学追问的自由"(freedom of philosophing)[39],斯宾诺莎对于当时的施特劳斯来说就是"哲学"的化身。我们下面会看到,这一"知性真诚"或"哲学自由"的问题乃是施特劳斯政治哲学的中心问题。这里仅指出,施特劳斯虽然深刻批判现代性,但他同时对所有这些现代思想巨人怀有极高的敬意,其原因即在于他自己对"知性真诚"的认同。例如他一方面深刻检讨马基雅维里的问题,另一方面却又承认自己"情不自禁地热爱马基雅维里"。[40] 同样,他虽然对海德格尔后来与纳粹的关系深恶痛绝,但他始终认为"我们时代的唯一伟大思想家是海德格尔"。[41]

在施特劳斯看来,当代的一个通病往往是把现代性的黑暗面都归结给某些个别思想家,然后似乎现代性又没有问题了。他强调重要的不是要谴责个别思想家,而是要透彻理解"现代性"的基本性格和方向,才能真正了解为什么现代性的运动会从"第一次浪潮"(马基雅维里、霍布斯、洛克等)推进到"第二次浪潮"(卢梭、康德和黑格尔、马克思),又从第二次浪潮推进到"第三次浪潮"(尼采和海德格尔)。[42] 尤其现代性的第二次浪潮和第三次浪潮也是现

---

[37] 参其 *Philosophy and Law*(State University of New York Press,1995,初版1935), pp. 21–39。
[38] Strauss, *Spinza's Critique of Religion*(The University of Chicago Press,1997,初版1930)。
[39] *Spinoza's Critique of Religion*, p. 112. 亦参其 *What is Political Philosophy?*, p. 226。
[40] 参见施特劳斯与沃格林的通信,*Faith and Political Philosophy: The Correspondence Between Leo Strauss and Eric Voegelin, 1934–1964*, p. 98。
[41] Strauss, *The Rebirth of Classical Political Rationalism*, p. 29。
[42] 参前引 Strauss, "The Three Waves of Modernity"。施特劳斯这个(转下页)

代性的两次大危机,其中卢梭、尼采、海德格尔都曾以最大的努力批判现代性而试图返回"古典"世界(例如尼采之高扬希腊悲剧,海德格尔之力图返回"前苏格拉底思想"),但施特劳斯认为由于他们都是向着现代"历史观念"的方向去努力,因此不但没有能够返回古典的自然世界,反而比任何其他人都更大地推进了现代性的方向。《自然正义与历史》一书即试图勾勒出现代性的这一方向并与"古典"思想相对照。但该书的结构却非常特别,全书除"导论"外一共六章,排列次第是:第一和第二章讨论当代,中间的第三和第四章处理古代,最后的第五和第六章则讨论近现代(马基雅维里、霍布斯、洛克、卢梭、柏克等)。这一安排的结果是,全书结尾处恰恰回到全书的开头(从近现代到当代),亦即全书第一章的开头实际是接着全书结尾来的。全书的中心则是中间的第三和第四章,特别是从第三章到第四章的过渡,实际是从"古典哲学"到"古典政治哲学"的过渡。第四章因此是全书的核心所在,论述施特劳斯所谓"苏格拉底-柏拉图路向的政治哲学"。

施特劳斯这一章节安排的次第似乎暗示此书可以有几种不同的读法。除了最通常的从头读到尾以外,至少还可以有两种读法。一是可以直接从现代部分即第五章开始,即现代"天赋权利"说的兴起,随后是第六章"天赋权利说的危机"和历史观念的兴起,接下去从第六章返回第一章(当代),即从"历史观念"到19世纪"历史学派"再到20世纪的"彻底的历史主义",而从第一章到第二章看上去似乎有点奇怪地转向韦伯,实际却是从彻底的历史主义即虚无主义而指出虚无主义必然遭遇韦伯面临的"诸神冲突"的问题,或

(接上页)"三次浪潮"的说法实际取自柏拉图《理想国》中苏格拉底面临的"三次浪潮",亦即隐隐以现代苏格拉底自居。前引盖尔斯顿关于"历史观念"三阶段的说法大体对应于施特劳斯所说的"现代性的三次浪潮"。

各种不可调和的"终极价值"的冲突问题。我们知道韦伯所谓"诸神冲突"的问题其实也就是罗尔斯力图用他所谓"政治的自由主义"来解决的问题，亦即一个社会具有多种彼此冲突而且不可能调和的终极价值取向时如何可能安排一个政治。罗尔斯真的可以解决韦伯无法解决的问题吗？这里可以暂且不论，因为施特劳斯并没有活着看到罗尔斯成名，但重要的是施特劳斯在1950年代提出的问题不仅是韦伯在20世纪初面临的问题，而且同样是罗尔斯等无数人在20世纪末面临的问题。而施特劳斯想提醒读者的其实是，"诸神冲突"的问题实际把我们带回到了"古代世界"的开端，因为人类古代首先面临的就是"诸神冲突"的问题。由此从讨论当代的第二章直接过渡到讨论古代开端的第三章也就非常顺理成章了。施特劳斯的全部思考实际就是认为，当人类走到现代性的尽头，实际也就必然会回到"古代人"在一开始就面临的问题。如果说海德格尔用诗歌的语言暗示了一个似乎"诸神共舞"的美妙的"前苏格拉底诗意世界"，那么不如说韦伯的"诸神冲突"的世界才是"前苏格拉底时代"的世界。这里因此也就可以考虑另一种可能的读法，即直接从第三章开始亦即从古代一开始的"非政治的哲学"开始，从第三章到第四章的过渡是要说明为什么"古代非政治的哲学"是不充分的，从而有第四章考察的"苏格拉底政治哲学"的兴起，以及"古典自然正义论"的三种形态，即苏格拉底–柏拉图的自然正义论，亚里士多德的自然正义论，以及中世纪基督教的托马斯的"自然法"。从第四章到第五章的过渡则是"古今之争"，即西方现代性对西方古典的反叛，从而有现代"天赋权利"的兴起，接着是天赋权利的危机、历史观念的兴起和走向彻底的历史主义一直到诸神冲突，从而再度回到古代。施特劳斯刻意安排这样一个从今到古、从古到今的循环结构，自然是为了突出"古今之争"的问题，从而诱使读者去考虑：现代政治哲学真的高于古典政治哲学吗？现代人真的胜过古代人吗？这当然都只能由读者自己去判断。

施特劳斯学派最近已经连续开了三次纪念《自然正义与历史》出版五十年的学术讨论会。[43] 最近中文世界学者也已经对施特劳斯的政治哲学产生甚大兴趣，该书中文版的出版正好是该书出版五十周年之际，可谓适得其时。鉴于施特劳斯学派晚近以来已经崛起为足以与整个美国主流学界相抗衡的显学，我们以下有必要先看一下这个颇为奇特的学派。

三 施特劳斯在美国

首先，不管施特劳斯与美国政治究竟发生了什么关系，有一点需要强调的是，他本人的思想并不是在美国政治和美国思想的氛围中形成的。施特劳斯于1899年9月20日生于德国一个乡下小镇，与他的同时代人例如汉娜·阿伦特、本雅明、肖勒姆（Gershom Scholem）、洛维特（Löwith）等同属所谓"德国犹太人"。对他们这一代犹太人来说，尚在青少年时代首先目睹的就是第一次世界大战的爆发以及斯宾格勒《西方的没落》的冲击，随后则是海德格尔哲学革命的强烈震撼，但紧接着的则是第二次世界大战的爆发、纳

---

[43] 这三次讨论会的主题和召开时间、地点分别如下（三次会议的论文据知将会合为一集出版）：（1）Leo Strauss'*Natural Right and History*: A Reassessment (April 20–22, 2001, The LeFrak Forum and the Symposium on Science, Reason and Modern Democracy, Michigan State University); (2) Leo Strauss'*Natural Right and History*: Contexts and Subtexts (May11–13, 2001, The John M. Olin Center for Inquiry into the Theory and Practice of Democracy, The University of Chicago); (3) Living Issues in the Thought of Leo Strauss: Fifty Years after *Natural Right and History* (June17–20, 2002, The Carl Friedrich von Siemens Stiftung, Munich)。

粹德国灭绝犹太人的种族屠杀，以及他们个人作为犹太人的流亡生涯。1938年施特劳斯被迫流亡到美国，已经是四十岁的中年人。[44]在美国的最初十年，显然适应得很辛苦，发表的大多是些两页左右的简短书评，看得出来是在通过写这些书评逐渐熟悉美国学术氛围，但他想的当然不是如何跟上美国潮流"进入主流社会"，而是苦思自己如何不被困死在美国主流学界当时盛行的种种时尚之中。[45]所幸的是，到五十岁那年，他总算在学术界初步站稳了脚跟，那一年（1949）他被聘任为芝加哥大学政治哲学教授，并受邀在当年的瓦尔格伦系列讲座（Walgreen Lectures）发表演讲，演讲结果就是他后来出版的成名作《自然正义与历史》(1953)，该书"导论"和开首两章对美国流行思潮的深刻批判，正是他十年沉思的结晶。[46]但更重要的是，他在芝加哥大学的讲课深刻影响了芝大的青年学子，当时两位同年以十五岁进入芝大的神童学生——日后在美国都大大出名的理查·罗蒂（Richard Rorty）和爱兰·布鲁姆（Allan Bloom）即都受他的影响而全力攻读柏拉图。据罗蒂在自传中回忆，

---

[44] 施特劳斯早年思想需要另文讨论，此处暂时略过。参见最近出版的Leo Struass, *The Early Writings (1921-1932)*, ed. by Michael Zank (State University of New York Press, 2002)。近年德国的Heinrich Meier与美国的K. H. Green等收集出版施特劳斯早年文献颇力，但他们对施特劳斯早年思想的叙述我以为很不能令人满意。对施特劳斯早年思想的讨论必须将他置于他的同时代人如汉娜·阿伦特、本雅明、肖勒姆等那一代"德国犹太人"的共同问题背景下来考察。

[45] 施特劳斯到美国后最初十年发表的十六篇书评收入他的论文集：*What is Political Philosophy?* (The University of Chicago Press, 1959), pp. 263-311。施特劳斯著述简要目录可见其遗著：*Studies in Platonic Political Philosophy* (The University of Chicago Press, 1983), pp. 249-258。我个人倾向于认为，或可以1945年作为施特劳斯思想真正成熟的节点，这一年他同时发表了足以预示他以后思路的两篇重要论文：《论古典政治哲学》("On Classical Political Philosophy")以及《法拉比的柏拉图》("Falabi's Plato")。

[46] 参 *Natural Right and History*, p. 2。

当时芝加哥大学的基本风气是普遍认为美国流行的主流思想和学术例如杜威实用主义等太过肤浅而渴求更深刻的思想资源，正是在这种氛围下施特劳斯的讲课被认为最深刻而风靡芝大，吸引了芝大最好的学生。[47]虽然罗蒂以后重回杜威实用主义传统并成为批判施特劳斯学派的主将之一，但布鲁姆则成为施特劳斯学派第二代掌门人。不过施特劳斯对学生的巨大吸引力也恰恰使他在教授圈中甚受嫉恨，流行的抱怨是最好的学生都被施特劳斯"偷走"了。[48]而就施特劳斯本人而言，他对这些青年学子的感激之情实不下于这些学生对他的感激之情，日后当他的密友柯耶夫（Kojeve）向他抱怨说现在巴黎最好的青年学子在知性上都已未老先衰时，施特劳斯回信得意地说："要想见到心态尚未老化的青年学子，那就必须到芝加哥来。"[49]施特劳斯弟子们以后大多都继承了施特劳斯这种首重教学的传统[50]，尤其着重本科的"自由教育"（liberal education）。

到芝加哥后的第十四年，施特劳斯与其第一批弟子出版集体成果《政治哲学史》（1963），成功地淘汰了此前流行的萨拜因

---

[47] Richard Rorty, "Trotsky and the Wild Orchids", in his *Philosophy and Social Hope*（Penguin, 1999）, esp. pp. 8–9.

[48] 芝大的哲学系和古典系因此从不把施特劳斯的课程列入他们系的课表中，以免他们最好的学生被施特劳斯"勾魂"，施特劳斯的正式弟子因此多在政治学系和芝大社会思想委员会。参见George Anastaplo, "Leo Strauss at the University of Chicago", in Kennth L.Deutsch and John Murley（eds.）, *Leo Strauss, the Straussians, and the American Regime*（Rowman & Littlefield Publishers, Inc., 1999）pp. 3–30。

[49] 参柯耶夫1962年3月29日给施特劳斯的信，以及施特劳斯1962年5月29日给柯耶夫的信，收入*On Tyranny, Including the Strauss-Kojeve Correspondence*, edited by Victor Gourevitch and Michael Roth（Revised and Expanded Edition, The Free Press, 1991）, pp. 307–309。

[50] 所谓"施特劳斯的教导"实际分为两类，一类是已经公开出版的著作，另一类则是在小圈子中传阅的大量施特劳斯历年讲课记录稿。许多弟子后来的专著实际往往是根据施特劳斯这些从未正式发表的讲课稿而来。这些讲稿的目录见上引Anastaplo, "Leo Strauss at the University of Chicago", pp. 14–17。

（George Sabine）的《政治理论史》[51]，也标志着所谓施特劳斯政治哲学学派的初步成形。次年（1964）施特劳斯六十五岁寿辰，弟子们又特别出版了祝寿文集，题为《古代人与现代人：政治哲学传统论集》[52]，典型地反映了施特劳斯学派的基本关怀：重新展开"古今之争"，力图从"古典西方"的视野检讨"西方现代性"的问题，包括强烈批判当代美国主流学术。[53] 整个学派的基本取向或可用施特劳斯的两句名言概括：

> 现代人与古代人之争这段公案必须重新开审；换言之，我们必须学会严肃而不带偏见地考虑这种可能性：斯威夫特当年把现代世界比作小人国，而把古典世界比作巨人国，他是对的。[54]

> 彻底质疑近三四百年来的西方思想学说是一切智慧追求的起点。[55]

施特劳斯这一原本植根于欧洲思想特别是尼采-海德格尔传统

---

[51] George Sabine, *A History of Political Theory*（New York，1961第三版）。

[52] Joseph Cropsey（ed.）, *Ancients and Moderns: Essays on the Tradition of Political Philosophy in Honor of Leo Strauss*（Basic Books，1964）。

[53] 参见此期施特劳斯学派批判美国主流政治学科建制的另一重要文集，Herbert J. Storing（ed.）, *Essays on the Scientific Study of Politics*（Rinehart and Winston，1962），施特劳斯为该书写的长篇"跋论"（Epilogue）后收入其论文集 *Liberalism Ancient and Modern*（Cornell University Press，1989，第一版1968），pp. 203–223。

[54] Strauss, "Preface to the American Edition", *The Political Philosophy of Hobbes: Its Basis and Its Genesis*（The University of Chicago Press，1952），p. xv.

[55] 此句原出于施特劳斯1943年给沃格林的信。见 *Faith and Political Philosophy: The Correspondence Between Leo Strauss and Eric Voegelin，1934–1964*，p. 12。

的"古今之争"问题意识[56],对其美国弟子产生的一个深刻冲击是促使他们重新思考美国文明与现代性的关系究竟是什么?这些美国弟子以后逐渐分成两派,一派认为"美国政治就其最好的方面而言体现了一种实践的智慧(practical wisdom),这种智慧更多地来自古老的传统,而非来自洛克"[57],亦即认为美国较多继承了西方古典传统而较少受西方现代性的影响;另一派则是以布鲁姆为首的主流施特劳斯学派,强调美国政教体制从一开始就建立在西方现代性的基础上,亦即建立在施特劳斯所谓"低俗而稳固的基础上"(low and solid ground)。[58]但尽管有这种分歧,两派实际一致认为西方现代性的弊病必须由西方古典政治哲学来矫正。早期施特劳斯学派圈子中因此实际有一个非明言的等级,即研究古典的高于研究现代的,研究欧洲和早期现代思想(马基雅维里、霍布斯、卢梭等)的又高于研究美国和当代的。也是因此,早期施特劳斯弟子实际较少有

---

[56] 尼采、海德格尔和施特劳斯都强调返回古希腊,但尼采和海德格尔强调的是返回"前苏格拉底"的希腊神话和悲剧即"诗"的境界,目的正在于以此反对"苏格拉底-柏拉图主义"或所谓"西方形而上学传统";施特劳斯的独特之处在于一方面认同尼采、海德格尔对"西方形而上学传统"的批判,但同时却拒斥"前苏格拉底路向",而将"苏格拉底-柏拉图"改造成"政治哲学",强调要返回"苏格拉底-柏拉图的政治哲学",亦即以"政治哲学"对抗尼采、海德格尔的"诗意哲学"。施特劳斯所谓"诗与哲学之争"的问题隐含着他与尼采和海德格尔之争,但这个争论的关键既不在于单纯的诗,也不在于单纯的所谓哲学,而首先在于"政治":诗化哲学企图跳过政治共同体而直接进入纯真境界,结果或是使政治共同体不可能或是恰恰成为政治共同体的附庸。但这一问题在施特劳斯本人那里从未得到特别充分的论述处理,从而在其弟子中引起诸多无益争吵。

[57] Harry Jaffa, *The Conditions of Freedom* (John Hopkins University Press, 1975), p. 7. 以 Jaffa 为首的这一派常自称"西岸施特劳斯派",他自己最主要的代表作是研究林肯政治思想的 *Crisis of the House Divided* (The University of Chicago Press, 1982, 初版 1959)。

[58] Bloom, *The Closing of the American Mind*: *How Higher Education Has Failed Democracy and Impoverished the Souls of Today's Students* (Simon and Schuster Inc., 1987), p. 167.

人专攻美国政治，比较例外的是专治美国开国时期"联邦党人"思想的戴孟德（Martin Diamond）[59]和专治"反联邦党人"思想的斯多林（Herbert Stroring）[60]，以及研究美国宪法的伯恩斯（Walter Berns）等。[61]但以后施特劳斯学派在美国政治和美国宪法研究领域俨然成为一大派，而且即使他们专治古典的学生也往往同时研究美国政治。这是因为这些美国弟子日益觉得现代性的问题就是美国的问题，现代性的危机就是美国的危机，确切地说他们深感焦虑的是60年代以后美国日益加速的巨大社会文化变革究竟把美国带到何处去。[62]可以说，施特劳斯本人植根于欧洲意识的"西方的危机"意识在其美国弟子那里日益转化为"美国的危机"意识。由此也就可以看出，施特劳斯学派的所谓"古典研究"绝不是为古典而古典的学究式研究，而恰恰是由强烈的当代政治关怀出发的：深入研究西方古典的根本目的正是为了更深刻地理解西方现代性及其危机，反

---

[59] 戴孟德虽著述不多，但他对《联邦党人文集》的研究对当代美国保守主义政界有相当直接的影响。他的论述收集在去世后友人整理出版的文集：*As far as Republican Principles will Admit: Essays by Martin Diamond*（The AEI Press, 1992）；亦参前引 *Leo Strauss, the Straussians, and the American Regime*, pp. 235-251。

[60] 斯多林编辑了最完备的七卷本《反联邦党人大全》: *The Complete Anti-Federalist*（The University of Chicago Press, 1981），其中第一卷是他自己的长篇导论。

[61] 伯恩斯后来是敦促施特劳斯学人注重美国宪法研究的主要人物。见布鲁姆为其所编《正视宪法》一书所写的序言：Allan Bloom（ed.），*Confronting the Constitution*（The AEI Press, 1990），p. 1。伯恩斯自己的论著似乎深受施特劳斯对柏克的批判的影响，特别明确地拒绝柏克式的保守主义，参其 *Freedom: Virtue and the First Amendment*（Greenwood Publishing Group, 1969, 初版1957）。

[62] 参见施特劳斯派大将、哈佛政治哲学教授Harvey Mansfield, "The Legacy of the Late Sixties", in *Reassessing the Sixites: Debating the Political and Cultural Legacy*, ed. by Stephen Macedo（W. W. Morton & Company, 1997）, pp. 21-45。亦参David Frum, *How We got Here: The 70s, the Decade that Brought You Modern Life*（For Better or Worse）（Basic Books, 2000）。

过来施特劳斯更认为唯有深刻地理解现代性才能真正体会古典思想的良苦用心所在。

正因为如此，施特劳斯强调"政治哲学本质上不是一门学院职业"[63]——"政治哲学"既不是一个学科，也不是一个专业，而是从施特劳斯强调的"危机意识"（现代性的危机、西方文明的危机、当代美国的危机）出发，把整个西方文明作为研究对象。在施特劳斯看来，当代学术的日益专业化本身就是"现代性危机"的一部分，因为这种专业化只不过大批量地造就尼采所谓的"我们学者"。按尼采的说法，"学者"的出现是知识民主化和平等化的结果："学术人发表了一份独立宣言，宣告今后不再接受哲学的统治"，从此以后知识不再有等级秩序，不再有纲目之别，一切知识都平等了，没有什么重要不重要之分，而只有时尚的翻新。[64] 其结果是大批量的知识生产，但只不过徒然让人"知道越来越多的鸡毛蒜皮"（knowing more and more about less and less）[65]，不但不能使人专注于思考，反而导致所谓的"学者们"日益陷入"普遍的市侩主义和蔓延的媚俗主义"（universal philistinism and creeping conformism）。[66] 施特劳斯主张的"政治哲学"因此完全打破文学、史学、哲学、神学等专业篱笆，同时更贯穿从古典西方研究，中世纪伊斯兰教、犹

---

[63] Strauss, "The Three Waves of Modernity", in *An Introduction to Political Philosophy: Ten Essays by Leo Strauss*, edited by Hilall Gildin (Wayne State University Press, 1989), p. 82.

[64] 参见 Nietzsche, *Beyond Good and Evil: Prelude to a Philosophy of the Future*, trans. Walter Kaufmann (Viking Books, 1966), pp. 121-141。实际上，李欧塔们所谓的"后现代知识状况"本就是现代知识状况，只不过"学者们"日用而不自知罢了。尼采所谓"我们所有学者"（Wir Gelehrten），以及海德格尔以后所谓"我们所有人"（Das Man），相当于施特劳斯所谓"第二洞穴"的人。三人一脉相承，用不同寓言说的是同一个故事。

[65] Leo Strauss, *The Rebirth of Classical Political Rationalism*, p. 31.

[66] Leo Strauss, *The Rebirth of Classical Political Rationalism*, p. 31.

太教和基督教思想,近代西方思想起源一直到当代美国研究。用施特劳斯的话说,如果今天已经被迫都要专业化,那么就让我们"在最重大的问题上专业化"(to specialize in the most weighty matters)[67],这就是专注于从古到今的整个西方思想传统,具体地说是研究从古典文献一直到美国《独立宣言》和"美国宪法"等历代西方重要文本。通常而言,施特劳斯最好的学生往往首先集中研究古典特别是柏拉图,其次则是卢梭和尼采,因为这二者最深刻地暴露了西方现代性的内在危机,从而成为以后所有现代性批判的源头(施特劳斯所谓现代性的第二次和第三次浪潮)。但施特劳斯的"政治哲学"读法同时强调,研究柏拉图的前提是把握修昔底德,因为修昔底德最充分地展示了古典政治的视野[68],而研究卢梭和尼采的前提则是把握马基雅维里、霍布斯和洛克,因为后三者奠定了现代政治的视野。[69]在施特劳斯极为独特的阅读西方思想序列中,柏拉图、卢梭和尼采隐隐居于最高位阶,而亚里士多德、康德和海德格尔则分别被视为前三者的补充或深化,亦即强调柏拉图与亚里士多德的同大于异,强调把握康德、黑格尔的关键在卢梭,以及阅读尼采、海德格尔必然返回柏拉图,等等。这里的中心线索始终是要首先把握西方现代性对西方古典的反叛即所谓"古今之争",如施特劳斯所强调,"古典人与现代人的争论是最根本的争论,这一争论要比柏拉图与亚里士多德之争更根本,也比康德、黑格尔之争更根本"[70];甚

---

[67] Strauss, "Liberal Education and Responsibility", in *Liberalism Ancient and Modern*, p. 24.
[68] Strauss, *The City and Man* (The University of Chicago Press, 1964).
[69] Strauss, *The Political Philosophy of Hobbes: Its Basis and Its Genesis* (Oxford, 1936); *Natural Right and History* (The University of Chicago Press, 1953); *Thoughts on Machiavelli* (The University of Chicago Press, 1958).
[70] Strauss, *Studies in Platonic Political Philosophy* (The University of Chicago [转下页]

至,"古今之争"的问题比"雅典与耶路撒冷的分歧"更根本,因为"西方现代性"是对雅典和耶路撒冷的双重反叛。[71] 这里因此有必要特别指出,施特劳斯虽然以其文本细读方式即所谓"字里行间阅读法"(reading between the lines)而出名,又有所谓分辨古典著作中的"俗白教导"(exoteric teaching)与"隐讳教导"(esoteric teaching)之别的著名主张,但所有这些文本细读的前提是先立乎其大的眼界,否则文本细读必陷入学究式的琐碎无聊。

从施特劳斯50年代初在芝加哥大学带出第一批学生开始,到现在大约五十年下来,他们在诠释西方从古到今的重要思想文本方面确实已经积累了相当惊人的成果,形成了他们自己非常独特的一整套阅读西方思想传统的方式。就目前西方政治思想史的研究而言,大概可以说已经逐渐成为两大学派的天下,一是以波考克(J.G.A.Pocock)和斯金纳(Quentin Skinner)为代表的所谓"剑桥学派"或"共和主义史学"派,另一就是施特劳斯学派。两派都是某种意义上的"复古派"即都强调古典传统而批判主流自由主义,两派都同样重视经典文本的重新编辑、重新校订以及重新翻译和重新解释[72],但两派在解释近代西方思想起源上则发生根本冲突:剑桥学派或"共和主义史学"派将马基雅维里看作古典共和主义的现代复兴者[73],施特劳斯却突出强调马基雅维里是西方现代性的第一

[接上页]Press, 1983), p. 168.
[71] Strauss, "The Three Waves of Modernity", in *An Introduction to Political Philosophy: Ten Essays by Leo Strauss*, p. 86.
[72] 剑桥学派编辑的"剑桥版西方政治思想史文本丛书"(Cambridge Texts in the History of Political Thought)也包括施特劳斯学派的成果,例如其中卢梭的两本即由施特劳斯学人编辑。
[73] Pocock, *The Machiavellian Moment: Florentine Political Thought and the Atlantic Republican Tradition* (Princeton University Press, 1975); Skinner, *Machiavelli* (Oxford, 1981).

奠基人，亦即恰恰是对西方古典传统的全面反叛。[74]这一马基雅维里解释上的重大分歧意味着他们对古典的解释根本不同（剑桥学派实际并不研究古希腊罗马本身，而是着重文艺复兴到美国革命这一段的所谓"共和主义传统的复兴"，他们对古典的看法基本来自汉娜·阿伦特对亚里士多德政治学的解释[75]），对当代的看法也截然不同（剑桥学派可以"显得"比较激进和左倾，从而比较吸引人）。就西方学术界内的地位而言，剑桥学派明显具有体制上的优势，亦即他们属于职业历史学界而且是史学界公认的显学，施特劳斯学派的尴尬则在于他们既不属于史学界，也不属于哲学界，甚至也不属于政治学界（尽管他们多数在政治学系），而只能属于他们自己界定的"政治哲学"，但这种"政治哲学"又与西方主流政治哲学格格不入。简言之，剑桥学派或"共和主义史学"是主流学界内的显学，而施特劳斯学派则完全在主流学界之外。施特劳斯及其学派真正令人佩服的地方在于他们早期数十年间一直自甘寂寞，在非常不利于他们的总体学术氛围下从不随波逐流。

1973年施特劳斯默默地去世，没有任何一家美国主流媒体给予关注。事实上直到那时为止，除了他自己的学生以及芝加哥大学等极少数地方以外，施特劳斯的名字几乎完全不为一般西方学术界所知，更不要说媒体和公众。作为一个政治哲学学派，施特劳斯学派的形成早于罗尔斯等的理论，甚至可以说是"二战"以后美国的第一个政治哲学学派，但他们对于以后美国和西方的主流政治哲学发展几乎没有发生影响。1971年罗尔斯发表《正义论》后，大多数人显然都同意诺齐克的说法，即"政治哲学家们现在必须在罗尔斯理

---

[74] Strauss, *Thoughts on Machiavelli*（The University of Chicago Press，1958）.
[75] 波考克最清楚地点明了他们与阿伦特的渊源关系，参见前引 Pocock, *The Machiavellian Moment*，pp. 3–80, 550。

论的范围内工作,不然就要说个理由"。[76]施特劳斯学派确实由布鲁姆在《美国政治科学评论》(1975)上给出了他们的理由,即全盘否定罗尔斯,认为整部《正义论》建立在三大误解之上:误解霍布斯、洛克、卢梭的"自然状态"说;误解康德的道德哲学;更误解亚里士多德的"幸福"理论。布鲁姆的结论因此极为辛辣:《正义论》的最大弱点在于其作者缺乏教育,即没有读好西方政治哲学的传统!(该文的标题因此题为"正义:罗尔斯对抗政治哲学传统")[77]也因此,施特劳斯学派虽然号称研究"政治哲学",但却几乎完全不理会罗尔斯以来的整个当代西方主流政治哲学。他们确实认为越新的理论就越无价值,因为各种新说无非就是时尚,而时尚就是不必读已经人人知道的东西。他们因此好用"巨人与侏儒"的比喻[78],认为专注于经典可以站在巨人的肩膀上,最低好处是在标新立异的年代可以心有所主,不会被时尚弄得七荤八素,而当代学术界那种人人标榜"原创性"的风气恰恰注定只能是侏儒。由此,施特劳斯学派对不断翻新的各种当代理论都完全不屑一顾。

对于海德格尔以后的西方思想界,施特劳斯本人唯一重视的只有一个远在巴黎的柯耶夫,并让其最得意的弟子如布鲁姆等到巴黎同时拜柯耶夫为师。[79]这是因为施特劳斯认为柯耶夫最深

---

[76] Robert Nozick, *Anarchy, State and Utopia* (Basic Books, 1974), p. 183.
[77] Allan Bloom, "Justice: John Rawls versus the Tradition of Political Philosophy", *American Political Science Review*, 69 (2), pp. 648–662, June 1975, reprinted in Bloom, *Giants and Dwarfs* (Simon & Schuster, 1990), pp. 313–345.
[78] Allan Bloom, *Giants and Dwarfs*.
[79] 柯耶夫著作的英译本首先由布鲁姆编辑作序在美国出版:Alexandre Kojeve, *Introduction to the Reading of Hegel: Lectures on the Phenomenology of Spirit assembled by Raymond Queneau*, edited by Allan Bloom, trans. by James H. Nichols, Jr. (Basic Books, 1969); 最近又出版有 Kojeve, *Outline of a Phenomenology of Right*, trans. Bryan-Paul Frost and Robert Howse (Rowman & Littlefield Publishers, Inc., 2000)。

刻地展示了西方"现代性"的内在逻辑和最终结果。柯耶夫从黑格尔揭示的"主人-奴隶关系辩证法"入手,深刻指出现代性的基本动力或逻辑是"争取承认的斗争"(struggle for recognition),亦即今天甚为流行的所谓"承认的政治"(politics of recognition)。[80]确切地说,现代性的内在逻辑或道德正当性在于"奴隶"———一切被压迫被奴役的人(包括性别、种族、阶级、民族)争取自我解放、争取被"承认"为平等自由者的历史,这一历史最终指向柯耶夫所谓"普世无差异的国家"(the universal and homogeneous state)。但施特劳斯向他指出,这样一种"普世无差异的国家"是可欲的吗?这样一种结果难道不是必然会导致尼采早就预言的所谓"报废的人"(the last man)吗?因为这样一种"普世无差异的国家"无非意味着人世间以后将没有高贵与卑贱之分、没有聪明与愚蠢之分、没有优美与丑恶之分、没有深刻与肤浅之分、没有高雅与庸俗之分、没有好诗与坏诗之分、没有经典著作与垃圾作品之分。一切都是拉平的、平等的,因此最通俗、最流行、最大众化的就是最好的,因为这样最民主、最平等、最政治正确。施特劳斯认为,正因为现代性具有这样一种把人类引向"报废的人"的逻辑,现代性实际意味着整个人类的危机。虽然现代性建立在"低俗但稳靠"(low but solid)的基础上,并非没有其正当性,但其"低俗"最终导致现代性的最大悖论,即现代性最初是要把人提到神的地位,结果却是把人降低到了动物的地位。[81]施特劳斯因此在其《古今自由主义》中提出:"真正的自由人今天最紧迫的责任莫过于要全力对抗那种堕落的自由主义(perverted liberalism),这种堕落的自由主义宣扬人的唯一目

---

[80] 前引Kojeve, *Introduction to the Reading of Hegel*,第2章。
[81] Strauss, *Thoughts on Machiavelli*, pp. 296–297.

的就是只要活得开心而不受管教，却全然忘了人要追求的是品质高贵、出类拔萃、德性完美。"[82]柯耶夫承认施特劳斯展示了对现代性批判的最大视野，因此两人互视为最大敌手却终身为莫逆之交。[83]

　　施特劳斯弟子以后都居心叵测地高捧柯耶夫，原因之一是他们认为施特劳斯与柯耶夫的辩论正是"古今之争"在最深刻意义上的重新展开（柯耶夫展示最彻底的现代性，而施特劳斯揭示最深刻的古典性），而另一层潜台词则是要说：美国的后现代都是法国的舶来品，而法国的后现代说到底都来自柯耶夫，而他们自己与柯耶夫亦师亦友，因此对所谓后现代的问题早已洞若观火。[84]这种说法诚然矫情，但也并非全无道理。这首先是因为柯耶夫30年代在巴黎高师开设的著名"黑格尔《精神现象学》讲座"被公认深刻影响了两代法国思想（从存在主义到后现代哲学）[85]，尤其柯耶夫揭示西方现代性的理性主体和历史主体实质上是"欲望主体"，从而使"欲望"

---

〔82〕 Leo Strauss, "The Liberalism of Classical Political Philosophy", in his *Liberalism Ancient and Modern*（Cornell University Press, 1989，第一版1968），p. 64。

〔83〕 关于施特劳斯与柯耶夫的公开和私下辩论，参见 *On Tyranny, Including the Strauss-Kojève Correspondence*, edited by Victor Gourevitch and Michael Roth（Revised and Expanded Edition, The Free Press, 1991），特别参施特劳斯1948年6月22日给柯耶夫的信（pp. 236-239），以及1949年9月4日给柯耶夫的信（pp. 243-244）。施特劳斯一生似乎主要以三个"现代人"为自己的对话对象，即尼采、海德格尔与柯耶夫，这三个人的思想对他而言代表"现代性"的最大视野，因此也对他自己的批判现代性思考构成终生的挑战，其他如胡塞尔和施米特等对他都只有阶段性的意义。

〔84〕 参见施特劳斯弟子布鲁姆和罗森等人的回忆：Allen Bloom, "Alexandre Kojève", in his *Giants and Dwarfs*（Simon & Schuster, 1990），pp. 268-273。Stanley Rosen, "Kojève's Paris: A Memoir", in his *Metaphysics in Ordinary Language*（Yale University Press, 1999），pp. 258-278。

〔85〕 关于柯耶夫对两代法国思想的影响，参见 Vincent Descombes, *Modern French Philosophy*, trans. L. Scott-Fox and J. M. Harting（Cambridge University Press, 1980），pp. 9-54。

成为整个法国后现代哲学的中心问题。[86]此外,尽管施特劳斯与柯耶夫在40年代末的辩论当时完全没有引起注意,但他们辩论的基本问题——例如"欲望及其满足"的问题,"承认的政治""全球化国家",以及由此导致的所谓"历史的终结""哲学的终结",以及"人的终结"或"人的非人化"等等,几乎无一不是80年代以后西方主流自由主义和后现代哲学关注的基本问题。这里只需指出,最近十年爆得大名的两本书——福山的《历史的终结与报废的人》(1992)[87]以及西方左翼最新最时髦的《帝国》(2000)[88],实际都是在重述柯耶夫的"全球性普世一体化国家"的问题。福山本是施特劳斯学派弟子(布鲁姆的学生),只不过他在施特劳斯与柯耶夫的辩论中更多采取柯耶夫的"现代"立场,因此他不但明言继承黑格尔-柯耶夫的问题逻辑,而且他整本书其实就是用通俗的当代流行语言重新包装了柯耶夫。而《帝国》一书虽然不提柯耶夫的名字,但他们所谓的至大无外的"帝国"恰恰就是柯耶夫早就勾勒出的"全球性普世一体化国家",而他们与柯耶夫的谱系关系实际同样非常清楚,即来自法国后现代与柯耶夫的血缘关系(作者之一哈特本是研究法国后现代特别是德勒兹的专家)。法国后现代哲学的基本问题本来自于对柯耶夫问题的进一步追问,即在黑格尔-柯耶夫这种至大无外的"普世一体化国家"下如何可能逃逸、抵制、反抗——德里达的"延异"和德勒兹的"游牧"等都是这种无处可逃时怎么逃、打不过时怎么打的所谓"策略"(因此以后的后现代理论越来越

---

[86] 可参著名女性主义学者Judith Butler的出色研究,*Subjects of Desire*:*Hegelian Reflections in 20th Century France*(Columbia University Press,1987)。
[87] Francis Fukuyama,*The End of History and the Last Man*(Penguin Books,1992)。
[88] Michael Hardt and Anthony Negri,*Empire*(Harvard University Press,2000)。

像是毛主席著名的"游击战术"的文学理论版),而《帝国》在这方面不过是加了一个新名词即所谓"杂多异质"(multitude)罢了。如果说福山像是帝国总部的长官助理,报告天下太平,那么哈特等则像帝国下层的小科员,虚张声势地说"杂多异质"是星星之火可以燎原。这当然都是后话。

大多数西方学术界或知识界人士第一次听到施特劳斯的名字大概已经要到1985年。是年5月《纽约书评》发表柏拉图专家布恩野的长文,全面否定施特劳斯的柏拉图研究,文章题为"没有秘密的狮身人面像"(Sphinx without a Secret),意思就是施特劳斯神神鬼鬼似乎有什么微言大义,其实什么东西都没有。〔89〕这是西方主流学界第一次在具有广泛公共影响的知识界杂志上正面挑战施特劳斯及其学派,而在此之前主流学界通常倾向以"沉默"来表示对施特劳斯的轻视。〔90〕此文的发表因此实际也恰恰表明,施特劳斯学派在学界的影响似乎已开始日益坐大,终于使主流学界觉得不能再对施特劳斯学派置之不理。紧接着,美国纪念宪法二百周年,《纽约书评》又发表美国史研究的权威学者伍德(Gordon Wood)的长文,惊呼施特劳斯学派大规模侵入美国史的领域,他尤为不解的是施特劳斯

---

〔89〕 Myles Burnyeat, "Sphinx without a Secret", *New York Review of Books*, 30 May 1985, pp. 30-36.

〔90〕 在此之前对施特劳斯的评论仅零星见于一些比较专门的学术杂志,最早的评论主要集中在全盘否定施特劳斯对洛克和马基雅维里的解释。对其洛克解释的最早评论参John Yolton, "Locke on the Law of Nature", *Philosophical Review* 67(1958): 477-498; John Dunn, "Justice and the Interpretation of Locke's Political Theory", *Political Stuties* 16, no. 1(1968): 68-87. 对施特劳斯的马基雅维里解释的评论可参: Felix Gilbert, book review, *Yale Reivew* 48(1958): 466-469; Robert McShea, "Leo Strauss on Machiavelli", *Western Political Quarterly* 16(1963): 782-797; 以及当代"共和主义史学"大师波考克的长篇批评: "Prophet and Inquisitor", *Political Theory*, vol. 3, no. 4(November 1975): 385-401。

学派的人大多不是历史学家，为什么要在他认为是他专业领地的美国建国等问题上争夺解释权，殊不知施特劳斯学派向来认为美国建国这样重大的问题当然首先是政治哲学的主题。伍德在恼火之余不禁以主流学界代言人的口气说："学术界对施特劳斯派有普遍的敌意和蔑视。"(widespread hostility and contempt towards the Straussians in academic circles)[91]

确实，到80年代后期，美国主流学界与施特劳斯学派之间已日益无法相互容忍，冲突终于在1987年全面爆发。是年施特劳斯学派掌门人布鲁姆出版震撼全美国的《蔽塞的美国心智》一书[92]，创下美国出版史上前所未有的当年即售出精装本50万册的惊人纪录，同时在纽约和巴黎两地的每周畅销书榜上都高居榜首几达一年之久，引发的各种评论更是充斥于美国所有的报纸、杂志和电台电视，几乎将整个美国学术界和知识界都拖入一场旷日持久的大论战中，论战的激烈程度常被称为美国南北内战以来所仅见。由于布鲁姆此书的矛头几乎指向整个美国学术界，导致主流学界几乎以一种"正邪大决战"的态势全力围剿布鲁姆和施特劳斯学派。[93] 辩论的中心可以归结为一个问题：美国大学生应该读什么样的书？应该接受什么样的教育？布鲁姆基本延续施特劳斯在50年代初就提出的对美国主流学术的批判[94]，认为"二战"以后的美国高等教育盛行的是实证

---

[91] Gordon Wood, "The Fundamentalists and the Constitution", *New York Review of Books*, 18 February 1988, pp. 33–40.
[92] Bloom, *The Closing of the American Mind: How Higher Education Has Failed Democracy and Impoverished the Souls of Today's Students* (Simon & Schuster, Inc., 1987).
[93] 主要论战文章现已收入 Robert Stone (ed.), *Essays on the Closing of the American Mind* (Chicago Review Press, 1989)。
[94] 参 *Natural Right and History*, pp. 1–80。

主义和相对主义的社会科学以及虚无主义的人文科学，导致美国高等教育日益不知所谓。该书的副标题因此题为："高等教育如何导致了民主的失败，如何导致今日大学生心灵的枯竭"（How Higher Education Has Failed Democracy and Impoverished the Souls of Today's Students）。但布鲁姆从前的同班同学、深知施特劳斯学派修辞方式的理查·罗蒂立即指出，这个副标题的正确读法其实要反过来，亦即布鲁姆说的其实是："民主如何导致哲学的失败并导致大学生不屑理会柏拉图"（How democracy has failed philosophy and made it difficult for students to take Plato seriously）。[95] 罗蒂相当清楚，布鲁姆的中心论点实际就是施特劳斯早已指出的当代西方主流学术是"民主的官方高级祭司"（the official highpriests of democracy），导致所谓"学术"其实日益成为推动民主的"宣传"（propaganda）。罗蒂这篇题为"施特劳斯主义、民主与布鲁姆"的文章因此认为，施特劳斯主义是将哲学置于民主之上，一向喜欢将问题简明化的罗蒂随后就提出他著名的命题："民主对于哲学的优先性"（the priority of democracy to philosophy）[96]，在他看来进步学者就是要当民主的吹鼓手，也没有什么好难为情的。另一位有名气的民主派政治学教授巴伯则认为施特劳斯政治哲学是要用"哲学家暴君"（philosopher despot）来取代美国民主政治，而布鲁姆的畅销书则是"哲学家暴君"用来引诱美国人民的"最动听、最精致、最博学而又最危险的传单"（a most enticing, a most subtle, a most learned, a most

---

[95] Richard Rorty, "Straussianism, Democracy, and Allan Bloom", 原刊《新共和周刊》1988年4月4日, 收入 *Essays on the Closing of the American Mind*, pp. 94–103。

[96] Rorty, "The Priority of Democracy to Philosophy", in *The Virginia Statute for Religious Freedom*（Cambridge University Press, 1988）, pp. 257–282。

dangerous tract）。[97]《纽约书评》发表的重头批判文章则由古典学养足以与布鲁姆匹敌的著名自由派学者妮斯邦（Martha Nussbaum）操刀，该文标题日后几乎成为施特劳斯学派的代名词："非民主的前景"。[98] 妮斯邦认为布鲁姆没有看到"哲学民主化的前景"，而她则力图证明早在古希腊罗马时代许多伟大哲学家就已经认为"哲学"是普通人和大多数人都应该有"权利"学的。但妮斯邦女士学问虽然好，要想证明古希腊罗马那样的"贵族社会"竟然已经有"哲学民主化"的思想，实在也有点太天方夜谭，反让人觉得妮斯邦女士的"西方中心主义"是否太病入骨髓，太美化古希腊罗马奴隶制。事实上，古今中外提出"哲学民主化"的第一人当然是我们伟大领袖毛主席，他老人家不但提出"工农兵学哲学"的口号，而且是在中国的各个农村和各个工厂大规模实践了的，惜乎妮斯邦没有想到应该先到中国来考察一下"哲学民主化"的经验。

布鲁姆尤其尖锐攻击西方学术界近年来大谈非西方文化的时髦即所谓"杂多文化主义"（multiculturalism），认为这种"文化民主化"时髦其实根本就没有向非西方文化学习之心，而只是把美国流行的"文化研究"特别是性别研究、种族研究或同性恋研究这类"政治正确的学术"输出到非西方国家，恰恰是一种"恩赐"心态，是一种"伪装的新帝国主义"（a disguised form of a new imperialism）和文化上的"美国和平队心态"（the Peace Corp mentality）。[99] 在他看来今日以"文化研究"为名研究非西方文化的学术工业越发达，

---

[97] Benjamin Barber, "The Philosopher Despot", *Harper's Magazine*（January 1988），pp. 61–65；收入 *Essays on the Closing of the American Mind*，pp. 81–88。

[98] Martha Nussbaum, "Undemocratic Vistas", *New York Review of Books*, 5 November 1987, pp. 20–26；收入 *Essays on the Closing of the American Mind*, pp. 198–211。

[99] Bloom, *The Closing of the American Mind*, p. 34.

所有非西方文化也就越被加速美国化,结果只能是"杂多文化成为美国校园文化,而美国校园文化成为全球知识分子文化"。不难想见布鲁姆这些尖锐的抨击是如何地犯众怒,如何地不符合西方主流学界的"政治正确"标准,如何地不符合"全球化"的世界潮流。因此,他受到美国自由派、民主派、全球化派主流学界潮水般的口诛笔伐也就毫不奇怪了。而且主流学界对布鲁姆和施特劳斯学派的评论都一反西方学界的斯文俗套,连表面的客气话都不屑讲,都是直截了当毫不留情地全盘否定。

施特劳斯学派在80年代后期以来引起西方主流学术界和知识界如此强的反弹,实际恰恰说明施特劳斯学派远非不食人间烟火的学界怪胎,而是极为深刻地切入了当代世界最敏感的问题。事实上施特劳斯本人从来就不是"学究",他之强调"返回古典"本来就是一种最强烈的当代意识,他的中心问题历来是"现代性问题",亦即追问西方现代性究竟把西方带到何处去。施特劳斯思想及其学派在80年代后期开始真正日益被人注意或批判,大体与两个背景有关:一是美国自由主义与保守主义自60年代以来的意识形态辩论在80年代达到白热化;二是与此相关,美国主流自由主义政治哲学日益转到施特劳斯历来关心的道德政治问题上来。因此,虽然布鲁姆引起的巨大争论首先是在政治和意识形态层面展开,但论争同时更在政治哲学和道德哲学理论层面,两者纠缠在一起。我们以下试做一些梳理。

四 施特劳斯、自由主义、后现代

就美国主流政治哲学领域而言,在罗尔斯1971年发表《正义论》后的最初阶段,争论大多都围绕他的所谓"差异原则",亦即主要是与经济和分配领域有关的理论问题。[100]但80年代中期以后,经济和分配领域的讨论基本淡出,主流政治哲学领域的所有辩论几乎完全转到了所谓道德文化问题上。这种转移与美国政治和意识形态论争的发展有相当直接的关系。从某种意义上,以罗尔斯为代表的美国自由主义近年来可以说一直在辩护两个多少有点矛盾的立场,即第一,他们要维护美国新政自由主义传统,从而论证国家干预经济生活的合理根据;但第二,他们作为对60年代以来种族、性别、文化问题上所谓"文化多元化"的支持者,则强烈论证国家不能干预道德宗教文化领域。简言之,国家要在经济上进行合理干预,而在道德文化上绝对"中立"。这两个立场实际恰恰就是罗尔斯从《正义论》(1971)到《政治自由主义》(1993)的运动轨迹,这个轨迹非常清楚地反映出当代美国政治对罗尔斯的直接影响,尽管罗尔斯是特别"学院派"的学者。[101]罗尔斯的学生们,例如批判施特劳斯颇力的霍尔姆斯(Stephen Holmes)等,亦都是一方面继续全力辩护新政自由主义以来国家干预经济生活的传统[102],

---

[100] 此期最重要文集之一可参两位名家Amartya Sen和Bernard Williams所编文集以及他们所写的重要导言;*Utilitarianism and Beyond*(Cambridge University Press, 1982), pp. 1–21。日后获得诺贝尔经济学奖的Sen将罗尔斯的"基本好东西"(basic goods)修改为"基本能力"(basic capabilities),而与上文提及的女哲学家妮斯邦一起提出所谓"发展伦理学"取代从前的"发展经济学",亦即强调经济发展的目标不是单纯扩大社会经济总量,而在于发展人的"基本能力"。参Martha Nussbaum and Amartya Sen(eds.), *The Quality of Life*(Oxford University Press, 1993)。

[101] 罗尔斯最初一般被看成是为美国新政自由主义提供更坚实的道德基础,即用康德式"道德人"取代功利主义的"经济人"。罗尔斯本人后期在经济问题上的立场变得相当"左",认为只有"自由社会主义"和他所谓"财产所有的民主"这两种经济体制是符合正义的,其他三种现代经济体制即"福利国家资本主义"、"自由放任资本主义"以及"计划经济社会主义"都不符合正义。参罗尔斯,《作为公平的正义》第四部分(中译本,上海三联2002)。

[102] 参Stephen Holmes and Cass R. Sunstein, *The Cost of Rights:Why Liberty Depends on Taxes*(W. W. Norton, 1999)。

同时则强烈主张道德文化生活上的"国家中立"。但是并非所有美国自由派都同时支持上述两种立场。

另一方面，当代美国保守主义最初本是作为对60年代社会动荡的反弹而发展起来的"道德文化保守派"，但以后在共和党政治下则与"市场放任主义"结合在一起，两者相当矛盾。因此共和党内部的政治问题历来是如何将所谓"道德文化保守派"和"经济保守派"（实为经济自由放任派）调和起来。美国保守主义迄今没能产生一种理论，甚至也没有人做过努力，从理论上将"市场自由放任"和"道德文化保守"调和起来，这两者因此只有政治策略上的调和。

以上经济生活和道德文化领域的问题，在美国的特殊历史背景下其实组合得非常奇怪。如果我们将问题本身与美国政治的特殊环境分离的话，其实会有非常不同的组合。例如完全可能出现以下两种结合：

（1）双重放任，亦即"市场自由放任"与"道德文化放任"完全可以并行不悖。事实上这两者本来是可以甚至应该结合在一起的所谓"自由主义"。两者现在在美国一属于保守主义，一属于自由主义，完全是美国特殊政治环境造成的，并非理论上必然如此。事实上现在美国的新生保守派即已经试图将两者结合在一起。例如所谓"泡泡族"（Bobos）就是明显的例子。[103] 而在美国主导的全球化过程中，事实上这两种思潮和观念往往最有可能结合在一起成为诸多非西方国家的双重思想主流。

（2）双重保守，亦即"新政自由主义"的国家调节市场与"道德文化保守"同样完全可以结合在一起。事实上在美国有相当多的

---

[103] 关于"泡泡族"，参甘阳，《将错就错》，生活·读书·新知三联书店2002，第133—136页。

自由派支持"新政自由主义"的经济政策,但却对所谓道德文化上的"中立主义"极有所保留。例如最早批评罗尔斯的桑德尔[104],在坚持"新政自由主义"传统上完全与罗尔斯等一致,但却对罗尔斯在道德文化问题上的"自由"立场强烈批评。其他美国老牌的新政自由主义者例如著名史家施莱辛格等更是典型的"经济新政自由主义",但在道德文化上持日益保守立场。[105]而施特劳斯学派虽然在道德文化问题上是自由派的最大对手,但布鲁姆等对罗斯福时代的新政自由主义一向肯定。从理论上来说,经济上的国家调节市场与道德文化上的保守立场并无矛盾,反而是美国目前这种道德文化保守与市场放任经济组合在一起极不协调,这同样是特定历史条件下的产物,并非理所必然。

到80年代中期,美国政治出现有史以来的最大变化,即保守主义成为美国社会的主流意识形态,自由主义在美国则已经成为处于守势的意识形态。[106]有趣的是这意味着两个并不相同的事情,即

---

[104] 桑德尔的第二本著作已经拒绝"社群主义"的标签,而自称是"共和主义"立场。参见Michael Sandel, *Democracy's Discontent*: *America in Search of A Public Philosophy*(Harvard University Press, 1996),亦参围绕此书组织的包括自由派和施特劳斯学派都参加的讨论会文集 *Debating Democracy's Discontent*: *Essays on American Politics*, *Law*, *and Public Philosophy*, edited by Anita Allen and Milton Reagan(Oxford University Press, 1998)。桑德尔的第一本著作(*Liberalism and the Limits of Justice*, 1982)已有中译本:《自由主义与正义的局限》,万俊人等译,译林出版社2001。

[105] Arthur Schlesinger, Jr., *The Disuniting of America*(Whittle, 1991).

[106] 关于"美国自由主义的终结"和"美国保守主义的兴起",是80年代以来美国政治讨论的中心议题,这方面的文献早已汇为一大出版工业。90年代最有影响的美国政治论著之一,E. J. Dionne的《为什么美国人恨政治》(*Why Americans Hate Politics*, 1991初版,1992增订版)一书,其第一部分题为"自由主义的失败",第二部分题为"保守主义的困境",是很有代表性的论述。Morgan在其论述美国自由主义衰落过程的专著中也认为,在20世纪末的美国,一方面从前的"自由主义共识"已经破产,另一方面保守主义虽然当道,其意识形态却并不足以形成新的社会共识,参Iwan W. Morgan, *Beyond*(转下页)

一方面是在经济上"市场自由放任"压倒了主导美国将近六十年的"新政自由主义",另一方面,则是"道德文化保守主义"在美国成为政治和社会上的主流意识形态(在学院内特别是名牌大学则往往不是主流)。施特劳斯学派到80年代逐渐成为与整个美国主流自由派学界分庭抗礼的学派,毋庸讳言是与美国道德文化保守主义强劲崛起有关,但与市场自由放任派则毫无关系。事实上80年代中期以后,经济和分配领域的讨论基本淡出,几乎所有辩论都完全集中在所谓道德文化问题上。罗尔斯本人从1985年开始连续发表多篇文章集中辩护他的"权利优先于善"(the priority of right over the good)的理论[107],并在1993年集为《政治自由主义》[108],但此书显然不可能获得当年《正义论》那样的影响和地位。事实上美国自由主义不但在经济问题上处于守势,而且在道德文化上也只在学院内仍占上风,在社会上则同样处于守势。虽然作为一种社会意识形态的自由主义与作为一种学院论述理论的自由主义是不同的层面,但这两者在美国历来紧密相连,只不过在学院内自由派的势力比较大而已。学院派自由主义在80年代末以来的论述不免被保守派戏称为"自由主义的补课",即补"道德问题"的课,因为事实上几乎所有

(接上页)the Liberal Consensus: A Political History of the United States since 1965 (Palgrave Macmillan, 1994), pp. 271ff. 亦可参Patrick M. Garry, Liberalism and American Identity (The Kent State University Press, 1992), 该书第一章叙述美国80年代以来"自由主义政治死亡"的命运,特别痛心到1988年美国总统大选时,自由主义在美国没有拥护者和捍卫者,而只有反对者和攻击者;此书学术质量平平,但特别能反映普通美国自由主义学者对"美国自由主义死亡"之焦虑心情。事实上80年代以后的美国政坛几乎已经没有政治家敢称自己是"自由派"。

[107] 这些文章现都已收入罗尔斯的Collected Papers, edited by Samuel Freeman (Harvard University Press, 1999), 特别是第18章、20章、21章、22章。

[108] John Rawls, Political Liberalism (Columbia University Press, 1993). 中译本《政治自由主义》, 万俊人译(译林出版社1996)。

自由主义政治哲学著作全都在讨论道德问题,例如"自由主义与道德生活"[109]"自由主义与善"[110]"自由主义的德性"[111],不然就是检讨为什么现在美国人对历来主导的自由主义有那么多"不满"[112],等等。从某种意义上可以说80年代后期以来,美国的自由主义论述一方面集中在道德文化问题上,同时在这方面多少都有某种"自我辩护"的味道,辩护"自由主义并没有忽视道德生活",辩护"自由主义并不是只讲权利不讲善",辩护"自由主义并不是不讲德性",等等。但这当然暴露出自由主义从前确实比较忽视这些问题,否则就没有必要现在说这么多辩护性的话了(保守主义就从来不需要辩护不讲"德性")。不管怎样,90年代以来的美国似乎突然成了一个特别"尊德性"的国家,例如有影响的"美国政治法律哲学学会"的年刊 Nomos 1992年卷即以"德性"为主题[113],各种"德性伦理学"发展更是迅速。[114]中心的问题是自由主义与"德性"(virtue)的关系以及所谓"权利与善"何者优先等。

但所有这些问题,事实上正是施特劳斯一生思考的主要问题。

---

[109] Nancy Rosenblum (ed.), *Liberalism and Moral Life* (Harvard University Press, 1989).

[110] R. B. Douglass等编, *Liberalism and the Good* (Routledge, 1990)。

[111] Stephen Macedo, *Liberal Virtues: Citizenship, Virtue and Community in Liberal Constitutionalism* (Oxford University Press, 1990).

[112] 参专治美国20世纪自由主义史的名史家Alan Brinkley的 *Liberalism and Its Discontents* (Harvard University Press, 1998),以及James T. Kloppenberg, *The Virtue of Liberalism* (Oxford University Press, 1998)。90年代中期以来,致力于"拯救"美国自由主义传统的论著尤其不断出笼,例如E. J. Dionne断言美国自由主义"只是看上去死了",但21世纪仍将重新主导美国政治主流,见氏著 *They Only Look Dead: Why Progressives Will Dominate the Next Political Era* (Simon & Schuster, 1996)。

[113] *Virtue (Nomos 34)*, edited by John Chapman and William Galston (New York University Press, 1992).

[114] 例如Rosalind Hursthouse, *On Virtue Ethics* (Oxford University Press, 1999)。

如果说罗尔斯现在的中心论点是"权利优先于善",那么施特劳斯的基本立场正是"善先于权利"。更确切地说,施特劳斯所谓"古今之争"的问题之一就是检讨从古典政治哲学的"善先于权利"如何转变到近代西方霍布斯以来"权利先于善"的问题。他在30年代发表的《霍布斯的政治哲学》,以及50年代初发表的《自然正义与历史》中,对霍布斯以来西方近代"自然权利"说或"天赋人权"说的批评,事实上早已提出了桑德尔和麦金太尔等在80年代提出的几乎所有问题。因为他对霍布斯等"天赋权利"说的批判实际就是批判后来罗尔斯等主张的"权利对于善的优先性",就是在批判今天所谓"权利本位的自由主义"(rights-based Liberalism)。[115] 施特劳斯弟子、著名天主教神学家佛尔丁曾相当准确地指出,近世以来西方道德政治理论的一个基本演变轨迹是从所谓"自然法"(natural law)转为"自然权利"(natural rights),而在"自然"这个词贬值以后,所谓"自然权利"就变成了"人的权利"(human rights)即今天所谓"人权"。[116] 但施特劳斯认为这一从"自然法"到"自然权利"再到"人的权利"的转变过程,就是西方走向虚无主义的过程,因为他认为主张"权利先于善"就是否认有真正的善,即否认"自然正确"或"自然正义"。事实上《自然正义与历史》第一章开

---

[115] 关于当代自由主义主张的"权利优先于善"及相关主张,除参罗尔斯本人的《政治自由主义》第五讲外,亦可参Charles Larmore, *The Morals of Modernity*(Cambridge University Press, 1996),第一章、第六章和第七章,该书第三章是对施特劳斯的批判。目前有些学者用"权利本位自由主义"专指诺齐克,而用"政治自由主义"称罗尔斯,例如参见David Johnston, *The Idea of A Liberal Theory: A Critique and Reconstruction*(Princeton University Press, 1994),第2章,第4章。
[116] Ernest Fortin,《人权与公共善》("Human Rights and the Common Good"), in Ernest Fortin, *Collected Essays*, Volume3: *Human Rights, Virtue, and the Common Good*(Rowman & Littlefield Publishers, Inc., 1996), p.20。

始与全书结尾就是谈的这个问题。我们前面曾说他这本书的开始是接着结尾来的,因此让我们先看结尾部分,这部分是讨论18世纪英国思想家柏克。施特劳斯指出,柏克承认政治社会的目的是要保护人的权利,特别是追求幸福的权利。但柏克强调幸福的追求只有通过"德性",亦即通过"德性强加给激情的制约"才能达成。如果说康德把道德意志作为第一位的话,那么柏克则强调人的意志必须永远置于理性、审慎和德性的统治之下。因此柏克认为政府的基础并不在"虚幻的人权"(imaginaty rights of men),而在"尊奉义务"。[117] 施特劳斯认为,柏克事实上在许多地方都已经与古典传统背道而驰,尽管如此,柏克毕竟还是深受古典精神影响而不会把个体和权利置于"德性"之上。[118]

但是施特劳斯指出,这种"德性"在权利之上的观念到20世纪就被完全颠倒了。他在全书第一章开头的论述几乎已经将罗尔斯等后来的立场表述得一清二楚。他说20世纪的"大方的自由派"(generous liberals)认为,由于人不能获得关于绝对好和绝对正确的真正知识(genuine knowledge of what is intrinsically good or right),因此必须对所有关于"好或对"的意见给予宽容,承认所有的偏好和所有的文明都是同样好、同样值得尊重的。"自由主义的相对主义(liberal relativism)之根源在于只讲宽容的天赋权利传统,亦即认为每个人都有天赋权利去追求他自己理解的幸福"。[119] 这自然正是穆勒在《论自由》中首先奠定而今天罗尔斯等继续开展的自由主义的基本立场[120],但施特劳斯则强调,"在尊重差异性和个别性(diversity

---

[117] *Natural Right and History*, p. 297.
[118] *Natural Right and History*, p. 323.
[119] *Natural Right and History*, pp. 5–6.
[120] 可将施特劳斯此段对照罗尔斯《政治自由主义》pp. 10, 154等。

and individuality)与承认自然正确之间是有张力的",因为"当代对自然正确的拒绝就导致虚无主义而且就等同于虚无主义"。[121]

施特劳斯关于德性问题的中心论点是:古典政治哲学使政治服从于道德德性,更服从于理论德性(作为人的目的或人的灵魂之完善),但现代政治哲学从马基雅维里开始则将德性服从于政治(看成只是政治上有用的德性),并且使哲学变成服务于人类现实需要的手段,降低了人类的可能性。[122]施特劳斯之所以特别强调马基雅维里是现代性之父,是因为马基雅维里颠倒基督教自奥古斯丁以来的基本等级秩序而特别可以让人看清西方现代性的起源。就基督教传统而言,奥古斯丁的《上帝之城》本带有某种申辩的性质。如奥古斯丁自己明言,此书是因为罗马陷落后人们普遍指责这是由于基督教败坏了罗马公民道德所导致,他要为基督教在罗马公民面前辩护,他首先要强调罗马之败落是罗马自身的败坏所导致,而不是因为基督教,他甚至要强调基督徒才是最好的罗马公民,因为基督徒最不败坏、最有服从的美德。但如此一来自然引出一个危险问题,即基督徒的首要责任是否就是做罗马或任何政体的一个好公民?奥古斯丁当然要断然否定这一点,因此他必须接着长篇大论地论证做一个好基督徒绝对高于做任何好公民,因为上帝之城绝对高于任何公民政治。而马基雅维里之所以可以被看成是现代性之父,恰恰就在于他根本性地颠倒了奥古斯丁的秩序,亦即强调"好公民"的问题绝对高于好基督徒的问题(爱你的城邦高于爱你的灵魂)。施特劳斯指出虽然自由主义通常不承认马基雅维里是他们的先驱,但实际上自由主义正是延着马基雅维里的基本路线,把好公民

---

[121] *Natural Right and History*,p. 5.
[122] *What is Political Philosophy?*,pp. 44—46;另参*Thoughts on Machiavelli*。

的问题变成绝对第一位的问题,而把好基督徒或好人的问题都变成只是私人领域之事。所谓权利在先,正义第一,都是要寻求规定好公民的公共标准,而为了达成这个公共标准,首先就必须把任何宗教道德的"好"的标准打入私人领域。就此而言,罗尔斯等所谓的"权利先于善",恰恰正是以更彻底的方式规定了马基雅维里"好公民问题是最高问题"的基本立场。自由主义的吊诡就在于,它认为最高的善或至善就是把所有的善的标准都放到没有公共意义的私人领域。在这私人领域,基督教的善,犹太教的善,伊斯兰教的善,儒家的善都是"好"的,你好我好大家好,但它们都不是"好公民"的标准,好公民的标准是独立于所有这些善的"权利"、正义等等。事实上自由主义几乎必然地走向"唯法律主义",罗尔斯常引用西季威克说近世西方的伦理学概念是"准司法或法律主义的"(quasi-jural or legalistic)[123],正是这个意思。自由主义说这是最高的善、最高的道德,因为它能公平对待所有的善、所有的道德主张,因而最高的道德就是不必裁判谁家的道德是好的,亦即摆脱了一切道德纷争。自由主义宣称其目的是一视同仁地尊重所有宗教、所有种族、所有性别、所有历史文化传统,但其结果实际则是使得所有宗教、种族、性别、历史文化传统都失去了意义,都不重要了,都是可有可无的东西,因为都只有私人领域的意义,并不具有公共意义。这在施特劳斯看来,当然正是虚无主义和相对主义。

诚然,今日自由主义所谓的"权利先于善",当然不是说自由主义完全无视善,而是说自由主义认为人类世界呈现伯林(Isaiah Berlin)所谓的价值多元即各种善的看法彼此冲突而且不可能调和。

---

[123] Rawls, *Lectures on the History of Moral Philosophy* (Harvard University Press, 2000), p. 2.

因此自由主义认为可以发现或建立一套"权利"不以任何一家的善观念出发,却能平等对待所有相冲突的善观念。如此一来,自然立即出来一个问题:这套不以任何善观念为基础的"权利"其本身的基础究竟何在?康德以前的回答可以说是各种形态的"自然法",但康德彻底颠覆了自然法,将自然法贬为只能决定人的情绪欲望的外在必然性领域,而绝不能决定人的自由意志。因此康德以及今日自由主义的回答实际就是这"权利"的最终基础来自于"自由"。因此权利、法律、正义不能立足于任何善或幸福生活的观念,而只能完全从"自由"观念抽出来。

但这里所谓"自由"实在非常诡异。就其第一层意义而言,这里的自由不过是同义反复,亦即自由就是指主体有能力"摆脱"(freedom from)任何特定善观念的支配,亦即一个自由人的自由标志首先就在于他不受任何特定族群、宗教的善观念支配,所以是自由的。但试问这个不属于任何宗教、种族、历史、文化的彻底的"自由人"接下去干什么呢?康德说这自由人会给自己"立法",有选择自由的人必然首先选择一种"有法"而不是"无法"(lawless)的状态,而这法必然归结为他所谓的"道德法",即把人当目的而非手段等等。同样,罗尔斯说,这自由人亦即经过"无知之幕"过滤掉一切历史的、宗教的、族群的甚至性别的各种偶性之后,剩下来的"光秃秃的个人",必然会首先选择他所谓"正义的两个原则"。可是何以见得呢?西季威克已经指出,康德没有意识到他在两种意义上使用"自由"一词,亦即一种意义的"自由"就是主体独立于欲望的控制等等,另一层意义的"自由"则是去"自由地选择作善还是作恶"。从第一层的自由推断不出有这样"自由"的人一定选择"作善"。罗尔斯特别引用了西季威克的这个批评,认为西季威克对康德的批评是决定性的。但罗尔斯认为他自己的"原初状态"解决了康德似乎未能解决的问题。[124]但我们似乎看不出罗尔斯在什么意义上比康德解决得好,因为他说在"原初状态"中的当事者有绝对的自由来选择任何他们愿意的事,但他们会觉得最符合他们的是选择做一个与大家"平等"的成员。可是罗尔斯这个说法似乎实在很薄弱。何以见得有绝对自由的人一定会选择有法而不是无法?何以见得这个彻底自由的人一定选择把人当目的,却不会选择偏偏把人当手段?何以见得这个被无知之幕搞得连自己是男是女都还不知道的自由人一定会选择"正义原则"而不是偏偏选择弱肉强食呢?

我们在这里实际可以立即看出从康德的"自由"到福柯和德勒兹等人的"自由"的线索了。可以说福柯等人是将康德第一层意义上的"自由"更加激进化绝对化了,同时却根本否定了康德第二层意义上的"自由"。在福柯等看来有选择自由的人选择的绝不是"权利",而是"权力",选择的绝非正义,而是统治。因此任何以普遍立法名义开展出来的权利或正义只能是掩饰压迫和非正义,自由的唯一可能就是彻底坚持第一层意义上的"自由",即彻底地"独立"于任何肯定性的法律或正义等等,因为所有这些都必然导致对自由的压迫。福柯在评康德"什么是启蒙"的著名文章中将自己与康德哲学的关系说得非常清楚(事实上福柯作法国国家博士学位的第二论文就是翻译康德的《人类学》,康德哲学因此本是福柯的基本学术背景)。他说康德一方面主张启蒙、批判、自由,另一方面却又试图先划定一个范围,规定在哪些方面"理性的使用"是"正当的"(legitimate),哪些则是"不正当的"(illegitimate),生怕出现"越轨"(transgression),但在福柯看来,今天的"批判"就是

---

[124] 罗尔斯,《正义论》,第40节。

要尽一切可能"越轨"。[125]福柯的"人文科学考古学"首先就瓦解了康德的"先验主体",康德以普遍性为前提的立法主体在福柯那里是不堪一击的。[126]福柯等人的自由因此自然要比康德、罗尔斯的自由是更彻底的自由、绝对的自由、冲决一切网罗的自由。因为在康德、罗尔斯那里中心问题毕竟是自由如何通过自我立法来限制自由,而福柯等则去掉了这一自我立法的要求,而只强调自由作为一种彻底的否定一切的动力机制(libido)。为了这种彻底的自由,不但必须否定一切族群、宗教、历史、文化、社会、社群、家庭、婚姻乃至性别(他们和自由主义一样认为所有这些都只是偶性)对个人的牢笼,而且还必须不断否定个人本身,因为个人本身就是分裂的(德勒兹的所谓 Schizophrenia),这个分裂可以说就是因为个人只有一半要自由,另一半则总是希求肯定性的建制。因此福柯赞扬德勒兹的《反奥狄浦斯》是"非法西斯生活的导言"。[127]确实,那本书将否定性的自由推到了最大的极限,而绝对地否定任何一点肯定性建制。那就是不能有一分一秒的"定居",而必须"游牧",不要说定居,就是连阵地战都不能打,而必须坚持打游击战,总之必须做一个彻底的"游牧人"。不太歪曲地说,福柯和德勒兹等人恰恰认为真正的自由人应该选择的不是"有法"而是"无法",如果康德认为选择有法是自由人的道德义务,那么福柯等恰恰认为选择"无法"才是自由人的道德义务,因为自启蒙以来的一切以自由为名的"立法"在福柯看来当然都只是在营造各种"监狱"。

---

[125] Foucault, "What is Enlightenment？", in *Foucault Reader* (Pantheon Books, 1984), pp. 32–50.
[126] Foucault, *The Order of Things*, pp. 303–387.
[127] Foucault, "Preface" to Deleuze and Guattari, *Anti-Oedipus* (University of Minnesota Press, 1983).

福柯和德勒兹等虽然激进，但确实极大地扩张了自由的论域，尤其是大大深化了人们对可能危害自由的层面的认识。西方主流自由主义近三十年来的主要用力实际上是力图最大限度地包容吸纳福柯等激进自由派提出的问题，从而大大扩张了自由的范围（例如同性恋的自由，病人的自由，自杀的自由，更不必说女性的自由，少数族裔的自由，等等）。就对当代自由主义的补充发展而言，事实上不可否认福柯等左翼激进派的贡献甚大。在美国，自由主义与激进派的共同基础因此可以说远远大于自由主义与保守派例如施特劳斯学派的共同性，这是因为自由主义与激进派都承认上面所说那个康德第一层意义上的"自由"，都强调赤裸裸的个人是最根本出发点。诚然，自由主义与激进派毕竟有其区别，这种区别主要在于，自由主义的根本关切毕竟并不单纯在于自由的个人，而更多在于这些自由的个人如何能组成自由社会和自由国家。而激进派在西方激进政治基本失败以后，事实上把社会、国家及其法律、制度、思想、学校等等都看成是先天的恶，因此基本上只关注自由个人，只关心这些自由个人如何否定、挣脱、消解、打破各种宰制。他们最多关心一点所谓弱势团体，这种关心也未必是在这些弱势团体本身，而更多是为了表达他们反社会控制、反国家机器的理论而已。从道德政治哲学的理论上讲，两者的区别在于，自由主义必须强调前述康德意义上的两种自由，这两种自由缺一不可，第一种自由使得自由主义可以抽取出它需要的最基本要素即赤裸裸的个体，不受任何外在必然性支配，而是绝对自主或自律（autonomy）；第二种自由即选择立法或选择正义的自由则保证这赤裸裸的个体不是不受任何制约的野兽，是能为自己立道德法来约束自己，从而对自己和他人都能负道德责任的道德个体。反过来，激进自由派则基本只讲第一种自由，不谈甚至反对第二种自由。这里自由主义是要先把人变成赤裸裸的孤立的个体，然后再考虑如何把这些个体组织到一个政治社会里。可是对于激进自由派或后现代自由派而言，既然已经是孤立个体，为何还要再加入任何政治社会？从前左翼运动还可以有统一意识形态把大家组织成一个政党之类的，但现在后现代左翼对"权力"和控制的极端敏感和警惕，已经使得这样的政治不可能，唯一可能的是某个"特定时刻"到来时大家一起喊个口号，发个宣言，然后赶紧各自分开，否则必然要有"权力"和宰制问题出来。这就是为什么现在左翼只能是一个学院里的东西。

施特劳斯抓住的正是这个自由主义与后现代共同的东西，即康德意义上这个自主自足的"自由"。在他看来，这个"自由"正是"虚无主义"（nihilism）的问题。因为这个自主自足的自由实际先把人连根拔起，置于"虚无"之中，然后试图在虚无中再建家园。虽然施特劳斯并没有活着看到"后现代"的流行，但在他那里所谓后现代当然只不过是现代的充分展现而已。用他的语言，就是现代性的第二波（卢梭、康德）必然导向第三波（尼采、海德格尔）。施特劳斯的特点实际就在于他把自由主义和激进派基本看成是同根生，因此他对自由主义的批判等同于他对后现代的批判，反过来也可以说在他那里批判后现代就必须批判自由主义本身，因为在他看来自由主义和现代性的内在逻辑必然导向这种走向亦即必然是"后现代"的展开。确实可以说施特劳斯早预见了日后所谓"后现代"的巨浪洪波。纯粹就思想的逻辑而言，施特劳斯在40年代后期就把握住这一从自由主义到后现代的内在关联，确实非同凡响，这当然主要来自于他对尼采、海德格尔哲学的透彻理解。

施特劳斯会首先承认康德所说的这种否定的自由确实是人可能达到的一种状态，但他会立即强调这绝不是像康德所预设的那样是所有人的潜能，在他看来这种彻底的自由不但不是所有人都能达到的，甚至也不是大多数人所欲求的，因为大多数人追求的事实上是肯定性的建制。奠定自由的途径因此绝不能像康德、罗尔斯那样先把所有人都提升到"绝对自由"的状态，这等于把所有人都连根拔起，等于必须以"虚无主义"才能奠定政治社会根基，结果只可能是彻底动摇政治社会的根基。而这，在施特劳斯看来正是现代性的最大危险所在。在施特劳斯看来，西方现代性的全部问题，在于类似康德这样的哲学家抹杀了哲学家的自由与普通人的自由的区别，他们想当然地以为哲学家所欲也就是全人类所欲。按照施特劳斯的说法，"西方文明的危机"来自于西方"古典政治哲学"的衰落，更确切地说，来自于西方现代政治哲学对西方古典政治哲学的反叛，而"现代性的危机首先是现代政治哲学的危机"。[128]因此他一生以复兴"古典政治哲学"为己任。所有这些说法无疑都有点奇怪。我们现在不能不问，施特劳斯所谓"政治哲学"到底是什么？或，到底什么是"施特劳斯政治哲学"？

五　政治、哲学、政治哲学

"政治哲学"是个含混的名词，因为"政治"和"哲学"这些字眼的含义在今天都歧义丛生。今天当然有无数多的政治哲学和政治哲学家，不过大多数情况下这些政治哲学都并不事先告诉读者什么是政治哲学，以及为什么要政治哲学。笼统而言，大多数所谓政治哲学大概是用某种哲学的方法来谈某些政治的问题，而更雄心勃勃的政治哲学则大概企图用某种系统的哲学方法来构造一个政治的系

---

[128] Strauss, "The Three Waves of Modernity", p. 82.

统。但在施特劳斯看来，这样的政治哲学都没有首先严肃地追问，政治和哲学到底是什么关系？在他看来大多数所谓政治哲学甚至从未首先追问到底"什么是政治的？"("What is political？")[129]，更从未反思所谓"哲学"到底是一种什么样的活动。事实上这样的政治哲学往往不假思索地以为自己的研究是"价值中立"的，实际却恰恰拒绝把自己的诸多"预设"(assumptions)带进问题。[130] 施特劳斯认为政治哲学必须首先对"哲学"本身加以质疑，必须对各种预设本身进行盘问。如果政治哲学家不先追问这些问题，那就是缺乏自我批判，缺乏对自身活动的深刻反思，是把太多未经考察的东西不假思索地带进了自己的研究，等于事先预设了太多未必成立的前提。施特劳斯政治哲学不同于几乎所有其他政治哲学之处或许就在于，他坚持政治哲学的首要和中心问题就是要检讨哲学与政治社会的关系，因此他最早曾将他的"政治哲学"称为一种"哲学社会学"(sociology of philosophy)的研究。[131] 正是从这一问题意识出发，他返回到古代的苏格拉底和柏拉图，即返回西方哲学的源头，以图重新检讨哲学到底是怎样的一种活动，以及政治哲学为什么必要。

但这里首先需要强调，所谓"苏格拉底问题"并不是施特劳斯的原初出发点，恰如"前苏格拉底问题"也并不是海德格尔的原初问题意识一样。他们都是从某种先行问题出发而回头去重新检查传统，这个出发点是现代性的问题。这从施特劳斯的思想著述过程可以看得非常清楚，即他是倒着从现代走回古典的。他前期和中期的著作主要都是处理现代传统（斯宾诺莎、霍布斯、洛克、卢梭到马

---

[129] *What is Political Philosophy？*, p. 25.
[130] *What is Political Philosophy？*, p. 22.
[131] Strauss, *Persecution and the Art of Writing*（The University of Chicago Press, 1952）, p. 7.

基雅维里,即使他的犹太传统研究也是倒着从当代的新康德主义哲学家柯亨到近代早期的斯宾诺莎,再到中世纪犹太大哲迈蒙尼德和阿拉伯大哲法拉比)。[132]他真正全力投入"苏格拉底问题"研究事实上已是在他生命的最后十年。这最后十年他接连出版了《城邦与人》(1964)、《苏格拉底与阿里斯托芬》(1966)、《色诺芬的苏格拉底论述:释〈家政篇〉》(1970)、《色诺芬的苏格拉底》(1972)以及临终前完成、死后出版的《柏拉图〈法篇〉的言与行》(1975)。但我们必须强调所有这些都不是为古典而古典的研究,而是从他的"现代性问题"出发的。

施特劳斯对政治哲学的基本看法以及他关于"古典政治哲学"问题的提出,实际隐含着他对整个西方近代哲学和政治哲学的看法,即他认为西方哲学自近代以来是一个日益走火入魔(philosophy gone mad)的过程,亦即现代哲学和现代政治哲学拒绝了"古典政治哲学"的自我认识("哲学只是认识世界,不是改造世界"),而狂妄地以为整个世界可以而且必须按照"哲学"来改造。所谓"从前的哲学只是解释世界,而现代的哲学则要改造世界"这个著名的表述并不只是某些个别思想家的自大,而是贯穿整个西方近代以来"哲学"的基本抱负和自觉使命。由此,西方近世以来的"哲人"不但"真诚"地追求真理,同时更"真诚"地要最彻底地按照哲学看到的真理来全面改造不符合真理的整个世界。其结果就是"哲学"不断批判不符合真理的"政治",导致的是"政治"的日益走火入魔(不断革命),以及"哲学"本身的日益走火入魔(不断"批判")。施特劳斯认为这导致现代性最突出的两个问题,即

---

[132] 他出版的第二本著作《哲学与法》诚然已涉及柏拉图,但基本限于点出中古犹太思想与柏拉图的渊源关系,尚未提出后来的所谓苏格拉底问题。

一方面是"政治的哲学化"[133],另一方面则恰恰是"哲学的政治化"(politicization of philosophy)[134]。所谓"政治的哲学化"是因为现代政治似乎必须从"哲学"的学说和主义出发才能奠定自己的正当性,这是以往的政治从来没有的。以往的政治都以道德、习俗和宗教为基础,从来没有像现代政治这样地要求理性化、知性化、哲学化。而"哲学的政治化"则是因为哲学从以往主要作为一种私人性的纯粹知性追求变成了一种公共政治的武器和工具,实现了现代哲人培根主张的"知识是权力",因此哲学从来没有如此地公共化、大众化、通俗化,这表明哲学在现代西方"变成了一种意识形态"。[135]在施特劳斯看来现代性的这种特点实际意味着政治和哲学的双重扭曲,即政治被哲学所扭曲,而哲学又被政治所扭曲。

　　施特劳斯政治哲学的全部出发点,可以说就是希望找到一条出路来克制"哲学"的走火入魔,从而防止"政治"的走火入魔。这个出路,他认为就在返回苏格拉底开创的古典政治哲学的起点,因为他认为深入的研究可以发现,古典"政治哲学"的起源原本就是为了克制"哲学"的走火入魔,以维护政治社会的稳定。在他看来这也就是所谓从"前苏格拉底哲学"转变到"苏格拉底政治哲学"的真正含义所在。换言之,苏格拉底之所以将"古典哲学"引向"古典政治哲学"的方向,以及苏格拉底本人之所以从"哲人"转变为"政治哲人",就是因为他意识到,"哲学"就其本性而言就具有"癫狂性"(madness),这是因为哲学作为追求智慧的纯粹知性活动,必须要求无法无天的绝对自由,必须要求不受任何道德习俗所制约,不受任何法律宗教所控制,因此哲学就其本性

---

[133] *Studies in Platonic Political Philosophy*, p. 29.
[134] *Natural Right and History*, p. 34.
[135] *The City and Man*, p. 2.

而言是与政治社会不相容的：哲学为了维护自己的绝对自由，必然要嘲笑一切道德习俗，必然要怀疑和亵渎一切宗教和神圣，因此"哲学"作为一种纯粹的知性追求对于任何政治社会都必然是危险的、颠覆性的。正因为如此，苏格拉底把他自己的"转向"——从"哲学"转向"政治哲学"，看成是从神志癫狂"转向或返回神志正常（sanity），亦即返回常识"。[136] 换言之，哲学下降为政治哲学的必要性，就在于防止哲学的走火入魔，或防止"苏格拉底本人的走火入魔"，因为苏格拉底在成为"政治哲人"之前首先是"哲人"。因此，由苏格拉底带来的这个转变，亦即由"前苏格拉底哲学"转向"苏格拉底政治哲学"，其意义在苏格拉底自己看来意味着"从以往哲人的癫狂（madness）返回清明（sobriety）与温良（moderation）"。[137] 施特劳斯接着说，"苏格拉底与他前辈哲人的不同在于，苏格拉底没有把智慧与温良分开。用今天的话来说，苏格拉底的这个转变可以说是返回常识，或返回常识的世界"。[138]

但施特劳斯认为，古典政治哲学之返回常识世界，返回"清明"和"温良"，并不意味着改变哲学的性质，而是改变了哲学的表达方式。哲学之为哲学永远都是癫狂的、颠覆性的知性活动，否则就不是哲学。因为"温良不是思想的美德，柏拉图把哲学比作癫狂，正是清明和温良的反面；思想必然要求的不是温良，而是无畏，伤风败俗在所不顾。但温良是控制哲人言论的美德"。[139] 换言之，"政治哲人"在"思想"方面与"哲人"一样"癫狂"，但在言论表达尤其在写作上却变得无比的谨慎小心。正是在这里，施

---

[136] *The City and Man*, p. 19.
[137] *Natural Right and History*, p. 123.
[138] *Natural Right and History*, p. 123.
[139] *What is Political Philosophy?*, p. 32.

特劳斯提出了他一生最著名的"发现",即发现了他所谓"一种被遗忘的写作方式"。[140]这里所谓"被遗忘"就是被"现代人"所遗忘,但据说在此之前,从柏拉图和色诺芬开始,古典政治哲人都懂得使用一种特别的写作方式(a peculiar manner of writing),这就是同一个文本里面用两种语言说话,传递两种不同的教导:一套是对"社会有用的教导"(the socially useful teaching),即所谓"俗白教导"(the exoteric teaching);另一套则是政治上有忌讳而不宜直言的"真正的教导"(the true teaching),即所谓"隐讳教导"(the esoteric teaching)。"俗白教导"是任何人都能轻易读懂的,而"隐讳教导"则是只有少数训练有素而且仔细阅读的人反复琢磨文本才能领会的。[141]之所以如此,就在于"古典政治哲人"深刻地认识到哲学与政治的冲突,因为"哲学"是一种力图以"真理"取代"意见"的知性活动,但任何"政治社会"的存在却离不开该社会的"意见"即该社会的主流道德和宗教信念,以及以这种主流道德和宗教为基础制定的法律;如果这些"意见"被"哲学"颠覆,也就可能导致该政治社会的瓦解。但由于"哲学"从根本上就是要追求"真理"来取代"意见",而几乎任何政治社会的"意见"都不可能是"真理",因此哲学对于政治必然是颠覆性的,也因此哲学的"真正指导"即"隐讳教导"必须只限于少数人知道,以免危害政治社会。施特劳斯日后说,这个基本思想可以表达为一个三段论:

哲学旨在以知识取代意见,但意见却是政治社会或城

---

[140] "On a Forgotten Kind of Writing", in his *What is Political Philosophy?*, pp. 221–232.
[141] "On a Forgotten Kind of Writing", p. 222.

邦的要素，因此哲学具有颠覆性，也因此哲人必须以这样的方式来写作：改善而非颠覆政治社会。换言之，哲人之思想的美德在于某种癫狂（mania），但哲人之公共言说的美德则在于温良（sophrosyne）。哲学本身是超政治、超宗教、超道德的，但政治社会却永远是而且应该是道德的、宗教的。[142]

简言之，哲学作为纯粹的知性活动是非道德、非宗教或尼采所谓"超越善与恶"的，但任何政治社会的存在和稳定则离不开一套善恶标准即道德，这种道德在西方又以宗教为保证，因此"哲学"与"政治"（道德、宗教）从根本上是存在冲突的。由于"并非所有人都是或都可以成为哲人"，如果"非哲学的多数人"（the unphilosophic multitude）都认为道德、宗教是骗人的或只是鸦片，那么政治社会就必然瓦解（但革命后的新政治社会仍然必须打造一套新的"公民宗教"来维持新社会）。[143] 在施特劳斯看来，所谓"古今之争"的全部问题，实际即在于现代"哲人"拒绝了古代"政治哲人"对"哲学与政治关系"的这一深刻认识，亦即现代"哲人"日益坚定地相信，可以用哲学的"知识"取代政治社会的"意见"。如果古典政治哲人所谓"俗白教导"按柏拉图的说法是某种"高贵的谎言"（noble lie），那么现代哲人则决心要以"知性的真诚"（intellectual probity）来取代"高贵的谎言"，使"真理"大白于天

---

[142] Strauss, *Jewish Philosophy and the Crisis of Modernity*, p. 463.
[143] 参施特劳斯论卢克莱修的长文，"Notes on Lucretius", in his *Liberalism Ancient and Modern*（Cornell University Press，1989，初版1968），pp. 76–139.

下（启蒙）。[144]由此，"俗白写作"这种古典政治哲学的写作方式被拒绝而且最后被"遗忘"，而以返回"常识世界"的"清明和温良"来克制"哲学走火入魔"的古典政治哲学终于衰亡，现代哲学和政治哲学由此走上不断"走火入魔"的不归路。施特劳斯由此认为现代性的问题首先是"现代政治哲学"反叛"古典政治哲学"的问题，而其核心则是以"知性的真诚"取代"高贵的谎言"。由于"知性"本身是"非道德的"，因此毫不奇怪，现代性的开端首先是马基雅维里的"非道德的政治观"（马基雅维里主义），继之演变为康德的"非道德的历史观"，最后是尼采的"超越善与恶"的个体人生观和韦伯的"非道德的社会观"（社会理性化）双峰对峙，到海德格尔则终于点破：现代性下"伦理是不可能的"。

施特劳斯的"政治哲学"因此首先来自于他力图对抗现代"哲学"基本走向的问题意识。这个问题意识在他第一部著作《斯宾诺莎的宗教批判》（1930）[145]中已经出现。他在那里说，斯宾诺莎的名著《神学政治论》是斯宾诺莎对"哲学"的准备或"引导"亦即其"政治哲学"，而斯宾诺莎的《伦理学》则是斯宾诺莎的"哲学"，后者是在前者清理好的地基上来开展的。确切地说，《神学政治论》清理了人间的所有"意见"即道德偏见和宗教偏见，将"人"解放为所谓"自由人"即摆脱了（free from）所有道德偏见和宗教信仰的"真人"，而《伦理学》则正是以这一结果为出发点，即设想完全以这种"自由真人"为基础来安排一个全新的"美丽新世界"。反过来也可以说，《伦理学》即"哲学"是真正的出发点，斯宾诺莎是从这一"真正哲学"设想的"自由真人世界"的立场来批判一

---

[144] 可以顺便指出，罗尔斯的《正义论》一共提及柏拉图两次，其中一次专门用来说明他的"正义论"不接受柏拉图的"高贵的谎言"。见该书 p. 454。

[145] *Spinoza's Critique of Religion*（The University of Chicago Press，1997，初版1930）。

切"神学政治"。这不消说正是整个西方近世哲学一直到罗尔斯等的最基本共同点,亦即贬低和怀疑所谓"前科学世界"即常识世界。笛卡尔所谓"我思故我在"以及所谓以"普遍的怀疑"作为哲学的出发点,无非是对"前科学世界"的普遍怀疑并以最彻底的方式与之断裂。[146]康德道德哲学首先设定一个只有"自由意志"而绝对不依赖经验世界的先验道德主体,都是为了保证一个所谓"自由真人"的出发点。这里可以很容易指出,罗尔斯式政治哲学事实上都是相当于斯宾诺莎《伦理学》层面上的工作,罗尔斯《正义论》设计的所谓"原初立场"(the original position)和"无知之幕"(the veil of ignorance)[147]同样是为了要把"常识世界"先放到括弧里,以便保证在"无知之幕"后面的"当事者"是没有宗教偏见、没有种族偏见、也没有性别偏见的"自由真人",这样"正义社会"才有可能。

施特劳斯所谓"政治哲学"的意图恰恰与斯宾诺莎及整个现代传统反其道而行之。如果斯宾诺莎等政治哲学的目的是要把人从偏见、迷信和宗教引到"哲学"这"真理或光明世界",那么施特劳斯的"政治哲学"的第一步恰恰是要重新把人从这所谓的"真理和光明世界"引回到"意见和偏见"的世界,即引回到原初性的现实的政治世界。这看起来似乎非常奇怪,施特劳斯本人不是也常常说哲学就是把人从意见引向真理吗?为什么他不跟着斯宾诺莎等人一起沿着近现代西方"哲学"的方向,把可怜的人从意见和偏见世界(政治)引向真理和光明世界(哲学),却要反过来把人从被"科学的光芒"照亮的真理世界重新引回到"意见世界"即政治世

---

[146] *What is Political Philosophy？*, p. 23.
[147] Rawls, *A Theory of Justice*, 第三章。

界呢？这是因为在施特劳斯看来，在现代这种"科学的政治理解"中实际隐含着一个基本的假设，即"政治"是可以"取消"或"消亡"的。如他在《自然正义与历史》中所指出，从霍布斯开始现代政治哲学的基本出发点就是认为人的本性是"非政治的"动物。[148] 正因为政治及其道德和宗教历来是引起无穷纠纷的领域，现代哲学和政治哲学的基本指向实际就是希望以"哲学和科学"最终取消"政治社会"，终止"战争"，走向"永久和平"，最后达到"普世社会"（a universal society）或"普世国家"（a universal state）。[149] 在施特劳斯的用语里，"政治社会"因此是相对于"普世社会"而言的，政治社会是特殊的特定的社会，例如雅典、罗马、美国、中国，普世社会则是消除了所有特殊社会之差别的无冲突的"全球性普世一体化国家"。施特劳斯强调，"政治哲学"乃以"政治社会"的存在为前提，但普世社会则以"政治社会"的消失为前提，因此施特劳斯"政治哲学"的前提就是：如果这种"全球性普世一体化国家"是可能的，那么"政治哲学"就是不可能的。他因此曾将他的全部思想或他认为的"古典政治哲学"的全部思想以最简洁的方式表述如下：

（1）"普世一体化国家"（the universal and homogeneous state）是不可能的；

（2）因此任何政治社会都是特殊的，都是"封闭的社会"（a closed society）即柏拉图意义上的自然洞穴；

---

[148] *Natural Right and History*, p. 169.
[149] *The City and Man*, pp. 1–12; *Liberalism Ancient and Modern*, pp. vii–xi.

（3）任何曾经存在过的政治社会或任何将来会出现的"政治社会"都必然立足于该社会一套特殊而根本的"意见"，这种"意见"不能被"知识"所取代，因此任何政治社会都必然是特殊的而且是特殊主义的社会；

（4）政治社会这种立足于"意见"的特性因此对"哲人"的公共言论和写作强加了责任（如果普世理性社会是可能的，这种责任就是不必要的了）；

（5）哲人的写作因此需要一种特定的写作艺术（"俗白和隐讳的写作"）。[150]

反过来，则我们或许也就可以将"现代性"或现代哲学与现代政治哲学的基本思想表述如下：

（1）"普世一体化国家"是可能的；

（2）因此现代政治社会不再是特殊的，不再是"封闭的社会"，而已经成了"开放社会"（open society），因为现代人已经走出了柏拉图意义上的自然洞穴；

（3）现代社会以及任何将来会出现的社会都必然立足于"知识"，不再立足于"意见"，因此任何现

---

[150] *Liberalism Ancient and Modern*, p. x.

代社会都是理性社会因此是普遍主义的,只有那些还没有"现代化"的社会仍然是特殊的和特殊主义的社会;

(4)现代社会这种立足于"知识"的特性因此使"哲人"的公共言论和写作不必再有任何"隐讳",相反,哲人们应该大力宣传"知识",普及"知识";

(5)哲人因此不再需要"写作的艺术"。

我们不难看出,施特劳斯是多么"反动",多么与"现代社会"和"现代观念"不相容。但在施特劳斯看来,这正表明所谓"普世社会"和"开放社会"云云正就是现代人的"意见",而且是神圣不可怀疑的"意见",任何人如果触动这个"现代权威意见",顿时就将不容于"现代社会",不容于"文明世界",顿时就将被看成是"反动",是"异端",甚至是"怪胎"。在施特劳斯看来,现代人的这种"神圣意见"渗透于一切当代学术之中,如果说在早期现代哲学例如康德那里,仍然需要一个"历史哲学"的构想和漫长过程来达到这个普世社会的"美丽新世界",那么在"历史哲学"破产以后,这种所谓的"对政治的科学理解"就采取了更流行的所谓社会科学方法,即所谓"事实与价值之区分":社会科学家相信现代社会必须以所谓"对政治的科学理解"亦即"知识"来取代普通公民们对政治的理解即"意见",由此,公民们所必然具有的价值取向和偏见必须被所谓无偏见无价值预设的社会科学所代替。在施特劳斯看来,从西方近代哲学和政治哲学到现代社会科学的这种所谓"对政治的科学理解",实际都是一种对政治的"非政治的"理解,即对政治之为政治的扭曲,因为这种所谓"科学的理解"都隐含着与"前科学的理解"(pre-scientific understanding)之断裂。施特劳斯强调,古典政治哲学恰恰是从"前科学"的政治理解,即从公民和政治家对政治的理解出发的,这正是古典政治哲学与现代政治哲学的根本不同所在。因此,返回"古典政治哲学"的第一步就在于要像古典政治哲人柏拉图和亚里士多德那样用"前科学"的眼光即公民和政治家的眼光来看待政治,而不是像现代哲学和社会科学那样用所谓"中立的观察家的政治科学的眼光"观察政治。[151] 施特劳斯以后反反复复强调,政治哲学首先必须以现象学的方式还原到"前哲学、前科学、前理论的政治世界",而不能从现代以来建构起来的所谓"哲学的、科学的、理论的政治理解"出发,指的都是必须首先回到赤裸裸的政治世界的问题。[152]

施特劳斯的"政治哲学"因此虽然强调哲学与政治的冲突,却绝非主张逃离"政治"而走向"哲学"。恰恰相反,施特劳斯政治哲学的首要问题是返回政治世界,即返回"前哲学、前科学、前理论的赤裸裸的政治世界"。在他看来政治和哲学在现代已经结成了一个连环套,现代性的诡异就在于它以为可以通过"哲学"来改造"政治",把所有人都提到"哲学"的高度,结果却是"哲学"本身被"政治化"而变成了"公民宗教",而"政治"则反过来被"哲学化"而成了所谓"科学的政治理解"。"政治"本身几乎"看不见摸不着"了,政治的真面貌被"哲学、科学、理论"包了起来。施特劳斯"政治哲学"最奇特的地方因此就在于,如果现代即自由主义"政治"或左翼政治以自由主义的"哲学"或左翼"哲学"为前提,那么施特劳斯的"哲学"必须以施特劳斯的

---

[151] *What is Political Philosophy?*, p. 25.
[152] 关于回到"前科学的政治理解",参见 *What is Political Philosophy?*, pp. 27-29; *Natural Right and History*, pp. 81ff。

"政治"为前提！换言之，要使"哲学去政治化"，必须先使"政治去哲学化"。因此，施特劳斯的"政治哲学"必须包括两个层面或步骤，即先要把政治还原到"前哲学、前科学、前理论的赤裸裸的政治世界"，然后才可能使哲学回到"纯粹哲学、纯粹科学、纯粹理论"的园地。他在其第二本著作《哲学与法》(1935)中因此提出他著名的所谓"第一洞穴"和"第二洞穴"的说法[153]，基本已经预示了他后来一生的路向，即认为，第一，真正意义上的"哲学"只有从柏拉图的"第一层的自然洞穴"（意见世界，政治社会）出发向上走才可能，但第二，启蒙以来的哲学已经推倒了这个"自然洞穴"，把人送到了更下面的"第二层非自然洞穴"（号称的科学世界），在这"第二洞穴"已经没有"哲学"的可能性。唯一可做的只有首先从第二层的非自然洞穴返回第一层的自然洞穴，而这个返回只有借助于他所谓"政治哲学史"的诠释才能展示出来，亦即只有通过艰苦的诠释工作使古典政治哲学的视野重新为人所认识才可能。可以说，施特劳斯"政治哲学"的全部工作就是试图首先从"第二洞穴"（科学化的以"真人"为预设的普世大同世界）走回"第一洞穴"（前科学的以"常人"为预设的特殊政治世界）。恰如胡塞尔一生都在写现象学的"导引"或"前奏"，海德格尔一生都在"走向语言的途中"，施特劳斯一生都在"走向政治的途中"。

施特劳斯这一强调"返回前哲学、前科学、前理论的政治世界"的政治哲学，诚然与他的现象学背景有关。如他自己后来所回忆，他青年时代做胡塞尔助手时印象最深的是胡塞尔曾用最简单的语言向他说明胡塞尔现象学与新康德哲学马堡学派的区别是：

---

[153] 关于"第二洞穴"说，见其 *Philosophy and Law*（State University of New York Press, 1995），pp. 135–136；亦参其 *The Early Writings*（*1921–1932*），ed. by Michael Zank（State University of New York Press, 2002），pp. 214–215.

"马堡学派的工作是从房顶开始,我则从地基开始。"[154]不过在后来海德格尔反叛胡塞尔的革命中,施特劳斯自然站在海德格尔一边,亦即他们都反对胡塞尔将现象学还原的目标指向意识结构分析从而重新落入笛卡尔、康德范畴。胡塞尔晚年虽然也谈"前科学、前理论的生活世界",但他的关注点却仍然是如何结构"科学"或理论。这在施特劳斯看来仍然没有真正"面对事实本身",没有真正返回到"前科学、前理论的生活世界",唯有海德格尔《存在与时间》特别是其第一部分的"在世界中存在"或"在世结构"的分析真正展开了这"前哲学、前科学、前理论"的世界。但施特劳斯则显然进一步认为,"此在"首先是"政治的此在",此在"在世"因此首先是"在政治世界之中"即在特殊的"政治社会之中";而"在世结构"特别是其中"闲谈"、"常人"以及"沉沦"等所谓"非本真世界",正是施特劳斯的"前科学的政治世界"即柏拉图"第一洞穴"的"意见"世界;海德格尔所谓"闲谈"在施特劳斯看来也就不是随随便便的"闲谈",而就是政治社会的主流"意见";所谓"常人"也就不是"普世"的常人,而总是某特定政治社会的"多数"。不过施特劳斯当然知道,海德格尔工作的主要关切是要把笛卡尔、康德建构的现代认识论世界还原到这种"在世界中存在"结构,因此海德格尔的关切并不在政治世界本身,而是更关注现代科学和认识论导致"技术世界观"的全面主宰,而且显然并不认为政治世界或政治哲学方面可以突破这种"技术世界观"的全面主宰。这一点施特劳斯事实上是认同的,虽然他强调现代性的问题首先来自道德政治世界观的变化,

---

[154] *Studies in Platonic Political Philosophy*, p. 31.

然后才是自然世界观的变化[155],但他同样反复强调哲学的最深危机在于17世纪以来"自然"的概念已经完全改变,"科学"的概念也完全改变,亦即"自然"成了"自然科学"研究的"对象",而科学本身完全以"技术"控制为方向,这导致原先以"自然"为根基的"哲学"已经不可能。其结果则是"政治"这一最实践、最人世、最特殊的世界恰恰被提升到了"最哲学、最理论、最普遍"的"科学"层面上来,而"哲学"本身反过来恰恰成了最实际、最人世的考虑,因为它实际上都是在致力于改造人类生活世界使之成为"科学技术世界"的一部分。施特劳斯因此多次说,现代的根本问题是新自然科学全面胜利所导致,在这个问题解决之前,政治哲学能够解决的问题是有限的,亦即不可能真正恢复"哲学"。[156]他不无谦虚地说,他的"政治哲学"只能针对其中一部分的问题,即力图颠覆"现代社会科学"所构筑的那个虚假生活世界,使人认识"政治哲学是所有社会科学当之无愧的女王"(political philosophy is the rightful queen of the social sciences)。[157]但问题在于现代社会科学背后是更强势的现代自然科学的整套"现代知识观",这自然科学意识形态所构建的更大虚假生活世界则非他能够处理了。应该说,后者正是海德格尔的工作,即力图颠覆这整个自然科学意识形态及其营造的更大技术世界整体。这大概也就是为什么施特劳斯到晚年仍然说"我越是理解海德格尔的意图所在,就越是觉得仍然远远没能把握他。我能想象的天下最愚蠢的事就

---

[155] 关于现代性首先来自道德政治世界观的变化,然后才是自然世界观的变化这一观点,是施特劳斯在其30年代的《霍布斯的政治哲学》中致力论证的中心观点,这个论点在其50年代的《思索马基雅维里》中更得到进一步的全面论证。
[156] *Natural Right and History*, p. 8.
[157] *The City and Man*, p. 1.

是闭上眼睛不读海德格尔的著作"。[158]

施特劳斯的"政治哲学"可以说是对海德格尔"哲学终结"的一种深刻回应。他事实上完全承认海德格尔革命的意义即旧意义上的哲学或形而上学由于现代性的展开而已经终结。他与海德格尔一样在寻求和思考"形而上学终结以后"的思想或哲学的可能道路。但他的路向不同于海德格尔,海德格尔认为只有走向"诗思哲学",而施特劳斯则认为必须走向"政治哲学";海德格尔认为出路在于走回"前苏格拉底问题",施特劳斯则恰恰认为出路在于重新解释"苏格拉底问题",从而将这一传统问题完全改造为哲学必须下降为政治哲学的问题即苏格拉底为什么要下人间。直截了当地说,施特劳斯虽然强调"重返"古典,但"重返"乃重新解释传统,不存在简单重回传统形而上学的问题(他否定柏拉图理念论正是明证),在这方面他决定性地受海德格尔影响。但他的政治哲学同时也可以看成是对海德格尔最深刻的批判,即以"苏格拉底问题"来对抗海德格尔的"前苏格拉底问题"。这里特别需要强调的是施特劳斯所谓"苏格拉底问题"乃是他的独门解释,完全不同于传统意义上的"苏格拉底问题"。事实上施特劳斯和伽达默尔一样都力图从海德格尔手里"拯救柏拉图",亦即以强调柏拉图的"写作"(对话)来强调柏拉图不是形而上学,两人的路向虽然完全不同,但都力图对柏拉图作"非形而上学"的全新解释。[159](阿伦特就完全按照海德格尔把柏拉图看成是形而上学,因此她的"后形而上学路向"就简单

---

[158] Strauss, *The Rebirth of Classical Political Rationalism*, p. 30.
[159] 参伽达默尔晚年的 *The Idea of the Good in Platonic–Aristotelian Philosophy*, trans. by P. Christopher Smith(Yale University Press, 1986, 德文原版1978)。亦参其早年博士论文, *Plato's Dialectical Ethics: Phenomenological Interpretations Relating to the Philebus*, trans. by Robert Wallace(Yale University Press, 1991)。

以反柏拉图出发，不再劳神重新解释柏拉图。阿伦特因此反复强调她不是哲学家，也不是政治哲学家，而是"政治理论家"。不过晚年阿伦特另当别论。）

施特劳斯对"苏格拉底问题"的独门解释，尤其在其晚年的一系列"苏格拉底研究"中得到最充分的论述。在1964年出版的《城邦与人》中，他破天荒地提出"政治哲学"就是"第一哲学"（the first philosophy）[160]，这在他自己从前的著作中似乎也是从来没有的提法。换言之，在晚年的施特劳斯看来，"第一哲学"既不是本体论，也不是认识论，大概因为无论本体论还是认识论都容易助长"哲学的走火入魔"倾向，只有以"政治哲学"为第一哲学才能克制哲学的走火入魔。而更重要的是，在1966年出版的《苏格拉底与阿里斯托芬》中，他进一步提出了"两个苏格拉底"的说法，即"少年苏格拉底"和"成年苏格拉底"。所谓"少年苏格拉底"是"苏格拉底以前的苏格拉底"，亦即还没有转向"政治哲学"的"自然哲人"苏格拉底，而"成年苏格拉底"则是"柏拉图的苏格拉底"，亦即转变为"政治哲人"的成熟的苏格拉底。施特劳斯认为"苏格拉底从蒂欧提玛那里得知爱欲的秘密时似乎还太年轻"[161]，亦即那时的苏格拉底与其他"哲人"并无不同，仍然是站在"哲学"的立场鄙视政治和道德，尚未认识到从哲学转向政治哲学的必要性。但"苏格拉底本人日后的一个深刻转变是从少年式地鄙视政治和道德事务、鄙视人事和人，转向成熟地关心政治和道德事务、关心人事和人"。[162] 而这个"成熟地关心政治和道德事务"的苏格拉底，就是柏拉图和色诺芬的苏格拉底，亦即"政治哲人苏格拉底"。

――――――――
[160] *The City and Man*, p. 20.
[161] Strauss, *Socrates and Aristophanes*, p. 4.
[162] Strauss, *Socrates and Aristophanes*, p. 314.

施特劳斯随后就做出了一个重要观察，即虽然古代和现代都有人激烈攻击苏格拉底，但他们攻击的却不是同一个苏格拉底！古代攻击苏格拉底的最有名代表自然首推古希腊喜剧家阿里斯托芬在其喜剧《云》中对苏格拉底的攻击，而现代人攻击苏格拉底最著名的则首推尼采在其《悲剧的诞生》中对苏格拉底的攻击。但施特劳斯指出，阿里斯托芬和尼采攻击的完全不是同一个苏格拉底，因为阿里斯托芬攻击的是"少年苏格拉底"亦即还没有转变为政治哲人的苏格拉底，而尼采攻击的却恰恰是"成年苏格拉底"即政治哲人苏格拉底。事实上阿里斯托芬《云》剧攻击的正是哲人苏格拉底的"癫狂"，而尼采攻击的则是政治哲人苏格拉底没有酒神精神，亦即太清醒！在阿里斯托芬的喜剧中，凡是跟着"哲人"苏格拉底学了点哲学的人，学的首先都是"哲学的癫狂"，例如学了哲学首先就要揍自己的父亲，因为"父亲"是一切权威的象征，而哲学首先要的就是鄙视任何权威，打倒父亲因此正是打倒一切权威的起点。以后被雅典起诉的苏格拉底正是这个"癫狂"的苏格拉底。但是施特劳斯指出，阿里斯托芬喜剧对"少年苏格拉底"的攻击是对"古典政治哲学"的重要贡献，因为正是阿里斯托芬对"哲学癫狂"的攻击，使得柏拉图、色诺芬，甚至苏格拉底本人开始从"癫狂的哲学"下降到"清明和温良的政治哲学"。正因为如此，在柏拉图和色诺芬著述中的苏格拉底完全不同于阿里斯托芬喜剧中的苏格拉底，不是喜剧中那种"少年式地鄙视政治和道德事务、鄙视人事和人"的苏格拉底，而恰恰是"成熟地关心政治和道德事务、关心人事和人"的苏格拉底，即成熟的"政治哲人"苏格拉底。施特劳斯甚至说，这个转变或许不完全是柏拉图和色诺芬的虚构，说不定就是真实苏格拉底自己的转变！[163]但不管怎样，尼采攻击的却恰恰是这后一个苏格拉底，即柏拉图和色诺芬笔下的成熟的"政治哲人"苏格拉底！在施特劳斯看来，古典与现代的差异实莫大于此：尼采似乎以为他对苏格拉底的攻击是与阿里斯托芬的攻击一致的，殊不知阿里斯托芬绝不会攻击柏拉图的苏格拉底即成熟的"政治哲人"苏格拉底，他攻击的只是少年苏格拉底即"癫狂哲人"苏格拉底。因此，尼采和阿里斯托芬的攻击方向正好相反：阿里斯托芬攻击的是少不更事的苏格拉底，即"攻击正义与虔诚的苏格拉底"（the Socrates who assailed justic or piety），而尼采攻击的则是柏拉图的政治哲人苏格拉底，即"维护正义与虔诚的苏格拉底"（the Socrates who defended justice and piety）。[164]

这里的两个苏格拉底，即"攻击正义与虔诚的苏格拉底"，以及"维护正义与虔诚的苏格拉底"，可以说是施特劳斯复兴"古典政治哲学"的全部关键所在。第一个苏格拉底就是以哲学和真理自居而激烈批判政治共同体、攻击城邦视为神圣的一切；这个苏格拉底突出的是哲学如何地高于政治，突出政治是如何地不符合真理。初读施特劳斯的人往往会以为这就是施特劳斯的"苏格拉底"。可是这个苏格拉底自然并不需要施特劳斯来发明，这个苏格拉底所代表的"哲学"正是近世西方所最标榜的"哲学"。可以说，施特劳斯实际认为，近世以来以"哲学"批判"政治"的形态，其原型就在阿里斯托芬所攻击的少年苏格拉底即"攻击正义与虔诚的苏格拉底"，这是走火入魔的苏格拉底（Socrates gone mad），或走火入魔的哲学（philosophy gone mad），亦即一味以哲学标榜而完全无视

---

[163] Strauss, *Socrates and Aristophanes*, p. 314.
[164] Strauss, *Socrates and Aristophanes*, p. 8.

任何政治共同体以"意见"为基础。这种"哲学"自现代以来至少有两种表现形态：首先表现为典型的所谓"启蒙哲学"，亦即不但以哲学为标准来批判政治，而且力图以哲学为标准来改造政治，以知识取代意见，最终使人类都生活在"光明"中，就像基督徒最终可以进入上帝的天国。这种以解放人类为目标的"哲学"形态现在当然不那么时髦了，因此出现第二种更时髦的现在形态，亦即认为启蒙是幻想，人类永远不可能解放，政治永远不可能改造，因此唯一可能的"哲学"就是不断地批判政治社会的一切，这种路线在福柯、德勒兹等后现代那里达到顶峰，也更能满足所谓"知识分子"的自我认同，因为这表示知识分子多么有所谓独立人格、批判意识，而且现在再没有任何政治幻想。

如果施特劳斯的"政治哲学"不过是要说哲学高于政治超越政治，不过是要强调以哲学鄙视政治，那么他也就太平淡无奇了，因为这本就是近世以来任何稍有"知识"的人共享的最流行的现代"意见"。如果施特劳斯只不过指出启蒙哲学想解放人民大众是幻想，那么同样无甚独特，因为在这方面后现代诸公的认识丝毫不比他差。施特劳斯真正不同寻常之处是他提出了"维护正义与虔诚的苏格拉底"。施特劳斯对"哲学与政治"的根本看法实际即是认为，"不成熟的哲学"往往好标榜如何爱"哲学"，如何鄙视"政治"或"人间事"，这就像柏拉图对话《会饮篇》开场出来的那个Apollodorus，明明毫无主见，没有头脑，却生怕别人不知道他是如何"爱哲学"，如何"鄙视政治"。但"成熟的哲学"即政治哲学则恰恰"转向成熟地关心政治和道德事务、关心人事和人"。

施特劳斯由此提出了苏格拉底开创的"古典政治哲学"的深刻意义就是从"癫狂的哲学"走向或返回"清明和温良的常识政治"的问题，从而提出了"政治哲学"是要"改善而非颠覆政治社会"的问题。施特劳斯"政治哲学"的中心工作可以说就是将近代以来一直被视为"攻击正义与虔诚的苏格拉底"改造成"维护正义与虔诚的苏格拉底"。而他的"绝活"则是论证这个"苏格拉底的改造"在柏拉图和色诺芬那里就已经完成了,甚至是苏格拉底本人就已经完成了!他认为柏拉图和色诺芬事实上完全同意阿里斯托芬对"癫狂哲学"的批判,但认为他批判的只是"少年苏格拉底"或不成熟的自然哲人苏格拉底,真正的苏格拉底或成熟的苏格拉底即"政治哲人苏格拉底"则是"维护正义与虔诚的苏格拉底"。这个"维护正义与虔诚的苏格拉底"诚然只是柏拉图和色诺芬的"俗白教导",但施特劳斯强调俗白教导就是政治哲学[165],因为没有"俗白教导",那就只有"癫狂哲学",那么施特劳斯就不是在复兴"古典保守主义政治哲学",而是融入近代以来的激进批判哲学大潮了。施特劳斯晚年特别致力于解释色诺芬的苏格拉底对话,因为他认为色诺芬的著作在古代历来被认为是经典,但从18世纪以后却开始被贬低,恰恰最反映现代"知识人"的偏见,亦即认为色诺芬笔下的苏格拉底丝毫没有"哲人"的味道和"牛虻"的精神,而与普通公民无异,这太难满足现代人的"哲学批判"精神,因此现代人都认为色诺芬歪曲了苏格拉底的形象。施特劳斯却恰恰认为,色诺芬的写作乃"俗白教导"和"隐讳教导"的炉火纯青之作,在其中"哲人"苏格拉底的锋芒掩藏在公民苏格拉底背后,正是"古典政治哲人"的典范。[166]

---

[165] Strauss, *Persecution and the Art of Writing*, pp. 7-37.
[166] Strauss, *Xenophon's Socratic Discourse: An Interpretation of the Oeconomicus* (Cornell University Press, 1970); *Xenophon's Socrates* (Cornell University Press, 1972).

六　结语：政治哲学作为教育

施特劳斯似乎并不认为"古典政治哲学"一定是保守的。他在1945年发表的《论古典政治哲学》或许是他本人关于"政治哲人"的最简明也最准确的讲述。[167] 他首先强调，古典政治哲学的首要特点是政治哲学与政治生活的直接性关系，亦即古典政治哲人首先是直接以公民和政治家的角度来看政治。由此施特劳斯给出古典政治哲人的三重身份：首先，政治哲人以好公民的面貌出现；其次，政治哲人的目标是最高的政治知识即"立法"的知识，获得这种知识的政治哲人是立法者的导师；最后，政治哲人认识到政治生活的最高目标不是政治本身所能达成，而只有哲学才能理解，因此他是献身沉思生活的哲人。这三条中最后一条无疑是最重要的，即政治哲人首先是哲人，哲人对政治并没有特别高的要求，因为哲人知道政治是一个有限的活动场域，受到各种"必然性"的制约，即使所谓"最佳政治"也是一个"机遇"（chance）的问题，非人力可以强求。古典政治哲人从这样一种视野出发，不会像现代哲人那样妄想通过政治的改造造就一个新人类或甚至解放全人类达到历史的终结。唯有首先认识到政治能够达到的目标是有限度的，政治哲人方能成为立法者的导师。政治哲人的政治贡献因此主要是教育立法者，教育立法者认识到本国政治的不完善，教育立法者追求更佳政治。施特劳斯认为柏拉图的《法篇》和《理想国》是两类政治教育的典范。《法篇》是政治哲人教育当政的成年政治家，这种教育自然相当困难，受到的政治限制比较多。[168]《理想国》则是政治哲人

---

[167] Strauss, "On Classical Political Philosophy" (1945), in his *What is Political Philosophy?*, pp. 78–94.
[168] Strauss, *The Argument and the Action of Plato's Laws* (The University [转下页]

教育年轻的未来的立法者,这种教育是在当政者不在场的情况下进行,因此余地比较大。[169]因此施特劳斯认为古典政治哲学并非因循守旧,不事改革,而是主张由政治哲人通过教育人特别是教育立法者来进行改革。如他在《论古典政治哲学》这篇文章中所言,"政治哲学就是试图引导资质较好的公民,或不如说引导这些公民的资质较好的子弟,从政治生活走向哲学生活"。[170]这里所谓"引导资质较好的公民"即是指《法篇》的教育,而"引导这些公民的资质较好的子弟"则是指《理想国》式的教育。后面这种教育即教育年轻的未来立法者,显然是施特劳斯认为可塑性更大的。我们现在可以说,施特劳斯所谓"政治哲学"基本落实为"教育",即通过在大学里从事"自由教育"来影响未来公民和立法者。他因此常常引用柏拉图说:"教育在其最高的意义上而言就是哲学"(education in the highest sense is philosophy)。[171]他在《什么是自由教育》等文章中强调,现代已经不可能有哲人,唯一可能的"哲学追问"(philosophing)只有一种方式,即研究伟大经典著作。这大概也就是施特劳斯自己所从事的"政治哲学",即带着一批美国弟子细读圣贤书。在这教育过程中,这些弟子中有些成为一心向学者和未来的教育家,也有些可能今后成为立法者。许多人常常对施特劳斯弟子中这么多人去从事政治感到难以理解,因为他们听说施特劳斯的教导是要人做"哲人",不要搞政治,殊不知施特劳斯政治哲学的独特品性就是强调只有从政治才能进入哲学,因为施特劳斯所谓政治哲学就是要"从政治生活走向哲学生活"(from the political life to

---

　　[接上页]of Chicago Press,1975)。
〔169〕 *The City and Man*,第二章。
〔170〕 "On Classical Political Philosophy",p. 94.
〔171〕 *Liberalism Ancient and Modern*,p. 6.

the philosophic life ），因此施特劳斯自称其政治哲学是"走向哲学的政治引导"（the political introduction to philosophy）。[172]

本文开始即曾说过，施特劳斯及其学派是一个相当奇特的现象。只有一点大概是人们会同意他的，即与他的现代性批判相比，现代西方的其他现代性批判确实都显得基本是在西方现代性的方向上批判现代性。施特劳斯以复兴"古典政治哲学"为己任，其坚决和彻底确实令人印象深刻。但施特劳斯个人素质上的一个突出品质是他似乎很少有焦虑感，也很少给人感觉是对古典的怀旧。他对一切最彻底消解传统的思想家似乎都反而有特别的兴趣甚至热爱。早在30年代他就认为，古典传统的真正复兴只有在对传统的彻底摧毁走到尽头以后才真正可能，只有首先经历了尼采式最彻底的批判以后才有可能置之死地而后生。[173]他同时认为，对政治哲学的真正理解可以说只有在所有传统都已打碎时才成为可能，因此他认为西方现代性的危机越是深刻，反倒恰恰提供了一种前所未有的有利契机使人们有可能以全新的视野来审视从前没有被真正理解的传统。[174]施特劳斯最近的影响开始上升，或许是因为至少在美国，后现代批判等差不多已经走到尽头，太阳底下已经再没有什么新东西了吧。施特劳斯说政治哲学更近喜剧而非悲剧，我愿期待21世纪是喜剧的时代。

2002年12月26日

---

[172] Strauss, "On Classical Political Philosophy", pp. 93-94.
[173] Strauss, *Philosophy and Law* (State University of New York Press, 1995), p. 136.
[174] Strauss, *The City and Man*, p. 9.

前　言

多年以来，关于责任政府的政治哲学是美国政治科学中颇受冷落的一个领域。这一时期的特征是，完全拒斥自然法这一传统上用来判断政府关系的标准。法律和权利出自国家。人们认为，在民主政制下，多数人创造了法律和各种得到认可的权利。除此之外，主权国家不会受到任何法律限制的束缚。近年来那一20世纪特有的现象——极权主义政制——在政治哲学家中复活了对于传统自然法学说（及其对于有限的国家权威的强调）的研究。

施特劳斯教授以他的瓦尔格伦基金（Walgreen Foundation）讲演为基础的这部著作，深入地分析了自然权利的哲学。它既是对于某些现代政治理论的批判，又是对传统观念的基本原则的精彩讲述。

杰罗姆·克尔文
瓦尔格伦基金会主席

序　言[*]

这是我在芝加哥大学 1949 年 10 月所做六次讲演的扩展稿本，这六次讲演是在查尔斯·R. 瓦尔格伦基金会（Charles R. Walgreen Foundation）支持下进行的。在将此讲演稿付梓的准备过程中，我力图尽可能多地保留其原初的形式。

我感谢查尔斯·R. 瓦尔格伦基金会，特别是基金会主席杰罗姆·G. 克尔文（Jerome G. Kerwin）教授，使得我对于自然正义[**]问题的诸多观察有机会获得一个连贯的表达。我还要感谢瓦尔格伦基金会在文字缮抄方面予以的慷慨协助。

此前我曾刊布过这一研究的某些部分，或以目前的形式，或以缩减版本的形式。第一章曾刊于《政治学评论》(*Review of Politics*) 1950 年 10 月号；第二章刊于《尺度》(*Measure*) 1951 年春季号；第三章刊于《社会探究》(*Social Research*) 1952 年 3 月号；第五章

---

[*] 该序言在 1971 年第七次英文重印本中即予删落，此后各次印本均代之以"第七次重印本序言"；此处据 1965 年第五次重印本译出，谨供中文读者参考。——中文版编者注

[**] 此处原文为 natural right，作者特别以此来指称古典自然正义（自然正确）以及现代自然权利的双重意涵。作者自写作本书之后日益转向古典研究（见"第七次重印本序言"），而本书重点则在于对现代性的批判。由此，中文版在全书大多数地方仍沿用现代的理解，译作"自然权利"，书名亦作"自然权利与历史"。请参考甘阳为本书撰写的导言以及中文版第 94、164、173 页的译注。——中文版编者注

A部分刊于《国际哲学评论》(*Revue internationale de philosophie*)1950年10月号;第五章B部分则刊于《哲学评论》(*Philosophical Review*)1952年10月号。

《国际哲学评论》的编者惠允将其所刊部分在此重印,这也是我要感谢的。

列奥·施特劳斯

1952年10月

伊利诺伊州,芝加哥

第七次重印本序言
（1971年）

用不着说，如果我重写这本书的话，将会写得很不一样。但是我从各个方面确切地得知，已经写成这样子的这本书，现在和以后对人们都还是有所裨益的。

自我写作这本书以来，我相信，我对"自然权利与历史"这一主题的理解更加深化了。这首先体现在"现代自然权利论"这部分中。通过研究维柯的《新科学》，我的观点得到了确证。维柯此书致力于重新审视自然权利论，但并没有得到那些视"历史意识"为理所当然的人的恰当的研究和理解。由于我没有写过任何关于维柯的东西，我只能建议有兴趣的读者去看我写于同一时期的有关霍布斯和洛克的论文——《论霍布斯政治哲学的基础》和《洛克的自然法学说》。这两篇文章都重印在《什么是政治哲学？》（自由出版社，1959年）一书中，我要特别提请注意我关于霍布斯论点的核心之处的文字（该书第176页注释）。

在过去十年里，我集中精力研究"古典的自然权利论"，尤其是苏格拉底。我在1964年以来出版的某些著作中，以及一本即将出版的名为《色诺芬笔下的苏格拉底》的著作中，都涉及了这一论题。

比之正在盛行的（实证主义的或历史主义的）相对主义来说，我所学过的任何东西都没有动摇过我对于"自然权利论"，尤其是古典形式的"自然权利论"的偏好。为了避免一种常见的误解,我得进一步说明:对于某种高级法的诉求,倘若那种法律是按"我们的"传统来理解的,而又有别于"自然"的话,这种诉求在本质上(如果不是在动机上的话)就是历史主义的。如若所诉求的乃是神法的话,显然又是另外一番情形了;但是神法毕竟不是自然法,更不用说自然权利了。

列奥·施特劳斯
1970年9月
马里兰州,安那波利斯,圣约翰学院

在一座城里有两个人。一个是富户,一个是穷人。富户有许多牛群羊群,穷人除了买来的一只小母羊羔之外,别无所有。羊羔在穷人家里和他儿女一同长大,吃他所吃的,喝他所喝的,睡在他怀中,在他看来如同女儿一样。有一客人来到这富户家里,富户舍不得从自己的牛群羊群中取一只预备给客人吃,却取了那穷人的羊羔预备给客人吃。*

耶斯列人拿伯在耶斯列有一个葡萄园,靠近撒玛利亚王亚哈的宫。亚哈对拿伯说,你将你的葡萄园给我作菜园,因为是靠近我的宫,我就把更好的葡萄园换给你,或是你要银子,我就按着价值给你。拿伯对亚哈说,我敬畏耶和华,万不敢将我先人留下的产业给你。**

---

* 此段出自《旧约·撒母耳记下》第12章。——译注
** 此段出自《旧约·列王记上》第21章。——译注

导　论

　　除了最显而易见的原因之外,我还有更多的理由以引用《独立宣言》中的一段话,来开始我这一系列的查尔斯·瓦尔格伦讲演。这段话老被人们引用,但是由于其凝重雅致,使得它免遭因为过度熟稔而滋生的轻视和由于过分滥用而滋生的厌恶。"我们认为以下真理是自明的,人人生而平等,他们被他们的造物主赋予了某些不可剥夺的权利,其中包括生命、自由和追求幸福的权利。"献身于这个命题的民族,毫无疑问部分地是由于他们献身于这个命题,现在已经成了世界民族之林中最为强大繁荣的一个。这个民族在她成熟以后,是否依然珍视着她在其中孕育成长的这种信念呢?她是否仍然认为那些真理是"自明"的呢?大约是在一代人以前,一位美国外交官仍然会说:"人权的自然的和神圣的基础……对于所有的美国人而言是自明的。"大致是在同时,一位德国学者仍然可以把德国思想与西欧和美国思想的分别描述为,西方依旧坚持自然权利的极端重要性,而在德国"自然权利"和"人道"这样的术语"已经变得几乎是不可理喻……完全丧失了它们原来的活力和色彩"。他接着说,在抛弃自然权利观念的同时,并且通过抛弃这种观念,德国思想"创造了历史意识",最终导向了漫无节制的相对主义。[1]

---

〔1〕《恩斯特·特罗尔奇论自然法和人道》,见奥托·基尔克《自然法与（转下页）

二十七年前对于德国思想所作的大致准确的描述，现在似乎适用于西方思想的普遍状况了。一个国家倘若是在战场上失败了，作为政治体遭受了猛烈的打击，她就通过给征服者们套上她自身思想的羁绊，而剥夺了征服者们最崇高的胜利果实，这在历史上已不是第一次了。无论美国人民的真实思想是什么样的，美国的社会科学却是确定地采取了在一代人之前还可以合情合理地说成是德国思想特征的那种对于自然权利论的态度。那些执着于《独立宣言》原则的有学养的人中，多数都不是把这些原则解释为是对自然权利的表述，如果说他们不是把它当作意识形态或者是神话的话，也是将之视为一种理想。当今的美国社会科学，就其还不是罗马天主教的社会科学而论，乃是服膺这样的立场的：所有人都被进化的过程或者是某种神秘的命运赋予了多种冲动和激情，但毫无疑问没被赋予什么自然权利。

然而，今日人们对于自然权利的需要，一如数百年甚至上千年来一样地显明昭著。拒斥自然权利，就无异于说，所有权利都是实在的权利（positive right），而这就意味着，何为权利是完全取决于立法者和各国的法院的。可人们在谈到"不公正"的法律或者是"不公正"的决断时，显然是有着某种意涵，有时甚而是非如此不可的。在下这样的判断时，我们指的是存在着某种独立于实在权利而又高于实在权利的判断是非的标准，据此我们可以对实在权利做出判断。当今的许多人会认为，我们所说的这种标准在最好的情形下，也不过是我们的社会或我们的"文明"所选取的理想，它体现在其生活方式或制度中。但是，依据同样的见解，各个社会都有

（接上页）社会理论》，欧内斯特·巴克尔翻译并作序，第1卷（剑桥大学出版社，1934年），第201—222页。

它们各自的理想,在这一点上,食人族社会与开化社会并无二致。倘若说某种原则为某个社会所接受这一事实,就足以证明其合理性的话,那么,同类相食的原则与开化社会中的那些原则就都同样是有着坚实的基础而又健全的了。由此种见解出发,当然就不能简单地把前一种原则视为糟糕透顶而加以拒绝。并且,既然我们的社会的理想无疑是在变迁之中,那么除了陈腐僵化的习惯而外,就没有什么东西能够阻止我们向着同类相食的方向缓缓变化。如果除了我们社会的理想之外,没有什么更高的标准的话,我们就全然不能对那一理想保持一段距离,来对它加以审视批判。然而,仅仅是我们能够对自己社会的理想到底价值几许提出疑问这一事实,就表明在人的内心中存在着某种并不完全受他的社会奴役的东西,因此,我们就能够(也是被迫着)去寻求某种标准,来据以评判我们自己的和其他社会的理想。这一标准不能到各个社会的所需中去寻找,因为各个社会和它们的各部分之间有着许多互相冲突的需求,优先性的问题就由此产生了。如果我们没有某种标准来据以在真实的需求和虚幻的需求之间做出区分,并分辨出各种真实需求之间的高下之别,这个问题就无法以理性的方式得到解决。如果我们不具备自然权利的知识的话,由社会上各种相互冲突的需求所导致的问题就不能得到解决。

　　看起来,拒斥自然权利注定要导致灾难性的后果。很明显,那被很多人,甚至是被最起劲地反对自然权利论的某些人视作灾难性的后果,的确是导因于当代人对自然权利的拒斥。对于要达到某些目标我们可以选择何种手段而言,我们的社会科学确实能使我们聪明而睿智。可是它承认无法帮助我们分辨合法的与非法的、公正的与不公正的目标。这样的科学是工具性的,也只能是工具性的,它生来就是现有的无论何种权力或利益的仆从。如果我们的社会科学之偏好宽宏大量的自由主义,并不超过它之偏好理论上的融贯性的话(上帝才知道这是为什么),那么马基雅维里在明面上所做的,就是它在实际上所做的,这也就是说,它在给暴君们和给自由的各民族提供咨询时,都是同样地称职而又心甘情愿的。[2] 按照我们的社会科学,我们在所有第二等重要的事情上都可以是聪明的,或者可以变得聪明起来,可是在头等重要的事情上,我们就得退回到全然无知的地步。我们对于我们据以做出选择的最终原则,对于它们是否健全一无所知;我们最终的原则除却我们任意而盲目的喜好之外并无别的根据可言。我们落到了这样的地位:在小事上理智而冷静,在面对大事时却像个疯子在赌博;我们零售的是理智,批发的是疯狂。如果我们所依据的原则除了我们盲目的喜好之别无根据,那么凡是人们敢于去做的事就都是可以允许的。当代对自然权利论的拒斥就导向了虚无主义——不,它就等同于虚无主义。

尽管如此,宽宏大量的自由派们在看着自然权利论被抛弃时,不唯内心平静,甚而还如释重负。他们似乎认定,既然我们无从获得有关什么才内在地就是善或对的真正的知识,这就使得我们被迫容忍各种关于善或者对的意见,把一切的偏好和一切的"文明"都视作旗鼓相当。唯有漫无限制的宽容才是与理性相吻合的。但这就

---

[2] "有人断言,专制制度下没有法律秩序,有的只是专制统治,这种断言纯属无稽之谈……专制国家也表现为一种人类行为秩序……而且这也是一种法律秩序。否定其法律性质,就意味着自然法不是太单纯了,就是太夸张了。所谓专制意志,只能是一种合乎法律的独裁:自作主张,对手下具有绝对的支配权,用普遍的或特殊的价值随意消除或更改过去的规范。这样一种状态虽然充满了弊端,它也是一种法律状态。它也有好的一面。现代法治国家当中就经常出现独裁的呼声,这正说明了这一点。"(汉斯·凯尔森《法与国家的一般理论》,柏林,1925年,第335—336页)由于凯尔森并未改变他对于自然权利论的态度,我倒不明白他怎么会在英译本中略去了极具启发性的这一段文字(《法与国家的一般理论》,哈佛大学出版社,1949年,第300页)。

导致了承认每一种偏好,只要它能容忍别的偏好,它就具有合理的或自然的权利;或者反过来说,这就承认了人们有合理的或者是自然的权利,来拒绝或谴责所有不宽容的或"绝对主义的"立场。后者之所以应受谴责,乃是因为它们是建立在一个显然是虚假的前提之上的,亦即人们知道什么是善。在这种对于各个"极端"激烈拒斥的内心深处,我们能够辨别出对于某种自然权利,或者更准确地说是对于自然权利的某种特殊解释的认可,按照这种解释,人们所需求的东西乃是因其多样性和个性而受到尊重的。然而,在对于多样性或个性的尊重与对于自然权利的认可之间存在着紧张关系。当自由派们对于甚至是由最具自由主义色彩的自然权利论对多样性和个性所施加的绝对限制感到不耐烦时,他们就得在自然权利论和丝毫不受束缚的对个性的培养之间做出选择。他们选择了后者。一旦走出了这一步,宽容对许多人而言就成了一种价值观或者理想,本质上并不比它的对立面更优越。换句话来说,不宽容是与宽容具有同样尊严的一种价值。但是要将它与所有的偏好或选择置于同等地位,实际上是不可能的。如果诸种选择的不平等的序列,不能够追溯到它们的目标的不平等的序列的话,那就必须追溯到选择行动的不平等的序列;而这就意味着,不同于卑污低下的选择的真正的选择,只能是果敢决绝的极其严肃的决断。而这样的决断,比之宽容而论,它更接近于不宽容。自由主义的相对主义,植根于宽容的自然权利论传统之中,或者说是植根于认为每个人都具有按照他对于幸福的理解而去追求幸福的自然权利的观念之中;但是就其本身而论,它乃是不宽容的一个源泉。

一旦认识到我们的行动所依据的原则除却盲目的选择而外别无根据时,我们就再也无法信赖它们了。我们不再能够全心全意地依据它们而去行动。我们不再能继续作为负责任的存在者而生活下去。为了生存,我们把那些很容易就能平息下去的理性的声音平息下去了——它们告诉我们说,我们所依据的原则本身和任何别的原则并无好坏之分。我们越是培植起理性,也就越多地培植起虚无主义,我们也就越难以成为社会的忠诚一员。虚无主义之不可避免的实际后果就是狂热的蒙昧主义。

对于这一后果的严酷体验,使得人们对于自然权利论重新萌发了普遍的兴趣。但是这一事实本身令我们必须格外地警惕。义愤可不是个好参谋。我们的义愤顶多证明我们是意有所指的。它并不能证明我们是正确的。对于狂热的蒙昧主义的厌恶,并不必定要使得我们以狂热的蒙昧主义的精神投入自然权利论的怀抱。我们得警惕这种危险,别在追求苏格拉底的目标时,堕入了色拉叙马库斯*的手段和性情之中。对于自然权利论的需求的紧迫性当然并不能证明这种需求就能够得到满足。愿望并不等于事实。即使是证明了某种特定的观念对于幸福生活来说必不可少,那也只不过是证明这种观念乃是人们理当崇敬的神话:人们并没有证明它是真确的。效用和真理是完全不同的两回事。理性趋使我们逾越出我们社会的理想之外这一事实,并没有向我们担保说,走出了这一步,我们就不会再面对虚空或是林林总总、互不相容而又都同样合理的"自然权利"的原则了。这一问题的严重性迫使我们有责任以不偏不倚的姿态来对它作一番理论上的探讨。

当前,自然权利的问题与其说是关乎确切的知识,不如说是关乎人们的回忆。因此我们有必要从事历史研究,以进一步熟悉这个问题的全部复杂性。有的时候我们得充当一下所谓的"思想史"的

---

* 色拉叙马库斯(Thrasymachus),柏拉图《理想国》等著作中常和苏格拉底对话的一个人物,性情鲁莽而轻信。——译注

研究者。与流俗的见解相反，这将会加剧而不是减轻进行持平的研究的困难。用阿克顿爵士的话说："很少会有什么发现会比揭示思想的谱系更令人恼火的了。精辟的定义和无止境的分析会揭开社会用来掩饰其分裂的面纱，会使得政治论争激烈得难以调和，政治联盟脆弱得难以有什么成效，还会使得政治生活因为社会和宗教斗争的激烈情绪而遭受磨难。"我们克服这种危险的唯一方法，就是远离这样一个层面，在那里政治强制是对于党派之争的狂热而盲目的激情的唯一防范措施。

自然权利的问题今天成了一个党派忠诚的问题。环顾四周，我们可以看到两个敌对的阵营，它们壁垒森严而又相互防范。一个阵营由形形色色的自由派所占据，另一个阵营则由天主教内或非天主教的托马斯·阿奎那的信徒所占据。这两派人，再加上那些骑墙派或者是莫衷一是的人，都使得这个问题愈益含混不清。他们全都是现代人。我们全都面对着同样的困难。古典形式的自然权利论是与一种目的论的宇宙观联系在一起的。一切自然的存在物都有其自然目的，都有其自然的命运，这就决定了什么样的运作方式对于它们是适宜的。就人而论，要以理性来分辨这些运作的方式，理性会判定，最终按照人的自然目的，什么东西本然地（by nature）就是对的。目的论的宇宙观（有关人类的目的论的观念构成了它的一部分）似乎已被现代自然科学所摧毁。从亚里士多德的观点来看——谁敢说自己在这个问题上比亚里士多德更有发言权呢？——机械论的宇宙观与目的论的宇宙观的分别在于，它们解决诸天、天体及其运动的方式不同。[3] 就从亚里士多德自己的观点来看至为重要的这个方面而言，问题的解决似乎是有利于非目的论的宇宙观的。由这

---

[3]《物理学》196ª25以下，199ª3–5。

一关键性的解决方式能引出两个正相反对的结论。按照其中一种解决办法，非目的论的宇宙观必须随之以非目的论的人生观。然而，这种"自然主义"的解决办法却面临着严重的困难：如果仅仅把人看作是由欲望和冲动所支配的话，好像就不可能对人类的目的加以适当的考虑。因而，另外一种解决办法盛行起来了。而这意味着，人们被迫接受一种根本的、典型的现代二元论，亦即在自然科学上的非目的论和在人的科学上的目的论。这就是托马斯·阿奎那在现代的追随者们与别的人一起被迫接受的立场，这种立场标示着与亚里士多德以及阿奎那本人那种融通的观念的决裂。我们所面对的这种根本性的两难局面，是由现代自然科学所取得的胜利而引发的。这一根本问题不能解决，就谈不上对自然权利问题的恰当解决。

毋庸讳言，我们这一系列讲演并不能解决这个问题。我们将局限于那些能在社会科学的范围内加以澄清的自然权利论的问题。当前的社会科学拒斥自然权利论是出于两个互不相同而又在很大程度上搅和在一起的理由。它以历史的名义和以事实与价值的分野的名义来拒斥自然权利论。

第一章

自然权利论与历史方法

以历史的名义而对自然权利论展开攻击,在大多数情形下采取的是以下的形式:自然权利据称是人类理性所能辨识而又得到普遍承认的权利,但是历史学(包括人类学)告诉我们,根本就不存在这样的权利,我们能够看到的不是那种假想的一致性,而是形形色色、无比之多的有关权利和正义的观念。或者,换句话说,倘若不存在什么确定不易的正义原则的话,也就不存在什么自然权利。然而,历史向我们表明,一切有关正义的原则都是变动不居的。人们只有认识到了这一论证之离题万里,才能理解以历史之名来攻击自然权利论的蕴含之所在。首先,"所有人类的同意"绝不是自然权利得以存在的必要条件。某些最伟大的自然权利论的大师指出,正由于自然权利是理性的,那就只有培植起了理性才能发现它,因此自然权利不是人所周知的:人们甚至不应该期望在野蛮人中会有什么对于自然权利的真正知识。[1]换言之,人们在证明了没有任何正义原则不是在某时或某地被人否定过的同时,并没有证明说有任何

---

[1] 参见柏拉图《理想国》456^{b}12-^{c}2,452^{a}7-8和^{c}6-^{d}1;《拉凯斯篇》184^{d}1-185^{a}3;霍布斯《论公民》,II,1;洛克《政府论》,下篇,sec. 12,又见《人类理解论》,I,3。可比较卢梭《论人类不平等的起源和基础》,序;孟德斯鸠《论法的精神》,I,1-2;又见马西利奥《和平的保卫者》ii. 12.8。

的否定就是正当的或者是合理的。并且,众所周知,不同的时代和不同的民族有着不同的正义观念。如果说是由于现代的学者们发现了更大数量的此类观念,从而多少影响了我们所探讨的这一根本问题,那就太荒诞不经了些。要紧的是,形形色色、为数众多的对于"正确"和"错误"(right and wrong)的观念的知识,并非与自然权利的观念毫不相容,这种知识乃是产生自然权利观念的根本前提。对于种种关于"正确"的观念的认识,促使人们去寻求自然权利*。倘若说以历史的名义来拒斥自然权利论还有些意义的话,它也必须有一种除却历史证据之外的基础。它的基础必须是对自然权利的可能性和可知性的一种哲学批判———一种与"历史"相关联的批判。

由存在着各种有关"正确"的观念,到得出结论说自然权利并不存在,这种推论几乎和政治哲学本身一样古老。形形色色的有关"正确"的观念的存在,证明了自然权利并不存在,或者说证明了所有权利都有来自习俗的性质,政治哲学似乎就是从这一论争起步的。〔2〕我们把这种观点称为"习俗主义"(conventionalism)。要澄清当代以历史的名义来拒斥自然权利论的内涵,我们首先就必须把握住以下两者的具体分别:一方是习俗主义,另一方则是作为19和20世纪思想特征的"历史感"或"历史意识"。〔3〕

---

* 此处的"正确"和"自然权利"中的"权利",在原文中均为right,注意到这一点有助于理解本书的某些推论。——译注

〔2〕 亚里士多德《尼各马可伦理学》1134^{b}24–27。

〔3〕 不能简单地把19和20世纪法学的实证主义或者是等同于习俗主义,或者是等同于历史主义。它大概最终得力于被普遍接受了的历史主义的前提(可参看卡尔·贝格玻姆,《法理学与权利哲学》,第1卷[莱比锡,1892年],第409页以下)。有一种反驳自然权利的可能性的论证仅仅是说,自然权利论给实在的法律秩序带来了灾难性的后果。贝格玻姆的论证不同于此,他依据的是"除了人们所不能理解、只在信仰的精神中才焕发出其神性的(转下页)

习俗主义假定自然与习俗之间的分别乃是一切分别中最具根本性的。这意味着自然较之习俗或社会的法令有着不可比拟的更高的尊严，或者说自然就是规范。认为正确和正义都是习俗性的这一论题，就等于是说正确和正义在自然中并无依据，它们终究是与自然相违背的，它们的根基或明或暗地乃是各共同体的任意决断。它们除了某种同意之外别无依据，而同意虽能产生和平，却不能够产生真理。另一方面，现代历史观的信奉者们把自然乃是规范这一前提当作神话而加以拒绝；他们拒绝承认这一前提：自然比之任何人为的产物具有更高的尊严。相反地，他们或者是把人及其产物（包括他们那变化不定的正义观念）看作是与其他一切实在的事物同等的自然；或者是强调在自然的领域与自由或历史的领域之间的根深蒂固的二元论。在后一领域中，他们认为人的世界、人类创造性的世界远比自然高超得多。由此，他们并不把有关正确与错误的观念视作本质上乃是任意武断的。他们力图找到这些观念的来由；他们力图使得这些观念的各种变种和关联能够为人所理解；他们把这些观念追溯到了人的自由行动；他们坚持说在自由与任意恣行之间有着根本的区别。

古代与现代观念之间的不同有何意义呢？习俗主义乃是古典哲学的一种特殊的形式。在习俗主义与（比如说）柏拉图的立场之间显然有着深刻的差异。但是，古典时代的论敌们在一个最为根本之点上是完全一致的：他们都承认自然与习俗之间的分别是具根本性的。这种分别体现在对哲学的看法中。哲学化（philosophizing）意

（接上页）那人之外，不存在任何永恒而绝对之物，这乃是不容否认的真理"（第146页注），也即他根据的是这一假设："我们据以评判历史性的、实在的法律的标准……本身就绝对是它们那时代的产物，因而永远是历史性的和相对的。"（第450页）

味着从洞穴中上升到光天化日也即真理之下。*洞穴乃是与知识相对的意见的世界。就其本质而言,意见是可变的。如若不是由社会的法令来使意见稳定下来的话,人类就无法生活,也就是说,他们无法在一起生活。意见就这样成了权威性的意见,或者说是公共的教条,也可以说是世界观(Weltanschauung)。这样,哲学化就意味着由公共的教条上升到本质乃是私人化的知识。公共教条原本是一种不自量力的努力,想要去解答有关无所不包的真理或者是永恒的秩序的问题。[4]从永恒秩序的角度来看,任何对于永恒秩序的不恰当的观念都是偶然而任意武断的,它的有效性来自社会的法令或习俗,而不是来自它内在的真理性。习俗主义的根本前提无非就是把哲学视为把握永恒的努力。现代自然权利论的反对者们所拒绝的恰恰就是这种看法。照他们的看法,所有人类的思想都是历史性的,因而对于把握任何永恒的东西来说都是无能为力的。如果说,对古典派而言,哲学化就是要走出洞穴的话,那么对我们的同代人来说,所有的哲学化本质上都属于某一"历史世界"、某一"文化""文明"或"世界观"——那也就正是柏拉图所称之为洞穴的。我们把这种观点叫做"历史主义"。

  我们曾提到过,当代有人以历史之名拒斥自然权利论,其依据不在于历史证据,而在于对自然权利的可能性和可知性的哲学批判。我们已经看到,这种哲学批判并不是特别针对自然权利或者是一般道德原则的批判,它也是对于人类思想的批判。无论如何,对于自然权利论的批判在历史主义的形成过程中扮演了重要的角色。

  历史主义是在19世纪时,在这一信念的庇护下崭露头角的:

---

*   此处系指柏拉图《理想国》中著名的洞穴比喻。——译注
[4]   柏拉图《米诺斯篇》314^{b}10–315^{b}2。

对于永恒的知识，或者至少是对于永恒的预测乃是可能的。但是它逐渐地开始动摇那一在它的幼年时期曾庇护过它的信念。它在我们的时代突如其来地以成熟的面孔出现了。历史主义的产生并未得到人们的恰当理解。就我们现有的知识状态而论，很难说在现代发展的哪个关节点上，发生了与弥漫于所有更早时期的哲学的"非历史"路数的决裂。为简明起见，我们得从原先处于地下的运动浮出表面，开始在光天化日之下主宰起社会科学的那一刻开始讲起。这一刻就是历史学派的出现。

指引着历史学派的思想远不是纯然理论性的。历史学派是作为对于法国大革命，以及为那场浩劫做好了铺垫的自然权利论的反动而出现的。在反对彻底与过去决裂时，历史学派执着于智慧，认为有必要保存或延续传统的秩序。要这样做，倒不见得就非得批判自然权利论不可。当然，现代之前的自然权利论，并不赞同要将现存的秩序或者是此时此地现有的一切轻率地诉诸自然的或理性的秩序。然而，历史学派的创始人似乎多少认识到，接受了任何普遍的或者是抽象的原则，就必然会在思想上带来翻天覆地、让人不得安宁的后果；而且，这种后果与这些原则总的说来所认可的是保守的还是革命的行动全然无关。对普遍的原则的认可就使得人们要依据自然的或者理性的秩序，来评判现存的秩序或者是此时此地现有的一切；而此时此地现有的一切大都是不合于那普遍而永恒不变的规范的。[5]这样，对普遍原则的认可就往往使得人们不能全心全意地认同或接受命运所指派给他们的社会秩序，使得他们疏远了他们在世间所处的位置，使得他们成了陌生人，甚至对于这世界来说也是如此。

---

[5] "……至于〔国家〕的毛病，那是有的，单凭它们的分歧就足以肯定它们有毛病……"（笛卡尔，《谈谈方法》，第二部〔此处参考了王太庆先生的中文译本，商务印书馆，2000年。——译注〕）。

那些创立了历史学派的声名显赫的保守派在否认了普遍性规范的意义（如果说他们没有否认其存在的话）以后，实际上是将他们的对手的革命性努力持续下去甚而更为加剧了。那一努力受到了某种特别的有关自然的观念的鼓舞。它锋芒所向，既反对不自然的或习俗的东西，又反对超自然的或彼岸的东西。我们可以说，革命派设想的是，自然的永远也都是个人的，因此人人划一的（the uniform）就是不自然的或者是习俗性的。个人必须得到解放，或者他要将自己解放出来，以使得他不仅能够追求幸福，而且是追求他心目中的那种幸福。而这就意味着为所有人都树立起了一个普遍而划一的目标：每个个体的自然权利就是同样地属于每个人之作为人所应具有的权利。然而，人人划一据说是不自然的，因而是糟糕的。要将权利个别化到完全对应于个体之间的自然差异的地步，显然是不可能的。唯一的一种既能与社会生活相容，又不人人划一的权利就是"历史的"权利。例如，与"人权"相对的英国人的权利。时空的变幻似乎为反社会的个人主义和不自然的普遍性之间提供了一块稳妥而牢固的中间地带。历史学派并没有发现正义观念在时空中所发生的变异，最显眼的东西倒不一定就能被人看见。往好里说，他们发现的是属于某一时空的价值、魅力和内在性，或者说，他们发现了属于特定时空的东西相对于普遍物的优越性。说得更谨慎些，那就是历史学派把卢梭等人的思想倾向变得更趋激烈了，他们强调属于特定时空的东西比之普遍物具有更高的价值。结果就是，那号称为普遍的其实只不过是从某一局促于特定时空的东西派生而来的，它如同属于特定时空的东西一样 *in statu evanescendi* ［转瞬即逝］。比如说，斯多亚派关于自然法的说教就不过是某一特定地域的社会处于某一特定时间状态——希腊城邦的解体——的反映而已。

革命派的努力，其锋芒所指乃是一切的彼岸性[6]或超验性。超验性并非启示宗教的残留物。在某种很重要的意义上来说，它就包含在政治哲学作为对于自然的或者是最好的政治秩序的寻求这一原初的含义中。照柏拉图和亚里士多德的理解，最好的政制大抵是不同于此时此地的政制的，或者说是超越了一切现有的秩序的。此种有关最好的政治秩序的超验性的观念，被18世纪所理解的"进步"做了深刻的修正，但是它依然在那一18世纪的概念中保留了下来。否则，法国大革命的理论家们就没法抱怨所有的或者是几乎所有的存在过的社会秩序了。历史学派一经否定了普遍规范的意义（如果不是它们的存在的话），也就摧毁了所有超越现实的努力的唯一稳固的根基。因此，我们可以把历史主义看作是比之18世纪法国的激进主义远为极端的现代此岸性的形式。它的所作所为像是要使得人们在"此世"就有完完全全的家园感。由于某些普遍原则至少是使得大多数人隐隐地无家可归，它就贬斥普遍原则而崇尚历史原则。它相信，人们一旦理解了他们的过去、他们所禀有的遗产和他们的历史处境，他们就能够到达与那些更古老的、在历史主义之前的政治哲学所声称的同样客观的原则。并且，这些原则不会是抽象的或者普遍的，以至于会妨害明智的行动或真实的人生，而是具体的或特殊的——它们是适合于特定时代或特定民族的原则，是与特定时代或特定民族相关联的原则。

历史学派在力图发现那同时既是客观的，又与特定的历史处

---

[6] 有关对人类历史的关注和对死后生活的关注这二者之间的紧张关系，参见康德《世界公民观点之下的普遍历史观念》，命题9（C. J. 弗里德里希编《康德的哲学》，"现代文库"，第130页。[此文可参看康德《历史理性批判文集》，何兆武译，商务印书馆，1990年。——译注]）。还可参看赫尔德的论题"此生中有五幕戏"，他对于19世纪历史思想的影响是众所周知的（见M. 门德尔松《全集》，纪念版，第3卷，1，第xxx—xxxii页）。

境相关联的标准之时，就给历史研究赋予了它此前从未有过的更大的重要性。在历史学派看来，人们所能够从历史研究中期望得到的，并非历史研究的成果，而是那些直接或间接地出自18世纪自然权利论的假设。历史学派假定有民族精神（folk minds）的存在，亦即他们假定民族或种族群体乃是自然的单位，或者他们假定存在着历史演化的一般法则，或者把这两种假定都兼容并包。然而，在赋予了历史研究及其结果以决定性的推动力的种种假定与对于真正的历史理解的要求之间，很快就出现了冲突。这些假定一被抛弃，历史主义的幼年时期就走向了终结。

  历史主义现在就像是实证主义的一种特殊形式，实证主义学派认为，神学和形而上学被实证科学一劳永逸地取代了，他们把对于实在的真正知识等同于由经验科学所提供的知识。真正的实证主义是以自然科学的程序来界定"经验"的。但是，在严格的实证主义处理历史课题的方式与真正依循经验的历史学家处理历史课题的方式之间，有着惊人的差异。恰恰是在对于经验知识的兴趣方面，有必要指出，不能把自然科学的方法看成对于历史研究而言就是权威性的。再就是，"科学的"心理学和社会学对人的见解与史学大家们的看法相比，那就太琐细和贫乏了。因此，历史学就被认为是提供了那唯一的经验性的，因而也就是唯一可靠的有关真正的人、有关人之为人的知识；这种知识既有关于人的辉煌伟大，又有关于人的悲惨暗淡。既然人所追索的一切都是起始于人而又返回于人，那么对于人性的经验研究就应该合情合理地具有比之所有其他对于实在的研究更为崇高的尊严。历史学——摆脱了所有可疑的或形而上学的假定的历史学——成了最高的权威。

  但是历史学被证实完全不能够担当起历史学派所做出的承诺。历史学派成功地动摇了普遍的或抽象的原则，它曾经认为历史研究将会揭示出特殊的或具体的标准来。然而，不存偏见的历史学家只得承认，他们无法从历史中得到任何规范——根本就没有什么客观的规范。历史学派忽略了这一事实：只有依据某一普遍的原则——它强加给个人以义务，来接受或屈服于塑造了他的传统或情势所蕴含的标准——特殊的或者是历史性的标准才能具有权威性。可是，没有任何普遍的原则能够认可人们去接受每一项历史性的标准或者是每一个占了上风的理由。遵循传统或者是追赶"未来的潮流"并不见得就更好，它当然并不一定就会比焚毁原来的崇拜对象或者是抵拒"历史的趋向"更好。这样，所有这些由历史所指示的标准终归是含混不清的，不宜被视为标准。对于不存偏见的历史学家来说，"历史过程"本身就像是由人们的所作所为和所思所想织成的一张毫无意义的网，纯粹由偶然造成——就像是一个白痴讲述的故事。历史的标准——由这个毫无意义的过程所抛出来的标准，不再能够号称是由那一过程背后的神圣权力赋予了神圣性。唯一能够继续存在的标准，乃是那些纯属主观性的标准，它们除了个人的自由选择之外别无其他依据。从而，在好的与坏的选择之间的分别并无任何客观标准可言。历史主义的顶峰就是虚无主义。要使人们在这个世界上有完完全全的家园感的努力，结果却使人们完完全全地无家可归了。

18

认为"历史过程"乃是一张毫无意义的网，或者是认为并无"历史过程"之类的东西存在，这样的看法并不新奇。它本质上是一种古典的观点。尽管受到了来自四面八方的攻击，它在18世纪时仍然还很强大。历史主义所引致的虚无主义后果，原本可能会引导人们返回更古老的、历史主义之前的观点。但是，历史主义之号称能够为人生提供比历史主义之前的思想所能提供的更好、更稳固的指导，虽然明显地归于失败，却并没有破坏那些归于历史主义名下的理论洞见的声誉。历史主义及其实际上所遭到的失败引起的情绪,被解释为人们对人之作为人的真实处境的前所未闻的体验。从前的人们通过信仰普遍的、永恒不变的原则使自己脱离了这种处境。历史主义者们反对这种更早的观点,继续认定由历史研究所带来的对人的看法才是至关重要的,这种看法所特别地和首要地关注的,不是永恒的和普遍的东西,而是变易的和独特的东西。历史之为历史,它所呈现给我们的是这样一幅让人沮丧的画面:各种思想和信仰五花八门,最要命的是,种种人们曾有过的思想和信仰不断地烟消云散。这似乎表明,所有人类的思想都依赖于特定的历史背景,这一历史背景是承继此前多少有些不同的背景而来的,对于此前的背景来说,它又是以某种根本不能预料的方式出现的。这就是说,人类思想是由不可预料的经验或决断来奠基的。由于所有的人类思想都属于特定的历史情形,所有的人类思想就都注定了要随着它所属于的历史情形而衰落,被新的、不可预料的思想所取代。

历史主义立场出现在今天时,像是由历史证据所充分支持着的,或者甚至于就是对某一明显事实的表达。然而,倘若事实真的如此明显,过去那些最有思想的人竟然将它疏忽了,这实在让人难以理解。至于历史证据,显然是不足以支撑起历史主义立场来的。历史教导我们的是,某种特定的观点,被所有的人,或者是所有才智之士,或许仅仅是那些最能言善辩的人,为了另一种观点而抛弃了;历史并没有教导我们,这种变化是否合理,或者那被拒斥了的观点是否就理当受到拒斥。只有对所讨论的观点进行不偏不倚的分析——这种分析既不因那一观点的信奉者们的胜利,也不因他们的失败而被眩惑——才能教导我们某些与这一观点的价值以及此种历史变化的意义相关的东西。倘若历史主义立场要有什么稳固的基础的话,它所依据的就应该是哲学而非历史。它所依据的是这样一种哲学分析，证明所有的人类思想最终都依赖于暗淡而多变的命运，而不是依赖于人作为人所能达到的显明昭著的原则。那一哲学分析的基本宗旨就是"理性的批判"，据说就是要证明理论形而上学和哲学伦理学以及自然权利论之为不可能。一旦所有的形而上学和伦理学观点严格说来都被视为站不住脚的，也就是说它们所号称的那种单纯的真理性是靠不住的，那它们所遭逢的历史命运就必然被看作是在劫难逃了。这样，将不同时代所盛行的各种不同的形而上学的或者伦理学的观点，追溯到它们所盛行的那个时代，就成了一个虽不重要但也合情合理的任务。然而，这并没有触动实证科学的权威地位。历史主义所依据的这种哲学分析的第二个宗旨，就是要证明实证科学是有其形而上学的基础的。

乍看起来，此种对于哲学思想和科学思想所作的哲学批判延续了休谟和康德的努力，将会导致怀疑论。然而，怀疑论和历史主义完全是两码事。怀疑论在原则上把自己视为与人类思想同在；历史主义则认为自己属于某一特定的历史情形。对于怀疑论者而言，所有的断言都是不确定的，因而本质上乃是任意武断的；对于历史主义者而言，在不同时代和不同文明所盛行的断言远非任意武断的。历史主义源自某种非怀疑论的传统——它源自那一现代传统：这一传统力图划定人类知识的范围，并且因而它也就承认在某些限度内，真正的知识乃是可能的。与所有的怀疑论相反，历史主义至少是部分地以对于人类思想的这样一种批判为基础的，它声称它所表达的就是所谓的"历史经验"。

在我们的时代，没有一个明智的人会把过去任何一位思想家的全部教诲都完全当真。在所有的例证中，经验都表明，那些教条的始作俑者把某些一定不是理所当然的东西视为是理所当然的，或者，他完全不了解某些在后世才发现了的事实和可能性。到如今，所有的思想都被证明需要大加修正，或者在关键的环节上是不完备的或有局限的。进一步说，我们在反观过去时就会看到，思想在某个方向上所取得的每一次进步，都是以在别的方向上的退步为代价的；思想上的进步克服了某一固有的局限之时，原先一些重要的洞见总是被忘却了，这就是那一进步所带来的结果。这样，总起来看，就没有什么进步可言，有的只是从一种类型的局限到另一种类型的局限的变化。最后，我们大概可以看到，早先思想最严重的局限性在于，这些局限乃是早先的思想家们做出的任何努力都无法加以克服的。毋庸多说，任何克服特定局限的努力都会引向在别的方面的盲目性。人们可以合理地假设，到现在为止一再发生的一切，在将来还会不断地发生。人类思想本质上所具有的局限性在于，它的局限性随着历史情景的变化而变化，而某一特定时代的思想所固有的局限性乃是任何人类的努力都无法克服的。人们曾经一再地而且也还将一再地看到，令人吃惊的、全然出人意料的视野的变化，急剧地改变了人们原先所具有的全部知识的含义。没有任何有关全体的观点，尤其是有关全部人生的观点能够号称是最终的或者是普遍有效的。每一种学说，无论表面上看起来如何像是到了顶点，都会或迟或早地被别的学说所取代。我们没有理由去怀疑，早先的思想家们有着某些我们完全无法达到也无从达到的洞见，无论我们如何仔细地研究他们的著作。因为，我们的局限性使得我们甚而不会去猜度此类洞见的可能性。既然人类思想的局限性本质上乃是不可知的，用社会的、经济的和别的条件（亦即用可知的或可加分析的现象）来思考它们就没有任何意义可言。人类思想的局限性乃是命中注定的。

　　人们会很轻易地认为，教条主义在过去时代的徘徊，使得历史主义的论点有了相当程度的合理性。我们可不能忘了伏尔泰的抱怨："nous avons des bacheliers qui savent tout ce que ces grands hommes ignoraient."［但是我们现在却有些中学生通晓大人物们所不知道的一切］[7] 除此之外，许许多多第一流的思想家都曾鼓吹过他们认为在所有重要方面都已登峰造极的包罗万象的学说，而这些学说都无一例外地被证明是需要大加修正的。因此，我们应该把历史主义当作是我们在反对教条主义时的盟友来欢迎。但是，教条主义——或者说是那种"把我们思想的目标等同于我们在厌倦思考时所到达的地方"的倾向[8]——对人而言几乎是出自天性，它不大可能只会停留在过去。我们还得去猜想，历史主义就是教条主义在当今借以出现的面具。在我们看来，所谓的"历史经验"不过是思想史上一种很狭隘的观念，它既相信必然的进程（或者说是人们不可能再回到从前的思想），又相信差异性和独特性所具有的最高价值（或者说是所有文明或时代都具有平等的权利），它就是在这两种信仰的交互影响下来看待历史的。激进的历史主义似乎已不再需要这些信念了。但是，它从来也没有检审过它所说的"经验"是不是那些颇有疑问的信念所产生的结果。

在谈到历史"经验"时，人们会说，这种"经验"乃是源自历史知识的一种包容丰富的洞见，但是不能把它简化为历史知识。因为历史知识总是零零散散的，通常还是不确定的，而所谓的经验则被视为是综合性的和确定的。然而，人们也大体上承认，这些所谓的经验终究来自许许多多对于历史的考察。因此，问题就在于，这些考察是否就使得某个人有权声称：一旦获得了新的重要的洞见，人们就必然地要将早先的重要洞见忘怀；并且，早先的思想家们不

---

[7]　《哲学辞典》"灵魂"，J. 本达编，第1卷，19。
[8]　见莱辛1771年1月9日致门德尔松的信。

可能思考到那些集中了后世注意力的根本的可能性。例如，要说亚里士多德不可能看到奴隶制度的非正义性，显然是不顾事实，因为他的确是考虑过这个问题。有人会说，那他毕竟不会设想一个世界国度（world state）。可是这是为什么呢？世界国度的出现需要以某种技术的发展作为前提，而这是亚里士多德做梦也想不到的。技术的发展，反过来又要求科学在本质上要被视作是服务于"征服自然"的，而且，还必须把技术从任何道德的和政治的支配下解放出来。亚里士多德不能构想一个世界国度，那是因为他坚定不移地认为，科学在本质上乃是理论性的，而将技术从道德和政治的控制之下解放出来，将会导致灾难性的后果。科学与艺术的融合，再加上不受约束、漫无节制的技术进步，已经使得普遍而持久的暴政的出现具有了严重的可能性。只有鲁莽之士才会认为，亚里士多德的观点，亦即他对于这些问题的答案——科学在本质上是否是理论性的，技术进步是否需要严格的道德和政治的控制——已经被人驳倒了。然而，无论人们对于他的答案看法如何，可以确定的是那些他所要解答的问题与我们今天所紧密关切的根本问题并无二致。认识到了这一点，我们同时也就会认识到，把亚里士多德的根本问题看作是陈腐过时的那个时代，对于根本问题之所在完全缺乏清醒的了解。

历史远没有证明历史主义的推论的合法性，不如说它倒是证明了，一切的人类思想，而且当然地，一切的哲学思想所关切的都是相同的根本主题或者说是相同的根本问题，因此，在人类知识就其事实与原则两方面所发生的一切变化中，都潜藏着某种不变的结构。这一论点显然与以下的事实并不冲突，那就是，认识到这些问题的清晰程度、处理它们的方式、提出来的解决它们的办法都或多或少地因不同的思想家而异，因不同的时代而异。倘若在一切的历史变迁之中，那些根本的问题保持不变，那么人类思想就有可能超越其历史局限或把握到某种超历史的东西。即使力图解决这些问题的一切努力都注定要失败，而且它们之注定失败是由于"一切"人类思想都具有的"历史性"，情况仍然会是这样的。

如果只停留在这一步的话，自然权利论就会是一桩全然无望的事情了。如果说，人们关于权利所能知道的一切就只是有关权利的疑问的话，或者，如果有关正义原则的问题会容许一系列相互抵触的答案，而且其中的任何一个都不比别的更优越的话，那就不可能有什么自然权利了。倘若人类思想（尽管它在本质上是不完备的）无法以一种真正的，因而是普遍有效的方式来解决正义原则的问题的话，也就不可能有什么自然权利了。更一般地说，如若人类思想不能够在一个有限的领域内获得真正的、普遍有效的、终极的知识，或者无法在某些特定的论题上获得真正的知识的话，那就不可能有什么自然权利了。历史主义无法否定这种可能性。因为它自己的立场就包含了对于这种可能性的认可。历史主义既已断定所有的人类思想，或者至少是所有合理的人类思想都是历史性的，它就承认了人类思想有能力获得某种普遍有效，并且不会受到任何将来的惊人事件影响的最为重要的洞见。这一历史主义的论点不是一个孤立的论断，它与对人类生活的基本结构的某种观点密不可分。这一论点与自然权利论的任何论点一样，具有同样的超历史的性质或者同样自命是超历史的。

历史主义的这一论点遭遇了极其明显的困难，这种困难无法解决，更加精致的考虑也只能避开这一困难或者使它变得模糊。历史主义断定所有的人类思想或信念都是历史性的，因而理当命定了会陈腐朽落；然而，历史主义本身就是一种人类思想，因此历史主义就只具有暂时的有效性，或者说它并不是纯然的真理。强调历史主义的论点，意味着要怀疑它并由此而超越它。事实上，历史主义声称是昭示了一种终于被揭示出来了的真理，一种对所有思想、所有时代都有效的真理：思想无论经历了多少变化，还将经历多少变化，它都永远是历史性的。就这一至关重要的对于一切人类思想的本性以及人类有限性的本性的洞见而论，历史已经到达了终点。历史主义者们并没有设想过这样的前景：历史主义在某一时刻将会被对于历史主义的否定所替代。他们所确认的是，这样的变化只会使人类思想重新堕回到最大的迷幻之中。历史主义之兴旺发达是基于这样的事实：它没有保持连贯一致，而是使自己摆脱了它给所有人类思想所下的诫命。历史主义的论题是自相矛盾的或者说是荒谬的。不超越历史，不把握住某种超历史的东西，我们就无法看到"一切"思想——亦即除了历史主义的洞见及其中所蕴含的一切思想——的历史性。

如果我们把根本上就是历史性的一切思想都称为"融通的（comprehensive）世界观"或者是这种世界观的一部分的话，我们就得说，历史主义自身不是一种融通的世界观，而是一种对于所有融通的世界观的分析，一种对于所有这类世界观的本性的剖析。认识到所有融通的世界观的相对性的思想，与那些沉迷于或包容于某种融通的世界观的思想有着不同的性质。前者是绝对的和中性的，后者是相对的和有所执着的。前者是一种超越历史的理论洞见，后者是命运分派的结果。

激进的历史主义者拒绝承认历史主义命题的超历史的性质。与此同时，他们将漫无节制的历史主义的荒谬认作是一个理论命题。他们因而也否认了理论的或客观的分析的可能性，那类分析对于形形色色融通的世界观或"历史世界"和"文化"来说乃是超历史的。尼采对号称是一种理论观点的19世纪历史主义的攻击，为此种否定做好了关键性的铺垫。照尼采的说法，对于人生的理论分析，认识到了所有融通的世界观的相对性并因此而贬低它们。这种分析使得人生本身成为不可能，因为它粉碎了那使得生活、文化或行动在其中才成其为可能的保护层。并且，既然这种理论分析是立足于生活之外的，它将永远也不能够了解生活。对生活所作的理论分析无所担当（noncommittal），反倒对于担当而言是致命的，而生活就意味着担当。要避开生活所面临的危险，尼采可以在以下两种方法中进行选择：或者，他可以坚持对于生活所作的理论分析具有严格的秘传（esoteric）性质——恢复柏拉图那种高贵的骗局的观念；或者，他可以否认理论本身的可能性，而把思想看作本质上是屈服于或依赖于生活或命运的。无论如何，如果不是尼采本人的话，那也是他的后继者们做出了第二种选择。[9]

激进的历史主义的命题可以作如下的表述：一切的理解，一切的知识，无论它们如何有局限、如何地"科学"，它们都预设了一个参照系；它们都预设了一个背景、一种融通的观念，知识和理解可以在其中展开。只有这样一种融通的视野才使得任何的见识、观察和取舍成为可能。对于整体所取得的融通的观念是不能由推理来证明其有效性的，因为它乃是一切推理的依据。因此就存在着形形色色的这种融通的观念，其中的每一个都与别的一样合理；我们得在没有任何理性指导的情况下选择其中的一种。选择其中的一种是绝对必须的，保持中立或者搁置判断是不可能的。我们的选择

---

[9] 要理解这种选择，一方面要把它与尼采对于"卡里克勒斯"（Callicles）的同情，另一方面要把它与尼采相对于理论生活而言对"悲剧生活"的偏好联系起来（参见柏拉图《高尔吉亚篇》481^{d}和502^{b}以下，以及《法律篇》658^{d}2–5；可比较尼采《历史对于人生的利弊》，茵赛尔－比谢莱编，第73页）。这段话可清楚地表明，尼采接受了在人们看来可说是历史学派的基本前提。

除其本身之外别无依据,并没有任何客观的或理论的确定性来支撑它;除了我们的选择之外,并没有任何别的东西把它和虚无、和全然的没有意义区分开来。严格说来,我们无法在不同的观念之间进行取舍。某一种融通的观念被命运强加给了我们,我们的一切理解和取舍所赖以发生的那一背景,是由个人或其社会的命运创造的。一切的人类思想都取决于命运,或者是某种思想既不能把握也不能预知其行止的东西。然而,支持这一由命运创造的背景的最终还是个人的选择,既然命运是个人所必须得接受的。我们在这样的意义上是自由的:我们可以自由地或者是在命运所强加给我们的世界观和标准中做出痛苦的选择,或者是在虚幻的安全感或绝望中丧失自己。

激进的历史主义者们强调,只有对于那本身就有担当的或是"历史的"思想,别的有担当的和"历史的"思想才能彰显它自己,而且,要紧的是,只有对于那本身就有担当的或"历史的"思想,一切真正的思想的"历史性"的真实含义才会显露出来。历史主义的命题表达了一种基本经验,那就是,按其性质来说,它是无法在没有担当的或孤立无援的思想的层次上得到恰当的表达的。那种经验的证据的确可以被弄得含混不清,但是,所有对于这类经验的表达所遭逢到的无法化解的逻辑困难,并不能够将它消灭。由于看到了这种根本性的经验,激进的历史主义者们就否认历史主义命题的终极的,并且在此意义上也是超历史的性质会使那一命题的内容成为可疑的。只有对于一切思想的历史性的洞见乃是人之作为人,并且在原则上乃是在所有时间上都可以达到的,这种终极的和无可改变的洞见才能够超越历史;如果它本质上乃是属于某一特定的历史情形的,它就不能超越历史。它属于某一特定的历史情形,那一情形不仅是历史主义洞见的条件,而且也是其源泉。[10]

所有的自然权利论都声称,正义的根本之点在原则上乃是人之作为人所能知晓的。因而他们预先就假定,某个最重要的真理在原则上乃是人之作为人所能知晓的。激进的历史主义否认了这种假定,而强调说那一对于一切人类思想本质上所具有的有限性的根本洞见,并不是人之作为人就能够知晓的,也不是人类思想的进步或艰苦劳作的结果,而是深不可测的命运所赐予的不可预见的礼物。人们在更早的时代没有认识到,而现在认识到了思想在本质上对于命运的依赖性,这得归因于命运。历史主义在依赖于命运这一点上同所有其他思想是一样的。它区别于其他一切思想之处在于,感谢命运的恩赐,它认识到了思想彻底地依赖于命运。对于命运可能会保存给后世的那些惊人的东西我们是完全无知的,而命运可能在将来又会把它曾经启示给我们的东西再度掩盖起来;然而,这并不能够损害那一启示的真理性。要看到一切思想所具有的历史性,人们并不是必须去超越历史:在历史进程中有着某一个得天独厚的时刻、某一个绝对的时刻,在这一时刻一切思想的根本性质都暴露无遗。为了使自己能逃避它自身的诫命,历史主义就声称它仅仅是反映了历史现实的性质,或者说是忠实于事实;历史主义命题自相矛盾的性质不能够归咎于历史主义,而只能归咎于现实。

假设历史上有一个绝对的时刻,这对历史主义是很关键的。就此而论,历史主义是偷偷摸摸地仿效了黑格尔那种古典的先例。黑格尔曾经教导说,每种哲学都是其时代精神的概念化的表达,然而他又坚持说,由于他自己时代的绝对性,他自己的哲学体系就是绝

---

[10]"条件"和"源泉"的分别,与亚里士多德《形而上学》第1卷中哲学的"历史"同历史主义者的"历史"的区别是相一致的。

对的真理；他认为他自己的时代乃是历史的终点，因此就是绝对的时刻。历史主义明着否定了历史的终点已经到来，暗中却坚持着相反的论点：对于思想对命运之无可逃避的依赖性以及人生的根本性质的洞见，是将来人们在思想取向上任何可能出现的变化都不能动摇的。在这一关键性的方面，历史的终点，亦即思想的历史的终点已经到来。然而，人们并不能够简单地认定自己生活或思想在那绝对的时刻，而是得表明那一时刻如何得以被指认成绝对的时刻。据黑格尔说，绝对的时刻就是哲学或者说对智慧的寻求变成了智慧本身的那一时刻，是那些根本之谜得以充分解决的时刻。历史主义的成败取决于对于理论形而上学、哲学伦理学或自然权利论的可能性的否定，取决于对那些根本之谜有可能得到解决的否定。依照历史主义的看法，那绝对的时刻必定就是根本之谜不可能求得解决的这一特性完全彰显，或者人类精神所陷入的根本性的骗局得以驱散的那一时刻。

可是人们有可能在认识到根本之谜无可解决之后，仍然把理解这些谜视作哲学的使命。因而，他们可能只不过是以某种非历史主义的和怀疑论的哲学来取代某种非历史主义的和教条主义的哲学。历史主义比怀疑论有过之而无不及。它认为，哲学——就其完全而原初的意义来说，乃是试图以对于整体的知识取代对于整体的意见——不仅达不到它的目标，而且是荒诞不经的，因为哲学观念本身就是建立在教条主义亦即任意武断的前提之上的，更具体地说，它是以那些仅仅是"历史的和相对的"东西为前提的。说得再清楚些，如果哲学或者说以知识取代意见的努力，本身是立足于意见之上的，那么哲学就是荒谬的。

将哲学的教条性并且因此也就是其武断性或历史相对性加以确立的最具影响的努力，是按照以下的思路来进行的。哲学或者以对于整体的知识来取代对于整体的意见的努力，先就设定了整体是可知的（knowable），也就是说，是可理解的（intelligible）。这一预设就导致了这样的结果：整体本身被等同于那可理解的整体，或者说，整体成了一个客体（object）；这就导致了把"存在"等同于"可理解物"或"客体"；还导致了对于一切不能成其为客体，亦即相对于认知主体的客体的教条主义的漠视，对于一切不能被主体把握的东西的教条主义的漠视。并且，说整体是可知的或可理解的，就等于是说整体有着一个永久的结构或者说这样的整体是万古不易、永远一样的。倘若真是如此，那么在原则上就有可能预言在将来某时整体将会是什么样，整体的将来就是思想可以预见到的。据说，这种预设的根子在于教条主义地将最高意义上的"是"（to be）等同为"永远是"（to be always），或者在于哲学对于"是"是在这样一种意义上来理解的：最高意义上的"是"必定就意味着"永远是"。哲学基本前提的这种教条主义性质，据说是由于发现了历史或者是发现了人类生活的"历史性"而被暴露出来的。那一发现的意义可以用这样的命题来加以表述：所谓的整体实际上总是不完全的，因此并非真正的整体；整体实质上发生变化的方式使得它的将来是人们所不可预料的；整体就其自身而论是人们永远无从把握也无从理解的；人类思想本质上依赖于某种不可预料的，永远不能成为客体或者永远不能被主体把握的东西；"是"在其最高的意义上并不意味着——或者，无论如何，它并不必然意味着——"永远是"。

我们甚而不能试图探讨这些命题。我们必须让它们留待随后的考察。激进的历史主义迫使我们认识到了以下事实的含义：自然权利的观念预设了在完全的和原初意义上的哲学的可能性。它同时也迫使我们认识到，我们需要不偏不倚地重新审视那些其有效性是由哲学设定了的最根本的前提。这些前提的有效性的问题,并不是采纳了或者依附了某种多多少少是持久存在的哲学传统就能得到解决的,因为这些传统的核心之处在于,它们在那些简陋的基础上建立起巍峨的大厦时,把这些基础遮盖或掩饰起来了。无论如何不要造成这样的印象,好像对于哲学最基本前提的不偏不倚的重新审视仅仅是一个学术或历史事件。在重新审视之前,自然权利论依然只能是一个开放性的问题。

我们不可认为,这一问题已经由历史主义给出了最终解决。"历史的经验"以及更少含糊性的对于人类事务复杂性的经验也许会变得模糊不清,但是它们不会使那些有关正确与错误的简单经验的证据消失无踪,这种经验乃是认为存在着自然权利的哲学立场的底蕴之所在。历史主义或者是忽略了,或者是扭曲了这些经验。再就是,最彻底的确立历史主义的努力在以下的断言中达到了顶峰:如果没有人类的话,还可能有 entia[在者],但是,不可能有 esse[在];也就是说,在没有 esse[在]的情况下,仍然可以有 entia[在者]。* 在这一断言和对于那种认为"是"在其最高意义上就意味着"永远是"的观点的拒斥之间,有着明显的关联。此外,在历史主义对于过去思想的理解方式与对于过去思想的真正理解之间,有着惊人的差异。历史主义在其所有形式中都或明或暗地否认了那不可否认的历史客观性的可能性。尤其是,在由早期的(理论的)历史主义向激进的("存在主义的")历史主义的过渡中,"历史的经验"从未受到过批判性的审察。它被想当然地当作是真正的经验,而不是某种颇成问题的对于经验的解释。人们所真正经验到的东西是否

---

* 此句中的 *entia* 和 *esse* 均为拉丁文,*entia* 为 *ens* 的复数形式,*ens* 和 *esse* 分别相当于 being 和 to be。译文中根据上下文对 to be 做了不同处理,请读者注意。——译注

能够容许某种完全不同的，但又可能是更为恰当的解释，这样的问题也没有被提出来。特别是，"历史的经验"并未使这样的观点变得可疑：诸如正义之类的根本问题，无论它们可能会被某些时候对它们的合理性所做的否认弄得多么含糊，也无论人类对这些问题所提出的一切解决办法是多么变化不定，它们仍然在一切历史变迁之中保持着其同一性。在了解和把握这些问题时，人类精神将自身从它所具有的历史局限性中解放出来了。原初的、苏格拉底意义上的哲学无须什么更多的东西来论证自己的合法性。哲学就是对于人的无知的知识，也就是说，哲学是关于人们不知道什么的知识，或者说是对于那些基本问题，因而也就是对于那些与人类思想相生相伴的、为解决问题所可以做出的基本选择的意识。

如果说，只要历史主义与非历史主义的哲学之间的争论没有得到解决，自然权利的存在甚至是自然权利的可能性就必定还是一个开放性的问题的话，那么我们的当务之急就是要了解那一争论。假如我们只从历史主义的观点出发的话，也就无从了解这一争论；我们也必须从非历史主义的哲学的角度来看待它。这就意味着，要从实际出发，历史主义的问题首先就得从古典哲学的角度来加以考虑，因为古典哲学在其纯粹的形式中乃是非历史主义的思想。我们要像古典哲学理解它自身一样来理解古典哲学，而不是立足于历史主义的立场来理解它；只有通过这样的历史研究，我们的当务之急才能够得以解决。我们首先就得对非历史主义的哲学有一种非历史主义的理解。然而，我们也同样亟需对于历史主义能有非历史主义的理解，那也就是，要对历史主义的发生有所了解，而不把历史主义想当然地就看作是健全的。

历史主义认为，现代人之转向历史，意味着人们推知了并最终发现了现实的一个维度——一个古典思想所没有看到的维度，亦即历史的维度。一旦有人认可了这一点,他最终就得被推到极端的历史主义上。而一旦历史主义被信以为真,这样的问题就不可避免地出现了:那在19世纪被当作一大发现而受人们欢呼的,是否实际上乃是一桩发明,也就是说,乃是一种人们对现象的任意武断的解释——那现象是人们一向就知道,并且早在"历史意识"出现之前就得到了比之以后更加恰当得多的解释的。我们只得提出这一问题:所谓的对于历史的"发现",是否实际上只是解决某一问题的虚假的权宜之计,而那一问题只有在大有疑问的前提下才会出现。

我来提示一下这条进路。贯穿那些时代,"历史"主要指的是政治史。因此,所谓历史的"发现"并非寻常的哲学的功绩,而是政治哲学的功绩。18世纪政治哲学所特别面临的困境导致了历史学派的出现。18世纪的政治哲学就是一种自然权利论。它是由对于自然权利的一种特殊的解释,一种具体说来是现代的解释构成的。历史主义乃是现代自然权利论遭逢危机的最终结果。现代自然权利论,或者说现代政治哲学的危机之所以变成了哲学本身的危机,只是由于在现代的几个世纪中,哲学本身完全地政治化了。本来,哲学乃是人类对于永恒秩序的追求,并且因此它就是人类灵感和激情的一个纯粹的源泉。自17世纪以来,哲学变成了一个武器,也就变成了一个工具。某个谴责文人们的背叛的文人(intellectual),把哲学的政治化看作是我们所面临的麻烦的根源。然而,他犯了一个致命的错误,忽视了文人与哲学家之间的根本区别。就此而论,他依旧是他所谴责的骗局的受害者。因为,哲学的政治化恰恰是基于文人与哲学家之间的区别——这种区别早先被看作一方面是高尚之士(gentleman)与哲学家之间的区别,另一方面是诡辩派或修辞家与哲学家之间的区别——日趋模糊而最终消失了。

第二章

自然权利论与事实和价值的分野

历史主义的立场可以简化为这一断语：自然权利是不可能的，因为完全意义上的哲学是不可能的。只有存在着某种与历史上变动不居的视域（horizon）或洞穴截然不同的绝对的或自然的视域，哲学才成为可能。换句话说，只有人们在无法获得对于整体的智慧或完全的理解的同时，又能够认识到他对于什么是无知的，亦即他能够明了根本性的问题以及根本性的选择——那在原则上说，是与人类思想相伴随的——哲学才有了存在的可能。然而，哲学的可能性只是自然权利的必要条件而非充分条件。哲学的可能性所要求的只不过是那些基本问题永远是一样的；可是倘若政治哲学的根本问题不能以某种终极的方式来加以解决，那就不可能有什么自然权利。

如果一般地说哲学是可能的，那么特殊地说政治哲学也就是可能的。如果人们能够理解那些在政治上所能做出的根本性的抉择——它们乃是那些瞬息即逝的或偶然的抉择的基础——的话，政治哲学就是可能的。然而如若政治哲学被局限于理解在政治上所能做出的根本选择的话，它就没有任何实际价值可言。人们就无法回答，明智的行动的终极目标究竟是什么。这就会将至关重要的决定付诸盲目的选择。从柏拉图到黑格尔的全部政治哲学家，当然还有所有自然权利论的信徒们，都假定根本性的政治问题是能够得到最终解决的。这一假定归根结底是立足于苏格拉底对于人应该如何生活这个问题的回答上的。一经认识到我们对于最重要的事情的无知，我们同时也就认识到，那对于我们最重要的事情或者说最亟需的事情，就是寻求有关最重要的事情的知识或者说寻求智慧。每一位柏拉图《理想国》或亚里士多德《政治学》的读者，对于这个结论在政治上所引发的诸多后果都了然于心。对于智慧的成功寻求确实可能会导致这样的结论：智慧并不是我们所亟需的东西。但是这个结论合乎情理之处就在于它是寻求智慧的结果：对理性的否定本身必须是合乎理性的否定。不管这种可能性是否影响了苏格拉底的答案的有效性，在苏格拉底的答案与反对苏格拉底的答案之间的永久性冲突，使人产生了这样的印象：苏格拉底的答案与他的对手一样是武断的，或者那一永久的冲突是不可能得到解决的。因此，当今许多并非历史主义者的或者承认根本的、不变的抉择之存在的社会科学家们，都否认人类理性能够解决这些抉择之间的冲突。自然权利论在今天遭到拒斥，不仅是因为所有的人类思想都被视作历史性的，同样也因为人们认为存在着许许多多永恒不变的有关权利与善的原则，它们相互冲突，其中又没有任何一个能证明自己比别的更加优越。

这本质上就是马克斯·韦伯所持的立场。我们的讨论将限于对韦伯的观点做批判性的分析。自韦伯以来，还没有一个人对社会科学的基本问题投入了那么多的智慧、精力以及几乎是狂热的献身精神。无论他可能犯了什么错误，他都是这个世纪当之无愧的最伟大的社会科学家。

韦伯自认为是历史学派的门徒[1]，他与历史主义非常接近，而

---

[1] 《政治论文集》，第22页；《科学论文集》，第208页。

且我们有强有力的证据表明,他对于历史主义所做的保留是半心半意的,与他的整个思想倾向并不合拍。他之所以脱离了历史学派,不是因为历史学派拒斥了自然规范,亦即既具普遍性又具客观性的规范,而是因为历史学派企图确立起既是特殊的和历史性的,又仍然是客观的标准。他之反对历史学派,不是由于历史学派模糊了自然权利的观念,而是由于历史学派在历史的面具之下保留了,而不是完全拒斥了自然权利。历史学派坚持认为所有真正的权利都有其民族特性,它把所有真正的权利都追溯到独一无二的民族精神,与此同时,它又认定人类历史乃是一个有意义的进程,或者说是由人类理智所能理解的必然性所主宰的进程,历史学派就借此赋予了自然权利以历史性。韦伯拒绝了这两种假定,认为它们是形而上学的,亦即是基于"现实的就是合理的"这一教条主义的前提之上的。既然韦伯认为现实的总是个别的,他就能够以这样的言辞来陈述历史学派的前提:个别乃是一般或整体的流溢物(emanation)。按韦伯的看法,个别的或部分的现象只能理解为是别的个别的或部分的现象的产物,而绝不会是诸如民族精神之类的整体的产物。企图通过将历史的或独特的现象追溯到普遍性的法则或者是独一无二的整体,从而来理解它们,这等于是贸然假定存在着推动历史行动者的神秘而不可解的力量。[2] 除了"主观的"意义或者是激励着历史行动者的意图之外,别无历史"意义"。然而,这些意图所具有的力量如此有限,那最终的结果在大多数情形下倒是人们所完全没有意料到的。而那并非上帝或人类所计划的实际结果——历史命运——不仅塑造了我们的生活方式,而且也塑造了我们的思想,尤其是

---

[2] 《科学论文集》,第13,15,18,19,28,35—37,134,137,174,195,230页;《社会经济史文集》,第517页。

决定了我们的理想。[3]科学观念给韦伯打下的烙印如此之深,使得他不能无条件地接受历史主义。事实上,有人很容易地就会说,总的说来韦伯反对历史学派和历史主义的主要动机,乃是因为他忠诚于弥漫于他那代人中的经验科学的观念。那种科学观念迫使他坚持认为,一切科学本身都是独立于世界观(Weltanschauung)的:自然科学和社会科学对于西方人和中国人,亦即对于世界观截然不同的民族而言,都同等有效。现代科学在历史上的发生过程——它源起于西方这一事实——同它的有效性全无干系。韦伯并不怀疑,现代科学比之任何对于自然世界和社会的思想取向的更早形式都绝对地更加优越。此种优越性是可以按照逻辑规则客观地确立起来的。[4]在韦伯的心目中,社会科学面临着它特有的困难。他坚持社会科学作为一套真实命题的客观的和普遍的有效性。然而这些命题仅仅是社会科学的一部分。它们乃是科学研究的结果或者说是对于问题的解答。我们就社会现象所提出的问题取决于我们兴趣的指向或我们的观点,而这一切又取决于我们的价值观念。而价值观念又是历史上相对的。因而,社会科学的实质在根本上是历史性的,因为正是价值观念和兴趣指向决定了社会科学的全部概念框架。这样,说什么"自然的参照系"或者是期望有一个基本概念的终极体系,就都是毫无意义的:一切参照系都转瞬即逝。社会科学所使用的每一个概念体系都表达了某些基本问题,而这些问题随着社会和文化情势的变动而变动。社会科学必定是从当下的观点来理解社会的。超历史的东西只能是对于事实及其原因的发现。更确切地说,超历史的乃是这些发现的有效性;而任何发现的重要性和意义都取决于价值

---

[3] 《科学论文集》,第152,183页,第224页注;《政治论文集》,第19,437页;《宗教社会学文集》,第1卷,第82,524页。
[4] 《科学论文集》,第58—60,97,105,111,155,160,184页。

观念，因此也就是取决于历史上不断变迁的各种原则。归根结底，这对于每一门科学都是一样的。所有的科学都假定科学是有价值的，可是这一前提本身就是特定文化的产物，因此也就是历史上相对的。[5]而在有着无数变异的具体的、历史的价值观念中，包含着超历史的因素：终极价值与逻辑原理一样是没有时间性的。对于无时间性的价值的认可，是韦伯区别于历史主义的最要紧之处。与其说是历史主义，不如说是某种对于无时间性的价值的特殊观点，成了他拒斥自然权利论的依据。[6]

韦伯从未解释过他对于"价值"是如何理解的。他首先关注的是价值与事实的关系。事实与价值绝对是不同质的两码事，就像是有关事实的问题和有关价值的问题之绝对不同质所明白显示的。我们从任何事实中都抽绎不出它的具有价值的特性，我们也无法从某物之被视为有价值的或可欲的，而推断出它在事实方面所具有的秉性。随波逐流的想法和心血来潮的念头都得不到理性的支持。如果说有人证明了某一特定的社会秩序乃是历史进程的目标的话，他对于那一秩序的价值或合乎人们愿望的性质并没有做出任何论说。如果说有人表明了某种宗教观念或伦理观念有着重大后果或者毫无影响的话，有关那些观念的价值他也并没有做出什么论说。理解某种事实上的或可能的评价，与赞同或者容许那种评价是完全不同的两码事。韦伯争辩说，事实与价值的绝对异质性，使得社会科学必须在道德上保持中立性。社会科学能够回答有关事实及其原因的问题，但是对于回答有关价值的问题它却无能为力。韦伯极力地强调价值在社会科学中所扮演的角色：社会科学的对象是由"价值关

---

[5]《科学论文集》，第60，152，170，184，206—209，213—214，259，261—262页。
[6]《科学论文集》，第60，62，152，213，247，463，467，472页；《政治论文集》，第22，60页。

涉"(reference to values)组成的。没有了这类"关涉",也就没有了兴趣的关注点,没有了对于主题的合理选择,没有了区分相关的事实和无关的事实的原则。通过"价值关涉",社会科学的对象从事实的海洋或沼泽中浮现出来。然而,韦伯同样极力强调"价值关涉"和"价值判断"之间的根本差异:比如,当某人说某事与政治自由相关时,他并没有采取支持或是反对政治自由的立场。社会科学家并不评价由"价值关涉"构成的对象,他只是通过追溯其缘由来解释它们。社会科学家所指涉的,行动的人们要在其中做出选择的价值,需要得到澄清。这一澄清的工作乃是社会哲学的使命。然而,即使是社会哲学也无法解决这一至关重要的价值问题。它不能批评那些并不自相矛盾的价值判断。[7]

韦伯认为,他关于"价值无涉"(value-free)或道德中立的社会科学的观念之充分合理性,来自在他看来乃是所有对立中最为根本的对立,亦即"是"与"应该"的对立,或现实与规范(或价值)的对立。[8]但是,要从"是"与"应该"的根本异质性推论出一种评价性的社会科学之为不可能,显然是无效的。假定我们具备了对于正确和错误,或者是"应该",或者是真确的价值体系的真正知识,那种知识不会导源于经验科学,反而能够合理地指导一切经验性的社会科学;它会成为一切经验性的社会科学的基石。社会科学就意味着要有实际的价值。它要为特定的目的来寻找手段。为此它就得理解那些目的。如果不考虑目的是否是以一种不同于手段

---

[7] 《科学论文集》,第90,91,124,125,150,151,154,155,461—465,469—473,475,545,550页;《社会学与社会政策文集》,第417—418,476—477,482页。关于社会科学只限于研究事实的局限性与对自然科学的权威性的信念之间的联系,参见《社会学与社会政策文集》,第478页。
[8] 《科学论文集》,第32页,第40页注,第127页注,第148,401,470—471,501,577页。

的方式被"给定"的,目的与手段就是休戚与共的,因而"目的与手段就同属于同一门科学"。[9] 倘若存在着对于目的的真正知识的话,那种知识自然地就会指导着一切对于目的的寻求。没有任何理由把有关目的的知识分派给社会哲学,而把对手段的寻求分派给某一门独立的社会科学。社会科学以对于真实目的的真正知识为基础,来为那些目的寻求恰当的手段;它会导向对于各种政策的客观而具体的价值判断。社会科学并非仅仅为实际的政策制定者提供素材,它乃是一门地地道道的制定政策的科学,更毋庸说是一门指导性的科学了。韦伯坚持社会科学与社会哲学的道德中立性的真实原因,并不是他相信"是"与"应该"之间的根本对立,而是他坚信,对于"应该"不可能有什么真正的知识。他否认,人们对于真实的价值体系能够有什么经验的或理性的科学,有什么科学的或哲学的知识。真实的价值体系并不存在;存在的只是一系列不分高下的价值观,它们的需求相互冲突,而此种冲突又非人类理性所能解决。社会科学所能做到的只是澄清此种冲突及其全部蕴含,冲突的解决只能留待每个个体自由的、非理性的决断。

在我看来,韦伯的命题必定会导致虚无主义或者是这样的观点:每一种取舍,无论其如何地邪恶、卑下或无辜,都会在理性的祭坛前被判决为与任何别的取舍一样合理。这种必然性的准确无误的征兆,从韦伯对于西方文明前景的阐述中就可以看出。他看到的是这二者必居其一的情形:要么是精神的重新焕发生机("全新的先知或者是旧有思想和理想的充满活力的复兴"),要么是"被一种突发性的自鸣得意感掩饰起来的机械的僵化"。后者意味着,除了"全无精神或睿识的专家与毫无心肝的纵欲之徒"外,一切人类的

---

[9] 亚里士多德《物理学》194^{a}26–27。

可能性的丧失。面对这两种取舍，韦伯感觉到倾向于其中任何一种可能性的决断都是一个价值判断或信念判断，从而是超出了理性权能之外的。[10] 这实际上是承认，"全无精神或睿识的专家与毫无心肝的纵欲之徒"的生活方式，与阿摩司*或苏格拉底所倡导的生活方式乃是同样合理的。

要将这一点看得更清楚，与此同时，要知道韦伯自己为什么没有看到他的价值学说所导致的虚无主义后果，我们就得一步一步地追寻他的思想。在把他的思想发展追寻到底时，我们无可避免地就会到达某一点，在那点之外的场景都因为希特勒的阴影而暗淡无光了。不幸的是，我们在考察过程中是一定要避开这种谬误的：它在过去几十年中常被用作 reduction ad absurdum［归谬法］的替代品，那就是 reduction ad Hitlerum［归到希特勒］。一种观点，不能因为希特勒碰巧也持有就被驳倒了。

韦伯的出发点是某些新康德派所理解的康德观点与历史学派观点的混合。他从新康德主义那里承袭了关于科学性质的一般观点和"个体的"伦理学，从而拒绝了功利主义和各种形式的享乐主义。他从历史学派那里承袭了这一观点：没有任何可能的社会或文化秩序能被说成是正确的或合理的秩序。他以在道德命令（或伦理律令）和文化价值之间做出分别而结合了那两种立场。道德命令诉诸我们的良心，而文化价值则诉诸我们的情感：个体必须履行他的道德义务，这完全取决于他独断的意志，而无论他希望去实现文化理想与否。文化理想或价值则缺少道德律令那种特有的约束力。这些律令有着它们自身的尊严，韦伯似乎极其关注于对它们的认可。

---

[10] 比较《宗教社会学》，第1卷，第204页和《科学论文集》，第150—151，469—470页。

* 阿摩司系《圣经》中所载公元前8世纪的希伯来先知。——译注然而，正是由于道德命令与文化价值之间的根本差别，伦理学在涉及文化和社会问题时只能一言不发。在有识之士或诚实的人们中间，必定会对有关道德的事情达成一致，然而他们在诸如哥特式建筑、私有财产、一夫一妻制和民主等问题上意见分歧，却又情有可原。[11]

人们不由得会想，韦伯承认了具有绝对的约束性的理性规范，亦即道德律令的存在。然而我们稍后马上就会看到，韦伯关于道德命令所说的一切不过是他所生长于其中的传统的残余，这种传统一直决定性地影响着他的为人。他真正的思想是，伦理律令和文化价值一样是主观的。在他看来，以文化价值的名义拒斥伦理学，与以伦理学的名义拒斥文化价值，或者是采取一种并不自相矛盾的将两种规范结合在一起的立场，都同样是合情合理的。[12]这种判断乃是他的伦理学观念的必然结果。一方面，韦伯认为伦理学只能对涉及正当的社会秩序的问题保持沉默，另一方面，除非把伦理学"相对化"，社会问题就总是有着无可否认的伦理相关性；韦伯无法将这两者调和起来。正是在此基础上，韦伯发展起来了他的"人格"概念或人的尊严的概念。"人格"的真正内涵取决于"自由"的真正内涵。或许，有人会说人类的行动当其不受外在强制或无法抗拒的情感的影响，而是受到有关手段和目的的理性思考的指引时，就是自由的。然而，真正的自由要求某种特定的目的，而这些目的又得按照某种特定的方式来选取。目的必须维系于终极价值。人之所

---

[11]《政治论文集》，第22页；《宗教社会学》，第1卷，第33—35页；《科学论文集》，第30，148，154，155，252，463，466，471页；《社会学与社会政策文集》，第418页。

[12]《科学论文集》，第38页注2，第40—41，155，463，466—469页；《社会学与社会政策文集》，第423页。

以有尊严,人之所以远远高出于一切纯然自然之物或野性之物,端在于他自主地设定了他的终极价值,把这些价值变成了他的永恒的目的,并理性地选择达到这些目的的手段。人的尊严就在于他的自律,也就是说,在于个人自由地选择他自己的价值或理想,或者说在于服从"成为你之所是"的诫条。[13]

在这一阶段,我们仍然有着某种类似于客观规范、绝对命令的东西:"你应该有理想。"那一命令是"形式"的;它不以任何方式来决定那些理想的内容,但是它似乎仍旧确立起了某种理智的或者说并非任意武断的评判标准,依据它,我们可以以负责的方式在人类的高尚与堕落之间做出分别。这样,就有可能在所有高贵的灵魂之间创造出一种普遍的兄弟情谊;这是在所有不受其欲望、激情和一己私利奴役的人,在所有的"理想主义者"——所有能够恰如其分地彼此敬仰和尊重的人——之间的兄弟情谊。然而这只是一个幻觉。那乍看起来像是一个无形教会的,结果却是一切人对一切人的战争,或者毋宁说是一个地狱之都。韦伯自己对于他的绝对命令的表述是:"追随你心中的守护神"或者"追随你心中的上帝或守护神"。要责备说韦伯忘记了存在着邪恶的守护神的可能性,那有些不公平,虽然他可能犯了低估这些恶魔的错误。如果他只想到了善良的守护神的话,他就得承认有一个客观的标准,能使他从原则上将善良的和邪恶的守护神区分开来。他的绝对命令实际上意味着:"追随你的守护神,不管它是善是恶。"这是由于在人们得从其中进行选择的不同价值之间,存在着无法解决的致命冲突。一个人看来是在追随着上帝,另一个人却有着同样的权利把他看作是在追随恶魔。因此绝对命令就得做如下的表述:"按照你的意愿去追

---

[13]《科学论文集》,第38,40,132—133,469—470,533—534,555页。

随上帝或者恶魔,但是不管你做出何种抉择,都要付出你全部的身心和力量。"[14]而追随人的欲望、激情或一己私利,对理想或价值、神祇或恶魔都淡然于心,这才是卑下不堪的。

韦伯的"理想主义",亦即他之认可一切"理想的"目标或一切"事业",看起来能够在高尚和卑下或堕落之间做出合乎情理的区分。与此同时,它就在"追随上帝或者恶魔"的命令中达到了顶峰,而这用不带神学色彩的话来说,就是"努力奋斗,为了高尚或卑下"。因为,如果韦伯指的是,在价值体系A和B之间选择了A,这与对价值体系B的真心敬重并不矛盾,或者说这并不意味着把价值体系B视为卑下的而加以拒绝,那么韦伯在谈到在上帝与恶魔之间做出抉择时,他自己也会不知所云了;当他谈到某种致命的冲突时,他所指的必定只不过是趣味上的差别而已。看来,就韦伯作为一个社会哲学家而言,高尚和卑下完全丧失了它们原初的意思。眼下,高尚意味着献身于某一事业,无论它是善还是恶;卑下则意味着对所有的事业都淡然于心。这样理解的高尚和卑下乃是一种更高意义上的高尚和卑下。它们属于一个远远高出于行动之上的层面。人们只有在完全脱离我们得在其中做出决断的那个世界之后,才能看清它们,尽管它们在任何决断之前就已将自身呈现了出来。它们与对于行动世界的一种纯理论态度相依相存。那种理论态度使得人们对于一切事业都同样地敬重;但是只有对于并不投身于任何事业的人来说,才可能有这样的敬重之情。倘若高尚就是献身于某一事业,而卑下则是对所有事业都淡然于心,那么对于所有事业所持的理论态度就都应该是卑下的了。因而,韦伯被驱使着去追问理论、科学、精神领域的价值,以及道德命令和文化价值两者的价值,就

---

[14]《科学论文集》,第455,466—469,546页;《政治论文集》,第435—436页。

都是不足为奇的了。他被迫把他所谓的"纯粹'生机主义'的价值"（purely "vitalistic" values）提高到了与道德命令和文化价值同样的高度。可以说，这种"纯粹'生机主义'的价值"完全地属于"人们个性的领域"，也就是说，它纯然是个人的，而不是什么属于某种事业的原则。因此，严格说来，它们并不是什么价值。韦伯明确地提出，对于所有不属人的和超越人的价值和理想，以及人们关于从前意义上的"人格"或人的尊严的一切念头，我们完全有理由持反对的态度；因为，在他看来，要成就"人格"只有一条道路，那就是完全地献身于某一事业。当"生机主义的价值"被看作与文化价值等量齐观时，"你应该有理想"的绝对命令就变成了"你应该富于激情地生活"的指令。卑下不再意味着对于人类那些彼此冲突的伟大目标淡然于心，而是指沉迷于声色犬马之中。如果人们能够以"生机主义"价值的名义来拒绝道德命令的话，除了一时心血来潮之外，人们又有何权利来以"生机主义"价值的名义拒绝平庸之辈的生活方式呢？正是因为默然地认识到人们在下滑之路上不可遏止，韦伯才明白地承认，如果有人鄙视"全无精神或睿识的专家与毫无心肝的纵欲之徒"，把他们看作人类的堕落的话，那也不过是一种出自信仰或价值观的主观判断。韦伯的伦理原则最后就可以表述为"你应有所取舍"——这一"应该"的实现，完全由"是"来保证。[15]

还有最后一道防线阻止了完全的混乱。无论我做出了何种取舍，我都必须理性地行动：我必须忠实于自己，我必须对我的根本目标坚持一贯，我必须理性地选择我的目的所要求的手段。可这是

---

[15]《科学论文集》，第61，152，456，468—469，531页；《政治论文集》，第443—444页。

为了什么？全无心肝的纵欲之徒和感情用事的平庸之辈所信奉的原则，与理想主义者、有识之士或圣徒们所信奉的原则同样站得住脚，当我们沦落到如此境地时，这又有什么意义呢？对于这种过了时的对于责任和理智的执着，这种不一贯的对于一贯性的关切，这种非理性的对于理性的褒扬，我们无法认真看待。有关首尾不一的例子，比之韦伯在文化价值与道德命令之间选择了前者而论，人们不是可以很轻易地就能找到一个更有力的例证吗？当人们声称他们有理由把"生机主义"的价值作为自己的最高价值时，他们不正是必然地在贬低各种形式的理性吗？韦伯或许会坚持说，人们必须诚实，至少要忠实于自己，尤其不要虚伪地试图给自己的取舍找一个客观的基础——那必定是一个虚假的基础。然而，倘若他这样做了，那也不过是首尾不一而已。因为，按他的观点，追求或不追求真，或者说为了美和神圣而拒斥真，都同样是合理的。[16]那么，为什么人们不能够去选择令人愉悦的幻觉或启迪人心的神秘，而非要去选择真呢？韦伯对"理性的自决"和"理智的诚实"的重视，乃是他的一个性格特征，除了他对于"理性的自决"和"理智的诚实"的某种非理性的喜好以外别无其他根据。

人们可以把韦伯的命题所引致的虚无主义称为"高贵的虚无主义"。因为那种虚无主义不是来自对所有高贵事物的冷淡，而是来自一种对于所有被设想为高贵的事物的无根基性的洞见，不管这种洞见是号称的还是真实的。然而，除非人们对于何为高贵、何为卑下有些知识，否则他们就无法在高贵的与卑下的虚无主义之间做出分别。但是，这种知识超出了虚无主义。要想有理有据地把韦伯的虚无主义冠以高贵的名号，人们就必须与他的立场决裂。

---

[16]《科学论文集》，第60—61，184，546，554页。

针对上述的批评，有人可以做出如下的反驳：韦伯的真意根本就不能以"价值"或"理想"这样的术语来表达；更加恰当的表达方式是他的引语"成为你之所是"，亦即"选择你的命运"。按照这种解释，韦伯之所以拒斥客观的规范，是因为客观规范与人类自由或行动的可能性是不相容的。我们且不管这种拒斥客观规范的理由是不是一个好理由，也不管此种对于韦伯观点的解释能否避免虚无主义的结果。指出这一点就足够了：要接受此种解释，人们就得与"价值"和"理想"的概念决裂，韦伯的学说正是建立在这些概念之上的；而支配着当今的社会科学的，正是这种学说，而不是我们刚才提到的对于这种学说所可能做出的解释。

当今的许多社会科学家，似乎把虚无主义看作是明智人士能够处之泰然的小小不便，因为它是人们在获得至善——一种真正科学的社会科学——时所要付出的代价。他们似乎对于科学发现心满意足，尽管那些发现只不过是"不能得出结论的贫乏的真理"，只有纯然主观的价值判断或任意武断的取舍才能得出结论。因此，我们就得考虑，社会科学作为一种纯粹的理论追求——但它仍旧是一种导向对于社会现象的理解的追求——在事实与价值分野的基础上是否还有可能。

我们再次想起韦伯对于西方文明前景的论述。正如我们所知道的，韦伯看到的是以下这种二者择一的选择：或者是精神的复兴，或者是"机械的僵化"，亦即除了"毫无精神或睿识的专家与全无心肝的纵欲之徒"之外，一切人类可能性的消失。他的结论是："在做出这种陈述时我们就进入了价值判断和信念判断的领地，而这是纯粹的历史表述所不能承担的。"如实地把某种形态的生活描述为精神空虚，如实地描述没有睿识的专家和全无心肝的纵欲之徒，对于历史学家或社会科学家来说，是不恰当的，也是不允许的。然而这不是很荒谬吗？忠实逼真地呈现社会现象不正是社会科学家的根本职责之所在吗？倘若我们不是首先看到某一社会现象的真实面目，我们又如何能给出因果解释呢？在我们看到僵化或精神空虚时，我们真的对它们一无所知吗？如果有人不能够看到这类现象的话，这一事实不就说明了他不配做一个社会科学家，就和一个盲人不能做绘画评论家一样吗？

　　韦伯特别关注伦理社会学和宗教社会学。那种社会学以在"精神气质"和"谋生技巧"（或"精明的"规则）之间存在着根本的区别为前提。社会学家必须能够认清某一种"精神气质"的特性；他必须对这种精神气质有所感触，憬然于心，就像是韦伯所认为的一样。但是这样的"憬然于心"岂不是必定就包含了价值判断于其中吗？这岂不就意味着他认识到了某种特定的社会现象乃是真正的"精神气质"，而非纯然的"谋生技巧"吗？对于那号称是写了一部艺术社会学而实际上是写了一部垃圾社会学的人，人们岂不是只有一笑了之吗？宗教社会学家必须在那些具有宗教性的现象和不具宗教性的现象之间做出分别。要做到这一点，他就必须知道宗教是什么，他就必须具备对宗教的理解。这样，与韦伯所想到的正相反，对宗教的理解使得他能够，也迫使他在真正的与虚伪的宗教、高级的与低级的宗教之间做出分辨：高级的宗教之为高级，乃是因为其中的宗教动机是在更高的层次上发挥效能的。或者，我们是否应该说，社会科学家可以得到允许去考察宗教或"精神气质"的存在与否——因为这只不过是对事实的观察而已，而他们绝不敢宣称宗教或"精神气质"是在某种层次上，亦即是在他所研究的特定的宗教或"精神气质"的那一层次上出现的。宗教社会学家们禁不住要区分那些企图通过奉承和贿赂他们的神祇而得到恩宠的人，与那些指望通过心灵的交流而得到恩宠的人。他能够在做出此

第二章　自然权利论与事实和价值的分野

种区分的同时,却看不到其中所包含的层次上的差别,亦即在获利的和非获利的态度之间的差别吗?他岂不是得认识到,企图贿赂神祇就等于是想充当神祇的主子,而这种企图和人们在谈到神祇时所领悟的东西是毫不相容的吗?事实上,韦伯的宗教社会学的成败得失就端赖于诸如"意图伦理"与"祭司式的形式主义"(或"僵化的准则"),"崇高的"宗教思想与"纯粹的巫术","真正的而非表面上的深邃洞见之活水源头"与"全然非直观的、形式化的意象的迷宫","灵动的想象力"与"书呆子气的思想"之间的区分。倘若他不是几乎持续不断地以恰切的言辞(亦即褒义或贬义的言辞)来谈到实际上所有理智和道德方面的德行和邪恶的话,他的著作就不仅是枯燥的而且也毫无意义可言了。我能记起的就有如下这样一些语汇:"伟大人物""无可比拟的辉煌""难以逾越的完美""虚假的体系""这种松弛败坏毫无疑问乃是衰落的产物""毫无艺术性""灵巧的阐释""高度的教养""无可匹敌的辉煌论述""表述的力量、灵活和准确""道德律令的崇高性质""完美的内在一致性""粗糙而玄奥的理念""阳刚之美""纯洁而深刻的信念""杰出的成就""第一流的艺术作品"。韦伯曾注意过清教对诗歌、音乐等的影响。他也注意到清教对这些艺术所产生的消极后果。这一事实(假如是事实的话)之所以出现,全在于某种高尚的真正的宗教冲动乃是艺术衰落的原因,原有的真正的高雅的艺术"干枯"了。显然,从他的立场来看,没有人会愿意对某种日渐衰微的信仰之导致了垃圾的产生给予最轻微的关注。在韦伯所研究的案例中,起因乃是某种纯正而高尚的宗教,结果则是艺术的衰落:只有以价值判断(而不是仅仅涉及价值)为依据,因与果二者才能显现出来。韦伯只能在对于现象盲然不见与价值判断之间做出选择。就他之作为一位实践的社会学家而言,他做出了明智的抉择。[17]

在社会科学中禁止下价值判断,就会导致这样的结果:我们可以对在集中营中所能观察到的公然的行动做出严格的事实描述,而且或许也能够对于我们所考察的行动者的动机做出同样的事实描述,然而,我们却被禁止去谈论残忍。看到此种描述的每一位读者只要不是太傻,理所当然地都会感到被描述的种种行动乃是惨无人道的。事实的描述实际上就成了一种辛辣的嘲讽。那号称是坦白直率的报道成了极其迂曲委婉的报道。作者有意地掩饰了他良好的知识,或者用韦伯爱用的话来说,他是犯下了理智上不诚实的毛病。或者,用不着在不值当的事情上浪费道德的言辞,这整个事情的过程就让人想起一种孩子们玩的游戏,在游戏中你只要说了某些词就输了,而你的玩伴们则不断地挑逗你来用这些词。韦伯与曾以恰当的方式探讨过社会事务的每一个人一样,都少不了要谈到贪婪、寡廉鲜耻、虚荣、执着、均衡感等等,亦即要下价值判断。他对那些看不到良家女子与妓女的分别,亦即那些无视前者所具有的高尚情操在后者那里却付诸阙如的人深感愤怒。韦伯的意思可以这样来说:卖淫是一个得到承认的社会学的研究课题;如果不是同时看到卖淫的下流性质,这一课题也就得不到清楚的认识;如若有人看到了区别于武断的抽象概念的"卖淫"的事实,他就已经做出了一个价值判断。倘若不能与狭隘的党派精神、财阀统治、压力集团、政治家、腐败,甚而是道德败坏等,亦即那些似乎是由价值判断构成

---

[17]《科学论文集》,第380,462,481—483,486,493,554页;《宗教社会学》,第1卷,第33,82页,第112页注,第185页以下,第429,513页;第2卷,第165,167,173页,第242页注,第285,316,370页;第3卷,第2页注,第118,139,207,209—210,221,241,257,268,274,323,382页,第385页注;《社会学与社会政策文集》,第469页;《经济与社会》,第240,246,249,266页。

的种种现象打交道,那么政治科学会是怎样一番模样?把指称这些东西的词语打上引号,那是孩子们的把戏,使得人们能够在谈到重要课题时,又能够否认那些没有了它们的存在就不可能有什么重要课题的原则——这种把戏意味着人们可以在否认常识的同时又对常识加以利用。举个例子,在民意测验中,许许多多对于提问者的答复是由毫不理智、孤陋寡闻、心存欺诈而又非理性的人给出的,而不少问题又是由同样资质的人提出来的,看不到这个事实,人们对于民意测验能有什么中肯的见解——如果不是一个接着一个地下价值判断,人们对于民意测验能有什么好说的呢?[18]

我们来看看韦伯自己花不少篇幅来讨论的一个例证。比如,政治科学家或历史学家要解释政治家和将军们的行动,亦即要将他们的行动追溯到其原因。不解答例如像是这样的问题——他们的行动是由对于手段和目的的理性考虑,还是由感情的因素引发的——政治科学家或历史学家们就无法做到这一点。为此目的,他就得建立起一个在给定条件下完全合乎理性的行动的模式。只有这样,他才能看到是什么不理性的因素(如果有的话)使得行动偏离了严格的理性的轨道。韦伯承认这一过程就包含了评价:我们必须得说我们所考察的行动者犯了这样那样的错误。但是,韦伯争论说,模式的建构以及随之而来的对于偏离模式的价值判断,仅仅是因果解释过程中的一个过渡性阶段。[19]要做好孩子,我们就得尽可能快地忘记那些我们在路过时无法视而不见,而我们又本不该看见的东西。首先,如果历史学家以"特定条件下合理行动"的模式来对政治家

---

[18] 《科学论文集》,第158页;《宗教社会学》,第1卷,第41页,第170页注;《政治论文集》,第331,435—436页。

[19] 《科学论文集》,第125,129—130,337—338页;《社会学与社会政策文集》,第483页。

的行动进行客观的衡量,并表明政治家一再地铸成大错,他就得出了那个政治家实在是愚笨不堪这样一个客观的价值判断。在另外的地方,历史学家按照同样的程序得出了同样客观的价值判断:某个将军表现出了非同寻常的智谋、果敢和审慎。没有对内在于那一情势而又理所当然地为行动者自己所接受的某种判断标准的意识,要理解此种现象乃是不可能的;而在实际评价中不利用那种标准也是不可能的。其次,人们也会感到困惑:在韦伯看来只是偶然的或暂时性的那些东西——对于愚蠢和智慧、胆怯和勇敢、野蛮和人道等的洞见——是否除了按照韦伯的路线进行因果解释外,就不再值得历史学家的关注了呢?必不可少而又不可究诘的价值判断是应该得到表达呢,还是应该受到压制?就此而论,真正的问题在于对它们应该如何加以表达——"何时、何地、何人、为何";因此,这个问题应该属于社会科学方法论之外的论域。

社会科学只有严格地局限在纯粹历史的或"解释性的"研究路数的范围内,才能避开价值判断。社会科学家会毫无怨言地接受他的研究对象的自我解释。他被禁止谈及"德行""宗教""艺术""文明"等等,如果他所研究的民族或部落没有这么些概念的话。另一方面,对于那些号称是德行、宗教、艺术等等的无论什么东西,他都得把它们视为德行、宗教、艺术、知识、国家等等来加以接受。实际上,存在着一门知识社会学,按照这种知识社会学,一切假装是知识的东西——即使它不过是臭名昭著的胡言乱语——都得被社会学家当作知识来接受。韦伯自己就把合法统治的类型等同于被人们认为是合法统治的类型。然而,这种局限就使得人们有沦为自己所研究的民族的一切骗局和自欺欺人的牺牲品的危险;它宣布说一切批判的态度都是违规;它自己将一切可能的价值都从社会科学中剥夺净尽。铸成大错的将军的自我解释不会被政治史家接受，愚笨的诗人的自我解释也不会被文学史家接受。社会科学家也不会满足于对某种特定现象的解释，如果那种解释是被此种现象发生于其中的人群所接受的话。群体就不像个人那样容易自欺吗？韦伯很轻易地就提出了以下要求："[就描述卡里斯玛*的特质而言]唯一重要的是，某人实际上被那些服从于卡里斯玛权威的人，被他的'追随者'或'信徒'如何看待。"再往下八行，我们看到："[卡里斯玛领袖]的另一种类型就是摩门教的创立者约瑟夫·史密斯，我们不能确定不移地来这样给他归类，因为有可能他是某种极富智谋的骗子"，也就是说，他只不过是装作具有卡里斯玛的特质而已。如果对德文原文往少里说也是远不如英译文明晰有力这一点揪住不放的话，那也有失公平；因为由译者暗地里提出的问题——关于在真正的与伪装的卡里斯玛、真先知与假先知、真正的领袖与成功的骗子之间的分别的问题——是不能漠然置之的。[20]不能强迫社会学家去依循法律的拟制——而特定的人群是从来不敢把它们视为法律拟制的；他得在某一特定群体对于统治着他们的权威的实际看法与他所研究的权威的真实性质之间做出区分。另一方面，严格意义上的历史研究——它将自身局限于按照人们理解他们自身的方式来理解人们——如果能够安分守己的话，也可能取得丰硕的成果。认识到这一点，我们就在对于非评价性的社会科学的要求背后，找到了某种合理的动机。

社会科学家除了以自己社会的标准来评判自己的社会之外，不应当评判别的社会，这在当今已是老生常谈。社会科学家引以为豪

---

* 卡里斯玛（Charismatic）是韦伯所说的合法统治类型中的一种，指具有超凡神奇魅力的领袖的统治。——译注
[20]《社会与经济组织的理论》（牛津大学出版社，1947年），第359，361页。可与《经济与社会》第140—141，753页相比较。

的是，只理解而不作褒贬。然而，没有一个概念框架或参照系，他就无法去理解。他的参照系多半只不过是反映了他自己的社会在他那时代理解自身的方式而已。因此，他用对别的社会来说完全陌生的方式来解释那些社会。他就把这些社会强行地放在了他的概念体系的普罗克鲁斯忒斯之床*上。他无法像这些社会理解它们自身一样来理解它们。既然一个社会的自我解释是其存在的根本要素之一，他就无法按照这些社会的真实面目来理解它们。再者，如果一个人不理解别的社会，他就不能恰当地理解他自己的社会；既然如此，他甚至不能够真正理解他自己的社会。这样，他就得去理解过去和现在的各种社会或那些社会的重要"部分"，正如那些社会理解它们自身一样。就此种纯粹历史性的，因此也就仅仅是准备性的或辅助性的工作而论，那种蕴含着放弃评价的客观性从任何角度来看都是合情合理而又必不可少的。特别是对于像是某种教义的这类现象来说，人们不理解它，亦即不能恰如其始作俑者一样地来理解它，就显然不能判断其健全性，或者以社会学或别的方法来解释它。

令人惊奇的是，韦伯如此之着迷于要求放弃价值判断的那种客观性，却对于那个领域——可以把它称为非评价性的客观性的居所（那也是它唯一的居所）——几乎视而不见。他清醒地认识到，他所运用的概念框架植根于他那时代的社会情势中。比如说，我们很容易地就可以看出，他对于合法性的三种理想类型的区分（传统的、理性的和卡里斯玛的），就反映了法国革命后欧洲大陆的情势，那时，革命前的政制的残余与革命政制之间的斗争，被理解为传统与理性之间的冲突。这种概念框架显然不大恰切，它或许适合于19

---

* 普罗克鲁斯忒斯（Procrustes）为古希腊神话中的强盗，在捕得旅客后将其放在床上，长者砍腿，短者拉长，以适合其床的长短。——译注

世纪的情形,但对别的情形而言却力所不逮,这就迫使韦伯在他的时代所强加给他的两种类型之外又添上了卡里斯玛型的合法性。然而,这种补充没有改变,而只是掩盖了他的体系的内在局限性。一经补充了第三种类型之后,人们会产生这样的印象——这个体系是完备的了,但事实上,任何补充都不能使它完备,因为它的来源是褊狭的:它不是源于对于政治社会性质的完备的反思,而只是由两三代人的经验提供了基本的取向。既然韦伯相信,社会科学所运用的任何概念体系都只可能具有短暂的有效性,他就不会受到这种事态的严重干扰。尤其是,他并没有受到这种危险——他那有明确"期限"的体系有可能会阻碍对于更早的政治情势的不偏不倚的理解——的严重干扰。他没有怀疑过,他的体系是否与历史上记载的重大政治论争中针锋相对的各方对自己理由的思考(他们对于合法性原则的思考)方式相一致。基本上是基于同一理由,他毫不迟疑地就把柏拉图描绘成了一个"知识分子",而全然没有考虑到柏拉图的全部著作可以看作是对于"知识分子"概念的批判这一事实。他毫不犹豫地就认定,修昔底德的《历史》中所记载的雅典人与美利安人之间的对话,使得他有充足的根据断定"在古典时期的希腊化城邦中,一种最赤裸裸的'马基雅维里主义'在各方面都被看作是理所当然,而且从道德角度无可指责"。且不说别的,他根本就没有想过修昔底德本人是如何看待这番对话的。他毫不踌躇地就写下这样的话:"埃及的智者们把服从、缄默和不轻举妄动颂扬成是神一样的美德,其根源在于官僚制下的从属关系。而在以色列,根源则在于属下们的平庸。"与此相似,他对于印度思想所做的社会学解释是基于这样的前提的:"任何一种"自然权利都假定了一切人之间的自然平等,如果不是说在开端和终点上的受神恩宠的状态的话。或者,我们来看一个或许是最显著的例子,当韦伯讨论到什么是诸如加尔文教这样的历史现象的本质的问题时,韦伯说:人们在把某种事物称为某种历史现象的本质时,他或者是指人们认为具有永久价值的现象的某一方面,或者是指使现象得以发挥最重大的历史影响的那一方面。他甚至提都没提第三种可能,那实际上也是第一位的和最显著的可能性,亦即(比如说)加尔文教的本质,与加尔文本人认为是他的事业的本质或主要特征的东西,应该是一致的。[21]

韦伯的方法论原则注定了是要不利于他的研究的。我们浏览一下他最负盛名的历史著作——他对新教伦理与资本主义精神的研究——来说明此点。他认为加尔文教的神学乃是资本主义精神的一个主要导因。他强调说这样的结局是加尔文所意想不到的,加尔文会被这种后果给吓坏的,而且(更要紧的是)因果链上的关键环节(对于预定论的一种奇特的解释)虽为加尔文所拒绝,但是却在"仿效者"中间,尤其是加尔文派教徒的人众中间"颇为自然地"出现了。如果人们谈到加尔文派的教义,只需提及"仿效者"和"人众",就包含了对于这些人所采纳的某种关于预定论的解释的价值判断:仿效者和人众最容易把关键之处给漏掉。韦伯所包含的价值判断对于理解了加尔文的神学教义的所有人来说,都是完全合理的;那种据说是导致了资本主义精神的出现的对于预定论的奇特解释,乃是基于对加尔文学说的一种极端的误解。那是那种教义的堕落,或者,用加尔文本人的话来说,那是一种对于精神性教义的肉身化的解释。这样,韦伯能够有理由声称他已经证明了的定理,乃是加尔文神学的堕落或败坏导致了资本主义精神的出现。只有加

---

[21]《宗教社会学》,第1卷,第89页;第2卷,第136页注,第143—145页;第3卷,第232—233页;《科学论文集》,第93—95,170—173,184,199,206—209,214,249—250页。

上了这种关键性的限定语,他的论点才能与他所指涉的事实大体上和谐一致。然而,他无法加上这种要紧的限定,因为他给自己强加了不得下价值判断的禁忌。为了避开必不可少的价值判断,他被迫对事实上发生的事情给出一幅不符合真相的图景。由于害怕价值判断,他轻易地就把加尔文教的本质等同于它在历史上最具影响的方面。他本能地拒绝把加尔文教的本质等同于加尔文本人认为最具本质性的东西,因为加尔文的自我解释,自然会成为对那些号称是追随加尔文的加尔文派教徒进行客观判断的标准。[22]

---

[22]《宗教社会学》,第1卷,第81—82,103—104,112页。很难说韦伯在对于资本主义精神的研究中所提出的问题已经得到了解决。要想解决这个问题,人们得先把韦伯对于这一问题的表述从他的"康德主义"所带来的局限中解放出来。可以说,他正确地把资本主义精神等同于这样的观点:资本的无限积累和以资本进行投资营利活动乃是一桩道德义务,或许还是最高的道德义务。韦伯还正确地指出,这种精神是现代西方世界的特征。然而,他还说资本主义精神在于把资本的无限积累视为目的本身。不提那些让人心存疑窦的和模棱两可的印象,他就证明不了这后面一种论点。他被迫得出这一论点,因为他假设"道德义务"和"目的本身"是同一回事。他的"康德主义"也迫使他割断了"道德义务"和"共同利益"之间的一切联系。在他对于早期道德思想的分析中,他被迫引入了一种无法从文本得到保证的区分,亦即资本的无限积累在"伦理上的"合理性与其"在功利上的"合理性的区分。他那种特殊的"伦理"观念,使得早期文献中每一提到共同利益,都被他视为堕落到了低俗的功利主义。人们可以大胆地说,没有任何精神正常的著作家会给建立在除了服务于共同利益之外的别的基础上的无节制的获利,冠以义务或道德上的正当之名。这样,资本主义精神的发生的问题就与这一小前提——"而资本的无限积累最有利于共同利益"——的出现的问题是一致的了。因为大前提——"我们的义务是将自己奉献给共同利益或者是对邻人的爱"——并不受资本主义精神出现的影响。那个大前提乃是哲学传统与神学传统都接受的。因而问题就在于哲学传统,或者神学传统,或者是这两个传统的某种转化导致了前面所说的小前提的出现。韦伯想当然地认为,这起因必须到神学传统的转化亦即宗教改革中去寻找。但是,除了"历史辩证法"的运用或颇成问题的心理建构之外,他在将资本主义精神追溯到宗教改革,尤其是加尔文教时并不成功。陶奈(Tawney)正确地指出,韦伯所研究的资本主义的清教乃是晚期的清教,或者说是已经与"世界"和平相处的清教。这就是说,他研究的清教乃是与已然存在的资本主义世界和平相处的:它不是资本主义世界或资本主义精神的起因。如果把资本主义精神追(转下页)

拒绝价值判断使得历史的客观性面临着危机。首先，它使得人们不能够直言不讳。其次，它危及到了那种合理地要求放弃评价的客观性，亦即解释的客观性。想当然地认为客观的价值判断不可能的历史学家，不可能严肃地对待那些过去的思想——它所依据的假设是，客观的价值判断乃是可能的，而这几乎就囊括了前人们的全部思想。历史学家既已知道那些思想是基于一个根本性的谬误之上的，他就缺乏起码的动力，试图像过去理解它自身一样来理解过去。

到此为止，几乎我们所说的一切都是必须的，以便为我们理解韦伯的中心论点清除最严重的障碍。要到现在我们才能把握它确切的含义。我们再重新思考一下前面最后一个例子。韦伯要说的是，加尔文教神学的败坏导致了资本主义精神的出现。这就包含了对于粗俗的加尔文教的一个价值判断：仿效者们不知不觉地打破了他们原本想保有的东西。然而这中间所包含的价值判断只有很有限的意

61

62

（接上页）溯到宗教改革乃是不可能的，人们就得产生这样的疑惑：我们所考虑的小前提为何不是（区别于神学传统的转化的）哲学传统的转化呢？韦伯考虑过把资本主义精神的起源追溯到文艺复兴的可能性，然而，正如他正确地观察到的，文艺复兴本身企图恢复的是古典时代的精神，那是完全不同于资本主义精神的。他没能看到的是，在16世纪，发生了一场有明确意识的与整个哲学传统的断裂，这一断裂发生在纯粹哲学的或理性的或世俗的思想层面。断裂始自马基雅维里，引发了培根和霍布斯的道德教诲。这些思想家的著述比之韦伯的论著所依据的他们的清教同胞们的著述要早上好几十年。我们得说，比之罗马天主教和路德教，清教与"异教的"哲学传统（主要的也就是亚里士多德主义）的决裂更加彻底，对新的哲学也更加开放。清教因此就成了一个极其重要的，或许是最为重要的新哲学（既是自然哲学，又是道德哲学）的"载体"，而这种哲学是由毫无清教色彩的人创立的。简而言之，韦伯过高地估计了在神学层面上所发生的革命的重要性，过低地估计了在理性思想的层面上所发生的革命的重要性。人们只要比他更仔细地关注纯粹世俗的发展，就能够恢复被他武断地割裂了的在资本主义精神的出现与经济科学的出现之间的关联（参见特罗尔奇［Ernst Troeltsch］《基督教会的社会学说》，1949年，第624，894页）。

义。它并未对任何真正的问题预先就下了结论。假定加尔文教的神学是件糟糕的东西,它的败坏就成了桩好事。在加尔文看来是一种"肉身化"的理解的,从别的角度看来则应该被赞许为是一种"此岸"的理解,它导向了诸如世俗的个人主义和世俗的民主制等好事情。甚至于从后一种角度看来,粗俗的加尔文教就像是一种让人棘手的立场,一个中转地,它比之加尔文教更可取,正是出于与桑丘·潘萨比堂吉诃德*更加可取一样的理由。这样,从任何角度出发,都不可避免地要拒斥粗俗的加尔文教。但是这只意味着,只有在拒斥了粗俗的加尔文教之后,人们才能面对真正的问题:宗教对非宗教的问题,亦即真正的宗教对崇高的非宗教的问题,这有别于纯然的巫术或机械的仪式主义对毫无睿识的专家和全无心肝的纵欲之徒的非宗教的问题。按韦伯的看法,这一真正的问题不是人类理性所能解决的,正如在不同的最高级的纯正宗教之间的冲突(比如在《第二以赛亚书》**、耶稣和佛陀之间的冲突)是人类理性所不能解决的一样。因而,尽管社会科学的成败得失取决于价值判断,社会科学或社会哲学却无法解决最要紧的价值冲突。当有人在谈到良家女子和妓女时,他的确就已经下了价值判断。但是这一价值判断终归仅仅是暂时性的,它只当人们在面对某种谴责一切性活动的极端的禁欲立场时才会出现。由此种观点出发,公然贬斥通过卖淫而进行的性活动,比之以情感和诗歌来掩饰性活动的本质,要洁净得多。人们在谈到人类事务时,不可能不褒赞理智上的和道德上的善,而谴责理智上的和道德上的恶,这是千真万确的。但是这并没

---

* 桑丘·潘萨是西班牙作家塞万提斯的小说《堂吉诃德》中堂吉诃德的仆人。——译注

** 《第二以赛亚书》("Deutero-Isaiah"),即《圣经·以赛亚书》的第40—55章。——译注

有排除这样的可能性:一切人类的美德终归都会被裁定为不过是堂而皇之的恶而已。在一错再错的将军与有战略眼光的天才之间存在着区别,否认这一点是荒谬的。然而,如果战争乃是绝对的邪恶,那么一错再错的将军和有战略眼光的天才之间的区别,与一再失手的小偷和盗窃天才之间的区别就是同一层次上的。

看来,韦伯之拒绝价值判断的真实内涵可以表述如下:社会科学的研究对象是由价值关涉建构起来的。价值关涉就预设了人们对于价值的欣赏。此种欣赏使得社会科学家们能够,也迫使他们去评价社会现象,亦即在真诚与虚伪、高级与低级之间做出分别:在纯正的宗教与虚伪的宗教、真正的领袖与招摇撞骗之徒、知识与纯粹的古训或诡辩、美德与邪恶、道德敏感性与道德淡漠、艺术品与垃圾、勃勃生机与僵化萎缩等等之间的分别。价值关涉与中立态度是不相容的,它绝不会是"纯粹理论性"的。事实上,既然各种价值互不相容,赞成某种价值就必然意味着拒绝某一种或几种价值。只有在接受或拒绝价值,接受或拒绝"终极价值"的基础上,社会科学的对象才能呈现出来。至于所有进一步的工作,以及对这些对象进行因果分析,那就必定是与研究者是否接受或拒斥相关的价值无关的了。[23]

无论如何,韦伯关于社会科学的范围和功能的观念,是以这样一种号称可证明的前提——终极价值之间的冲突不可能由人类理性加以解决——为基础的。问题在于,这一前提是否真被证明了,或者,它是否只是在某种特殊的道德偏好的驱使下做出的假定。

就在韦伯试图证明他的基本前提之初,我们碰到了两个令人吃惊的事实。首先就是,连篇累牍写了好几千页的韦伯,只花了不超

---

[23]《科学论文集》,第90,124—125,175,180—182,199页。

过三十页的篇幅来对他全部立场的基础进行专题讨论。那一基础为什么如此之不需要证明呢？为什么对他来说是不证自明的？在对他的论点进行分析之前我们所观察到的第二种现象，可以为此提供一个暂时的解答。在韦伯探讨这一专题之初，他表示说他的论题不过是一种更古老也更普通的观点的普及版而已，亦即伦理与政治之间的冲突是无可解决的：不为道德上有罪之事，政治行动有时乃是不可能的。导致了韦伯的立场的，似乎是"权力政治"的精神。最能予人以启发的，莫过于这一事实：韦伯在相关的上下文中谈到冲突与和平时，他给"和平"加上了引号，而在谈到冲突时却没有这般小心谨慎的举动。冲突对韦伯而言是件毫不含糊的事情，而和平则不是；和平是虚幻的，而战争则是实实在在的。[24]

韦伯关于价值之间的冲突无可解决的论点，是他整个观念的一个部分或结果，按照此种观念，人生本质上就是一场无法逃避的冲突。因此，"和平与普遍的幸福"对他而言就是一个不合情理的虚幻的目标。他认为，即使那一目标能够达到，它也不是人们所向往的；那是尼采"毁灭性的批判"锋芒所指的"发明了幸福的最后的人们"的境况。倘若和平与人生或真正的人生并不相容，道德问题似乎就该有一个明确的解决：事情的本质要求以武士的伦理学作为"权力政治"的基础，而"权力政治"是完全以国家利益为出发点。或者说"最赤裸裸的马基雅维里主义从各个方面来说都[应被]视为理所当然的，并且从道德角度也是无可指责的"。但是我们因此就陷入了一个悖谬的处境：个人与自身是和平相处的，而世界却是由战争主宰着。被争斗折磨着的世界需要被争斗折磨着的个人。倘若不迫使个人否定战争的原则的话，争斗就会扎根在他心

---

[24]《科学论文集》，第466，479页；《政治论文集》，第17—18，310页。

底:他必须否定他无法逃避而必须投身于其中的战争,以之为邪恶或罪孽。为了随处都有和平,和平必定不能让人轻易拒绝。把和平看作是战争中间必要的喘息期,这是不够的。必定有一种绝对的责任感驱使我们追求普遍的和平和普遍的兄弟情谊,而此种责任感与另一种同样高度的责任感——它驱使我们投身于"永恒的战斗"以为我们的民族争夺"生存空间"——是互相冲突的。如果罪过不能被免掉,冲突就不会成为至高无上的。韦伯没有再讨论这个问题:如果某人是出于被迫而犯下罪孽的话,人们还能否谈什么罪过?韦伯需要的是罪过的必要性。他得把由无神论所孕育的苦痛(缺乏任何救赎和慰藉)与由启示宗教所滋养的苦痛(有罪的压抑感)结合起来。没有了此种结合,生命就不再是悲剧性的,从而就丧失了它的深度。[25]

韦伯很自然地认为,不存在什么价值的等级制:所有的价值都在同一等级上。倘若真是这样,那么能够同时满足两种价值的要求的社会规划,对于眼界有限的人而言就更为可取。思虑周详的规划,会牺牲掉两种价值中每一种所提出的某些要求。在此种情形下,就会出现这样的问题:极端的或一边倒的规划是否与显然更具包容性的规划同样可取,或者是优于后者。要回答这个问题,人们首先得了解,是否有可能采纳两种价值中之一种,而无条件地拒绝另一种。如果无此可能的话,多少牺牲掉这两种相辅相成的价值中明白的要求,就会是理性的裁定了。除非是在极其有利的条件下,最优化的规划是无法实现的,而此时此地的实际条件很可能是极为不利的。但这并不有损于最优化的规划的重要性,因为对于就各种

---

[25]《政治论文集》,第18,20页;《科学论文集》,第540,550页;《宗教社会学》,第1卷,第568—569页。

不完美的规划做出合理的判断而言，它是不可或缺的。特别是，它的重要性并不因人们在特定的情势下只能在两种同样不完美的规划中做出选择这一事实而有所减损。最后（但并非最不要紧）的是，一方面是极端主义，另一方面是中庸之道，人们在反思此类事情的时候，千万在任何时候都别淡忘了这两者在社会生活中所普遍具有的重要性。韦伯把所有这些考虑都推到了一边，他声称"中间路线在科学上一点都不比最极端的右派和左派的党派理想来得更正确"，而且中间路线甚至比极端的解决办法更低劣，因为它更加含糊。[26] 问题当然就在于，社会科学是否不需要去关心给社会问题找到切合实际的解决办法，再就是，中庸之道是否比极端主义更加切合实际。无论韦伯作为一名实际政治家是如何地明智，也无论他对于狭隘的党派狂热精神如何憎恶，作为一名社会科学家，他在研究社会问题时是出于一种与政治家毫无共同之处的精神，除了鼓励他更加刚愎自用外，那种精神不能服务于任何别的实际目的。他对于冲突具有至高无上的地位的坚定信念，促使他至少是把极端主义和中庸之道等量齐观。

然而，我们不得不回过头来，看看韦伯是如何试图证明他关于终极价值之间相互冲突的立场的。我们的讨论仅限于他的证明中的两三个例证。[27] 第一个例子是他用来说明大多数社会政策问题的性

---

[26]《科学论文集》，第154，461页。
[27] 尽管韦伯极其频繁地泛泛谈及许多种无法解决的价值冲突，但就我所见，他在试图证明他的基本立场时，却只限于讨论三四个例子。文中不再讨论的例子，是有关情欲与所有不属人的（impersonal）或超人的价值之间的冲突："从某种角度来看"，男人与女人之间真正的性爱关系可被视作是通向真正的生活的"唯一的或者无论如何是最辉煌的一条道路"；如果有人借纯粹的性爱激情之名，来反对一切的圣洁或一切的善、一切的伦理的或审美的规范等一切为文化和人道所珍视之物，那理性也只有完全保持缄默。容许或者说是滋长了这种态度的特殊立场，不像有人所猜想的那样是卡门［同名歌（转下页）

质的。社会政策关系到正义；可是在韦伯看来，任何伦理学都不能判定社会所需要的是何种正义。有两种相反的观点同样是合理的或站得住脚的。按第一种观点，对成就大、贡献大的人，人们应该更多地感恩戴德；按第二种观点，对于那些成就大、贡献大的人，人们应该更多地向他们索取。照前一种观点，人们应该给最有才智的人以最多的机会。照后一种观点，他们应该提防才智之士利用其高人一筹的机遇。对于韦伯陈述被他奇怪地看作是不可逾越的困难的松散方式，我们不用抱怨。我们只需注意到，他并不觉得有什么必要来说明支持第一种观点的理由。第二种观点则似乎需要有明确的论证。韦伯认为，有人会像巴贝夫*一样地争辩说：由精神禀赋的不平等分配而导致的不正义，以及仅仅由于拥有优越的才智而带来的陶醉于声名的快乐感受，必须由社会措施加以补偿，此种措施旨在防止禀赋超群的人利用其良好的机会。人们在断定这种观点有道理之前，先得弄明白：自然在不平等地分配天赋时就已经犯下了不正义，这种说法是否有意义；社会是否有责任来弥补那一不正义；嫉妒是否也自有其权利。然而，即使人们承认巴贝夫的观点如同韦

（接上页）剧中的女主人公，是一个敢恨敢爱，放纵情欲的人物。——译注］的立场，而是深受生活的专业化或"职业化"之苦的知识分子的立场。对这般人来说，"不受婚姻约束的性生活乃是把男人（他们已经完全摆脱了古老单纯的返璞归真的生存循环）与一切生活的自然本源仍旧联结起来的唯一纽带"。或许这样说就足够了：那些表相是骗人的。但是我们还得补充一下，在韦伯看来，这种晚近以来对人性中最自然的东西的回归，与他所谓的"对性领域的系统剖析"是联系在一起的（《科学论文集》，第468—469页；《宗教社会学》，第1卷，第560—562页）。他因此就证明了他所理解的情欲与"一切审美规范"乃是冲突的；然而他同时也证明了，知识分子企图通过放纵情欲来摆脱专业化，只会导致在情欲方面的专业化。换句话说，他证明了他的那种情欲世界观在理性的法庭前是无法为自己辩护的。

* 巴贝夫（Babeuf，1760—1797），法国大革命时的政治鼓动家，秘密团体"平等会"领袖，著有《为平等而密谋》。——译注

伯所说，与第一种观点同样有理，那又怎么样？我们就得做出盲目的选择吗？我们就得鼓动两种相反观点的支持者们顽固地固执己见吗？倘若像韦伯所说的那样，没有任何解决办法在道德上比别的更加优越，那么合乎情理的结果就是，决断权得由道德的法庭转移到便利或功用的法庭。韦伯在讨论这个问题时坚决地排除了对便利的考虑。他宣称，如果要求是以正义之名提出来的，考虑何种解决办法能够提供最好的"动机"就是不恰当的了。但是，在正义与社会的善之间，在社会的善与社会视为有价值的活动之间就没有任何关联了吗？如若韦伯恰恰在强调两种对立的观点有着同样的合理性时是对的话，那么作为客观科学的社会科学，就会把坚持认为只有一种观点合乎正义的任何人都视为狂徒。[28]

我们的第二个例证，是韦伯号称的对在他所谓的"责任伦理"（ethics of responsibility）和"意图伦理"（ethics of intention）之间存在着不可调和的冲突的证明。根据前者，一个人的责任要扩展到可以预见到的他的行动所产生的后果；根据后者，一个人的责任只限于他的行动的内在正当性。韦伯以工团主义*为例来说明意图伦理：工团主义者关心的不是他的革命行动的结果如何或是否成功，而是他自己内心的真诚，以及要在自己内心保持并在他人心中唤起某种道德态度，别的东西并不是他所关心的。对于一个信念坚定的工团主义者来说，即使你能够确切无疑地证明，在某一特定的情势下，他的革命行动在一切可以预见的将来只会对革命工人们的生存本身造成破坏，这种论证也不会对他起到任何作用。韦伯的信念坚定的工团主义者是一种特殊的建构，按他的论述，如果一个工团主义者

---

[28]《科学论文集》，第467页。

* 工团主义（syndicalism）是源于法国的一种社会革命运动，旨在通过罢工等直接手段，使工会控制生产及分配方式。——译注

是始终一贯的话，那么他的王国并不在此岸。换句话说，如果他是始终一贯的话，他就不再是一个工团主义者了，也就是说，他不再是一个致力于运用属于此岸的手段，将此岸的工人阶级解放出来的人了。韦伯归之于工团主义的意图伦理，在现实中乃是一种异于所有此岸的社会政治运动的伦理。他在别的场合又说过，在社会行动的层面"意图伦理与责任伦理并非截然对立，而是相互补充的；二者的结合才构成了真实的人类"。与韦伯一度称为真实的人的伦理不相容的意图伦理，乃是对于基督教伦理的某种解释，或者，更一般地说，它乃是严格意义上的彼岸的伦理。于是，韦伯在谈到意图伦理与责任伦理之间不可调和的冲突时，他真正的意思是说，此岸的伦理与彼岸的伦理之间的冲突是人类理性所无法解决的。[29]

韦伯深信，如果严格地着眼于此岸，客观的规范乃是不可能的：除了以天启为基础之外，不可能存在什么"绝对有效"而同时又是特殊的规范。然而，韦伯也从来没有证明过，人类无助的心灵不可能得到客观的规范，或者不同的此岸的伦理学说之间的冲突是人类理性所无法解决的。他只是证明了，彼岸的伦理（或者不如说是某种类型的彼岸的伦理）与无助的人类心灵所辨识出来的有关人类的优越性或人类的尊严的那些标准是不相容的。人们可以说——用不着有丝毫的亵渎神灵的犯罪感——此岸伦理与彼岸伦理的冲突对于社会科学而言并不是什么太要紧的问题。正如韦伯自己所指出

---

[29] 有关"责任"和"意图"的更恰切的讨论，可比较托马斯·阿奎那《神学大全》i. 2. qu. 20, a. 5；柏克《论当前的怨言》(《爱德蒙·柏克文集》，波恩标准文库，第1卷，第375—377页)；查恩武德爵士《亚伯拉罕·林肯》(便携本)，第136—137，164—165页；丘吉尔《马尔博罗》，第6卷，第599—600页。《科学论文集》，第467，475，476，546页；《政治论文集》，第62—63，441—444，448—449页；《社会学与社会政策文集》，第512—514页；《宗教社会学》，第2卷，第193—194页。

的，社会科学是要试图从此岸的角度来理解社会生活。社会科学是人类对于人类生活的知识。它的眼光乃是自然的眼光。它试图为社会问题找到理性的或合理的解决方法。站在超越人类的知识或天启的立场上，对它所达到的洞见和提出的解决问题的方法当然是可以质疑的。但是，就像韦伯所暗示的，社会科学本身不能理会这种质疑，因为它们是基于无助的人类理性所永远无法看清的假定之上的。如果接受了这种性质的假定，社会科学就会变成或者是犹太教的，或者是基督教的，或者是伊斯兰教的，或者是佛教的，或者是别的某种"教派的"社会科学。此外，倘若基于天启而能够对社会科学的真正洞见提出质疑，天启就不仅是高于理性，而且是与理性相反对的了。韦伯在说每一种对于天启的信仰最终都不过是信仰荒谬之物时，内心并无不安。韦伯（他毕竟不是一位神学权威）的此种观点是否能与某种理智的对于天启的信仰相容，我们无须在此讨论。[30]

一旦人们认可了社会科学，或者说对于人类生活的此岸的理解是完全合法的，那么韦伯所引起的困难就并没有多大干系。可是韦伯拒绝承认这个前提。他争论说，科学或哲学到最后，不是植根于人之作为人所能处置的显明前提，而是植根于信仰。他承认只有科学或哲学能够达到人们所能知道的真理，由此提出了对于可知的真理的寻求是否就是善的问题，而且他指出，这个问题不再是科学或哲学所能回答的。科学或哲学对于它们自身的基础不能给出一个清晰的或确定的解释。只要人们还认为它们是达到"真正的存在"或"真实本性"或"真正的幸福"的途径，科学或哲学之为善就不

---

[30]《科学论文集》，第33页注2，第39，154，379，466，469，471，540，542，545—547，550—554页；《政治论文集》，第62—63页；《宗教社会学》，第1卷，第566页。

成其为问题。然而,这样的期望终究不过是幻想。因此,科学或哲学除了确定那些人类所能获得的极其有限的真理之外,别无其他目标。然而,尽管科学或哲学的性质有了这样惊人的变化,对真理的寻求仍然被人们视为不仅有它实际的效用,而且本身就是有价值的。实际效用反过来又是颇成疑问的价值:增加人的力量,就意味着在增加他为善的力量时,也增加了他为恶的力量。一经把对真理的寻求本身看作是有价值的,人们就得承认他有所偏向和取舍,而此种偏向和取舍不再具有好的或充足的理由。人们由此就认识到了这样的原则:偏向和取舍是无须好的或充足的理由的。这样,那些把对真理的寻求本身视作有价值的人,就会把诸如理解某种学说的产生、某一文本的编撰(而且还有对文本的讹误之处进行修订)等活动看作自身就是目的:寻求真理具有和集邮同样的尊严。每一种寻求、每一种奇思异想都和别的一样合情合理。但是韦伯并不总是走得这么远。他还说过科学的目标乃是明晰,亦即对于重大问题的明晰,而这最终就意味着不仅是对于全体的,而且是对于人之作为人的处境的明晰。科学或哲学就成了摆脱幻局而获得自由的道路;它们是自由生活的基础,是一种拒绝牺牲理智而敢于直面严峻现实的生活的基础。它们关心的是可知的真理,无论我们是否喜欢它,它都是有效的。韦伯走到了这一步。但是他拒绝说,科学或哲学关心的是真理,它们对于所有人都是有效的,无论他们是否愿意知道这些真理。是什么使韦伯停下了脚步?为什么他否认可知的真理具有无可回避的力量?[31]

　　他倾向于相信,20世纪的人已经吞吃了知识之树上的果实,或

---

[31]《科学论文集》,第60—61,184,213,251,469,531,540,547,549页;《政治论文集》,第128,213页;《宗教社会学》,第1卷,第569—570页。

者能够从蒙蔽了所有更早期的人类的幻觉中解放出来：我们不带任何幻觉地看清了人类的处境；我们祛除了巫魅。然而，在历史主义的影响下，韦伯始终心存疑虑的是：人们是否能够谈及人之作为人的处境，或者如果能够的话，人们是否是以这样的方式在不同的时代来不同地看待这种处境的，以至于从原则上来说，任何一个时代的观点与别的时代的观点都同样是合理的或者是同样不合理的。因此，他想知道，那看来是人之作为人的处境的，是否不只是当下的人的处境或者"人类历史处境所无可逃避的境况"。于是，那原先看来像是摆脱了幻觉的，终归不过是我们时代的颇成问题的前提，或者说，它乃是一种态度，将在某一时刻被与下一个时代相吻合的态度所取代。当今时代的思想的特征，被人说成是祛除了巫魅，或者是漫无节制的"此岸性"，或者是非宗教的。那声称是摆脱了幻觉的，与过去曾经弥漫过，将来还可能弥漫开来的种种信仰，都是同等程度的幻觉。我们之所以是非宗教的，不是因为别的，而是命运使得我们如此。韦伯拒绝牺牲理智；他并不等待着宗教的复兴，或者是先知和救世主；而且他也不能确认，紧随着当今时代，会出现一场宗教的复兴。然而，他确信不疑的是，一切对于事业或理想的献身都以宗教信仰为根基，因而，宗教信仰的式微终会导致一切雄心或理想的消亡。他总觉得自己面临着这样的选择：或者是全然的精神空虚，或者是宗教的复兴。对于现代此岸性的非宗教试验他深感失望，然而他依然置身其中，因为他命定了要信仰科学——照他所理解的科学。他所无法解决的这一冲突的结果，使得他深信，价值之间的冲突不是人类理性所能解决的。[32]

---

[32]《科学论文集》，第33页注2，第39, 154, 379, 466, 469, 471, 540, 542, 545—547, 550—554页；《政治论文集》，第62—63页；《宗教社会学》，第1卷，第566页。

现代生活和现代科学的危机,并不必定就使得科学观念成为可疑的。因此,我们必须以更为准确的方式来说明,当韦伯说科学似乎不能够清晰而明确地说明它自身时,他的心中想的是什么。

没有了光明、指引和知识,人是无法生活的;只有具备了对于善的知识,他才能找寻他所需要的善。因此,根本问题就在于,依靠他们的自然能力来进行孤立无助的努力,人类是否能够获得有关善的知识——没有了这种知识,他们就不能个别地或集体地指导自己的生活;或者,他们是否要依赖于有关天启的知识。没有什么选择比这更为根本:人的指引还是神的指引。前一种选择鲜明地体现在原初意义上的哲学或科学中,后一种选择我们可以在《圣经》中看到。任何一种调和或综合都不能解除这一困境。因为哲学和《圣经》二者都宣称有某种东西是人们所必需的,是唯一具有终极意义的,而《圣经》所宣称的那种必需之物与哲学所宣称的正好相反:顺从的爱的生活以及与之相反对的自由见解的生活(a life of free insight)。在每一次调和的努力中,在每一次无论多么深刻的综合中,虽然隐晦曲折的程度不同,但每一次这相对立的两者中总有一个要为了另一个而被牺牲掉:本该做女王的哲学,成了天启的女婢;或者正好反过来,本该高居王位的天启,成了哲学的女婢。

倘若我们只狭隘地看到哲学与神学二者之间世俗的斗争,就不大可能避免产生这样的印象:两个论敌中没有一个真正成功地驳倒了另一个。只有在先假定了对于天启的信仰后,所有有利于天启的论证看起来才站得住脚;只有在假定了不信神的立场后,所有反对天启的论证似乎才能成立。此种事态再自然不过了。天启对于孤立无助的理性来说,总是如此之难以确定,它永远无法强迫孤立无助的理性来认同它;而人又是生来如此,他要在自由的探寻和破解存在之谜中才能得到满足,获得至福。但是,从另一方面来看,他渴望着揭开那一谜底,而人类的知识又总是有限的,因而,人们就不能否认人类需要神的指引,否定天启存在的可能性。此种事态似乎是无可挽回地有利于天启而不利于哲学。哲学得承认天启乃是可能的。然而承认了天启之为可能,就意味着承认哲学也许不是我们所需之物,哲学也许是某种无足轻重的东西。承认了天启是可能的,就意味着承认,哲学化的生活并不必定是,也不理所当然地就是正当的生活。哲学,亦即献身于寻求人之作为人所能获取的明确知识的生活,其自身是基于一种并非理所当然的、任意而盲目的决断之上的。这只会证实信仰所蕴含的命题:没有天启,就不可能有什么连贯一致的东西,就不可能有连贯一致而又绝对真挚的生活。哲学与天启不能互相驳倒这一简单的事实,就构成了天启对于哲学的反驳。

正是天启与完全意义上的哲学或科学之间的冲突,以及那一冲突所具有的含义,使得韦伯断定,科学或哲学的观念有一个致命的弱点。他力图保持对于自主见解的事业*(the cause of autonomous insight)的忠诚,但是当他感觉到科学或哲学所恐惧的牺牲理智,正在科学或哲学的根基之处发生时,不由得深感失望。

让我们迅速地从这些可怖的深处回到表层来,那虽然不能让我们快乐无忧,却至少能让我们安睡片刻。一回到表面,我们看到的是讨论社会科学方法论的长达六百页的篇幅,里面的句子数目少得不能再少,注释数目却多得不能再多。我们马上就醒悟到,我们并没有摆脱麻烦。韦伯的方法论不同于寻常的方法论。所有研究韦伯方法论的头脑清明的学者,都会觉得他的方法论属于哲学的范畴。

---

* 此处与上文中"自由见解的生活"意思相同,指人类仅凭自主、自由的理性,不依赖于神的启示而生活。——译注

这种感觉是有可能表达出来的。作为对于科学的正确程序的反思，方法论必定是对于科学的局限性的反省。如果科学的确是人类知识的最高形式的话，它就是对于人类知识局限性的反省。如果知识构成为人类相对于世间万物的特殊性的话，方法论就是对于人性的局限性或人之作为人的处境的反省。韦伯的方法论非常接近于这一要求。

如果我们更贴近韦伯本人对于他的方法论的看法，就可以说，他的科学概念（既包括自然科学，又包括社会科学）是以他对于实在的特殊见解为基础的。在他看来，科学理解是实在的一种特殊的变形。不对实在本身——在它被科学变形之前——预先进行分析，就不可能澄清科学的含义。韦伯对此并未多谈。韦伯更加关注的是不同类型的科学使实在变形的不同方式，而不是实在本身的特性。因为他首要关注的，是要在两种明显的危险之下保护历史科学或文化科学的完整性，那两种危险是：按自然科学的模式改变这些科学的企图，以及以形而上学的二元论（"心－物"或"必然－自由"）来解释自然科学和历史－文化科学的二元论的企图。但是如果不把韦伯在方法论方面的论点译解成有关实在性质的论点，那么他的这些论点就会难以理解，或者无论如何都是无关痛痒的。比如说，当他要求要使阐释性的理解服从于因果解释时，他经常是被这样的观察结果所指引着，那就是，理智的东西往往被不理智的东西占了上风，卑下的东西往往比崇高的东西更加强大。此外，他对问题的关注使得他有时间来表明他的观点：实在在被科学变形之前究竟是什么。在他看来，实在是一无限的、无意义的序列或混沌，它们由独特的、无限可分的事件构成，那些事件本身并无意义：所有的意义、所有的表达*都是因认知主体或评价主体的活动而产生的。今天，很少人会满足于这种实在观——那是韦伯从新康德主义那里接过来的，他的修正仅限于加上了几分感情色彩。我们这里只需指出，他自己并没有能将那种观点坚持一贯。他当然不能否认，在所有的科学表达之前，就有了一种对于实在的表达，亦即我们在谈到日常经验世界或对于世界的自然理解时心中所具有的那种表达或诸多意义。[33]但是他甚至没有试图对于"常识"所了解的社会世界或人们在社会生活或行动中所了解的社会实在进行融贯的分析。此种分析的位置在他的著作中被他对于理想类型的定义所占据了，而那些人为的建构甚至不求与社会实在的内在意义相一致，并且它们还只具有严格说来是转瞬即逝的性质。只有对于我们在现实生活中所知晓的，人们自从存在有公民社会以来就一直所了解的社会实在有了完备的分析，我们才能恰当地讨论一种评价性的社会科学的可能性。这样的分析才使得本质上属于社会生活的那些根本选择能为人所理解，也才能提供一个基础，使得人们能够负责任地判断，这些选择之间的冲突在原则上能否得到解决。

浸淫于三个世纪以来的传统精神之中，韦伯本可以拒绝这样的看法的：社会科学必须建立在对于人们在社会生活中所经验到的或"常识"所了解的社会实在的分析之上。在那一传统看来，"常识"是个混血儿，它源自个人感觉的绝对主观的世界和为科学所逐步发现的真正的客观世界。这种观点来自17世纪，那时现代思想在与古典哲学决裂之后开始崭露头角。但是，当现代思想的始作俑者们把

---

* 此处的"表达"原文为articulation，有将零散片段连接起来赋予意义之意。——译注
[33]《科学论文集》，第5、35、50—51、61、67、71、126页，第127页注，第132—134、161—162、166、171、173、175、177—178、180、208、389、503页。

哲学或科学看作是将人们对于自然世界的自然理解完善化的时候，他们与古典思想仍然是一致的。他们之不同于古典思想，只在于他们将新的哲学或科学作为对于世界的真正自然的理解，与古典的和中世纪的哲学或科学或"经院"学派对世界的扭曲理解对立起来。[34] 新的哲学或科学的胜利取决于它的关键部分亦即新的物理学的胜利。那一胜利最终导致了这样的结果：一般意义上的新的物理学和新的自然科学挣脱了哲学的樊篱而独立，从此哲学成了与"科学"相对而言的"哲学"；并且，"科学"实际上成了"哲学"的权威。我们可以说，"科学"乃是现代哲学或科学中成功的部分，而"哲学"则是其中不那么成功的部分。因此，不是现代哲学，而是现代自然科学，才被看作是人类对于自然世界的自然理解的完善化。然而，在19世纪，人们越来越清楚地看到，在当时所谓的"科学"理解（或"科学世界"）与"自然"理解（或"我们所生活于其中的世界"）之间必须做出明确的区分。对世界的科学理解显然是通过对自然理解的彻底修正而产生的，有别于对自然理解的完善。既然自然理解乃是科学理解的前提，那么，对于科学或科学世界的分析就要以对于自然理解、自然世界或常识世界的分析为前提。自然世界——我们所生活和活动于其中的这个世界，并非理论态度的对象或产物；它不是我们纯然地当作对象来孤立看待的世界，而是我们要着手面对的"事物"或"事情"的世界。然而，只要我们还把自然世界或前科学的世界等同于我们所生活于其中的世界，我们就还是在与抽象之物打交道。我们所生活于其中的这个世界已然是科学的产物，或者无论如何，它已经受到了科学的深刻影响。有了科

---

[34] 比较雅可布·克莱恩《希腊逻辑学与现代代数学的形成》，《数学、天文学与物理学史的起源和研究》（1936年），第3卷，第125页。

学，更不用说有了技术，我们所生活于其中的这个世界摆脱了本来盛行不衰的鬼怪和巫术。要把握住本质上先于科学或哲学的自然世界，人们就得回到科学或哲学初露面之前。为此目的，人们并无必要从事广泛的并且必定是假说性质的人类学的研究。要重新建构起"自然世界"的本质特征，古典哲学就其起源所提供给我们的信息就足够了，尤其是当那种信息再补充以对于《圣经》最基本的前提的思考之时，更是如此。利用那些信息，再加上对《圣经》某些前提的思考，人们就能够理解自然权利观念的起源了。

第三章

自然权利观念的起源

要理解自然权利问题,人们不应该从对于政治事物的"科学"理解出发,而应该从对它们的"自然"理解出发,亦即从它们在政治生活中、在行动中呈现出来的样子出发——此时它们成了我们所面临的事情,我们得做出决断。这并不意味着,政治生活就必然了解自然权利。自然权利得靠人们去发现,而先于那种发现就已经有了政治生活。它只意味着,政治生活在其一切形式中都必然地要碰到自然权利这一不可避免的问题。对这个问题的意识虽不早于政治科学,但也和它一样古老。因此,某一种政治生活如其不了解自然权利的观念,它就必定意识不到政治科学的可能性,实际上也意识不到科学本身的可能性;而如若某一种政治生活意识到了科学的可能性,它也就必然对自然权利问题有所了解。

只要自然的观念还不为人所知,自然权利的观念也就必定不为人所知。发现自然乃是哲学的工作。不存在哲学的地方,也就不存在自然权利这样的知识。《旧约》——它的基本前提可说是对哲学的暗中拒斥——不知道"自然":希伯来《圣经》中未曾有过希伯来语的"自然"一词。毋庸多说,比如"天地"与"自然"当然是两回事。因而,在《旧约》中没有自然权利这样的知识。自然的发现必定先于自然权利的发现。哲学比之政治哲学更为古老。

哲学是对万物"原则"之追寻,而这首先指的是对万物"起始"或"最初事物"的追寻。就此而论,哲学与神话并无不同。但是 philosophos ("爱智者") 却不同于 philomythos ("爱神话者")。亚里士多德径直把最早的哲学家称作"谈论自然的人",并将他们与那些早于他们的"谈论诸神"的人区别开来。[1] 自然一经发现,区别于神话的哲学就出现了,第一位哲学家就是第一个发现自然的人。整个哲学史不是别的,就是记录了人们反复不断地试图充分把握那一至关重要的发现的内涵;那个发现是一些希腊人在两千六百年前或更早时候做出的。要以无论多么粗浅的方式来理解那一发现的意义,人们就得从自然的观念返回到前哲学时期与其相对应的观念。

如果把自然理解为"现象之全体"的话,发现自然的要旨就无从把握。因为自然的发现恰恰在于把那一全体分成了自然的现象和不属于自然的现象:"自然"是一个用于区分的名词。在发现自然之前,某些事物或某些类别的事物的最具特征的行为,被人们看作是它的习惯或方式。也就是说,在那些永远如此、处处如此的习惯和方式与因部族不同而各异的习惯和方式之间,人们并未加以根本区分。吠叫和摇摆尾巴是狗的方式,来月经是妇女的方式,疯人所做的古怪事情是疯人的方式,正如不吃猪肉是犹太人的方式,而不喝酒是穆斯林的方式一样。在前哲学时期,"习惯"或"方式"乃是"自然"的对应物。

每一事物或每类事物都有其习惯或方式,而有一种特殊的习惯或方式有着头等的重要性:那就是"我们的"方式,"我们"生活于"此地"的方式,一个人所从属的独立团体的生活方式。我们可

---

[1] 亚里士多德《形而上学》981^{b}27—29, 982^{b}18(参见《尼各马可伦理学》1117^{b}33—35), 983^{b}7以下, 1071^{b}26—27;柏拉图《法律篇》891^c, 892^{c}2—7, 896^{a}5—^{b}3。

以称之为"至上的"习惯或方式。并非那一团体的所有成员都总是保持在那一方式内,然而如果他们被恰当地提醒到那种方式,他们大致就会返回其中:至上的方式就是正确的路途。其正确性是由其古老性来保障的:"在对人性和人类事务的深思熟虑中产生了一种反对新奇事物的假定;据以做出裁决的定理被制定好了,*Vetustas pro lege sem per habetur*[总是要为着法律的缘故而考虑到传统]。"但是,并不是在所有地方所有古老的东西就都是正确的。"我们的"方式之所以正确,是由于它既是古老的又是"我们自己的",或者说它既是"自产的又是长久因袭的"(home-bred and prescriptive)。[2]正像是"古老的和自己的"原本等同于正确的和好的一样,"新的和陌生的"原本意味着糟糕的。把"古老的"和"自己的"联系起来的概念是"祖传的"。前哲学时期生活的特征是简单地把好的与祖传的等同起来。因此,正确的方式就必定蕴含着仅仅是对祖先并且从而是对初始事物的怀想。[3]

如果不是把祖先看作是绝对比"我们"更优越(而这就意味着他们比所有终有一死的凡人更优越),人们就没有理由把好的与祖传的等同起来;有人被驱使着相信,祖先或者那些确立了祖传的方式的人乃是神或神子,至少也"住在神的近处"。把好的与祖传的等同,就导致了这样的观念:正确的方式是由神或神子或神的弟

―――――――――

[2] 柏克《论与弑君者和平书》,i 和 iv;参见希罗多德 iii. 38 和 i. 8。
[3] "正确的方式"似乎是普遍而言的"方式"(或"习惯")与"初始事物"之间的纽带,亦即"自然"的两个最重要的含义——"自然"作为某一事物或某类事物的本质特性,以及"自然"作为"初始事物"——的根源之间的纽带。第二种含义见柏拉图《法律篇》891^{c}1-4 和 892^{c}2-7。第一种含义见亚里士多德和斯多亚派在他们对自然的定义中所提到的"方式"(亚里士多德《物理学》193^{b}13-19, 194^{a}27-30 和 199^{a}9-10;西塞罗《论神的本性》ii. 57 和 81)。当"自然"被否定时,"习惯"便回归原位。比较迈蒙尼德《迷途指津》i. 71 和 73;及帕斯卡《思想录》,布伦什维格版,第 92,222,233 节。

第三章 自然权利观念的起源 161

子们建立起来的；正确的方式必定是神的法则。既然先祖乃是某一特定团体的先祖，人们就被引导着相信，有着形形色色的神的法则或法典，其中的每一个都是神圣的或半神圣的存在者的创作。[4]

本来，有关初始事物和正确方式的问题，在还未被提出之前就已得到了解答。它们是由权威而得到解答的。因为有权利要人们服从的权威本质上是法律所派生的，而法律原本只不过就是共同体的生活方式而已。如果权威本身未受质疑，或者只要至少是有某些关于无论何种存在物的一般性陈述仍然为人们所信赖，初始事物和正确方式就不会受到质疑或成为询问的对象，哲学就不会出现，自然也不会被发现。[5] 自然权利观念的出现，是以权威受到质疑为前提的。

柏拉图在他《理想国》和《法律篇》中不是以明确的陈述，而是以对话的背景表明了，对于自然权利的发现来说，权威之被质疑和摆脱是何等不可或缺。在《理想国》中年迈的父亲和家长克法洛斯起身去照看奉给诸神的牺牲很长时间之后，对自然权利的讨论才开始。克法洛斯的缺席以及他所代表的意义，对于自然权利的探求来说必不可少。或者说，如你所想的，像克法洛斯这样的人不必去了解自然权利。此外，这场讨论还使得参加者们忘记了一场他们本该去观看的纪念女神的火炬赛跑——对自然权利的追寻代替了火炬赛跑。《法律篇》中所记录的讨论发生在参加者们踩在迈诺斯（他是宙斯的儿子和弟子，给克里特人带来了他们的神法）神庙的

---

[4] 柏拉图《法律篇》624^{a}1–6, 634^{c}1–2, 662^{c}7、^{d}7–^{e}7；《米诺斯篇》318^{c}1–3；西塞罗《法律篇》ii. 27；参见福斯特尔·德·古朗治《古代城邦》，第3部分，第11章。

[5] 参见柏拉图《恰米德斯篇》163^{c}3–8和《斐德罗篇》275^{c}1–3及《苏格拉底的申辩》21^{b}6–^{c}2；还可参见色诺芬《回忆苏格拉底》14–15及《塞罗培蒂亚篇》vii. 2.15–17。

阶梯上,从一个克里特城邦走向宙斯山洞的途中。他们的谈话被全部记录下来了,但是关于他们是否达到了他们最初的目标却一字未提。《法律篇》的结尾说的是《理想国》的主题:自然权利,或者说政治哲学及政治哲学的鼎盛,取代了宙斯山洞。倘若把苏格拉底当作追寻自然权利的代表人物,我们或许可以这样来说明追寻自然权利与权威之间的关系:在一个由神法统治的共同体中,是严格禁止在有年轻人的场合,将那些法律置于真正的讨论亦即批判性的审查之下的;然而,苏格拉底不仅是在有年轻人的场合,而且是与他们对话来讨论自然权利——而自然权利这一课题的发现是以对祖先法典或神的法典的质疑为前提的。比柏拉图早一些时候,希罗多德在他所记录的唯一一次有关政治原则的争论中,提到了此种事态:他告诉我们说,那场争论是在屠杀僧侣[6]之后在热爱真理的波斯人中间展开的。这并不是否认,一旦自然权利的观念出现并成为理所当然的之后,它就会很轻易地与存在着神启法的信仰相调和。我们想说的只是,那种信仰的支配地位阻碍了自然权利观念的出现,使得对自然权利的追寻无足轻重:如果人们通过神启能够知道正确的道路何在,他就用不着靠自己无助的努力来找寻那条道路了。

  权威的本来性质,决定了质疑权威最初所采取的形式,以及哲学起初的取向,还有自然由以发现的背景。关于存在着形形色色的神圣法典的假定引发了诸多困难,因为不同的法典之间是彼此冲突的。一种法典无条件地称颂的行为,另一种法典却是无条件地加以谴责。某种法典要求把头生子奉作牺牲,另一种法典却厌憎此事,禁止一切将人奉作牺牲之事。某个部族的葬礼仪式会激起另一部族

---

[6] 柏拉图《法律篇》$634^d 7$–$635^a 5$;参见《苏格拉底的申辩》$23^c 2$ 以下,以及《理想国》$538^e 5$–$^e 6$;希罗多德 iii. 76(参见 i. 132)。

的恐慌。然而,最紧要的,是不同的法典之间在它们关于初始事物的见解上彼此冲突这一事实。认为诸神是由大地所生的观点,与认为诸神创造了大地的观点不可调和。于是就出现了这样的问题:哪种法典才是正确的,哪种对于初始事物的记述才是真实的?正确的方式不再是权威所能保障的,而是成了问题或者是人们探寻的对象。好的与祖传的这两者之间不再能够径直等同,而是有着根本区别。对于正确方式或初始事物的追寻,乃是追寻不同于祖传之物的好的事物。[7]它将表明这是对本然就是好的(有异于仅仅出于习俗而是好的)事物的追寻。*

对于初始事物的追寻由先于"好的"与"祖传的"的区分的两个根本区分所指引着。人们必定总是要(比如在司法事务上)将耳听和眼见区分开来,认为耳听为虚,眼见为实。但是此种区分本只限于特别的或次要的事情上。一涉及最要紧的事情——初始事物和正确方式——则知识的唯一来源就是耳听。面对许许多多神圣法典之间的冲突时,有人——比如说一个游历见识了许多人和许多城邦的旅行家,了解到了人们思想和习惯的纷繁歧异——提出要把耳听和眼见的分别运用到所有事项,尤其是那些最要紧的事项上。在那些论断所依据的事实基础被澄清和表明之前,对于任何法典或陈述的神圣性或令人敬仰的性质的判断或赞同都应该先搁置起来。那些事实必须被澄清,在光天化日之下向所有人澄清。这样,人们对于他那团体所认为无可怀疑的事情与他自己所观察到的事情之间的根

---

[7] 柏拉图《理想国》538^{d}3–4和^{e}5–6;《政治家篇》296^{e}8–9;《法律篇》702^{c}5–8;色诺芬《塞罗培蒂亚篇》ii. 2.26;亚里士多德《政治学》1269^{a}3–8,1271^{b}23–24。

* "本然就是好的"原文为"good by nature",有出于自然就是好的之意,与"出于习俗而是好的"(good by convention)相对。Nature一词在西文中的多义性,是在阅读本书时须特别注意的。——译注

本区别,就了然于心了。这样,"我"就可以将自己与"我们"对立起来而不必心存负疚。然而,获得此种权利的,并非作为我的"我"。对于建立起神圣法典或有关初始事物的神圣记述的论断来说,梦境和幻念至关重要。借助于耳听与眼见之间的区别的普遍运用,人们可以区分清醒时所看到的一个真实无妄的共同的世界,和那许多个由梦境和幻念所产生的虚幻的个别的世界。这似乎表明,衡量一切事物之真与假、有与无的,既非任何特殊团体的"我们",也非某个独一无二的"我",而是人之作为人。最后,人们就学会了区别那些他由耳听而知道的,因不同群体而异的事物之名,以及那些他自己和任何别人一样可以亲见的事物本身。如此,他就可以开始用事物之间"自然的"区别,代替那些因群体而异的事物之间的武断任意的区别。

据说,神圣法典和有关初始事物的神圣记述不是由耳听而为人所知晓,而是由于超人的信息。当耳听和眼见之间的分别要被用于最紧要的事项上时,所有号称超人信息的超人的来源就必须受到这样的标准——它们终究是以显明的方式,来自在人类知识所完全能够把握的事务上指引我们的准则——的检验,而不是受到,比如说用于区分真假神谕的传统标准的检验。在哲学和科学出现之前,技艺*乃是人类最高的知识。原本指导着人们追寻初始事物的前哲学时期的第二种区分,乃是人工的或人为的事物与非人为事物的区分。当人们借助于一方面是耳听和眼见,另一方面是人为事物与非人为事物的根本区分,来追寻初始事物时,自然就被发现了。两种区分中的前者激起了这样的要求:初始事物必须是由所有人所能亲见者出发能够看到的。但是对于初始事物的发现来说,并非所有可

---

* 此处"技艺"(art)指的是人为的创造。——译注

见物都是同样适合的出发点。除了人以外，由人为的事物引不到别的初始事物，而人显然不是初始事物。人工的造物在所有方面都劣于或晚于不是由人制造，而是由人找到或发现的事物。人工造物的存在似应归因于人的设计或盘算。倘若人们在涉及有关初始事物的神圣记述的真理性问题上悬置自己的判断，他就不知道那些非人为之物的存在是否归因于某种盘算，也就是说，初始事物是否以盘算或别样的方式产生了所有其他事物。如此，人们便认识到存在着这样的可能性：初始事物以与所有以盘算产生事物的方式根本不同的途径，产生了所有其他事物。所有可见物都是由思维着的存在者创造的，或者存在着某种超人的思维着的存在者，这样的命题需要得到证明：一个由所有人当下可见的事物出发的证明。[8]

简而言之，我们可以说自然之发现就等于是对人类的某种可能性的实现，至少按照此种可能性的自我解释，它乃是超历史、超社会、超道德和超宗教的。[9]

哲学对初始事物的寻求不仅假定了初始事物的存在，而且还假定了初始事物是始终如一的，而始终如一、不会损毁的事物比之并非始终如一的事物，是更加真实的存在。这些假定来自这一基本前提：凡事皆有因，或者说"最初，混沌生成了"（初始事物乃是无中生有的）的说法乃是无稽之谈。换言之，倘若不是存在着某

---

[8] 柏拉图《法律篇》888^c–889^c, 891^{c}1–9, 892^{c}2–7, 966^{d}6–967^{e}1。亚里士多德《形而上学》989^{b}29–990^{a}5, 1000^{a}9–20, 1042^{a}3以下；《论天》298^{b}13–24。托马斯·阿奎那《神学大全》i. qu. 2, a. 3。
[9] 我们可以看到，从 A. N. 怀特海下面这句话出发，这种观点在某种程度上是很好理解的："在亚里士多德之后，伦理的和宗教的兴趣左右了形而上学的结论……人们大可怀疑，是否有任何一般性的形而上学在没有暗中引入其他考虑的情形下，比亚里士多德有所推进。"（《科学与现代世界》[导师丛书]，第173–174页）参见托马斯·阿奎那《神学大全》i. 2. qu. 58, a. 4–5及 qu. 104, a. 1; ii. 2. qu. 19, a. 7及 qu. 45, a. 3（论哲学与道德和宗教的关系）。

种持久而永恒的事物,显明可见的变化就不可能发生;或者说,显明可见的偶然的存在物就要求有某种必然的从而是永恒的事物的存在。始终如一的存在物比之并非始终如一的存在物更加高贵,因为只有前者才是后者以及后者的存在的终极因;或者说,因为并非始终如一的事物要在由始终如一的事物所构成的秩序中才能找到其位分。并非始终如一的事物,比之始终如一的事物,乃是更少真实性的存在,因为它们有损毁,而这就意味着它们介于存在与不存在之间。人们还可以这样来表达这一根本前提:"全能"就意味着能力受到有关"自然"的——也就是说,有关不会变易的、可知的必然性的——知识的限制[10];一切的自由和不确定性都是以某种更为根本的必然性为前提的。

自然一经发现,人们就不可能把自然族群的与不同人类部族所特有的行为或正常的行为,都同样看作是习惯或方式。自然物的"习惯"被视为它们的本性(nature),而不同人类部族的"习惯"则被视为他们的习俗。原先的"习惯"或"方式"的概念被分裂成了一方面是"自然"(nature)的概念,另一方面是"习俗"的概念。自然与习俗,physis 与 nomos 之间的分野,就此与自然之发现,从而与哲学相依相存。[11]

如若自然不是隐匿的,人们就不必去发现它了。因而,"自然"必须被理解为与别的某种东西相对立,亦即与那种隐匿了自然的东西相对立。也有学者拒绝把"自然"当作一个标示分别的名词,因为他们相信,凡存在之物,无不是自然的。但是,他们暗中就假

---

[10] 参见《奥德赛》x. 303-306。
[11] 有关自然与习俗之间区分的最早的记录,见卡尔·莱因哈特《巴门尼德与希腊哲学史》(波恩,1916年),第82—88页。[physis 和 nomos 为希腊文中"自然"与"习俗"之意。——译注]

定了，人们由其本性（nature）就知道有着自然（nature）这种东西的存在，或者说"自然"就像是（比如说）"红色"一样清晰无误。此外，他们还得在自然的，或存在着的事物，与虚假的，或者说虽不存在却又假装存在的事物之间做出区分。然而他们却没有说明那些虽不存在却又假装存在的最重要的事物的存在方式。自然与习俗之间的区分，就蕴含着自然根本是被权威的裁断所隐匿了的。人不能没有对于初始事物的思考而生活，并且人们还认为，人如果不能由于对初始事物的相同看法而与他们的同胞团结起来，亦即如果不服从权威有关初始事物的裁断，就无法生活。法律声称它使得初始事物或"在者"彰显出来了。反过来，法律又是从群体的成员们的协定或习俗那里获得其约束力。法律或习俗有着隐匿自然的趋向或功能；它成功到了这样的地步：自然起初是被当作"习惯"而被体验或"给定"的。于是，哲学对于初始事物的追寻是由对于"存在"（being）和"生成"（to be）的理解所引导着的。按照此种理解，存在方式之间最根本的区别在于"真实的存在"和"依靠法律或习俗的存在"之间的区别——这种区别仅以依稀可辨的形式残存于经院学派对于 ens reale［真实存在］与 ens fictum［虚假存在］的区别之中。[12]

哲学的出现极大地影响了人们一般而言对政治事物，特殊而言对法律的态度，因为它极大地改变了人们对于这些事物的理解。原先，最好的权威是祖传的，或者说一切权威的起源都是祖传的。经由自然的发现，基于祖传而要求权利的路数被连根拔起。哲学由诉诸祖传的转而诉诸好的——那本质上就是好的，那由其本性［自

---

[12] 柏拉图《米诺斯篇》315^{a}1–^{b}2 和 319^{e}3；《法律篇》889^{e}3–5，890^{a}6–7，891^{e}1–2，904^{a}9–^{b}1；《蒂迈欧篇》40^d–41^a；参见巴门尼德《残篇》6［Diels］；又见 P. 培尔《思想种种》，第49节。

然〕就是好的。然而哲学在将基于祖传而要求权利的路数根除的时候，保留了其中一个根本因素。因为，当最早的哲学家谈到自然时，他们指的是初始事物，亦即最古老的事物；哲学由对祖传之物的诉求转向了对于某种比之祖传的更加古老的事物的诉求。自然乃是万祖之祖，万母之母。自然比之任何传统都更古久，因而它比任何传统都更令人心生敬意。认为自然事物比之人创造的事物更加高贵的观点，不是来自什么对神话的秘密的或无意的借用，也不是基于神话的残余，而是基于自然本身的发现。人工（art）以自然为前提，而自然并不以人工为前提。比之他们的任何产物都更让人敬佩的人类的"创造"能力，本身并不是人所创造的：莎士比亚的天才并不是莎士比亚的成就。自然不仅为所有的人工提供了材料，而且也提供了模型；"最伟大美妙之物"乃是区别于人工的自然的产物。在根除了来自祖传的权威之后，哲学认识到自然就是权威。[13]

以下的说法可能会让人少生一点误解：哲学在根除权威之后认识到，自然乃是标准。因为，在感官知觉的帮助下发现自然的人类官能，乃是理性（reason）或理智（understanding），而理性或理智与其对象的关系，根本就不是丝毫不问为何要与权威一致就俯首听命。把自然称作最高权威，就会使对哲学而言至关重要的分别，亦即理性与权威之间的区分模糊不清。哲学，尤其是政治哲学，一旦屈从于权威，就失去了它的本色；它就会蜕变为意识形态，亦即为某一特定的或将要出现的社会秩序所做的辩护词；或者，它就会变为神学或法学。查尔斯·比尔德（Charles Beard）在谈到18世纪的情形时说道："教士和王权派把特殊的权利鼓吹为神授之权，革命

---

[13] 西塞罗《法律篇》ii. 13 及 40；《论目的》iv. 72；v. 17。

派则诉诸自然。"[14]对于18世纪革命派之为真的, *mutatis mutandis*[在做了必要的变动之后]对于所有真正的哲学家来说也一样。古典哲学家们对于潜藏在将好的与祖传的相等同之下的伟大真理,有充分合宜的处置。然而,如果他们不是首先拒斥那一等同本身,他们就不能将潜藏的真理展露出来。尤其是苏格拉底,就其政治哲学所达到的最终结论而言,他是一个极为保守的人。但是,阿里斯托芬在表明苏格拉底的基本前提可以诱使儿子毒打自己的父亲,亦即可以在实际上否弃最自然不过的权威时,就标示了这个真理。

自然的发现,或者说自然与习俗之间的根本分别,是自然权利观念得以出现的必要条件。但并不是充分条件:所有权利都可以是来自习俗的。这恰恰就是政治哲学中根本争论的主题之所在:自然权利存在吗?苏格拉底之前盛行的回答似乎是否定性的,亦即我们所谓的"习俗主义"的观点。[15]哲学家们起初会倾向于习俗主义,这并不奇怪。权利最初露面时,被等同于法律或习惯,或者是它们的一个要素;而习惯或习俗在哲学出现后则被看成是隐匿了自然的东西。

苏格拉底之前最重要的文本是赫拉克利特的一句话:"自神的眼中看来,万物都是美好[高贵]、善良而正义的,但是人们却认为,有些东西是正义的,而别的东西则是不义的。"正义与不义之间的分别不过是人的假定或人类的习俗。[16]神(或者人们对于这个第一因的无论什么叫法)超越善与恶,甚至超越了好与坏。神并不

---

[14]《共和国》(纽约,1943年),第38页。
[15] 将柏拉图《法律篇》$889^d7–890^a2$ 与 $891^c1–5$ 和 967^a7 以下进行比较;亚里士多德《形而上学》$990^a3–5$ 和《论天》$298^b13–24$;托马斯·阿奎那《神学大全》i. qu. 44, a. 2。
[16]《残篇》102;参见《残篇》58,67,80。

关心与人类生活本身相关的任何意义上的正义：神并不报偿正义而惩罚不义。正义并没有超人的支持。只有对人类行为者来说，而且最终对于人类的裁断来说，正义才是好的而不义才是糟糕的。"除了正义的人们所统治之处，别无神圣正义的丝毫踪迹；除此之外，对于正直的人和邪恶的人，有的只是事件。"[17]对自然权利的否定，是否定了特殊天意的结果。然而，单单亚里士多德的例子就足以表明，人们有可能在不相信特殊的天意或神圣正义的同时承认自然权利。[18]

因为，无论人们对于宇宙秩序可能被认为具有的道德特性多么不以为然，区别于一般意义上的自然的人性，或许能够很好地充当此类特性的基础。举一个众所周知的前苏格拉底学说也即原子论来证明此点。原子无善恶可言这一事实，并不意味着这一推论就是正确的：对于任何的原子组合物，尤其是那些被称为"人类"的组合物来说，无所谓本性善恶之说。究其实，没有人能说，人们在善恶之间所作的分别或者是一切人类的偏好都不过是来自习俗。因此我们必须区分那些自然的与那些源自习俗的人类欲望和喜好。再进一步说，我们必须区分那些与人性吻合因而对人而言是善的，以及那些败坏了他的天性或人道因而是坏的人类欲望和喜好。如此我们就

---

[17] 斯宾诺莎《神学政治论》，第19章（布鲁德本，第20节）。维克多·卡瑟莱恩（《权利、自然权利与实在权利》[弗莱堡，1901年]，第139页）说："如果否认有个体性的创世主和世界统治者，自然法就站不住脚了。"

[18] 《尼各马可伦理学》1178^{b}7-22；F. 索西努斯《神学讲演集》，第2章；格劳秀斯《战争与和平法》"导论"，第11节；莱布尼茨《人类理智新论》，第1卷，第2章，第2节。参见卢梭《社会契约论》中如下这段话："还可以看出，缔约者双方相对间都只处于唯一的自然法之下，而彼此之间的相互协定又没有任何保证……"（第3卷，第16章）和"然而从人世来考察事物，则缺少了自然的制裁，正义的法则在人间就是虚幻的"（第2卷，第6章）。[卢梭《社会契约论》中这两句话系采用何兆武译文（商务印书馆，1990年）。——译注]

导向了一种生活、一种人生的观念,此种生活是善的,乃是因为它符合于人性。[19]争论的双方都承认,有着这样一种生活,或者更一般地来说,他们都认可有别于正义的善的优先性。[20]争议之所在,是正义是否就是善(本然的善),或者与人性相吻合的生活是否需要正义或道德。

为了对自然的与习俗的有一个明晰的区分,我们就得回溯到习俗之前的个人[21]或种族生活的时期。我们必须回到源头。考虑到权利与公民社会之间的联系,权利起源的问题就变成了公民社会或一般而言的社会的起源的问题。这个问题导向了人类起源的问题。它还进而导致了人类原初状况如何的问题:那是完美的还是不完美的,如果不完美的话,那种不完美是具有温和的(天性善良的或天真无辜的)还是野蛮的性质呢?

倘若我们审视一番对于这些问题的年代久远的讨论,很容易得到这样的印象:有关起源问题的任何一种答案,与接受或拒斥自然权利论都是相容的。[22]这些困难导致了人们对于公民社会和"最早的人"的状况的起源问题的轻视,如果说不是全然不置一顾的

---

[19] 正如西塞罗所强调的,这种观念为"几乎所有"的古代哲学家所接受(《论目的》v. 17)。它主要地是被怀疑主义者所拒斥(见塞克斯图·恩披里柯《皮浪篇》iii. 235)。
[20] 柏拉图《理想国》493^{c}1–5, 504^{d}4–505^{a}4;《会饮篇》206^{c}2–207^{a}2;《泰阿泰德篇》177^{b}6–^{d}7;亚里士多德《尼各马可伦理学》1094^{a}1–3 和 ^{b}14–18。
[21] 关于对人类"有生之初"的看法,参见以下例证:亚里士多德《政治学》1254^{a}23 和《尼各马可伦理学》1144^{b}4–6;西塞罗《论目的》ii. 31–32; iii. 16; v. 17, 43, 55;第欧根尼·拉尔修 x. 137;格劳秀斯《战争与和平法》"导论",第7节;霍布斯《论公民》,Ⅰ,2,注解1。
[22] 关于假设一个野蛮的起始而又接受自然权利论的情形,见西塞罗《为塞斯提乌斯辩护》91–92 和《图斯库卢姆辩论》v. 5–6,《国家篇》i. 2 和官职篇》ii. 15。又见波利比乌斯 vi. 4.7, 5.7–6.7, 7.1。再考虑柏拉图《法律篇》680^{d}4–7 和亚里士多德《政治学》1253^{a}35–38。

话。我们被告知，重要的乃是"国家的理念"而不是"国家的历史起源"。[23]此种现代观点拒斥把自然作为标准的结果。自然与自由、现实与规范、实然与应然似乎都完全是彼此独立的；看来从对起源的研究，我们是无法了解有关社会和权利的任何重要事情的。从古典派的观点看，关于起源的问题至关重要，因为对此问题的正确答案，彰显了公民社会和权利的地位和尊严。人们探讨公民社会或正确与错误的起源和产生，是为了发现公民社会或正确与错误是基于自然还是仅仅基于习俗。[24]而且不考虑人们对于起始或"历史"起源所已知的东西，人们就无法回答公民社会和正确与错误的"本质"起源的问题。

有关人类初始时的实际状况是完美的还是不完美的这一问题的答案，决定了人类是要完全对其现实的不完美负责，还是那种不完美能由人类初始时的不完美所"原有"。换言之，那种认为人的起始是完美的观点，是与把好的与祖传的相等同吻合一致的，是与神学而非哲学相一致的。因为人们一直记得并承认，人工（arts）是由人类所发明的，最初的世界是不知人工为何物的；然而哲学必定要以人工为前提；因此，如若哲学生活确实是正确的生活或者与自然一致的生活，人类之初就必然是不完美的。[25]

我们的论旨所在，只需对习俗主义所利用的标准论点进行一

---

[23] 黑格尔《权利哲学》[中文译本名为《法哲学原理》。——译注]第258节；参见康德《道德形而上学》，福尔伦德编，第142,206—207页。
[24] 参见亚里士多德《政治学》1252^{a}18以下和24以下及1257^{a}4以下。参考柏拉图《理想国》369^{b}5-7,《法律篇》676^{a}1-3；又见西塞罗《国家篇》i. 39-41。[此处的"权利"与"正确与错误"（right and wrong）中的"正确"在原文中均为right，如同nature兼含中文中"自然"与"本性"二义一样，right也兼含"权利"与"正确（对）"二义，这也是需要提请读者在阅读本书时特别加以注意的。——译注]
[25] 柏拉图《法律篇》677^{b}5-678^{a}3, 679^c；亚里士多德《形而上学》981^{b}13-25。

下分析。那一论点实际上是说，不存在什么自然权利，因为"正义之事"因不同社会而异。这个论点在漫长岁月中显示出了惊人的生命力，一种仿佛与其内在价值适成相反的生命力。通常对此种论点的表述，是简单地列举出在不同民族或同一民族在不同时期盛行着或盛行过的不同的正义观念。正如我们前面所指出的，"正义之事"或正义概念的多样性和可变性，并不就足以让人拒斥自然权利论，除非人们做出了某些假设，并且这些假设在大多数情形下并未明言。因此，我们得在零星散乱的论点的基础上重建习俗主义的论证。

从所有方面来说，如果权利的原则是可变的话，就不会存在什么自然权利了。[26] 然而习俗主义所指陈的事实似乎并未证明权利的原则是可变的。他们只不过是证明了不同的社会有着不同的正义观念或正义原则。犹如人们变化万端的宇宙观念并不就证明宇宙不存在，或者不可能对宇宙有唯一真实的描述，或者人们永远也不能达到关于宇宙的真确的、最终的知识一样，人们变化不定的正义观也并不就证明，不存在自然权利，或者自然权利是不可知的。可以把多种多样的正义观念理解为多种多样的谬误，这种多样性不唯不与有关正义的真理的存在相矛盾，反而是以其存在为先决条件的。反对习俗主义的观点会认为，自然权利的存在可与所有人或大多数人对自然权利一无所知的事实相容。可是，人们在谈到自然权利时，就包含了这样的意思：正义对于人们而言至关重要，没有了正义人们就无法生活或者无法活好；而符合正义的生活就要求人们具有对于正义原则的知识。如若人们有着没有了正义就无法生活或活好的这

---

[26] 亚里士多德《尼各马可伦理学》$1094^{b}14$–16 和 $1134^{b}18$–27；西塞罗《国家篇》iii. 13–18 和 20；塞克斯图·恩披里柯《皮浪篇》iii. 218 和 222。参见柏拉图《法律篇》$889^{c}6$–8 和色诺芬《回忆》iv. 4.19。

样一种本性,他必定凭本性就具有关于正义原则的知识。然而,如果真是这种情形,所有的人就都会在正义原则的问题上达成一致,就像他们在感官性质上达成一致一样。[27]

然而这种要求看来是不合理的;即使是在有关感官性质的问题上也并不存在普遍的一致性。并非所有人,而只是所有的正常人,在有关声音、色彩等类似问题上才达成了一致。相应地,自然权利的存在,只要求所有的正常人在有关正义原则的问题上达成一致。普遍一致之未能实现,可以解释成是因为那些漠视真正原则的人的人性遭到了败坏,出于明显的原因,此种败坏比之在有关感官性质的知觉方面出现的败坏要更加频繁和厉害。[28] 可是如果正义观念真的是随不同社会而异、因不同时代而异的话,这种关于自然权利的观点就会导致一个难堪的结果:必须只把某一特定社会的成员,或者甚至是某一特定社会中的某一代人,或者顶多是某些特定社会的成员,看作是现存人类中唯一正常的。实际上,这就意味着自然权利的教导者要把自然权利等同于他自己的社会或他自己的"文明"所珍视的那些正义观念。在谈到自然权利时,他所做的不过是声称他那个群体的成见具有普遍有效性而已。倘若有人强调说,事实上许多社会在有关正义原则的问题上是一致的,那么,要说此种一致性是出于偶然的缘由(比如生活条件的相似性或相互影响),与说只有这些特定的社会才使得人性保持未变,至少是同样合理的。如果有人断言,所有文明民族(civilized nations)在正义原则上都是一致的,那他首先就得知道"文明"(civilization)的内涵是什么。如若自然权利的教导者把文明等同于是对自然权利或类似之物的认

---

[27] 西塞罗《国家篇》iii. 13 和《法律篇》i. 47;柏拉图《法律篇》889ᵉ。
[28] 西塞罗《法律篇》i. 33 和 47。

识,他实际上等于是说,所有接受了自然权利论的人都接受了自然权利论。如若他把"文明"理解为艺术或科学的高度发展,他的立场就被这一事实所驳倒:习俗主义者们往往都是最文明的人;而信奉自然权利论或据说是构成了自然权利论核心的那些原则的人,倒常常是些不大文明的人。[29]

这种反对自然权利论的观点,预先就假定了人们为了生活得好所需要的全部知识乃是自然的——那是在感官性质的知觉和别种不费力气的知觉乃是自然的这种意义上的自然。一旦人们认为,自然权利的知识必须经过人为努力才能获得,或者说有关自然权利的知识具有科学的性质,那它就丧失了力量。这就可以解释为什么自然权利的知识并不总是可以获得的。它将导致这样的结果:在此种知识能够获取之前,就不可能有什么善或正义的生活,不可能有什么"恶的灭绝"。但是科学研究的对象是永恒的、不变的或真的事物。因此,自然权利或正义必须真正存在,并且因而它就必须"在一切地方都同等有力量"。[30]看起来,它就必定有着这样的效果:至少在人类有关正义的思想中它是永远一样而绝不会中止的。可是实际上,我们看到,人类关于正义的思想却是处于互不一致而又漂浮不定的状态之中。

然而看起来,正是此种漂浮不定和互不一致证明了自然权利的有效性。在涉及毫无疑问是习俗性的诸如重量、尺度、金钱之类的事物时,人们很难说不同社会之间有什么不一致。关于重量、尺度和金钱,不同的社会做出了不同的安排;这些安排之间并不相互冲突。可是,如果不同社会对于正义原则持有不同看法的话,他们的

---

[29] 参见洛克《人类理解论》,Ⅰ,3,sec. 20。
[30] 亚里士多德《尼各马可伦理学》1134^{b}19。

看法是相互冲突的。有关确定无疑是习俗性的事物的不同看法，不会引起严重的困惑，而有关正确与错误的不同看法却必定会如此。在正义原则上出现的分歧，因而好像是展现了一种由对自然权利的预见或不够充足的把握而引起的真切的困惑——一种由未能被人类所把握的某种自存或自然之物所引起的困惑。可以认为，这种疑惑被一种乍看上去确实有利于习俗主义的事实所加强。在所有的地方，人们都说，做法律所要求之事是正义的，或者正义的就等于是合法的，也即人们确立为合法的或一致认为是合法的。而这不就表示着关于正义存在着一套普遍同意的尺度吗？回想起来，人们确实否认了可以把正义径直等同于合法，因为他们也谈到了"不义"的法律。然而，不假思虑的普遍同意不就指示着自然的工作吗？而且，把正义与合法等同起来的普遍信仰，其根据之不足，不就意味着合法（在不等同于正义时）或多或少模糊地反映着自然权利吗？由习俗主义所举出的证据与存在着自然权利的可能性是完全相容的，而且，自然权利似乎是引出了数量不定的正义观念或数量不定的法律，或者说自然权利就在所有法律的根基之处。[31]

现在，决断的做出就要靠对法律的分析结果了。法律自身表现得像是某种自相矛盾的东西。一方面，它号称本质上就是善的或高贵的：它乃是拯救了城邦和别的一切的法律。另一方面，法律自身又表现得像是城邦（也即成千上万的公民）的共同意见或决定。这样，它就绝不会在本质上就是善的或高贵的。它很可能是愚蠢和卑下的产物。当然没有任何理由来假定法律的制定者就总是比之"你我"更加睿智；那么，为什么"你我"要服从于他们的决断

---

[31] 柏拉图《理想国》340^{a}7-8 和 338^{d}10-^{e}2；色诺芬《回忆》iv. 6.6；亚里士多德《尼各马可伦理学》1129^{b}12；赫拉克利特《残篇》114。

呢？仅仅是这一事实——一个城邦庄严地制定的法律又被同一城邦同样庄严地废止——就表明了法律制定过程中所用智慧的可疑性质。[32]因而，问题就在于，法律号称是善的或高贵的，这是完全站不住脚的呢，还是包含了一点真理的成分。

法律声称它拯救了城邦和别的一切。它声称保障了公共利益。但是公共利益正是我们所谓"正义"之所指。法律就其有利于公共利益而言是正义的。然而如若正义被等同于公共利益，那么正义或正确（right）就不会是习俗性的了：一个城邦的习俗不可能使实际上对它是致命的东西对这个城邦有益，反之亦然。在每一情形下决定何为正义的，不是习俗，而是事物的本性。这就意味着，正义会因不同城邦和不同时期而异：正义事物之各种变化不仅与正义原则相容，而且就是正义原则（也即正义就等于公共利益）的结果。关于此时此的何为正义的知识——也即关于此时对此城邦何物为本质上或内在的善的知识——不会是科学知识。它更不会是感官知觉一类的知识。要确立在每一情形下何为正义，乃是政治艺术或政治技巧的能耐。那种艺术或技巧可与医生的艺术相比拟，医生要在每种情形下确定对人体而言何为健康或好。[33]

通过否定真正存在着公共利益，习俗主义就避开了这一结果。所谓的"公共利益"实际上在每一情形下，都不是整体的而是一部分人的利益。那声称是以公共利益为依归的法律其实是在声称它们是城邦的决定。但是城邦把它具有的此种统一性以及它的存在归功

---

[32] 柏拉图《大希庇亚篇》284^d-^{e}；《法律篇》644^{d}2-3和780^{d}4-5；《米诺斯篇》314^{e}1-^{c}5；色诺芬《回忆》i. 2.42和埃斯库罗斯《七》1071-1072；阿里斯托芬《云》1421-1422。

[33] 参见亚里士多德《尼各马可伦理学》1129^{b}17-19和《政治学》1282^{b}15-17，以及柏拉图《泰阿泰德篇》167^{c}2-8，172^{a}1-^{b}6和177^{c}6-178^{b}1。

于它的"宪法"或政制：城邦总是或者是民主制，或者是寡头制，或者是君主制，等等。政制的差别根源于城邦由以组成的各部分的差别。因而，每一种政制都是城邦中某一部分的统治。于是，法律实际上不是城邦的产物，而是城邦中碰巧成为主宰的那一部分的产物。毋庸多说，声称是全体的统治的民主制，实际上乃是一部分人的统治；因为民主制顶多不过是居住于城邦疆土内全部成年人中多数人的统治；但是多数人是穷人；而穷人不管人数如何众多，都只是一个部分，有着和别的部分不同的利益。统治的部分理所当然地只关心它自己的利益。可是出于明显的理由，它假装它所制定的法律既是为了自身的利益，也是为了作为一个整体的城邦的利益。[34]

　　然而，就不会有混合政制，也即多少成功地在城邦各重要部分相互冲突的利益之间建立起了良好平衡的政制吗？或者说，某一特殊部分（比如穷人或绅士的部分）的真实利益就没有可能与公共利益重合吗？这一类的反驳预先就假定，城邦是一个真正的整体，或者更准确地说，城邦是自然存在着的。可是，城邦看起来像是一个习俗的或者说是虚拟的统一体。因为自然之物无须暴力就产生和存在着。一切运用到某一存在物之上的暴力，都使得那个存在物做了某种违逆它的本性，也即违逆它的自然的事情。然而，城邦是植根于暴力、压制或强迫的。于是，在政治统治与主子对奴隶的统治之间就没有什么本质的区别。但是，奴隶制不合于自然的性质又是昭然若揭的：把人变成奴隶或当成奴隶来对待是违逆人的本性的。[35]

―――――――
〔34〕柏拉图《法律篇》889^{d}4–890^{a}2 和 714^{b}3–^{d}10；《理想国》338^{d}7–339^{a}4 和 340^{a}7–8；西塞罗《国家篇》iii. 23。
〔35〕亚里士多德《政治学》1252^{a}7–17，1253^{b}20–23，1255^{a}8–11（参见《尼各马可伦理学》1096^{b}5–6，1109^{b}35–1110^{a}4，1110^{b}15–17，1179^{b}28–29，1180^{a}4–5，18–21；《形而上学》1015^{a}26–33）。柏拉图《普罗泰戈拉篇》337^{c}7–^{d}3；《法律篇》642^{c}6–^{d}1；西塞罗《国家篇》iii. 23；《论目的》v. 56；（转下页）

再进一步说,城邦由为数众多的公民所组成。一个公民是天生的公民们的,是一个公民父亲和一个公民母亲的后裔和自然产物。而他只有在产生了他的公民父亲和公民母亲是合法成婚时,或者不如说是只有当他推定的(presumed)父亲是他的母亲的丈夫时,他才成其为公民。否则,他就只是一个"自然的"孩童,而不是"合法的"孩童。何为合法的孩童,这取决于法律或习俗,而不是自然。因为即使是柏拉图也被迫承认,普通的家庭,尤其是一夫一妻制的家庭,并不是自然群体。还存在着一种所谓"自然化"(naturalization)的事实,通过这种事实一个"自然的"外来人就被人为地转变成了一个"自然的"公民。总之,谁是或谁不是公民,取决于而且只取决于法律。公民与非公民的区别不是来自自然而是来自习俗。因此,实际上所有的公民都是"造成的"而非"天生的"。武断地把人类的某一部分割离开来并使它与其余的人相对的,乃是习俗。有时候有人会想,真正自然的公民社会,或者说纯正的公民社会,就是包容了所有那些,而且只是那些说同一种语言的人的群体。可是,众所周知,语言乃是习俗性的。于是,希腊人与野蛮人之间的区别只不过是习俗性的。这与把所有人划分成两个群体,其中一万人组成一个群体,别的所有人组成另一个群体,乃是同样的武断。自由人与奴隶之间的区分也是如此。这种区分基于这样的习俗:战争中被俘虏而没有被赎回的人,就成了奴隶;造成奴隶的不是自然而是习俗,自由人因此才与奴隶有了分别。概而言之,城邦乃是由一大群人组成的,他们不是由于自然而是仅仅由习俗联结到了一起。他们团结或联结到一起,是为了看管他们的公共

(接上页)佛特斯克(Fortescue)《论对英国法律的赞颂》(*De laudibus legum Angliae*)第xlii章(克里莫斯编,第104页)。

利益——反对其他并非是由于自然而与他们区分开来的人,也即外来人或奴隶。所以,那号称是公共利益的,实际上乃是冒称整体的一部分人的利益,或者说是仅仅由于这一冒称、这一作伪、这一习俗而成为一个统一体的一部分人的利益。倘若说城邦是习俗性的,那么公共利益也是习俗性的,并且也就证明了权利或正义也是习俗性的。[36]

这一关于正义的说法在多大程度上是恰切的,据说要从它"拯救了正义的现象"这个事实才能看出;它使得那些有关正确(right)与错误的简单经验——它们乃是自然权利论的根基之所在——能为人所了解。在那些经验中,正义被理解为防止自己伤害别人的习惯,或者是帮助他人的习惯,或者是把部分的利益(个人的或某一派别的利益)从属于整体的习惯。如此这般理解的正义,对于城邦的维持的确是必不可少。然而,对于正义的捍卫者而言不大妙的是,对于维持一群强盗来说它也同样必要:强盗团伙的成员如果不能防止相互伤害、不互相帮助、不把自己的利益置于团伙利益之下的话,这个团伙一天也维持不下去。反对此说的人认为,强盗们所实行的正义不是真正的正义,或者说是那种使城邦区别于匪帮的正义。强盗们的所谓"正义"是服务于公然的不义的。可是,城邦的情形不也如出一辙吗?倘若城邦不是一个真正的整体,与不义或自私相反对的所谓"全体利益"或正义,实际上只不过是对集体私利的要求而已;而没有任何理由能够让人们对集体私利比之个

---

[36] 安提丰,出自第尔斯《前苏格拉底残篇》(*Vorsokratiker*)第5版,B44(A7, B2)。柏拉图《普罗泰戈拉篇》337^{c}7-^{d}3;《理想国》456^{b}12-^{c}3(及上下文),《政治家篇》262^{c}10-^{e}5;色诺芬《西罗篇》4.3-4;亚里士多德《政治学》1275^{a}1-2,^{b}21-31, 1278^{a}30-35;西塞罗《国家篇》iii. 16-17 和《法律篇》ii. 5。再想想公民社会与"牧群"之间比较的含义(见色诺芬《塞罗培蒂亚篇》i. 1.2;参见柏拉图《米诺斯篇》318^{a}1-3)。

人私利更加敬重。换言之，据说，强盗们只是在他们自己中间实行正义，而城邦则是也对那些不属于城邦的人或者别的城邦实行正义。但真是这样的吗？外交政策的准则本质上不同于匪帮或强盗们行事的准则吗？它们真的不同吗？城邦如果要繁荣的话，它们不是得被驱使着使用武力和欺诈，或者是夺走属于其他城邦的东西吗？它们之得以存在，不就靠的是强占了地球表面的一部分吗？——而那块土地本来应该是同等地属于所有其他人的。〔37〕

当然，城邦也有可能抑制住而不去伤害别的城邦，甘于贫困，就像是个人如果愿意的话也可以正义地生活。然而问题在于，人们在如此行事时是在依循自然生活，还是不过是在遵循习俗而已。经验表明，只有极少数的个人，几乎没有什么城邦能够正义地行事，除了他们被迫如此的时候。经验表明，正义本身乃是无力的（ineffectual）。这不过是证明了我们以前已经表明了的这点：正义并没有自然为其依据。公共利益证明是某个集体的私利。集体的私利来自集体中唯一自然的因素即个人的私利。人人出于本性都在追求他自己的利益，而且仅仅是他自身的利益。正义却告诉我们要追求别人的利益。正义所要求于我们的乃是违反自然的。自然的善，不依赖于人们的奇思异想和愚蠢的善，这种实质的善乃是被称作"权利"或"正义"的那种虚幻不实的善的反面。此种自然的善乃是每个人出于本性所趋向的他自身的善，而权利或正义只有通过强制，而且最终通过习俗才具有了吸引力。即使是那些强调权利来自自然的人都得承认，正义在于一种相互性；想对自己做的，对别人也要这么做。人们之所以要利他，是为了他人来利己：想受到善

---

〔37〕 柏拉图《理想国》335^{d}11–12和351^{c}7–^{d}13；色诺芬《回忆》iv. 4.12和8.11；亚里士多德《尼各马可伦理学》1129^{b}11–19，1130^{a}3–5和1134^{b}2–6；西塞罗《论官职》i. 28–29；《国家篇》iii. 11–31。

待，就得自己先表现出善意。正义像是来自自私并从属于自私。这就等于是承认，每个人出于本性都只寻求他自身的利益。擅长于寻求自身利益，那就是审慎或智慧。因此，审慎或智慧与正义本身是不相容的。真正正义的人是不聪明的或者愚蠢的人——被习俗所欺骗的人。[38]

于是，习俗主义就声称它与这种认可——城邦和权利对于个人而言是有益的——是完全相容的：没有其他人的帮助，个人就会因过于软弱而无法生活或活好。每个人在公民社会中都比在离群索居或野蛮的状态下更加幸福。然而某物之有益于人并不证明它就是自然的。拐杖对于失去了一条腿的人是有益的；拄拐杖就是合于自然的吗？或者，更恰当地说，那些仅仅因为人们盘算后发现它们有用从而存在的事物，能被说成对人而言是自然的吗？人们能够说，那些仅仅由于盘算而欲望的东西，或者说不是由于自身的原因而被人们自发地欲望着的东西，对于人们而言是自然的吗？城邦和权利无疑是有好处的；然而，它们能够摆脱巨大的弊端吗？所以说，个人的一己之利与城邦或权利的要求之间的冲突在所难免。除了声称城邦或权利比之个人的一己之利更高贵或者是神圣之外，城邦是无法解决这一冲突的。但是此种有关城邦和权利之实质的声言，根本是虚构的。[39]

习俗主义的论证的要义是：权利是习俗性的，因为权利本质上

108

---

[38] 色拉叙马库斯，见第尔斯《前苏格拉底残篇》(第5版)，B8；柏拉图《理想国》343°3，6–7，ᵈ2，348°11–12，360ᵈ5；《普罗泰戈拉篇》333ᵈ4–ᵉ1；色诺芬《回忆》ii. 2.11–12；亚里士多德《尼各马可伦理学》1130ᵃ3–5，1132ᵇ33–1133ᵃ5，1134ᵇ5–6；西塞罗《国家篇》iii. 16, 20, 21, 23, 24, 29–30。
[39] 柏拉图《普罗泰戈拉篇》322ᵇ6，327ᵉ4–ᵉ1；西塞罗《国家篇》i. 39–40, iii. 23, 26；《论目的》ii. 59；参见卢梭《论人类不平等的起源和基础》(弗拉马永编)，第173页。

属于城邦[40],而城邦是习俗性的。与我们的第一印象相反,习俗主义并不强调权利或正义的含义完全是任意武断的,或者说关于权利或正义就根本不存在任何普遍同意的见解。相反地,习俗主义预先就假定一切人所理解的正义基本上是同样的东西:正义就意味着不伤害别人,或者是帮助别人,或者是关心公共利益。习俗主义之拒斥自然权利论是出于以下依据:(1)正义不可避免地与每个人的自然欲望处于紧张状态,而人的自然欲望是只追逐自身利益的;(2)就正义有其自然的依据而言——总而言之,就其有利于个人而言——它的要求只限于城邦成员内,亦即一个习俗单位内,所谓的"自然权利"是由某些只对特定群体才有效力——并且,即使是在群体之间的关系中也缺乏普遍效力——的有利于社会的粗略的规则构成的;(3)"权利"或"正义"的普遍所指,全然未能确定"帮助"、"伤害"或"公共利益"的确切含义,只有通过具体化才能使这些词语真正具有意义,而每一具体化都是习俗性的。正义概念的各种变化就确证了而不仅是证明了正义的习俗性质。

当柏拉图试图确立自然权利的存在时,他把习俗主义的论题简化成了这样一个前提:善的就等于是使人快乐的。反过来,我们又看到,古典的享乐主义导致了对于全部政治领域最不容置疑的蔑视。倘若最初那种善与祖传的等同首先为善与快乐的等同所取代,这并不是什么令人吃惊的事情。因为当人们基于自然与习俗之间的分别而拒斥那种最初的等同之时,古来的习惯或神法所禁止的东西本身就表现得是极其自然,并且因而内在地就是善的了。古来的习俗所禁止的东西之所以被禁,是因为它们为人们所向往;而且它们被习俗所禁止这一事实,就表明它们不是基于习俗的原因而被人向

---

[40] 亚里士多德《政治学》1253^{a}37–38。

往的；它们是因为自然而被人向往的。这样，那诱使人们偏离古来的习俗或神法的狭隘路径的，好像就是人们对快乐的向往和对痛苦的厌弃。因而自然的善就是快乐。追求快乐的取向第一个替代了遵循祖制的取向。[41]

古典享乐主义最发达的形式是伊壁鸠鲁主义。在漫长岁月中，伊壁鸠鲁主义当然是发挥了最为巨大的影响的那种形式的习俗主义。伊壁鸠鲁主义毋庸置疑乃是唯物主义的。而柏拉图正是在唯物主义中发现了习俗主义的基础。[42] 伊壁鸠鲁主义的论证是这样展开的：要发现什么东西出于自然就是善的，我们就得弄清它是何种事物——它的善的性质由自然而得到保障，或者，它的善的性质能够不依赖于任何意见，尤其是不依赖于习俗而为人们所感知。出于自然就是善的东西，在我们从出生时刻便开始的追寻中展现了它自身，它先于一切的推论、盘算、教化、管制和强迫。在此意义上，善就只是令人快乐之物。快乐是唯一的人们当下就能感受为善或以感官知觉为善之物。于是，首要的快乐就是肉体的快乐，而这当然就意味着是某人自己肉体的快乐；每一个人出于自然都只追求他个人的利益；所有对于他人利益的关切都是派生出来的。那既构成了正确推理又构成了错误推理的见解，引领人们趋向三个可选择的目标：最大的快乐、有用之物或高尚之物。关于第一个目标，由于我们观察到，各种快乐都与痛苦联系着，我们就得在可取程度不一的诸种快乐之间做出分别。这样，我们就注意到了那些必不可少的

---

[41] 安提丰，见第尔斯《前苏格拉底残篇》(第5版)，B44，A5；修昔底德 v. 105；柏拉图《理想国》364^{a}2–4和538^{c}6–539^{a}4；《法律篇》662^d，875^{b}1–^{c}3，886^{a}8–^{b}2，888^{a}3；《普罗泰戈拉篇》352^{d}6以下；《克里托弗篇》407^{d}4–6，《第八封信》354^{e}5–355^{a}1 (还可参见《高尔吉亚篇》495^{d}1–5)；色诺芬《回忆》ii. 1；西塞罗《法律篇》36和38–39。

[42] 《法律篇》889^b–890^a。

自然的快乐与那些并非必不可少的快乐之间的区别。再就是，我们认识到了，存在着可以摆脱任何附带的痛苦的快乐，以及别的不能摆脱附带的痛苦的快乐。最终，我们认识到，有一种快乐，一种彻底的快乐，这种快乐是我们出于本性所趋向的目的，是只有通过哲学才能达到的。至于有用之物，它本身并不令人快乐，但是它有利于得到快乐——纯正的快乐。另一方面，高尚之物既非纯正的快乐，又不有利于得到纯正的快乐。高尚之物是受到人们颂扬的东西，它之所以令人快乐，只是因为它受到人们颂扬，或者说它被看作是可嘉许的；高尚之物之所以是善，仅仅是因为人们称之为善或者说它是善的；它只有因了习俗才是善的。高尚之物以一种扭曲的方式，反映了人们在造成基本的习俗或社会协约时所追求的那种实质性的善。美德属于那类有用之物。美德确实是可欲的，然而它之可欲不是由于它自身的缘故。它之可欲只是基于人们的盘算，以及它带有一种强制的因而是痛苦的成分。它是产生快乐的。[43] 然而，在正义和其他美德之间有着重要的分别。审慎、节制和勇气经由它们的自然结果带来快乐，而正义则产生人们仅仅基于习俗而从它那里所期望的快乐——一种安全感。其他的美德都有有益于人的效果，而不管人们是否知道某人之为审慎、节制或勇气。然而，一个人只有在被人们认为是正义的时候，他的正义才会产生有益的效果。别的邪恶不管它们是否（或是否可能）为他人所察知，都是

---

[43] 伊壁鸠鲁《格言集》7；第欧根尼·拉尔修x137；西塞罗《论目的》i. 30, 32, 33, 35, 37, 38, 42, 45, 54, 55, 61, 63; ii. 48, 49, 107, 115; iii. 3; iv. 51;《论官职》iii. 116–117;《图斯库卢姆辩论》v. 73;《论学园》Pr. ii. 140;《国家篇》iii. 26。参见米兰奇顿（Philip Melanchthon）对伊壁鸠鲁原则的阐述（《道德哲学纲要》，第一部分："改革派文集"，第7卷，第32节）："由自然而不是由强制所驱使的行动乃是目的。人们被巨大的推动力驱使着追逐快乐。因此人的目的乃是快乐而非德性。"还可参见霍布斯《论公民》，Ⅰ, 2。

恶。然而，不义却只有在它必不可免地要为人所察知时才是恶。如果把正义与友谊相比较，正义与出于本性而善之物之间的紧张就最清楚不过了。正义和友谊二者都生于盘算，但是友谊本然就令人快乐，或者说因其本身就是可欲的。友谊在任何情形下都与强制水火不容。然而，正义以及关注正义的联合体——城邦——是基于强制的。而强制是让人不快的。[44]

哲学上习俗主义最伟大的文献，实际上也是我们唯一能看到的既真实又完备的文献，是伊壁鸠鲁主义者卢克莱修的诗作《物性论》。照卢克莱修的说法，人们起初漫游于林间，没有任何社会的约束和习俗的管制。他们的软弱和他们对于野兽威胁所带来的危险的恐惧，促使他们为了得到庇护或由于安全而得到的快乐联合到了一起。在他们进入社会之后，初始时的野蛮生活让位给了善意和忠诚的习惯。早期的社会，远在城邦建立之前的社会，是人类所曾

---

[44] 伊壁鸠鲁《格言集》34；《梵蒂冈山的智慧》23；西塞罗《论目的》i. 51（参见41），65—70；ii. 28和82；《论官职》iii. 118。在《格言集》31中，伊壁鸠鲁说："自然之正当（right）[或正义]乃是从人们不互相伤害和不受损害中得到的好处的标志。"如《格言集》32以下所表明的，这并不意味着存在着严格意义上的自然权利，亦即一种独立于或先于一切契约或协定的权利：这标志与某一类协约是相同的。伊壁鸠鲁所提出的是，尽管正义的事物有着无限多样的变种，正义或权利却处处皆然地执行着同一种功能：就其普遍的或首要的功能来说，权利在某种意义上是"来自自然的权利"（the right of nature）。它与城邦中所普遍接受的各种关于正义的神话或迷信式的论说相反对。"来自自然的权利"是习俗主义的论旨所承认的权利的原则。于是，就其与关于权利的错误见解相反对来说，"来自自然的权利"就等同于"权利的本性[自然]"（the nature of right）（《格言集》37）。"权利的本性"这种说法是《理想国》（359^{b}4—5）中格劳孔在总结习俗主义论旨时使用的：权利的本性存在于与自然相反对的某种习俗之中。伊壁鸠鲁主义著名的复兴者伽桑狄，比之古代伊壁鸠鲁主义者有着更强烈的动力来断定自然权利的存在。此外，霍布斯教导了他，伊壁鸠鲁主义如何可以与对自然权利的断定相结合。然而，伽桑狄自己并没有利用好这个崭新的机会。参见他对《格言集》31的解释（《所见》（Animadversiones）[里昂，1649年]，第1748—1749页）。

有过的最美好最幸福的社会。如果说早期社会的生活是合于自然的话，那么权利也应该是自然的。可是合于自然的生活乃是哲学家的生活。而哲学在早期社会却是不可能出现的。哲学的家园在城邦，而对早期社会生活方式特质的消灭或者至少是削弱，乃是城邦生活的特征。哲学家的幸福，那种唯一真实的幸福，属于与城邦的幸福完全不同的一个时期。于是，在哲学或合于自然的生活的要求与社会之作为社会的要求之间，是不协调的。正是由于这种必然的不协调，权利不可能是自然的。这种不协调之所以必然，是由于以下的缘由。早期的非强制性社会的幸福，终究归因于一种有益的幻觉。早期社会的成员们生活于狭小的天地之中；他们相信可见宇宙的永恒性，和"世界诸墙"给他们提供的保护。使得他们天真无邪、善良而且愿意将自己奉献于对别人利益的追求的，正是此种信赖；因为使得人们成为野蛮人的乃是恐惧。对于"世界诸墙"的稳固性的信赖尚未被对于自然灾难的推想所动摇。一旦这种信赖发生动摇，人们就丧失了他们的天真无邪，他们就成了野蛮人；由此出现了对于强制性社会的需要。一旦这种信赖发生动摇，人们别无选择，只能在对于能动的诸神的信仰中，寻求支持和慰藉；诸神的自由意志将会保障"世界诸墙"的稳固性，而人们已经看到，它们是缺乏内在的或自然的稳固性的；诸神的善就代替了"世界诸墙"所缺乏的内在稳固性。对于能动的诸神的信仰，产生出了对于我们世界的恐惧，以及对于我们世界的依附感。那是太阳、月亮和星星的世界，春来绿树成荫；那是一个有生命的世界，不同于毫无生气但却是永恒的元素（原子和虚空）——我们的世界就是由这些元素生成的，它还将腐朽败坏，重新回复为这些元素。然而，无论对于能动的神的信仰多么给人慰藉，它还是带来了难以言说的邪恶。唯一的出路就是冲破"世界诸墙"——宗教就在这里停步不前了，并与这一事实相调和：我们方方面面都生活在一个没有墙的城邦中，一个无限的宇宙中，在其中没有任何人们可能热爱的东西会是永恒的。唯一的出路在于哲学思考，只有它才能带来最可靠的愉悦。可是哲学令人们感到厌恶，因为哲学要求人们有摆脱对"我们世界"的依附的自由。另一方面，人们无法回到早期社会那种幸福的简单淳朴。他们因此必须继续那种全然不自然的生活，那种生活的特征是强制性社会和宗教的合作。好的生活，合于自然的生活，是生活在公民社会边缘的哲学家的退隐的生活。致力于公民社会和服务他人的生活，不是合于自然的生活。[45]

我们必须分别哲学的习俗主义和庸常的习俗主义。庸常的习俗主义在柏拉图归在色拉叙马库斯、格劳孔和阿德曼图斯名下的"不公正的发言"中，表现得最为清楚明白。按照此种观点，最大的善或者说最令人快乐之事，是比别人拥有更多，或者统治别人。但是城邦和权利都必然地要施加限制于人们对最大快乐的欲望之上；它们与最大快乐或出于自然而最善的事物之间不相容；它们与自然相反对；它们产生于习俗。霍布斯会说，城邦和权利起源于生活的欲望，而生活的欲望至少与统治他人的欲望一样自然。对此种反对意

---

[45] 在阅读卢克莱修的诗作时，人们必须一直记着以下的事实：最先吸引读者注意力的，而且是意图最先吸引读者注意力的（或者说，对于不具哲学头脑的人而言使之安慰的），是"甜蜜"而不是"痛苦"或"悲哀"。诗作以赞美维纳斯为开篇，结尾则是对于瘟疫的沉静描述，这只是第1章935以下和第4章10以下所陈述的原则的最明显但绝非最重要的例证。要想理解讨论人类社会的那一部分（第5章，925–1456），还需考虑到有关这一特殊部分的计划：（1）前政治的生活（925–1027）；（2）属于前政治生活的创造（1028–1104）；（3）政治社会（1105–60）；（4）属于政治社会的创造（1161–1456）。参见1011及1091以下所提及的火，以及1111–13和1241以下所提到的 *facies viresque*［品格与力量］和黄金。此观点可参考977–81和1211；又见1156, 1222–25（见第2章，620–23，和西塞罗《论目的》i. 51）。又见第1章72–74, 943–45；第3章16–17, 59–86；第5章91–109, 114–21, 1392–1435；第4章，1–6, 596–607。

见，庸常习俗主义的代表人物会回答说，单纯的活着是悲惨的，而悲惨的生活不是我们的本性所要寻求的生活。城邦和权利之所以违反自然，就是因为它们使更大的善为了更小的善而牺牲。确实，只有在城邦中，比别人更优越的欲望才出现。但是，这仅仅意味着，合于自然的生活，就在于灵巧地利用由习俗所创造的机会，或者利用许多人对于习俗的本性善良的信赖。这种利用要求人们不要被对于城邦和权利天真的敬重所妨碍。合于自然的生活要求这种完美的内心自由，它摆脱了与习俗行为的表象结合在一起的习俗的力量。与实质的非正义结合在一起的正义的表象，使人到达幸福的顶峰。的确，人们在大规模地施行不义的时候，必须聪明地成功掩盖自己的不义；然而这仅仅意味着，合于自然的生活就是要保护一个很小的少数，保护自然精英，保护那些真正的并非生而为奴隶的人。更准确地说，幸福的极致乃是僭主的生活，是一个犯下了最大罪行的人的生活，他使整个城邦屈从于一己私利，而又披上了正义或合法性的外衣。[46]

庸常习俗主义是哲学习俗主义的庸常版本。哲学的和庸常的习俗主义都同意此点：每个人出于天性都只追求他自身的利益，或者说，人们不关心他人的利益乃是出于天性，或者说，只是出于习俗人们才关心他人。但哲学的习俗主义否认，人们不关心他人的利益，就意味着想要比别人拥有更多或者比别人更优越。哲学的习俗主义远不会认为，对优越性的欲望是自然的，而是认为这种欲望是空洞的或由舆论而来的。哲学家——正因其为哲学家，而品尝了比之由财富、权势等等而来的快乐更为牢固的快乐——不可能把合于

---

[46] 柏拉图《理想国》344^{a-c}, 348^{d}, 358^{c}3–362^{c}, 364^{a}1–4, 365^{c}6–^{d}2;《法律篇》890^{a}7–9。

自然的生活等同于僭主的生活。庸常习俗主义把自己的起源归结为哲学习俗主义的败坏。它合理地把那一败坏追溯到了"智者派"。可以说，智者派"发布"了并且随即贬低了前苏格拉底哲学家们的习俗主义的教诲。

  "智者"是一个含义颇多的词。除了别的意思之外，它还指哲学家，或者说是持有不同寻常见解的哲学家，或者是一个为了报酬而教导高尚的课程的人——他因此就显示出了自己缺乏好的品味。至少从柏拉图以来，"智者"常常和"哲学家"相对而用，因而带有一层贬义。历史意义上的"智者派"，是公元前5世纪时的某些希腊人，他们被柏拉图和别的哲学家说成是严格意义上的"智者"，亦即是某种类型的非哲学家。准确意义上的智者是给人们教导一种虚假的智慧的人。虚假的智慧不能混同于不真确的学说，否则柏拉图在亚里士多德的眼里就会是一个智者了，反之亦然。一个犯了错误的哲学家与智者完全不同。智者偶尔，或许总是教给人真理，此种情况并非不会发生。智者的特征在于他并不关心真理，也即事关全体的真理。与哲学家相对的智者，并不因意识到习俗或信仰与真正的洞见之间的根本差别而被触动。然而这种情形实在太普遍了，对事关全体的真理漠不关心并非智者所独有。智者是这样的人，他对真理漠不关心，也不热爱智慧，尽管他比别的大多数人都更清楚，智慧或科学乃是人类最为卓越之物。他认识到了智慧的独特性质，知道由智慧而来的荣誉乃是最高的荣誉。他关心智慧，不是为着智慧本身的缘故，不是因为他痛恨藏在灵魂深处的谎言，而是为了与智慧相伴随的荣誉或名声。他是按照这样的原则而生活和行动的：声誉或比别人更加优越，或者比别人拥有更多，乃是最高的善。他是按照庸常习俗主义的原则而行事的。既然他接受了哲学习俗主义的教导，他就比许多按照与他同样的原则来行事的人更加能言善辩，可以把他看作是庸常习俗主义最恰当的代表。然而，这样的困难出现了。智者的至善是由智慧而来的声誉。要想成就他的至善，他必定得展示他的智慧。而展示他的智慧就意味着教导这样的观点：合于自然的生活或者说明智的人的生活，就在于将实质的非正义与表面上的正义结合起来。然而承认某人事实上不正义，这与成功地保持正义的外表是不相容的。它与智慧是不相容的，并且也就使得由智慧而来的声誉成为不可能。因而，智者迟早得掩藏起他的智慧，或者屈服于他认为纯然是习俗性的观点。他必须退而由散播或多或少会令人肃然起敬的观点来获得声誉。正是出于这个原因，人们不能谈及智者们的教导，也即他们明面上的教导。

关于最著名的智者普罗泰戈拉，柏拉图将一个提纲挈领地表现了习俗主义论点的神话归在他身上。《普罗泰戈拉篇》中的神话，是以自然、人为和习俗之间的区分为基础的。自然是由某些神祇的隐秘工作和埃比米修斯*的工作所代表的。埃比米修斯——是思想跟随在创造之后的存在——在唯物主义的意义上代表了自然，按照这种意义，思想在没有思想的躯体和这些躯体没有思想的运动之后才出现。诸神的隐秘工作是无须光明、无须理智的工作，因而与埃比米修斯的工作基本上有同样的意义。普罗米修斯本人，普罗米修斯的盗火，他对上述诸神的反叛则代表了人为（art）。宙斯将正义作为礼物送给"所有人"，这代表了习俗：只有通过公民社会的惩罚活动，那个"礼物"才成为有效的，仅凭正义的外表（semblance）就能完全满足其要求。[47]

---

* 埃比米修斯（Epimetheus），希腊神话中的巨人，普罗米修斯的兄弟，潘多拉的丈夫。诸神给他的任务是创造人和动物，并赋予他（它）们各种官能。——译注
[47]《普罗泰戈拉篇》322^b6-8，323^b2-$^c2$，324^a3-$^c5$，325^a6-$^d7$，327^d1-2。在《普罗泰戈拉篇》的神话和《泰阿泰德篇》之间似乎存在着矛盾，（转下页）

我要以对于前苏格拉底的自然权利论的简短评论来结束本章。我将不谈及被苏格拉底和他的后继者们所充分发展了的那些类型的自然权利论。我把自己局限于扼要地谈一下被古典时代所拒斥的那种类型：平等主义的自然权利论。

对于奴隶制和人类之划分为不同的政治或种族集团的疑虑，在认为所有人生而（by nature）自由平等的论旨中得到了最简明的表达。自然的自由和自然的平等是相互不能割离的。如果人人生而自由，就没有人生而比任何别人更优越，因此人人就是生而彼此平等的。倘若人人生而自由和平等，把任何人看作不自由或不平等，那就违背了自然；保持或恢复自然的自由或平等乃是自然权利所要求的。这样，城邦似乎就是违背自然权利的，因为城邦是以不平等或从属关系以及对自由的限制而立足的。城邦对于自然的自由和平等实际上的否定，必须追溯到暴力，最终追溯到错误的意见或者是天性的败坏。这就意味着要把自然的自由和平等，看作是一开始当天性还未被意见败坏时，就是充分有效的。关于自然的自由和平等的学说因此就将自己与关于一个黄金时代的学说联系起来了。然而人们可以设想，那种原初的天真无邪是无可挽回地失去了，而且尽管自由和平等有着自然属性，公民社会却是必不可少的。在那种情形下，人们必须寻找一种使得公民社会能在某种程度上与自然的自由和平等相和谐的方式。能够做到此点的唯一方式，就是假设公民社

（接上页）在《泰阿泰德篇》中，习俗主义的论题是以对普罗泰戈拉论旨的改进版本来加以论述的，它在对通常观点的否定中走得比习俗主义远得多（167^{c}2-7，172^{a}1-^{b}6，177^{c}6-^{d}6）。但是，正如上下文所表明的，普罗泰戈拉在《普罗泰戈拉篇》的神话中所说的也像是他的论旨的一个改进版。在《普罗泰戈拉篇》中，此种改进受到了普罗泰戈拉自己所带来的情景压力（有一个未来的弟子在场）的影响，而在《泰阿泰德篇》中则是他在这方面受到了苏格拉底的影响。

会就其与自然权利相一致来说，是以同意——更准确地说，是以自由和平等的个人之间的契约——为基础的。

有关自然的自由和平等的学说，以及有关社会契约的学说，是否原本就是一种政治学说，而不更其是作为一种理论观点，旨在标举出公民社会本身那成问题的性质，这还是颇成疑问的。只要自然还被视作准绳，契约论——不管它是基于平等主义的还是非平等主义的前提——就必定包含了对于公民社会的贬抑，因为它的意思是说，公民社会不是自然的而是习俗性的。[48] 如果想要理解17和18世纪契约论的特殊性质和巨大的政治影响的话，一定得记住这一点。因为在现代时期，自然乃是准绳的观念被抛弃了，习俗之物或契约之物身上的印迹也随之被带走了。对于前现代时期而言，假定一切契约论都包含了对于任何源于契约之物的贬抑，是比较稳妥的。

在柏拉图的《克里托篇》的一段文字中，苏格拉底被说成是，他之服从于雅典城邦及其法律的义务来自一个默认的契约。要想理解这段话，就得将它与《理想国》中相应的一段话进行比较。在《理想国》中，哲学家服从于城邦的义务不来自任何契约。道理很显然。《理想国》中的城邦是最好不过的城邦，是合于自然的城邦。而雅典城邦和她的民主制，从柏拉图的观点来看，是最乏善可陈的。[49] 只有对于较低劣的共同体的忠诚才来自契约，因为一个诚实的人对于任何人都会守信，而不管他对之做出承诺的人是否值得如此。

---

[48] 亚里士多德《政治学》1280^b10–13；色诺芬《回忆》iv. 4.13–4（参见《答拉西代蒙》8.5）。

[49] 《克里托篇》50^c4–52^e5（参见52^e5–6）；《理想国》519^c8–520^e1。

第四章

古典自然权利论

据说,苏格拉底是第一个将哲学从天上召唤下来,并且迫使它对人生和礼俗以及善恶之物进行研究的人。换句话说,他被认为是政治哲学的创立者。[1]如果此话当真,他就是整个自然权利学说传统的开启者。由苏格拉底始创,为柏拉图、亚里士多德、斯多亚派和基督教思想家们(尤其是托马斯·阿奎那)所发展的那种特定的自然权利论,可称为古典自然权利论。必须将它与17世纪出现的现代自然权利论区分开来。

要对古典自然权利论有充分的了解,就先要对苏格拉底所造成的思想转变有充分的了解。这样的了解并非我们唾手可得。在对那些乍看上去是提供了确切信息的相关文字材料的走马观花似的阅读中,现代的读者们几乎是不可避免地得到了以下的观点:苏格拉底从对自然的研究中抽转身来,把他的研究局限于人事。由于对自然漠不关心,他拒绝从自然与法律(习俗)的具有颠覆性的区分着眼,来考察人类事务。他反而是把法律与自然等同起来。他当然把正义与合法相等同。[2]他因此就恢复了祖传的道德,尽管有了

---

[1] 西塞罗《图斯库卢姆辩论》v. 10;霍布斯《论公民》,前言,靠近开始处。至于政治哲学的毕达哥拉斯派的起源,见柏拉图《理想国》600^{a}9–^{b}5以及西塞罗《图斯库姆辩论》v. 8–10和《国家篇》i. 16。
[2] 柏拉图《苏格拉底的申辩》19^{a}8–^{d}7;色诺芬《回忆》i. 1.11–16;iv.(转下页)

反思的成分。这种观点误把苏格拉底含混的出发点或者他含混的研究结果当成了他思想的实质。这里我们只要指出一点,自然与法律(习俗)的分别,对于苏格拉底和对于总体而言的古典自然权利论,都一直保持着充分的重要性。当古典派们要求法律依循自然所确立的秩序时,或者当他们谈到自然与法律之间的合作时,他们预先就假定了那一分别的有效性。与对自然权利和自然德性的否定相反对,他们提出了自然权利和法定权利之间的分别,以及自然的德性和(纯然)人为的德性之间的分别。他们在真正的品德和政治的或流俗的品德之间做出区分,从而保持了这同一种分别。柏拉图的最好政体的独具特色的制度是"合于自然的",并且"与习惯或习俗相反对",而相反的制度——它们比比皆是,都是习俗性的——是"违背自然的"。亚里士多德除了在自然财富和习俗性的财富之间进行区分外,就无法解释清楚钱是什么。他除了在自然的奴隶制和法律上的奴隶制之间进行区分外,就无法解释清楚什么是奴隶制。[3]

那就让我们看看苏格拉底转向研究人间事物究竟意味着什么。他对人间事物的研究,就在于对那些事物提出"是什么"的问题,比如说,"勇气是什么?"或者"城邦是什么"。但是他的研究并不局限于对具体的人间事物,比如各种品德提出"是什么"的问题。苏格拉底还得提出人间事物本身是什么,或者说 *ratio*

(接上页)3.14;4.12以下,7,8.4;亚里士多德《形而上学》987^{b}1-2;《动物志》642^{a}28-30;西塞罗《国家篇》i. 15-16。

[3] 柏拉图《理想国》456^{b}12-^{c}2, 452^{a}7, ^{c}6-7, 484^{c}7-^{d}3, 500^{d}4-8, 501^{b}1-^{c}2;《法律篇》794^{d}4-795^{d}5;色诺芬《经济论》7.16和《希罗篇》3.9;亚里士多德《尼各马可伦理学》1133^{a}29-31和1134^{b}18-1135^{a}5;《政治学》1255^{a}1-^{b}15, 1257^{b}10以下。

rerum humanarum［有关人间事务的理论］是什么的问题。[4]然而，不能够把握人间事物与非人间事物，亦即神圣之物或自然之物的本质区别，也就无从了解人间事物本身特质之所在。这反过来又以对于神圣之物或自然之物本身的某些了解为先决条件。于是，苏格拉底对于人间事物的研究，就是以对于"所有事物"的完备的研究为基础的。和别的每一个哲学家一样，他把智慧或哲学的鹄的等同于关于一切存在物的科学：他始终不懈地思考着"每一个存在物是什么"的问题。[5]

与表面现象相反，苏格拉底转向研究人间事物，不是基于对神圣之物或自然之物的漠视，而是基于一种试图了解一切事物的新路径。的确，这种新路径允许并且鼓励研究人间事物本身，亦即那些不能够归结为神圣之物或自然之物的人间事物。苏格拉底在将关于整体的科学，或者说关于每一个存在物的科学等同于对"每一个存在物是什么"的理解这方面，脱离了他的前辈。因为"存在"（to be）就意味着"作为某物而存在"（to be something），并且从而就区别于"别的某物"；"存在"因此就意味着"作为一个部分而存在"（to be a part）。于是，整体就不能在作为"某物"的每一物"存在"的同一意义上"存在"，整体必须"在存在之外"。然而，整体乃是部分之总和。要理解整体，就意味着要理解整体的所有部分，或者是整体的环节。倘若"存在"就是"作为某物而存在"，那么一物之存在，或者说一物之本性（nature），首先就是它的"什么"，它的"形状""形式"或"特征"，尤其是使它区别于它所由之生成

---

［4］ 比较西塞罗《国家篇》ii. 52，在那里，柏拉图《理想国》的宗旨被说成不是建立起一个政治行动的模式，而是要理解 *ration rerum civilium*［有关民政事务的理论］。

［5］ 色诺芬《回忆》i. 1.16；iv. 6.1, 7；7.3—5。

之物的那些东西。事物本身，完整的事物不能被理解为导致它的过程的一个结果，而是相反，除了从完整的事物或那一过程的目的着眼，过程本身就无法得到理解。"什么"本身就是某一类事物或者某一"族"事物——那些出于本性而同属于或构成为一个自然群体的事物——的特性。整体有着自然的环节。因此，要了解整体，就意味着不再主要是去发现完整的整体，环环相扣的整体，由不同事物群体组成的整体，可为人理解的整体，cosmos［宇宙］所由之生成的根源，或者是去发现使得chaos［混沌］变成了cosmos［宇宙］的原因，或者是去察觉隐藏在变化万端的事物或现象背后的统一性，而是要理解在完整整体的明显昭彰的结合中所显露出来的统一性。这种观点就为划分不同学科奠定了基础：不同学科之间的分别对应于整体的自然环节。就人间事物的研究本身而言，这种观点不仅使其成为可能，而且对其鼓励有加。

苏格拉底似乎把他带来的转变看作是从他的前辈们的"狂热"回到了"清明"和"中道"。与他的前辈们相比，他没有把智慧与中道分开。人们可以把我们正在谈到的这场变化，用今天的话表达为回到"常识"或回到"常识世界"。"是什么"的问题所指向的是一物之eidos［理念］，一物之形状、形式、特性或"理念"（idea）。Eidos［理念］一词原本指的是无须特殊的努力就对所有人来说都是可见的，或者说是人们可以称之为事物之"表面"的东西，这一点并非出于偶然。苏格拉底的出发点，不是在其本身为最初或就其本性为第一位的东西，而是对我们来说最初的东西，进入我们视野的最初的东西，也即现象。然而，事物之存在，它们的"什么"，不是在我们看到它们的情形中，而是在人们对它们的言说或有关它们的意见中，最初进入我们的视野的。于是，苏格拉底是从人们关于事物本性的意见来了解它们的本性的。而每项意见都是基于人们对某一事物的某种意识或某种心灵的知觉的。苏格拉底的意思是，无视人们关于事物本性的意见，就等于是抛弃了我们所拥有的通向实在的最为重要的渠道，或者是抛弃了我们力所能及的最为重要的真理的足迹。他表示说，对于一切意见的"普遍怀疑"所要引领我们到达的，不是真理的核心，而是一片虚空。因此，哲学就在于由意见升华到知识或真理，就在于可以说是由意见所指引着的一场升华。当苏格拉底把哲学称作"辩证法"时，他心目中主要想到的就是这一升华。辩证法乃是交谈的或者是友好辩论的艺术。导向真理的友好辩论之所以成为可能的或必须的，都是由于这一事实：人们关于事物或者说某些极其重要的事物种类的意见，是彼此相冲突的。认识到了这种冲突，人们就得超出意见之外，去寻求有关相关事物本性的融通无碍的观点。那种融通无碍的观点使得人们能够看见互相冲突的意见中的相对真理；融通无碍的观点被证明是完备的或总体性的观点。这样，意见就被看作是真理的片断，是纯粹真理被污秽了的片断。换言之，意见乃是自存的（self-subsistent）真理所征求的，而且到达真理的升华是由所有人一直领悟着的那种自存的真理所指引的。

在此基础上，我们就有可能理解，为什么有关权利或正义的纷繁多样的意见，不仅是与自然权利的存在或正义的观念相容的，而且是为后者所要求的。如果说，自然权利的存在要求所有人在有关正义原则的问题上都实际持一致意见的话，那么纷繁多样的正义观念就可以被说成是反驳了认为存在着自然权利的立场。但是苏格拉底或者柏拉图教会了我们，这里所需要的不过是潜在的同意而已。柏拉图仿佛是说：随你的便，采取任何一种关于权利的意见，无论其如何偏激或"初级"；在考察这种意见之前，你就会确信，它越出了自身，那些珍视这种意见的人多多少少地与它相矛盾，并且因此就被迫使着超越它而走向一个真正的正义观念，如果在这些人中出现了一个哲学家的话。

我们用更一般性的话语来说明这一点。所有的知识，无论其多么有局限或多么"科学"，都以一个视域、一种知识在其中成为可能的完备的观点为先决条件。所有理解都以对于整体的一种根本的意识为先决条件：先于对具体事物的任何知觉，人的灵魂必定有一种对于诸种理念的洞见，一种对于环环相扣的整体的洞见。无论激励着不同社会的这种完备的洞见如何差异巨大，它们全都是同一种洞见——关于整体的洞见。因而，它们之间不只是不同，而且是冲突的。正是这个事实，迫使人们认识到，那些洞见中的每一个，就其本身来看都不过是一种对于整体的见解，或者说是对于整体的根本意识的一种不恰当的表达，因此它就超出自身之外而通向一种恰当的表达。对于恰当表达的追求能否超出对于别的根本意识的理解，或者，哲学是否能够合理地超越讨论或争辩的阶段而进入做出决断的阶段，对此人们并无把握。对于有关整体的恰当表达的追求永无休止，但这并不就使得人们有权将哲学局限于对于某个部分的理解之内，无论这一部分如何重要。因为部分的意义取决于整体的意义。特别是，那种只基于基本经验而不求助于对于整体的假定的对于部分的解释，终究并不比那些公然基于此类假定的对于部分的解释更加优越。

习俗主义无视在意见中所体现出来的理解，由意见而诉诸自然。出于此种缘由（且不说别的），苏格拉底和他的继承者们被迫要在习俗主义所选定的基础上来证明自然权利的存在。他们只得诉诸"事实"而不是"言语"来证明这一点。[6] 正如我们马上就要看

---

[6] 见柏拉图《理想国》358^{e}3，367^{b}2-5，^{e}2，369^{a}5-6，^{e}9-10，370^{a}8-^{b}1。

到的，这种看似更直接的诉诸存在，不过是更加加强了苏格拉底的基本论点。

习俗主义的基本前提乃是将善的等同于使人快乐的。相应地，古典自然权利论的主要部分乃是对于享乐主义的批判。古典派的论点是，善的事物本质上有别于使人快乐的事物，善的事物比使人快乐的事物更为根本。最为寻常的快乐是与欲望的满足联系在一起的；欲望先于快乐；仿佛是欲望为快乐提供了穿行其中的通道；它们决定了什么可能是使人快乐的。首要的事实不是快乐或者对快乐的向往，而是欲望和争取满足它们的努力。正是欲望的多样性，才能解释快乐的多样性；快乐种类的不同不能从快乐而只有从欲望才能得到理解，欲望才使得多种多样的快乐成为可能。不同种类的欲望不是一堆捆在一起的驱动力；欲望有着自然的顺序。不同种类的存在者寻求或享受不同种类的快乐：一只驴的快乐不同于一个人的快乐。一个存在者的欲望的顺序，回过头来指明了该存在者的自然构成和它的"什么"；正是那种构成决定了一个存在者的各种欲望或各种喜好的顺序或等级。特殊的构成对应着特殊的程式和运作。一个存在者如果在其分内运作良好的话，它就是善的，是"有序的"（in order）。因此，如果人把他分内的工作——与人的天性相对应并为人的天性所要求的工作做好的话，他就是善的。要判定对人而言何者本于自然（by nature）就是善的，或者是自然的对人而言的善（natural human good），就必须判定人的天性（nature）或者人的自然构成（natural constitution）是什么。正是人的自然构成的等级秩序，为古典派所理解的自然权利提供了基础。每个人都以这样那样的方式区分肉体与灵魂；而且每一个人都得承认，他不可能在不自相矛盾的情况下否认灵魂高于肉体。那使人的灵魂区别于禽兽的灵魂的，那使人区别于禽兽的，乃是语言，或者理性，或者

第四章 古典自然权利论

理解力。因此，人分内的工作就在于有思想的生活，在于理解，在于深思熟虑的行动。善的生活就是与人的存在的自然秩序相一致的生活，是由秩序良好的或健康的灵魂所流溢出来的生活。善的生活简单说来，就是人的自然喜好能在最大程度上按恰当秩序得到满足的生活，就是人最大限度地保持头脑清醒的生活，就是人的灵魂中没有任何东西被虚掷浪费的生活。善的生活就是人性的完美化。它是与自然相一致的生活。故而，人们可以将制约着善的生活的一般特征的准则叫做"自然法"。合于自然的生活是人类的优异性或美德的生活，是一个"高等人"的生活，而不是为快乐而求快乐的生活。[7]

认为合于自然的生活乃是人类优异性的生活的论点，可以从享乐主义的立场来加以辩护。而古典派们反驳了此种对于善的生活的理解方式。因为，从享乐主义的观点看来，品格高尚是善的，因为它有助于快乐的生活，甚而是快乐生活所不可或缺的：品格高尚是快乐的仆从；它并非就其本身而论就是善的。按古典派的看法，这种解释歪曲了现象——那些现象是每一个不存偏见的、够格的，亦即道德上不愚钝的人都能从经验中了解到的。我们推崇优异性时，并没考虑我们的快乐或利益。没有人会把一个善良的人或优异的人理解为是能过上快乐生活的人。我们在较好的人和较差的人之间做出分别。他们之间的分别，确确实实就反映在他们所偏好的快乐的不同性质上。但是，切不可把这种快乐层次上的分别仅就快乐来加以理解；因为快乐的层次并非取决于快乐，而是取决于人品的高

---

[7] 柏拉图《高尔吉亚篇》499^{e}6–500^{a}3；《理想国》369^{e}10以下；将《理想国》352^{d}6–353^{e}6，433^{a}1–^{b}4，441^{d}12以下，以及444^{d}13–445^{b}4与亚里士多德《尼各马可伦理学》1098^{a}8–17相比较；西塞罗《论目的》ii. 33–34, 40; iv. 16, 25, 34, 37; v. 26;《法律篇》i. 17, 22, 25, 27, 45, 58–62。

下。我们知道，把优异的人等同于一个人的恩人，那是犯了一种低俗的错误。比如，我们会敬佩获胜之敌的魁首的军事天才。世间存在着出于本性或者内在地就令人钦佩的或高贵的东西。它们之中的绝大部分都有一个特点，那就是它们都与人们的私利无关，或者说它们摆脱了人们的算计之心。各种出于本性就是高贵的或令人钦佩的东西，本质上乃是人类高贵性之整体的组成部分，并与这一整体联系在一起；它们都指向秩序良好的灵魂，那是人类现象中无可比拟的最令人敬佩之物。对人类优异性的钦佩这一现象，除了凭借特别的假设外，无法从享乐主义或者功利主义的立场加以解释。这些假设断定，所有这种钦佩之情，顶多不过是对于我们自身利益的眼光长远的盘算而已。它们乃是一种唯物主义的或者是隐蔽的唯物主义的观点的产物，这种观点迫使它的信奉者们把更高级的东西理解为不过是更低级的东西的结果，杜绝他们去设想这种可能性：存在着某些现象，不能简单地把它们归结为产生了它们的条件；存在着某些自成一类的现象。我们所谈到的这种假设，并不是在有关人的某种经验科学的精神中所能看到的。[8]

  人天生就是社会的存在。他乃是这样构成的，除了与他人生活在一起，他就无法活下去或活得好。既然使人区别于动物的是理性或语言，而语言就是交流，那么人比之任何其他社会性的动物，都在更加彻底的意义上是社会性的；人性（humanity）本身就是社会性。在每一项社会行动中，人都或主动或被动地与其他人相关联，而不管那一行动是"社会的"还是"反社会的"。他的社会性不是

---

[8] 柏拉图《高尔吉亚篇》497^{d}8 以下；《理想国》402^{d}1–9；色诺芬《海伦篇》vii. 3.12；亚里士多德《尼各马可伦理学》1174^{a}1–8；《修辞学》1366^{b}36 以下；西塞罗《论目的》ii. 45, 64–65, 69; v. 47, 61；《法律篇》i. 37, 41, 48, 51, 55, 59。

从对快乐——那是他期望从合作中得到的——的盘算中得来的,反而他的快乐是从联合中得来的,因为他天生就是社会性的。对他而言,爱、亲密、友谊,与对自己利益的关切,对何物有利于自己利益的盘算,都同样自然。正是人自然的社会性构成了自然权利——狭义的或严格意义上的权利——的基础。由于人天生就是社会性的,他的自然的完善就包括了最卓越的社会品德——正义;正义和权利是自然的。属于同一种族的所有成员彼此都有亲缘关系。就人作为其彻底的社会性的结果而言,这种自然的亲缘关系就进一步深化和改观了。对人来说,个人对于生育的关切只是他对于种族保存的关切的一部分。这样的人与人的关系——在其中人可以随心所欲,绝对自由地行动或恣意妄为——是不存在的。所有人都或多或少地意识到了这一事实。每一种意识形态,都是企图在某人自己或其他人面前论证此类行动的理由,那是由于他们多少感到这些理由需要加以论证,也就是说,它们并非一眼看上去就是对的。雅典人之所以相信他们是原住民,除了是由于他们知道抢夺别人的土地是不义的,并且他们感到一个自重的社会不能与它是以犯罪为基础的概念相调和之外,又是因为什么呢?[9]印度人如果不是知道否则他们的种性制度就无法加以辩护的话,他们又为什么相信因果报应说呢?人由于其理性,有着别的世间的存在者所不可能有的选择范围。对于这一自由范围的意识,伴随着另一种意识:对那一自由

---

[9] 柏拉图《理想国》369^{b}5—370^{b}2;《会饮篇》207^{a}6—^{c}1;《法律篇》776^{d}5—778^{a}6;亚里士多德《政治学》1253^{a}7—18,1278^{b}18—25;《尼各马可伦理学》1161^{b}1—8(参见柏拉图《理想国》395^{e}5)和1170^{b}10—14;《修辞学》1373^{b}6—9;伊索克拉底(Isocrates)《颂辞》23—24;西塞罗《国家篇》i. 1,38—41;iii. 1—3,25;iv. 3;《法律篇》i. 30,33—35,43;《论目的》ii. 45,78,109—110;iii. 62—71;iv. 17—18;格劳秀斯《战争与和平法》"导论",第6—8节。

完全而不加限制的使用是不正当的。人的自由伴随着一种神圣的敬畏之心,伴随着一种先见之明:并非一切事情都是可以做的。[10]我们可以把这种由敬畏之心激发起来的恐惧感叫做"人的自然良知"。因此,节制就如同自由一样自然,一样源远流长。只要人们还没有恰当地培育起理性,他们就会具备所有有关他的自由的局限的无奇不有的观念;他会发展出各种荒诞不经的禁忌。然而,在野蛮人的野蛮行为中促动他们的不是野性,而是他们对权利的领悟。

除了在社会中,或者更准确地说,在公民社会中,人是无法达到完满的。公民社会,或者古典派们所设想的城邦,是一个封闭的社会,而且在今天还可以叫做"小社会"。可以说,城邦是这样一个共同体,在其中每个人确实并不了解其余的每个成员,然而,他至少熟悉其他每一个成员。一个要使得人的完善成为可能的社会,必须依靠相互信任来维系,而信任又以相互熟识为先决条件。古典派认为,没有这种信任,也就没有了自由;替代城邦或城邦联盟的,乃是专制统治的帝国(如果有可能的话,它的元首会是一个被神化了的统治者),或者是趋向无政府的状态。城邦是一个与人获取第一手的或直接的知识的自然能力相称的共同体。城邦是一个一眼就能了然于心的共同体,或者说是这样一个共同体:在其中,一个成熟的人能够通过自己的观察来找准自己的方位,而不必习惯性地在重大事务上依赖于间接的信息。因为,只有在构成政治大众的个体都是整齐划一的或者是"群众人"时,有关人们的直接知识才能够为间接知识稳妥地取代。只有一个小得足以让人们相互信任的社会,才会让人们产生相互的责任和监督——对于一个关心其成员的完善的社会来说,对行为举止的监督是必不可

---

[10] 西塞罗《国家篇》v. 6;《法律篇》i. 24,40;《论目的》iv. 18。

少的;在一个庞大的城邦中,在"巴比伦",每个人都可以或多或少随心所欲地生活。正如人们获得第一手知识的自然能力一样,他的爱的能力或主动关心的能力就其本性而言也是有限的;城邦的界限吻合于人们对于那些各具一格的个人予以主动关心的范围。再进一步说,政治自由,尤其是那种以对人类优异性的追求来论证自身的政治自由,并非天赐之物;它只有通过许多代人的努力才能成为现实,而且它的保持总是需要最高程度的警惕。一切人类社会都能在同一时刻获得真正的自由的概率,实在小之又小。因为所有弥足珍贵之物都是极其稀有的。一个开放的或包容宏富的社会要由许多个社会组成,那些社会在政治成熟的程度上差异巨大,而且较低级的社会将较高级的社会拖下去的机会也防不胜防。一个开放的或包容宏富的社会会在比之封闭的社会更低的人性层次上存在着,封闭社会经历许多代人,在趋向人的完善方面做出了无可比拟的努力。因此,比之只有一个独立社会的情况而言,在有着许多个独立社会的情况下,一个好社会存在的前景要广阔得多。倘若人们能够在其中达到天性的完满的社会必定是一个封闭社会的话,那么人类之划分为一系列独立的群体,就是合于自然的。这种划分之为自然(natural),不是在这样的意义上:一个公民社会的成员因其本性(by nature)就不同于其他社会的成员。城邦并不像植物一样地生长。它们不是单纯以共同世系为基础的。它们是经由人类行动而存在的。这些特定的人的"聚合"中(他们排除了其他人),有着一种选择的甚而是任意武断的因素。只要那些被排除者的处境由于他们被排除而遭到了削弱,这就是不公正的。但是,那些未做出任何严肃的努力来达到人性完满的人的处境,必定在要紧的方面是糟糕的;他们的处境不可能仅仅是由于以下事实就遭到削弱:他们中间那些灵魂被召唤着趋向完满的人做出了此种努力。此外,那些被排除者并无必然的理由不成立一个他们自己的公民社会。作为封闭社会的公民社会是可能而且必然合于正义的,因为它是合于自然的。[11]

如果限制对人而言就像自由一样自然,而且为了具有效力,在许多情形下必须是可以施加的限制,那么就不能说,城邦因其为强制的社会,就是习俗性的或违背自然的。人生来如此,他除了克制自己低下的冲动外就无从达到人性的完满。他不能以信念来主宰他的肉体。单是这一事实就表明,即使是专制统治本身也并非违背自然。自我限制、自我强迫和施加于自身的权力,其实在原则上就是对别人的限制和强迫,以及施加于别人的权力。就极端的情况来说,专制统治之为不义,只有当其运用于那些可用劝服来统治或理解力充足的人时,才是如此:普罗斯比罗对卡利班的统治天然就是正义的。*正义与强制并非水火不容;究其实而论,把正义视为一种仁慈的强制,并非完全错误。正义与德性总的说来都必然是某一种权力。说权力本身就是邪恶或就在腐败,就等于是说,德性就是邪恶或就在腐败。当有的人被他操纵的权力所腐败时,别的人却为权力所改善:"权力将人表露"。[12]

于是,看起来,人性的完全实现就并不在于公民社会中的某种消极的成员身份,而是在于受到政治家、立法者或创建者的恰当

---

[11] 柏拉图《理想国》423^{a}5–^{c}5;《法律篇》681^{c}4–^{d}5,708^{b}1–^{d}7,738^{d}6–^{e}5,949^{e}3以下;亚里士多德《尼各马可伦理学》1158^{a}10–18,1170^{b}20–1171^{a}20;《政治学》1253^{a}30–31,1276^{a}27–34(尤其可参考托马斯・阿奎那),1326^{a}9–^{b}26;伊索克拉底《袪恶篇》(*Antidosis*) 171–172;西塞罗《法律篇》ii. 5;参见托马斯・阿奎那《神学大全》i. qu. 65,a. 2,ad 3。

* 普罗斯比罗(Prospero)是莎士比亚戏剧《暴风雨》的主人公,被篡位后流放荒岛,后成功复位。卡利班(Caliban)是其仆人,丑陋而凶残。——译注

[12] 柏拉图《理想国》372^{b}7–8 和 607^{a}4,519^{c}4–520^{a}5,561^{d}5–7;《法律篇》689^{e}以下;亚里士多德《尼各马可伦理学》1130^{a}1–2,1180^{a}14–22;《政治学》1254^{a}18–20,^{b}5–6,1255^{a}3–22,1325^{b}7 以下。

指导的活动。对于完善一个共同体的郑重关切，比之对于完善一个个体的郑重关切，需要一种更高的德性。法官或统治者比之常人有着更加伟大和崇高的机会来正义地行动。好人并就不是好公民，而是在一个好的社会中施行统治者职能的好公民。使得人们对于政治上的伟大性充满敬重之情的，是某种比之伴随着高官显爵的炫目光环和一时喧嚣更加稳固的东西，是某种比之对于他们肉身福祉的关切更加崇高的东西。出于对人类的伟大目标、自由和帝国的敏锐感受，他们不知怎样就意识到，政治乃是人类优异性使自身得到充分发展的领域，并且在他们的精心培育下，所有形式的优异性都会以某种方式相互依赖。自由和帝国乃是幸福的要素，或者是达成幸福的条件，是人们所需要的。然而，由"自由"和"帝国"这样的词语所激起的情感，比起将幸福等同于肉体的福祉或虚荣心的满足来说，标明了一种对于幸福的更加恰切的理解；他们标明了一种观点：幸福或者说幸福的核心部分在于人类的优异性。政治活动如果是朝向人类的完善或德性前进的，那它就是得到了恰当的指导。因此，城邦最终除了个体之外别无其他目的。公民社会或国家的道德与个人的道德并无二致。城邦本质上不同于一个匪帮，因为它不只限于是集体私利的一种工具或一种表达。既然城邦的最终目的与个人的最终目的并无二致，那么城邦的目的就是与人的尊严相一致的和平的活动，而不是战争和征服。[13]

由于古典派们就人的完善着眼来看待道德事务和政治事务，所

---

[13] 修昔底德 iii. 45.6；柏拉图《高尔吉亚篇》$464^{b}3-^{c}3$，$478^{a}1-^{b}5$，$521^{d}6-^{e}1$；《克里托弗篇》$408^{b}2-5$；《法律篇》$628^{b}6-^{e}1$，$645^{b}1-8$；色诺芬《回忆》ii. 1.17; iii. 2.4; iv. 2.11; 亚里士多德《尼各马可伦理学》$1094^{b}7-10$，$1129^{b}25-1130^{a}8$；《政治学》$1278^{b}1-5$，$1324^{b}23-41$，$1333^{b}39$ 以下；西塞罗《国家篇》i. 1; iii. 10-11, 34-41; vi. 13, 16；托马斯·阿奎那《论君主政治》i. 9。

以他们并非平等主义者。并不是所有的人都天生具备同样的条件，可以向着完善前进，或者说，并不是所有的"天性"都是"好的天性"。就在所有的人，也即所有的正常人都具备道德能力的同时，有的人需要别人的指导，而别的人根本不需要别人指导，或者只在小得多的程度上需要指导。此外，不管自然能力方面有何差异，并非所有的人都是以同等的热忱来追求德性的。无论我们必定要把多么巨大的影响归之于将人们抚养长大的方式，好的教养和坏的教养之间的差别，要部分地归之于有利的和不利的自然"环境"之间的差别。由于人们在人类的完善方面亦即在至关重要的方面是不平等的，一切人的平等权利对于古典派来说，就是最不公正的了。他们争辩说，有的人生而比其他人优越，因此，按照自然权利，他乃是统治别人的人。有人说，古典派的观点被斯多亚派，尤其是西塞罗所拒斥，并且，这一转变标志着自然权利论发展史上的一个时期，或者说标志着与苏格拉底、柏拉图和亚里士多德的自然权利论的一场彻底决裂。可是西塞罗本人——我们必须假定他清楚自己在讲些什么——却完全没有意识到柏拉图和他的学说有着巨大的歧异。西塞罗《法律篇》中的关键段落——在通常观点看来是要确立起平等主义的自然权利论——实际上旨在证明人天生的社会性。为了证明人天生的社会性，西塞罗谈到，所有人都彼此相似，亦即他们彼此亲近。他把这种相似性说成是人对人的善意的自然基础：*simile simili gaudet*［物以类聚，人以群分］。西塞罗在这一语境中所使用的某个术语是否不能看作是略微偏向于平等主义的观点，这相对而言并不是什么要紧的问题。我们只需要注意到，西塞罗的作品充满了这样的论述——重申古典派关于人们在至关重要的方面不平等的观点，重申那种观点的政治意义——这就足够了。[14]

为了达到他发展的极致，人必须生活在一种最好的社会、一种最有利于达到人类优异性的社会中。古典派们把最好的社会称作最好的politeia［政治］。他们用这个词，首先指的是，要成为好社会，一个社会就必须是公民社会或政治社会，在此社会中存在着的是人类政府，而不仅仅是对事务的管理。Politeia［政治］一词通常被译为"宪法"（constitution）。但是当现代人在政治语境中使用"宪法"一词时，他们几乎不可避免地指的是一种法律现象，某种类似于一个国家的基本法的东西，而不是躯体或灵魂的构成（constitution）。然而，politeia［政治］并非法律现象。古典派们是在与"法律"相对的意义上使用politeia［政治］的。Politeia［政治］比之法律更为根本，它是一切法律的源泉。比起宪法是要管制政治权力而言，politeia［政治］更其是对共同体内部权力的事实上的分配。Politeia［政治］可以由法律来界定，但并非必须如此。有关某一politeia［政治］的法律，在其涉及politeia［政治］的真正性质时，可能有意无意地（甚至是有意地）是欺骗性的。没有任何法律，从而没有任何宪法会是基本的政治事实，因为一切法律都取决于人。法律要由人来选取、保持和执行。构成一个政治共同体的人，可以在掌管共同体事务方面被"安排"成大相径庭的各种方式。Politeia［政治］的首要含义，就是人类有关政治权力的实际安排。

美国宪法与美国生活方式并不是一回事。Politeia［政治］指

---

[14] 柏拉图《理想国》374^c4–376^c6，431^c5–7，485^a4–487^a5；色诺芬《回忆》iv.1.2；《希罗篇》7.3；亚里士多德《尼各马可伦理学》1099^b18–20，1095^a10–13，1179^b7–1180^a10，1114^a31–$^b25$；《政治学》1254^a29–31，1267^b7，1327^b18–39；西塞罗《法律篇》i. 28–35；《国家篇》i. 49, 52；iii. 4, 37–38；《论目的》iv. 21, 56；v. 69；《图斯库卢姆辩论》ii. 11, 13；iv. 31–32；v. 68；《论官职》i. 105, 107。托马斯·阿奎那《神学大全》i. qu. 96, a. 3和4。

的不是一个社会的宪法而是其生活方式。但是,"宪法"这一并不成功的译法被普遍认为比"一社会之生活方式"的译法更加可取,并非出于偶然。在谈到宪法时,我们想到的是政府;而在谈到一个共同体的生活方式时,我们并不必定会想到政府。古典派在谈到 politeia [政治] 时,想到的是本质上为其"政府形式"决定了的一个共同体的生活方式。我们把 politeia [政治] 翻译为"制度"(regime),采用的是我们有时在谈到比如说法国旧制度(Ancien Régime)时所用的那种较广泛的意义。我们暂时可以把将"一社会之生活方式"与"政府形式"联系起来的思想表述如下:一个社会的特征或者风格,取决于这个社会把什么东西看作是最令人敬重或最值得崇敬的。然而,由于将某些习惯或态度看作最令人敬重的,一个社会就会承认那些最完满地体现出此种习惯或态度的人是优越的,有着更高的尊严。这也就是说,每个社会都将某种特定的人的类型(或者是某种人的类型的混合)视为权威性的。当权威性的类型是普通人时,所有事物都得在普通人的法庭上为自己辩护;每一个不能在那一法庭上为自己辩护的东西,如若不是遭到蔑视或猜疑的话,往最好处说,也只是被容忍而已。而且即使是那些不认可这个法庭的人,不管愿不愿意,都要受到它那判词的影响。由普通人统治的社会的情形,也同样出现在由祭司、富商、军阀、高尚之士等所统治的社会中。为了具有真正的权威,那些具有令人敬仰的习性或性情的人,必须光明正大地在共同体内拥有决定性的话事权,也就是说,他们必须形塑制度。当古典派们主要关心的是不同制度,尤其是最好的制度时,他们的意思是说,最重要的社会现象,或者说只有自然现象才比之更为根本的社会现象,乃是制度。[15]

---

[15] 柏拉图《理想国》497ª3–5,544ᵈ6–7;《法律篇》711ᵉ5–8。色诺芬(转下页)

138 　　所谓"制度"这一现象的极端重要性,已经多少有些含混不清了。这一变化,与把政治史原先的显赫地位让给了社会史、文化史、经济史等,出于同样的缘由。这些新兴的历史学分支崭露头角,在"文明"(或"文化")概念中找到了它们的顶点和它们的合法性。我们习惯于谈论"文明",而古典派则谈的是"制度"。"文明"在现代替代了"制度"。人们很难弄清楚某种文明究竟是什么。有人说,一种文明就是一个庞大的社会,然而他们并没有清楚地告知我们,它究竟是何种性质的社会。倘若我们要去探究,如何能够将一种文明与他种文明分辨开来,人们就会告诉我们,最显明昭彰而最少失误的标志就是它们在艺术风格上的差别。而这就意味着,文明乃是这么一些社会,标明它们的特征的,是从不会成为庞大社会本身的兴趣焦点的东西:各个社会不会为了艺术风格上的差异而相互开战。我们以文明而非制度为指向,似乎是由于对那些激励和促动着社会,并使社会团结一致的生死攸关的问题的特殊的疏离。

　　今天,人们把最好的制度称为"理想制度",或者就径直称之

(接上页)《道路与意义》1. 1;《塞罗培蒂亚篇》i. 2.15;伊索克拉底《致尼可克勒斯》31;《尼可克勒斯》37;《最高法院的讲演》14;亚里士多德《尼各马可伦理学》1181^{b}12—23;《政治学》1273^{a}40以下,1278^{b}11—13,1288^{a}23—24,1289^{a}12—20, 1292^{b}11—18, 1295^{b}1, 1297^{a}14以下;西塞罗《国家篇》i. 47; v. 5—7;《法律篇》i. 14—15,17,19; iii. 2。西塞罗通过在他的《国家篇》和《法律篇》中背景的对比,表明"制度"不同于"法律",有着更高的尊严。《法律篇》是《国家篇》的续篇。在《国家篇》中,小西庇阿——一个哲学王——与他的几个同辈就最好的制度讨论了三天;在《法律篇》中,西塞罗与他的几个同辈就适合于最好的制度的法律讨论了一天。《国家篇》中的讨论发生在冬季,参加者们寻找的是太阳;此外,这场讨论发生在西庇阿去世的那一年:政治事务被置于永恒的观点之下来考察。《法律篇》中的讨论发生在夏季,参加者们在寻找的是阴影(《国家篇》i. 18; vi. 8, 12;《法律篇》i. 14, 15; ii. 7, 69; iii. 30;《论官职》iii. 1)。可举其他一些例证以资比较,马基雅维里《论李维〈罗马史〉前十书》,第3卷,29;柏克《论与美洲和解》,最后部分;约翰·斯图尔特·密尔《自传》("牛津世界经典"版),第137和294页。

为"理想"。现代的"理想"一词包含了许多含义,那些含义将古典派对于最佳制度的理解抛在了一旁。现代的翻译者们有时用"理想"来译古典派所说的"如愿"或"遂意"。最佳的制度就是人们所愿望或盼求的制度。更进一步的考察表明,最佳制度乃是所有善良之人或所有高尚之人所愿望和盼求的目标——照古典政治哲学的表述,最佳制度乃是高尚人士所愿望和盼求的目标,而那一目标是由哲学家来加以阐释的。然而,古典派所理解的最佳制度不仅是最可欲的,而且也是可行的或有可能的,也就是说,在尘世是可能的。它之所以既是可欲的又是可能的,是因为它合于自然。由于它合于自然,它的实现就并不需要人性中出现什么奇迹般的或不寻常的变化;它并不要求将人类和人类生活中本质性的恶或不完满之处荡涤净尽;因而它乃是可能的。同时,由于它与对人性的卓越或完美的要求相一致,它又是最可欲的。然而,最佳的制度在其是可能的同时,其实现又绝非必然。它的实现极其困难,因此未必能实现,甚至难以实现。因为人们不能控制它赖以成为现实的那些条件。它的实现取决于机遇。合于自然的最佳制度,或许永远也不会成为现实;人们没有任何理由假定它在当前是现实的;并且它可能永远也无法成为现实。它存在于言而非行中,这是它的本质所在。简而言之,最佳制度就其本身而言——用柏拉图《理想国》中一个思想深邃的学生所杜撰的术语来说——是一个"乌托邦"。[16]

最佳制度只有在最有利的条件下才成其为可能。因此,它只有

---

[16] 柏拉图《理想国》457^{a}3-4, ^{c}2, ^{d}4-9, 473^{a}5-^{b}1, 499^{b}2-^{c}3, 502^{c}5-7, 540^{d}1-3, 592^{a}11;《法律篇》709^d, 710^{e}7-8, 736^{c}5-^{d}4, 740^{e}8-741^{a}4, 742^{e}1-4, 780^{b}4-6, ^{e}1-2, 841^{e}6-8, 960^{d}5-^{e}2;亚里士多德《政治学》1265^{a}18-19, 1270^{b}20, 1295^{a}25-30, 1296^{a}37-38, 1328^{a}20-21, 1329^{a}15以下, 1331^{b}18-23, 1332^{a}28-^{b}10, 1336^{b}40以下。

在最有利的条件下才是正当的或合法的。在或多或少有些不利的条件下，只有或多或少不那么完美的制度才是可能的，并且因此才是合法的。最佳制度只有一个，而合法的制度则多种多样。合法制度的多样性对应于相关环境类型的多样性。最佳制度只有在最为有利的条件下才是可能的，而合法的或正当的制度无论何时何地都是可能的，并且在道德上是必须的。最佳制度与合法制度之间的分别，根源在于高尚的与正当的之间的分别：凡高尚者皆正当，然而并非凡正当者皆高尚。还债是正当的，但并不是高尚的。罚当其罪是正当的，但并不是高尚的。柏拉图的最佳政体中的农夫和工匠过着正当的生活，但他们过的并非高尚的生活：他们缺少表现高尚的机会。一个人在胁迫之下的所作所为，就他不应为此受到谴责而言是正当的，但却绝不是高尚的。正如亚里士多德所说，高尚的行动需要有某种配备，没有此配备它们就不会成为可能。可是，在一切情形下，我们都被要求正当地行动。一个很不完美的制度只能为某一特定共同体的问题提供唯一正当的解决办法；然而，由于此种制度无法有效地趋向于人的充分完善，它就绝不可能是高尚的。[17]

为避免误解，我们有必要就古典派典型的对于最佳制度的问题的回答，再说上几句。最佳制度是习惯上由最好的人来统治的，或者说是贵族制。如果说，善不能等同于智慧的话，它总是依赖于智慧：最佳的制度看来就是明智者的统治。实际上，对古典派来说，智慧对于自然而言是最高级的，它具有统治的资格。以任何形式的管制来阻碍智慧的自由抒发，都是荒诞不经的；因此，明智

---

[17] 柏拉图《理想国》431^b9–433^d5, 434^c7–10；色诺芬《塞罗培蒂亚篇》viii. 2. 23；《阿吉斯劳篇》11.8；亚里士多德《尼各马可伦理学》1120^a11–20, 1135^a5；《政治学》1288^b10以下，1293^b22–27, 1296^b25–35（参见［托马斯·阿奎那］此处），1332^a10以下；《修辞学》1366^b31–34；波利比乌斯 vi. 6.6–9。

者的统治必须是绝对的统治。以不明智者不明智的考虑盘算来阻碍智慧的自由抒发，同样荒诞不经；因而，明智的统治者不应该向他们那些不明智的臣民负责。如若要使得明智者的统治依赖于不明智者的选举或同意，那就是让本性较高、适于统治的人屈服于本性较低的人，那就违背了自然。而且，这种乍看上去对于存在着明智者的社会来说仿佛是唯一正当的解决办法，照例并不可行。少数的明智者不能够以强力来统治众多的不明智者。那些庸庸碌碌的芸芸众生必须认识到明智者就是明智者，并因为他们的智慧而自愿服从他们。然而明智者说服不明智者的能力却是极其有限的：言行一致的苏格拉底却无法管御他的悍妻。因此，明智者的统治所需要具备的条件，实在是很难达到。更可能出现的情形倒是，一个不明智的人通过诉诸他对于智慧的自然权利，通过迎合众人最低下的欲念，诱使大众相信他的权利：暴政的前景比之智慧者统治的前景要更加光明。情况既是如此，明智者的自然权利必定要受到质疑，而人们对于智慧的必然要求必定会受到对于同意的要求的限定。政治的难题就在于要调和对于智慧的要求和对于同意的要求。可是，从平等主义的自然权利论的观点来看，同意优先于智慧，而从古典自然权利论的观点来看，智慧优先于同意。按古典派的想法，满足这两个完全不同的要求——对于智慧的要求和对于同意或自由的要求——的最好办法，就是由一个明智的立法者制定一套公民们经循循善诱而自愿采用的法典。那套法典既像是智慧的体现，它就应该尽可能少地进行变动；法治要取代人治，无论后者如何有智慧。法律的施行必须委之于这种类型的人：他们最能够以立法者的精神公正不阿地施行法律，或者，他们能够根据立法者所无法预见的情势的要求来"完成"法律。古典派把这种人看作高尚之士（gentleman）。高尚之士与明智者并不是同一回事，他是政治上对明智者的反映或模仿。

就他们都"鄙睨"许多为庸众所尊崇的东西,以及他们都体验着崇高美丽之物而言,高尚之士与明智者有共通之处。高尚之士之不同于明智者,是由于他们对于严谨刻板怀有一种高贵的蔑视,由于他们拒绝认可生活中的某些方面,还由于为了活得像个高尚之士,他们必须生活富裕。高尚之士应该是这样的人,他所继承的财产不过大,而且主要是地产,但他过的是城邦的生活。他是一个从农业中获取收益的城邦贵族。最佳的制度就应该是这样一个共和国,在其中,教养良好而又深具为公精神的土地贵族(他们同时又是城邦贵族),服从法律而又完成法律,进行统治而又反过来接受统治,他们雄踞于社会而又赋予社会以其特性。古典派们谋划和举荐了各种貌似有利于最佳者统治的体制。其中影响最大的或许当推混合政制,它是王权、贵族制和民主制的混合。在混合政制中,贵族制的因素——贵族院的庄重肃穆——处于居间的也即最为核心和关键的位置。混合政制实际上(而且它也旨在)成为一种由于加入了君主制和民主制的体制而得到加强和保护的贵族制。总的说来,我们可以说,在有关最佳制度的问题上最终得到一个双重的答案,乃是古典自然权利论的一个特点。那答案就是:单纯的最佳制度就是明智者的绝对统治;实际可行的最佳制度乃是法律之下的高尚之士的统治或者混合政制。[18]

---

[18] 柏拉图《政治家篇》293^{e}7以下;《法律篇》680^{e}1-4, 684^{e}1-6, 690^{b}8-^{c}3, 691^{d}7-692^{b}1, 693^{b}1-^{e}8, 701^e, 744^{b}1-^{d}1, 756^{e}9-10, 806^{d}7以下, 846^{d}1-7; 色诺芬《回忆》iii. 9.10-13; iv. 6.12;《经济论》4.2以下, 6.5-10, 11.1以下;《远征记》v. 8.26; 亚里士多德《尼各马可伦理学》1160^{a}32-1161^{a}30;《欧德谟伦理学》1242^{b}27-31;《政治学》1261^{a}38-^{b}3, 1265^{b}33-1266^{a}6, 1270^{b}8-27, 1277^{b}35-1278^{a}22, 1278^{a}37-1279^{a}17, 1284^{a}4-^{b}34, 1289^{a}39以下; 波利比乌斯vi. 51.5-8; 西塞罗《国家篇》i. 52, 55(参见41), 56-63, 69; ii. 37-40, 55-56, 59; iv. 8; 第欧根尼·拉尔修vii. 131; 托马斯·阿奎那《神学大全》ii. 1. qu. 95, a. 1 ad 2和a. 4; qu. 105, a. 1。

按照当今非常通行、会被认为是或隐或显的马克思主义的观点来看,古典派之所以偏向于城邦贵族的统治,是因为他们自己属于城邦贵族,或者是城邦贵族的附庸。我们不必反对这种观点:认为在研究某种政治学说时,一定要考虑到其创始者的偏见(而且甚至是阶级偏见)。我们只需要将所研究的思想家的阶级归属弄准确,这就够了。在通常观点看来,哲学家之作为哲学家有着其阶级利益这一事实被人们忽视了,而此种失察最终要归咎于对哲学的可能性的否认。哲学家作为哲学家并非他们的家庭的结果。哲学家自私的利益或阶级利益,就在于因其投身于研究最重大的问题而悠游自在、无人管顾,过着一种得天独厚的生活。经验表明,许多世纪以来,在差别巨大的自然气候和道德氛围中,有一个、而且是唯一一个像君主一样不稍止歇地、出于习性而同情哲学的阶级,那就是城邦贵族。平庸的民众对哲学和哲学家并无同情之心。正如西塞罗所说,哲学对许多人而言是可疑的。只是在19世纪,此种情形才有了深刻而明显的改变,而这一改变最终要归因于哲学的含义的完全改变。

古典自然权利论的本来面目如若得到充分发展,与关于最佳制度的理论就会是同一回事。因为什么东西依据自然是正当的,或者什么是正义这样的问题,只有通过对最佳制度的构想和谈论,才能找到完备的答案。古典自然权利论最本质的政治特征,在柏拉图的《理想国》中呈现得最为明晰。几乎同样发人深省的是这一事实:亚里士多德对自然权利的探讨乃是他对政治权利的讨论的一部分,尤其当人们把亚里士多德的论述的开篇之处与乌尔比安*的论

---

* 乌尔比安(Ulpian,170—约228),古罗马五大法学家之一,主要著作有《〈萨宾派民法〉评注》和《民法和告示》等。——译注

述——在那里他把自然权利当作私有权的一部分——相比较的时候更是如此。[19] 平等主义的自然权利论和《圣经》信仰的双重影响下,自然权利的政治性变得含混不清,或者说不再是本质性的了。就《圣经》信仰而论,最佳制度径直就是上帝之城;因此,最佳制度就与创世同在,从而永远是现实的;而恶的终结或救赎是由上帝超自然的行动所带来的。最佳制度的问题因此就丧失了它的极端重要性。古典派所理解的最佳制度不再等同于完美的道德秩序。公民社会的目的不再是"有德行的生活本身",而只不过是有德行的生活的某个片断。上帝作为立法者的观念具有了某种它在古典哲学中从未获得过的确定性和明晰性。从而,自然权利,或者不如说是自然法不复依赖于最佳制度,而且优先于最佳制度。"十诫"的第二块石板*以及其中所体现的原则比之最佳制度有着无比崇高的尊严。[20] 正是此种经过深刻修正过的古典自然权利论,几乎是从基督教纪元一开始就对西方思想产生了最强有力的影响。然而,甚至这一对古典教义最关键的修正,也以某种方式为古典派所预见到了。按古典派的看法,政治生活本身就其尊严而言,在本质上低于哲学生活。

---

[19] 亚里士多德《尼各马可伦理学》1134^{b}18-19;《政治学》1253^{a}38;《汇编》i. 1.1-4。

* 据《旧约·出埃及记》记载,以色列人出埃及后在西奈山下宿营,耶和华上帝召摩西上山,颁布"十诫",并亲自用手指写在两块石板上,第一块石板上的内容主要有关宗教,第二块石板上的内容主要有关道德。——译注

[20] 将托马斯·阿奎那《神学大全》ii. 1. qu. 105, a. 1 与 qu. 104, a. 3, qu. 100, a. 8 及 99, a. 4 相比较。还可参见罗门(Heinrich A. Rommen)《天主教思想中的国家》(圣路易斯:赫德图书公司),第309,330—331,477,479页。弥尔顿《宗教改革触动英国的教会戒律》(《弥尔顿散文》,"牛津世界经典"版,第55页):"我们的创始者不是普通法,也不是民法,而是怜悯与正义;他们不会屈尊于贵族制、民主制或君主制,也不会为了后者改变颜色。他们不会中断正义的历程,然而他们远远超拔于以纯正的同情心注视那些较低级的美好事物,无论相遇何处,他们都彼此亲吻。"(作者注:楷体系着重,非原文所有。)

对此点的观察导致了一个新的困难，或者毋宁说是令我们回到了我们一直在面临着的那同一个困难——比如说，当我们使用诸如"高尚之士"这样的词的时候。倘若人类的终极目的是超政治的，自然权利似乎就应该有一个超政治的根源。然而，如果自然权利被直接归结到这一根源，它能够得到恰当的理解吗？自然权利能够从人的自然目的中演绎出来吗？它能从某些东西中演绎出来吗？

人性是一回事，德性或人性的完善又是另外一回事。德性，尤其是正义的确切性质无法从人性中推演出来。用柏拉图的话来说，人的理念与正义的理念的确是相容的，但是它们是不同的理念。甚至于正义的理念好像是从属于不同于人的理念的另一类理念，因为人的理念并不像正义的理念那样成问题；对于某一特定的存在者是不是人，人们不大会有什么争议，而有关正义高尚的事物，人们总是争讼纷纭。用亚里士多德的话来说，人们可以说，德性与人性的关系可以比作活动与潜能的关系，由潜能出发是无法确定活动的，然而反过来，人们可以由活动回溯而推知潜能。[21]人性与其完善或德性"是"不同的两码事。德性在绝大多数情形下（如果不是在所有情形下），乃是一个激励人们的目标，而非已完成之物。因而，它更其是见之于言而非行的。无论对于研究人性来说恰当的起点是什么，对于研究人性的完善，并且因此特别是对于研究自然权利而言，恰当的起点乃是人们关于这些论题的言论，或者说是人们关于这些论题的见解。

---

[21] 柏拉图《理想国》523^{a}1–524^{d}6；《政治家篇》285^{d}8–286^{a}7；《斐德罗篇》250^{b}1–5, 263^{a}1–^{b}5；《阿尔喀比亚德篇》i. 111^{b}11–112^{c}7；亚里士多德《尼各马可伦理学》1097^{b}24–1098^{a}18；1103^{a}23–26；1106^{a}15–24；《论灵魂》415^{a}16–22；西塞罗《论目的》iii. 20–23, 38；v. 46；托马斯·阿奎那《神学大全》ii. 1. qu. 54, a. 1 及 55, a. 1.

粗略地说来，我们可以区分出三种类型的古典自然权利论，或者说是古典派理解自然权利的三种不同方式。这三种类型是苏格拉底－柏拉图式的、亚里士多德式的和托马斯主义式的。至于斯多亚派，在我看来他们的自然权利论属于苏格拉底－柏拉图式的那一类。按照当今非常流行的一种观点，斯多亚派始造了一种全新的自然权利论。然而，即使在这里排除其他因素不谈，这种看法也是基于对斯多亚主义与犬儒主义的密切关联的忽视之上的[22]，而犬儒主义则肇始于苏格拉底。

要尽可能准确地描述我们所冒昧地称作"苏格拉底－柏拉图－斯多亚式的自然权利论"的特点，我们就得从两种最常见不过的有关正义的见解之间的冲突出发，那就是：正义就是善，以及正义就在于给予每个人他应得之物。一个人的应得之物是由法律亦即城邦的法律所规定的。但是城邦的法律有可能是愚蠢的，因而贻害于人或者糟糕至极。因此，给予每个人他所应得之物的正义有可能糟糕至极。如果正义就是要保持善，我们就必须把它视作本质上是独立于法律的。这样，我们就要把正义定义为给予每个人依据自然他所应得之物的习惯。一般公认的见解对于依据自然别人应得之物做了一项补充暗示，根据此种暗示，将一件危险的武器还给它合法的拥有者是非正义的，如果他失去了理智或者意在毁灭城邦的话。这就表明，对他人有害之物不可能是正义的，或者，正义乃是不危害他人的习惯。然而，这一定义却未能说明如下这种常见的事例：对于那些从不危害别人，但却谨小慎微地从不以其言行帮助他人者，我

---

[22] 西塞罗《论目的》iii. 68；第欧根尼·拉尔修 vi. 14–15；vii. 3, 121；塞克斯图·恩披里柯《皮浪篇》iii. 200, 205。蒙田将"更加坦率的斯多亚派"与"更加谦恭的逍遥学派"对立起来[《文集》Ⅱ, 12（"法文书信编年"第4卷），第40页]。

们往往指斥其为非正义。那么，正义就该是为别人谋利的习惯了。正义的人要给予每个人的，不是一项可能是愚蠢的法律所规定的东西，而是对他人而言善的东西，亦即依据自然对他人而言善的东西。可是，并非每个人都知道一般而言对于人类来说什么是善的，以及具体而言对于每个个人来说什么是善的。正如只有医生才真正清楚在所有情况下什么对身体是好的，也只有明智的人才真正清楚在所有情况下什么对于灵魂是好的。情况既是如此，除了在明智者处于绝对主宰地位的社会，不存在什么正义，亦即给予每个人依据自然对他而言善的东西的正义。

我们来看一个例子，一个大孩子有一件小外套，一个小孩子有一件大外套。大孩子是小外套的合法拥有者，因为他或者他的父亲买了这件外套。可是，这件外套对他来说并不好，不适合他。明智的统治者因而就会从小孩子那里把大外套拿走给大孩子，而丝毫不考虑什么合法所有权的问题。我们至少得说，公正的所有权与合法的所有权是完全不同的两回事。如若真有正义存在的话，明智的统治者就必须给每个人分派他真正应得的东西，或者依据自然对他而言是善的东西。他们只会给每个人他能够很好利用的东西，而且会从每个人那里拿走他不能很好利用的东西。这样，正义与一般所认为的私有权就是不相容的了。一切的利用最终都是为了行动或作为；因此，正义首先要求的就是，每个人被赋予一份他能够很好地履行的职能或工作。但是，每个人能够做得最好的，是依据自然他最为适合的事情。于是，正义就只存在于这样的社会中，在其中，每个人都在从事他能做好的事情，每个人都拥有他能够很好利用的东西。正义就等同于在这样的社会中的成员身份并献身于这样的社会——一个合于自然的社会。[23]

我们还需更进一步。可以说,城邦的正义就在于依据"各尽所能,按绩分配"(from everyone according to his capacity and to everyone according to his merits)的原则行事。一个社会只有在其生活的原则是"机会平等",亦即从属于它的每个人都有机会尽其所能为全体做贡献,并取得他理所应得之物时,这个社会才是公正的。既然没有什么充分的理由来假定人们建立功绩的行为与性别、美貌等之间有着什么必然的关联,那么,对于性别、丑陋等的"歧视"就是不公正的。对于人们的劳绩的唯一恰当的报偿乃是荣誉,因此,对于杰出的劳绩的唯一恰当的报偿就是巨大的权威。在一个正义的社会中,社会的等级要严格对应于而且只对应于功绩的等级。公民社会照例把一个人生而为公民,是一个公民父亲与一个公民母亲之子,视为他能够得到高官显爵的必不可少的条件。这就是说,公民社会以这样或那样的方式,用那种全不相干的本土原则限制了功绩原则,亦即最为高妙的正义原则。要真正做到正义,公民社会就该抛弃那一限制;公民社会必须转变为"世界国度"(world-state)。这一点之所以必须,据说也是来自下述考虑:公民社会作为封闭社会,就必定意味着存在不止一个公民社会,因此战争就有可能发生。于是,公民社会就必须培养起尚武的习惯。可是,这些习惯与正义的要求颇有出入。倘若人们在进行战争的话,他们关心的就是胜利,而不是萦心于要分派给敌人像是一个公正明察的法官认

---

[23] 柏拉图《理想国》331^{c}1–332^{c}4,335^{d}11–12,421^{c}7–422^{d}7(参见《法律篇》739^{b}8–^{c}3 和亚里士多德《政治学》1264^{a}13–17),433^{c}3–434^{a}1;《克里托篇》49^c;《克里托弗篇》407^{e}8–408^{b}5,410^{b}1–3;色诺芬《回忆》iv. 4.12–13, 8.11;《经济论》1.5–14;《塞罗培蒂亚篇》i. 3.16–17;西塞罗《国家篇》i. 27–28;iii. 11;《法律篇》i. 18–19;《论官职》i. 28, 29, 31;iii. 27;《论目的》iii. 71, 75;《卢库卢斯》136–137;参见亚里士多德《大伦理学》1199^{b}10–35。

为是有益于敌人的东西。他们关注的是要伤害他人，而公正的人乃是不会伤害任何人的。公民社会因而就被迫要做出这样的区分：公正的人是不伤害他的朋友和邻居（亦即他的公民同胞们）而热爱他们的人，但是，他要伤害并仇恨他的敌人，亦即外邦人，外邦人之为外邦人，至少也是他那城邦的潜在的敌人。我们姑且将此种正义叫做"公民道德"，而且我们应该说，城邦必然需要此种意义上的公民道德。可是，公民道德无可避免地要遭逢自相矛盾。它所强调的是与和平时期不同的战时行为准则，然而，它又不得不至少将某些据说只适用于和平时期的相关准则，看作是普遍有效的。例如，城邦不能够信口开河地说，欺骗，尤其是那些旨在伤害别人的欺骗在和平时期是坏的，而在战争时期则该受到褒扬。城邦禁不住要对那些擅长此道的人心怀疑虑，它禁不住要把那些为任何成功的欺骗所必需的阴险狡诈看作仅仅是手段或深感厌恶。可是，如果它们被拿来对付敌人时，城邦就必须得使用这些方法，甚至于要赞颂这些方法。为了避免这种自相矛盾，城邦就要将自己转变成"世界国度"。但是，没有任何人，也没有任何人群团体能够公正地统治人类。因此，人们在谈到"世界国度"时所指的臣服于一个人类政府之下的无所不包的人类社会，实际上指的就是由上帝统治着的宇宙，那就是唯一的真正的城邦，或者说那是纯然合于自然的城邦，因为它是唯一纯然正义的城邦。人们只有当其是明智的时候，才是这个城邦中的公民或自由人；他们对于号令着这个自然城邦的法律、对于自然法的服从，与审慎是同一回事。[24]

---

[24] 柏拉图《政治家篇》271^{d}3–272^{a}1；《法律篇》713^{a}2-^{c}6；色诺芬《塞罗培蒂亚篇》i. 6.27–34；ii. 2.26；西塞罗《国家篇》iii. 33；《法律篇》i. 18–19, 22–23, 32, 61；ii. 8–11；《残篇》2；《论目的》iv. 74；v. 65, 67；《卢库卢斯》136–37。阿尼姆（J. von Arnim）《斯多亚派残篇》iii, 残篇327和334。（转下页）

此种对于正义问题的解决显然超出了政治生活的范围。[25]它意味着，在城邦中所可能实现的正义，只能是不完美的，或者说，不可能是毋庸置疑的善。仍然有别的理由迫使人们越出政治领域来寻求完美的正义，或者更一般地说，寻求真正合于自然的生活。我们在这里只能限于列出这些理由。首先，睿智者并不想要去统治，因此必须强迫他们统治。他们之所以必须被强迫，是由于他们的全部

（接上页）此段文字所讨论的问题在柏拉图《理想国》中除其他方面以外，在以下这一方面有所预示：波利马库斯的定义——按他的定义，正义就在于帮助朋友而危害敌人——被容纳在对于卫国者的要求之中，按照此种要求，卫国者必须像狗一样，也就是说，他对朋友和熟人要温顺驯服，而对敌人或陌生人则要反其道而行之（375^{a}2—376^{b}1；参见378^{b}7，537^{a}4—7；以及亚里士多德《政治学》1328^{a}7—11）。我们应该注意到，首先提出"敌人"这个论题的不是波利马库斯，而正是苏格拉底（332^{b}5，还可参见335^{b}6—7），在苏格拉底与色拉叙马库斯的讨论中，波利马库斯是前者的证人，而克里托弗是后者的证人（340^{a}1—^{c}1；参见《斐德罗篇》257^{b}3—4）。倘若我们考虑到这些，就不会为《克里托弗篇》中所补充的信息（410^{a}7—^{b}1）弄糊涂，在那里面，苏格拉底自己向克里托弗所提出的唯一的对正义的定义，就是《理想国》中波利马库斯在苏格拉底的帮助下所提出的那个定义。柏拉图的许多阐释者们都未充分考虑到这种可能性：柏拉图笔下的苏格拉底以与鼓吹正义同样的热忱，关心着对正义是什么的理解，亦即对于正义问题的全部复杂性的理解。因为如果一个人萦心于对正义问题的理解的话，他就必须经历正将自己表现得与公民道德相等同的那个阶段，但他绝不会仅仅是匆匆忙忙地穿越那个阶段。人们可以将这段话所粗略描述的论证的结论表达如下：没有神圣的准则或天意，就没有真正的正义可言。对于那些习惯于生活在极端匮乏的境况下，被迫为了简单的生存而不停地相互搏斗的人，我们没有理由指望他们表现出多少德行或正义。如果在人们中间终究存在着正义的话，他们就必须留心到，他们并非被迫不停地想着单纯的自我保全，以与人们在此种境况下大致的所作所为去对付他们的同胞。但是此种留心并不是人为的深谋远虑。倘若人之为人的境况，尤其是人在最初的境况（当他还没有被虚假的意见所败坏时）并非一意味质匮乏时，人们追求正义的动机就会得到无限的增强。这样，在自然法的观念与一个完美的开端的观念——黄金时代或者伊甸园——之间，就有着深刻的关联。参见柏拉图《法律篇》713^{a}2—^{c}2，以及《政治家篇》271^{b}3—272^{b}1和272^{d}6—273^{b}1；上帝的统治是与丰裕和平相伴的；匮乏导致战争。参见《政治家篇》274^{b}5以下及《普罗泰戈拉篇》322^{a}8以下。

[25] 西塞罗《法律篇》i. 61—62；iii. 13—14；《论目的》iv. 7, 22, 74；《卢库卢斯》136—37；塞涅卡《书信集》68.2。

生命都致力于追求某种比之任何人为之物都有着绝对更高的价值的东西——永恒不变的真理。在低级的与高级的事物之间偏向前者,那就违背了自然。倘若对于永恒真理的知识的追求乃是人类的最终目的,那么,一般而言的正义和道德品行要想获得充分的合理性,就唯有依赖于这一事实:它们是为最终目的所必需的,或者,它们是哲学生活的前提条件。由这一观点来看,一个人如若仅仅是正义的或有德性的,而不是一个哲学家的话,那他就是一个残缺不全的人。于是,那并非哲学家的有德性的或正义的人,是否只比非哲学的"纵欲"之徒更优越,就成其为问题了。相应地就出现了以下的问题:一般意义上的正义和德性就它们为哲学生活所必需而论,是否在其内涵和外延上都与人们通常所理解的正义和德性等同;或者,德性是否并没有两个全然不同的根源;或者,亚里士多德称之为道德品行的,是否实际上并非纯然的政治的或低俗的德性。后一个问题也可以这样来表述:是否人们在将关于德性的意见转变成关于德性的知识后,并未超越与政治相关意义上的德性的范围。[26]

152

不管这会怎么样,哲学生活对于城邦的明显依赖性,以及人对人尤其是他们的亲属所怀有的自然亲情(而不管那些人是不是具有"善的天性"或者是不是潜在的哲学家)这两者,都必然使得哲

---

[26] 柏拉图《理想国》486^b6-13,519^b7-$^c7$,520^e4-521^b11,619^b7-$^d1$;《斐多篇》82^a10-$^e1$;《泰阿泰德篇》174^a4-$^b6$;《法律篇》804^b5-$^c1$。关于正义与 *eros* [爱欲] 之间的关系,可将《高尔吉亚篇》整体与《斐德罗篇》整体进行比较。大卫·格伦(David Grene)在这方面做出了努力,见其《骄傲的人:对修昔底德和柏拉图政治哲学的研究》(芝加哥:芝加哥大学出版社,1950年),第137—146页(参见《社会研究》,1951年,第394—397页)。亚里士多德《尼各马可伦理学》1177^a25-34,$^b16$-18,1178^a9-$^b21$;《欧德谟伦理学》1248^b10-1249^b25。比较《政治学》1325^b24-30与《理想国》中就个体的正义与城邦的正义所作的对比。西塞罗《论官职》i. 28;iii. 13-17;《国家篇》i. 28;《论目的》iii. 48;iv. 22;还可参见《国家篇》vi. 29和iii. 11;托马斯·阿奎那《神学大全》ii. 1. qu. 58,a. 4-5。

学家再度下降到洞穴*中,亦即要以直接的或者迂回的方式来关心城邦事务。在下降到洞穴时,哲学家得承认,那本然地或者说出于自然就是最高尚的东西,并非是人类最迫切需要的,人类本质上乃是一种"介于其间"(in-between)的存在物——介于禽兽与众神之间。当人们试图掌管城邦时,他们预先就知道,为了对城邦有用或有益,就必须修正或淡化对于智慧的要求。如果这些要求就等同于自然权利或自然法,那么,自然权利或自然法就必须淡化,以与城邦的要求相匹配。城邦要求将智慧与同意相调和。然而,承认了同意,亦即不智者的同意的必要性,就等于是承认了不智慧的权利,亦即一种非理性的(如果不是必不可免的话)权利。公民生活需要在智慧与愚蠢之间达成一种根本妥协,而这就意味着在由理性或理智所明辨的自然权利与仅仅基于意见的权利之间的妥协。公民生活要求以纯然的习俗性权利来淡化自然权利。自然权利会成为公民社会的火药桶。换句话说,单纯的善,亦即出于自然而根本不同于祖传之物的善必须转变成政治的善,后者似乎是单纯的善与祖传之物的商数:政治的善乃是"在不惊吓积压如山的成见的同时消除积压如山的邪恶"的东西。政治或道德事务中对于模糊性的需要部分地正是基于此种必要性。[27]

必须淡化自然权利以与公民社会相容的这种观念,乃是后来在原初的自然权利与次生的自然权利之间进行区分的哲学根源。[28]与

---

* 在柏拉图《理想国》著名的洞穴隐喻中,哲学家只有超越表象才能进入理念世界,正如身处洞穴的人只有走出洞穴才能见到太阳。——译注
[27] 柏拉图《理想国》414^{b}8–415^{d}5(参见331^{c}1–3),501^{a}9–^{c}2(参见500^{c}2–^{d}8和484^{a}8–^{d}3);《法律篇》739,757^{a}5–758^{a}2;西塞罗《国家篇》ii. 57.
[28] 参见R. 斯廷琛(R. Stintzing)《德国法学史》第1卷(慕尼黑和莱比锡,1880年),第302页以下,第307和371页;又见,比如说,胡克尔《教权政体法》,第1卷,第10章,第13节。

此种区分相联系的是这样的观点：原初的自然权利排除了私有财产和其他的公民社会的本质特征，它是属于人类天真未泯的原初状态的。而次生的自然权利则是在人类腐化之后作为腐化的补救而必需的。无论如何，我们一定不要忽视了自然权利必须淡化的观念和一种次生的自然权利的观念之间的分别。倘若公民社会中生效的原则是淡化了的自然权利的话，那么，它们之受人敬重的程度，比之被视作次生的自然权利——被认为是神圣地建立起来，并且包含了堕落的人类所必须负有的绝对义务——就会逊色许多。只有在后一种情形下，通常所理解的正义才是无可置疑的善。也只有在后一种情形下，严格意义上的自然权利，或者说原初的自然权利，才不再会是公民社会的火药桶。

西塞罗在他的著作中，尤其是在他的《国家篇》的第3卷和《法律篇》的前两卷中，体现出了比之原来斯多亚派更和缓的自然法学说。在他的表述中，几乎没有留下任何斯多亚主义和犬儒主义相结合的踪迹。他所表述的自然法似乎不需淡化就能与公民社会相匹配，似乎与公民社会有着自然的和谐。相应地，人们忍不住要称之为"西塞罗式的自然法学说"的，就比之我们有着不只是残篇断简的任何更古老的学说，都更接近于如今某些学者所认为的典型的前现代的自然法学说。因此，防止误解西塞罗对于我们所讨论的这一学说的态度，就有着某种重要性。[29]

在《法律篇》中，西塞罗和他的同伴们找寻着树荫*，西塞罗自己表述了斯多亚派的自然法学说，他暗示说他并不能确定那一学说的真理性。这并不令人吃惊。斯多亚派的自然法学说是基于神圣

---

[29] 参见，比如说《论目的》iii. 64–67。

* 在此篇中，对话者们一边漫步于树荫下，一边讨论。参见中文译本（《国家篇 法律篇》，沈叔平、苏力译，商务印书馆，1999年）。——译注

第四章　古典自然权利论　　227

天意的学说和人类中心的目的论之上的。在其《论神性》中，西塞罗令那种神学——目的论的学说遭受了严厉的批评，结果是他只能承认它不过是近似于真理而已。相似的情况是，他在《法律篇》中接受了斯多亚派的神兆论（那是斯多亚派天意学说的一个部分），却又在他的《论神兆》(On Divination)的第2卷中攻击它。《法律篇》中的对话者之一是西塞罗的朋友阿提库斯，他赞同斯多亚派的自然法学说，而他作为一个伊壁鸠鲁派，本不能因为认其为真理或者因为他的思想家身份，就对此表示赞同的。他之所以赞同于此，更其是因为他作为罗马公民的身份，尤其是他作为贵族政治的拥护者的身份——在他看来，贵族制在政治上是可取的。我们可以合理地推想，西塞罗那看似不大适宜的对于斯多亚派自然法学说的接受，与阿提库斯有着同样的动机。西塞罗本人坦言，他写作对话是为了不致过于敞开地表达自己的观点。他终究是一个学园派的怀疑论者，而不是一个斯多亚派。而他声称要追随的和他最仰慕的思想家，乃是柏拉图本人——学园的创立者。我们至少必须说，西塞罗并不认为斯多亚派的自然法学说，就其超出了柏拉图的自然权利学说而论，具有不言而喻的真理性。[30]

在《国家篇》中，对话者们追逐着太阳，这篇对话自承是对柏拉图《理想国》的自由模仿。* 在其中，斯多亚派的自然法学说，或者说对于正义的辩护（证明正义就其本性来说就是善）并不是由主要人物来表述的。西庇阿在西塞罗的著作中所占的地位，就

---

[30]《法律篇》i. 15, 18, 19, 21, 22, 25, 32, 35, 37–39, 54, 56; ii. 14, 32–34, 38–39; iii. 1, 26, 37;《国家篇》ii. 28; iv. 4;《论神性》ii. 133以下; iii. 66以下, 95;《论神兆》ii. 70以下;《论官职》i. 22;《论目的》ii. 45;《图斯库卢姆辩论》v. 11。将前面注27与第三章注24相比较。

* 这两篇对话的篇名都是 Republic，但柏拉图的这本对话录按中文约定俗成的译法译为《理想国》。——译注

像是苏格拉底在柏拉图的那一范本中所占的地位。他充分地信服一切人为事物的渺小,因而渴望着死亡之后所可以享受的沉思的生活。斯多亚派自然法学说的那种与公民社会的要求完全和谐的版本——通俗版——被委之于莱利乌斯,他对于完全而严格意义上的哲学毫不信任,他在尘世、在罗马有着毫无保留的家园感;他坐在中央位置,仿效着大地。莱利乌斯走得很远,以至于他在调和自然法与罗马帝国的特殊要求时并未遇到什么困难。西庇阿则表明了原来的未经扭曲的斯多亚派自然法学说,与那公民社会的要求是不能相容的。他还表明,要成就罗马的伟大需要多么多的强力和欺瞒:罗马政制——现有的最佳政制——绝非纯然公正的。这样,他似乎就表明了,公民社会所能依据的"自然法",其实乃是以一种较低的原则淡化了的自然法。与西塞罗本人一样同是学院派的怀疑论者的菲卢斯,举出了违背正义的自然属性的例证。[31]因此,把西塞罗看作是斯多亚派自然法学说的拥戴者,是对他的误解。

在转入亚里士多德的自然权利论时,我们首先要注意到,确定无疑是出于亚里士多德本人之手,并且确定无疑是表达了亚里士多德本人观点的对于自然权利所进行的唯一主题探讨,只占了《尼各马可伦理学》不到一页的篇幅。此外,这段话还特别容易被人忽略;它没有举出一个例子来说明自然权利究竟是什么,使得整段话有些隐晦不明。我们在很大程度上可以稳妥地说:在亚里士多德看来,在自然权利与政治社会的要求之间并不存在什么根本性的不和谐,或者说并不存在什么淡化自然权利的根本需要。在此问题上,就如在其他许多方面一样,亚里士多德以其无可比拟的清明理智,

---

[31]《国家篇》i. 18, 19, 26-28, 30, 56-57; iii. 8-9; iv. 4; vi. 17-18;参见同上 ii. 4, 12, 15, 20, 22, 26-27, 31, 53,以及 i. 62; iii. 20-22, 24, 31, 35-36;还可参见《论目的》ii. 59。

反对柏拉图那种神圣的疯狂,并有预见性地反驳了斯多亚派的那些悖论。亚里士多德让我们理解到,一种必然要超越政治社会的权利不可能对人而言是自然的权利,因为人按其本性乃是政治动物。柏拉图从来在讨论任何论题——不管是城邦,还是天体或数目——时,都时时铭记着苏格拉底的根本问题:"什么才是正当的生活方式?"而纯然正当的生活方式被证明是哲学生活。柏拉图最终在界定自然权利时直接指向这一事实:唯一纯然正当的生活乃是哲学家的生活。另一方面,亚里士多德对于每一种不同层次的存在物,并且因此特别是每一种层次的人生,都就其本身来进行考察。在他探讨正义时,他探讨的是人人所知道的、政治生活中所理解的正义,他拒绝陷入辩证法的旋涡——那会使人们远离通常意义上的正义而迈向哲学生活。他并不是否认那一辩证过程的终极权利,或者是哲学的要求与城邦的要求之间的紧张关系;他知道,纯然最佳的制度属于与充分发展的哲学全然不同的阶段。但是,他表示说,那一过程的中间阶段对于所有的实用目的而言,虽非绝对地相容,却也是足够相容的。的确,那些阶段只能存在于晦暗微明之中,然而这对于分析家——尤其是那些主要关注于指引人类行动的分析家——而言,已是使它们继续停留在晦暗微明状态的充足理由。在对于纯然的人生而言具有本质性的晦暗微明之中,在城邦中所能获得的正义显得是完美的正义和无可置疑的善;没有什么必要来淡化自然权利。于是,亚里士多德只是说,自然权利乃是政治权利的一部分。这并不是说,在城邦之外或先于城邦并无自然权利。且不谈父母与子女之间的关系,两个相遇于荒岛之上的完全陌生的人之间所能获得的正义关系,就并非政治上的正义,而不过是由自然所决定的。亚里士多德所要说的是,自然权利最充分发展的形式乃是从同胞公民中间得来的;只有在同胞公民中间,作为权利或正义主题的此种关系才能达到它们最大的密度和它们最充分的发展。

亚里士多德关于自然权利所作的第二个断言——比之第一个远为令人惊诧——是说,一切的自然权利都是可以变易的。照托马斯·阿奎那的说法,对于这一断言的理解一定得加上一项限制:自然权利的原则、自然权利各项更加具体的规则所由之得来的公理,乃是普遍有效和永恒不变的;可变的只是更加具体的规则(比如说归还押金的规则)。与托马斯主义的解释相联系的,是这样一种观点:实践原则有着一种 *habitus* [性质],一种他称之为"良知"的,或者更确切地说是 *synderesis* [良知] 的 *habitus* [性质]。这个术语本身就表明了此种观点是异于亚里士多德的;它源于基督教早期的教父。另外,亚里士多德明确地说,所有权利——因此,所有的自然权利——都是可变的;他没有对这一断言进行任何限制。中世纪对于亚里士多德学说的解释还有另外一种,亦即阿威罗伊主义的观点,或者更恰当地说,是法拉斯法 [falāsifa;译者按:此词系希腊文哲学家一词在阿拉伯文中的转译形式],亦即伊斯兰教的亚里士多德派和犹太教的亚里士多德派的典型观点。这种观点在基督教世界内部,是由帕多瓦的马西利奥(Marsilius of Padua)以及据信是其他基督教或拉丁语系的阿威罗伊主义者们确立的。阿威罗伊认为,亚里士多德所理解的自然权利是"法律上的自然权利"。或者,照马西利奥的说法,自然权利只是准自然的;实际上,它依赖于人为的制度或习俗;它之有别于纯然的实在权利有赖于这一事实:它是基于无所不在的习俗的。在一切公民社会中,都必然会发展起构成为正义的相同的主要规则。它们代表了社会的最低要求;它们基本上对应于"十诫"的第二块石板,却又包含了对于崇拜神的要求。尽管它们看似显然必要而又得到了普遍认可,但它们却因以下理由就是习俗性的:公民社会与任何恒定不变的规则都是不相容的，无论这些规则如何根本；因为在某些情形下，无视这些规则可能对于社会的持存乃是必需的。但是，为着教化的理由，社会必须把某些一般情形下有效的规则说成是普遍有效的。这些规则一经正常获得，所有的社会说教要鼓吹的都是这些规则而非少有的例外情形。一般规则的有效性取决于它们在被教诲给人时不加限制，不加"如果"和"但是"。然而，忽略掉限制在使得规则更有效的同时，也使得它们虚妄不实。不加限制的规则不是自然权利，而是习俗性权利。[32] 就其承认所有正义规则的可变性而言，这种关于自然权利的观点与亚里士多德是一致的。但就其恰好隐含了对于自然权利的否认而论，它又不同于亚里士多德。那么，我们如何在这两个强有力的对手——阿威罗伊和托马斯之间找到一条稳妥的中间道路呢？

人们会禁不住提出如下的见解：在谈到自然权利时，亚里士多德首先想到的不是什么一般性的命题，而是具体的裁决。所有的行动都关涉具体情势。因此，正义和自然权利仿佛就栖身于具体裁决而非一般性规则之中。清楚地看到某一特定的杀戮行动是正义的，比之清楚地说明如此这般的正义的杀戮行动与如此这般的不义的杀戮行动有何具体差别，在大多数情况下要容易得多。一项公正地解决了特定国家在特定时刻具体问题的法律，可以说比之自然法的任何一般性规则都有着更高程度的公正性，后者正因其一般性，可能会在特定的案例中妨碍公正裁决的做出。在每一种人类的冲突中，都存在着这样的公正裁决的可能性：基于对所有环境条件的充分考虑的裁决，由情势所要求的裁决。自然权利就是由此类裁决构成的。照此理解的自然权利显然是可以变易的。然而，人们也很难否认，

---

[32] 列奥·施特劳斯《检控与写作艺术》（伊利诺伊，格林科：自由出版社，1952年），第95—141页。

在所有具体的裁决中，都隐含或预设了一般性的原则。亚里士多德认识到存在着此种原则——他在谈到"交换的"和"分配的"正义时所说的那些原则。相似的情况是，他对于城邦的自然性的探讨（这项探讨是要处理由无政府主义和和平主义所引发的有关原则的问题），更不用说他对于奴隶制的探讨，都旨在确立有关权利的原则。这些原则看来应是普遍有效或永恒不变的。那么，亚里士多德在说一切自然权利都是可变的时候，其意思何在？或者说，为什么自然权利最终要栖身于具体的裁决而非一般性的规则中呢？

正义还有一层意思，是具体的交换的正义和分配的正义的原则所未能穷尽的。在先于成其为交换的或分配的正义之前，正义乃是公共的善。公共的善通常是由交换的和分配的正义，或其他此类道德原则所要求者构成的，或者，是由与这些要求相匹配者构成的。然而，公共的善理所当然地也包含了我们所讨论的政治共同体的纯然的存在、持存和独立。我们把一个社会的存在和独立危在旦夕的情形称为极端情形。在极端情形下，在社会自我保全所要求的东西与交换正义和分配正义所要求的东西之间可能会出现冲突。在此种情形而且唯有在此种情形下，人们可以公正地说，公共安全乃是至高无上的法律。一个正派的社会除非为着正当的理由，不会走向战争。可是它在战争期间会干些什么在某种程度上取决于敌人——很可能是一个全无顾忌而野蛮的敌人——会迫使它干些什么。没有什么可以预先规定的界限，没有什么可以指定为正当报复的界限。但是，战争将它的阴影投向了和平。最公正的社会没有"情报"亦即间谍活动，就无法生存。不将自然权利的某些规则悬置起来，间谍活动就不可能进行。然而，社会所受到的威胁并非只来自外部。施用于外部敌人的方法也很可以用之于社会内部的颠覆分子。我们且不谈这些令人忧郁的紧急情况，它们都被一层帷幕正当地遮盖着。

160

我们只需要重复说，在极端情形下，正常有效的自然权利的规则被正当地改变了，或者说是根据自然权利而改变了；例外与规则同样是正当的。而亚里士多德似乎是指出了，没有一项规则——无论其如何根本——是没有例外的。有人会说，在一切情况下公共的善都比私人的善更加可取，而这条规则是没有例外的。然而，这条规则所说的不过是正义必须得到遵守，而我们急于知道的是，正义或公共的善所要求的究竟是什么。当人们说在极端情形下公共安全是至高无上的法律时，他们的意思是说，在正常情形下公共安全并非至高无上的法律；在正常情形下，至高无上的法律乃是正义的一般规则。正义有着两个不同的原则或者说是两套不同的原则：一方面是公共安全的需要，或者说是在极端情形下为保全社会的单纯的生存或独立所必需者；另一方面则是更严格意义上的正义规则。而且，并没有任何原则明确规定了在哪类情况下是公共安全优先，在哪类情况下是严格的正义规则优先。因为人们不可能精确地界定何者构成了与正常状况相对的极端状况。从既往的经验来看，每一个危险的外部或内部敌人，都有能耐将人们有理由视作正常的状态改变为极端状态。为了能够对付这种邪恶的能耐，自然权利必须能够权变。人们所无法依据普遍规则预先做出裁断的，最精明能干和最有良知的政治家可以在关键时刻当机立断，而所有人在事后都会看到此种裁断之为正当。在正义的极端行动和不义的极端行动之间做出客观的鉴别，乃是历史学家一个最为崇高的职责。[33]

要准确理解亚里士多德关于自然权利的学说与马基雅维里主义之间的分别，这一点很重要。马基雅维里否认自然权利，因为他

---

[33] 关于亚里士多德所认识到的其他原则，我们此处只需注意到，在他看来，一个不能成为公民社会一员的人并不必定就是有缺陷的人；相反，他可以是一个优越的人。

不是把自己定位于正常的状况，在正常状况下，严格意义上的正义的要求乃是至高无上的法律；他是把自己定位在了极端处境，在这种处境下，正义的要求就被简化为势在必行的需要。而且，在偏离寻常以为正当的事物之时，他没有什么勉为其难的心理。相反，他似乎从对此种偏离的思考中感受到了很大的愉悦，他并不关心对于某些偏离是否实属必要进行仔细的探究。另一方面，亚里士多德意义上的真正的政治家，置身于正常状态和通常所认为正当的观念之中，唯有为了正义和人道本身，他才会勉为其难地偏离寻常认为正当的事物。这其间的分别无法在法律上得到表述。其政治上的重要性不言而喻。当今被称为"犬儒主义"和"理想主义"的这两个相对的极端，相互混杂起来以模糊这种分别。但是，正如人所共见，它们并不成功。

人们所要实践的正义的要求之可以权变，不仅为亚里士多德，而且也为柏拉图所认识到了。他们两人都持有一种见解，以避开"绝对主义"和"相对主义"的进退维谷的困局。我们或许可以冒昧地将此种观点表述如下：存在着一种普遍有效的诸目的的等级制，但是却不存在普遍有效的行动规则。我们不再重复以前所说过的，当人们决定应该做什么，亦即此时此地此个人（或此个别群体）该做什么的时候，他们就得不仅考虑到相互竞争的不同目标之间哪一个等级更高，而且还要考虑在此情此景下哪一个更为紧迫。比之不那么紧迫的东西，人们可以合理地选取最紧迫的，然而在许多情形下，最紧迫的东西在等级上低于不那么紧迫的东西。可是，人们不能提出一条普遍的规则，说紧迫性比之等级是更高一层需要考虑的东西。因为我们的职责是要尽可能多地将我们最高级的行动变成最紧迫或最必需的事情。我们所可以期待的人们的最大限度的努力也必定会因人而异。唯一普遍有效的标准是目的的等级制。这一标准足以令人们对于个人、群体、行动和制度的高尚程度做出判断。但是，它却不足以指引我们的行动。

托马斯主义的自然权利论，或者更一般地说，托马斯主义的自然法学说摆脱了踌躇和含混——那不仅是柏拉图和西塞罗，而且也是亚里士多德学说的特点。在明晰性和高贵的简洁性方面，它甚至超过了缓和的斯多亚派自然法学说。不仅是在自然权利与公民社会的根本和谐方面，而且还在自然法的根本命题的永恒不变方面，它都不再有任何疑虑。道德律的原则（尤其是"十诫"的第二块石板所教诲的）没有例外，除非可能遇到神意的干预。关于 synderesis［良知］或良知的学说，说明了为什么自然法总是能够传布到所有人，并且因此具有普遍的约束力。人们有理由假定，这些深刻的变化要归因于信仰《圣经》启示的影响。如果这种假定证明是正确的，人们就会产生困惑：托马斯·阿奎那所理解的自然法是不是严格意义上的自然法，亦即对于孤立无助的人心、对于未经神启开蒙的人心来说也是可知的法律。这种疑虑被如下的考虑进一步加强了：孤立无助的人心所可知的并且主要是规定行动的自然法，在严格意义上是与人的自然目的相关的，或者说是基于人的自然目的之上的。人的自然目的是双重的：道德的完满和心智的完满；心智的完满比之道德的完满有着更高的价值；然而，照孤立无助的人类理性所能了解的心智的完满或智慧，并不需要道德品行。托马斯之解决这个问题，是通过实际上争辩说，根据自然的理性，人的自然目的是不充分的，或者说是要超出它自身的，或者更确切地说，人的目的不可能在于从事哲学研究，更不用说是政治活动了。这样，自然理性本身就为神法做出了有利的推定，神法使得自然法得以完备或完善。无论如何，托马斯主义关于自然法的观点的最后结果是，自然法实际上不仅与自然神学——一种其实是基于信仰《圣经》

启示的自然神学——不可分，而且甚至与启示神学也不可分。现代自然法学说部分地乃是对于这种神学对自然法的吸纳的一种反动。现代所做出的努力部分地是基于古典派也可能接受的这一前提：道德原则比之即使是自然神学的教诲都更加明显昭彰，并且因此自然法或自然权利就应该独立于神学及其争论。现代政治思想通过反对托马斯主义的观点而回到古典派的第二个重要的方面，可由诸如关于婚姻之不可解除和生育控制之类问题的争论来加以说明。像是孟德斯鸠的《论法的精神》这样一本著作，倘若我们不考虑到它旨在反对托马斯主义的自然权利论，就会对它产生误解。孟德斯鸠试图为从事政治重新发现曾经极大地被托马斯主义的教诲所约束的自由度。孟德斯鸠私下的居心何在，将是一个人们争讼不休的话题。但是我们可以稳妥地说，作为一个研究政治的人，作为一个在政治上理智健全的人，他所明确教导的东西，更接近于古典派的而不是托马斯的精神。

第五章

现代自然权利论

所有现代自然权利论的导师中，最为著名和影响最大的就是约翰·洛克。但是，洛克在让我们辨识他有多么现代或者他从自然权利论传统偏离了多少时，感觉格外困难。他是一个极其谨慎的人，而且他收获了他那超迈常人的谨慎的报偿：许多人聆听他的声音，他对于从事实际事务的人和人们的众多见解产生了巨大的影响。然而，谨慎的本质所在，就是知道什么时候该说，什么时候该保持沉默。洛克对此知之甚深，他有着良好的感觉，只引用对劲的作者，对于不对劲的作者不置一词，尽管追究起来，比之那些对劲的作者，他与那些不对劲的作者更有共同之处。他的宗师似乎是理查德·胡克尔，圣公会的圣人，因其情感之崇高和理智之清明而卓尔不群；洛克跟别人一道，爱把他称作"明智的胡克尔"。胡克尔的自然权利观念就是托马斯主义的观念，而托马斯主义的观念反过来又可以追溯到基督教的教父们，那些教父们反过来又是斯多亚派的弟子，是苏格拉底弟子的弟子的弟子。于是，我们就面对着从苏格拉底到洛克的一个绵延不绝的令人无比敬重的传统。可是，当我们不辞辛劳地直面洛克学说的整体和胡克尔学说的整体时，就会意识到，尽管洛克和胡克尔之间确有某些一致之处，但洛克的自然权利观念却在根本上有别于胡克尔的观念。在胡克尔与洛克之间，自然权利观念经历了根本性的变化。中途出现了自然权利传统的一次断裂。这并不令人吃惊。胡克尔与洛克之间的时期,现代自然科学、非目的论的自然科学崛起了,并且从而摧毁了传统自然权利论的基础。第一个从这一重要变化中引申出其对自然权利论所产生的后果的,是托马斯·霍布斯——那个鲁莽顽劣、破坏偶像的极端派,第一个平民哲学家,出于他那几乎有些孩子气的直来直去、他那永不衰绝的人道和他那无与伦比的明晰和力量而让人赏心悦目的作家。他因为他的鲁莽受到了应得的惩罚,尤其是来自他的同胞的惩罚。然而,他依然对一切后来的政治思想,不管是大陆的还是英国的,尤其是对洛克——明智的洛克;他明智地尽可能抑制住自己不要提到霍布斯那"理该受到谴责的名字"——都产生了巨大的影响。倘若我们想要了解现代自然权利论的特殊品格的话,就必须转到对霍布斯的探讨。

A. 霍布斯

托马斯·霍布斯把自己视为政治哲学或政治科学的创始人。他当然清楚,他为自己要求的这一巨大荣誉,人们几乎完全一致地是要奉给苏格拉底的。他也不会忘记这一人人皆知的事实:苏格拉底为创始者的那个传统在他那时代仍然强大有力。但是他确信,传统政治哲学"更其是一场梦幻而非科学"。[1]

当今的学者们并没有注意到霍布斯的要求。他们看到,他深深受益于他所蔑视的传统。他们中有的人接近于提出,他是最后的经

---

[1]《法律原理》,献辞;Ⅰ,1,sec. 1;13,sec. 3 和 17,sec. 1。《论物体》,献辞;《论公民》,献辞和序言;《拉丁语文集》,Ⅰ,p. xc。《利维坦》,第 xxxi 章(241)和第 xlvi 章(438)。在从《利维坦》摘引的文句中,括号中的数字指的是"布莱克维尔政治著作"版页码。

院派学者之一。为了不致见树不见林,我们要将当今博学的重要成果减约为一句话。霍布斯一个单一的但却至关重要的观点应归之于传统影响,他信守这样的观点:政治哲学或政治科学是可能的或必要的。

要想理解霍布斯那种令人惊异的要求,就得适当地注意到他一方面对于传统的声色俱厉的拒斥,另一方面又几乎是缄默不语地与传统保持一致。为此目的,我们首先得澄清一下传统。更确切地说,我们必须暂时忘掉传统对于当前的史学家们呈现为何种模样,而要首先看看霍布斯所看到的传统是怎么样的。霍布斯提到了以下这些代表着传统的人名:苏格拉底、柏拉图、亚里士多德、塞涅卡、塔西佗和普鲁塔克。[2] 他就这样把政治哲学的传统认同为某种特定的传统。他所认同的那种传统,其基本前提可以表述如下:高贵与正义之物本质上有异于令人愉悦之物,而且就其本性而言比之后者更为可取;或者说,存在着一种全然独立于任何人类合约或习俗的自然权利;或者说,存在着一种最佳的政治秩序,它之所以为最佳是因其合于自然。他把传统的政治哲学看作是对于最佳制度或纯然公正的社会秩序的寻求,并且因之就是一种政治性的寻求;它之所以是政治性的,不仅是因为它所涉及的是政治事务,更紧要的是因为它贯注了一种政治精神。他将传统政治哲学认同为那种贯注着公共精神的,或者说——用一个确实不大谨严但在目前还容易为人理解的词来说——"理想主义"*的特定传统。

在谈及更早时期的政治哲学家时,霍布斯没有提及那一传统——其最著名的代表人物可说是"智者学派"、伊壁鸠鲁和卡尼

---

[2]《论公民》,序言,和XII,3;《拉丁语文集》,第5卷,358-359。
* 此处上下文中的理想主义(idealism)兼有中文中"理想主义"与"唯心主义"二义。——译注

亚德*。这种反理想主义的传统对他而言,根本就不作为一种政治哲学传统而存在。因为它忽视了霍布斯所理解的政治哲学的观念本身。它的确关注着政治事务尤其是正义的性质。它还关注着个人的正当生活的问题,从而也关注着个人为了其私人的、非政治的目的——为了他的安逸舒适或者荣耀——能否或应该如何利用公民社会的问题。然而,它不是政治性的,其间没有贯注着公共精神。它在为政治家们的观点张目之时却未能保持他们的信念。它并没有把正当的社会秩序当作因其自身的缘故就值得探求的东西来关心。

在将传统政治哲学不声不响地等同于理想主义传统之时,霍布斯就不声不响地表达了他对理想主义关于政治哲学的职责或范围的观点的赞同。就像是此前的西塞罗一样,他站在加图一边反对卡尼亚德。他把他新颖的学说说成是对自然法的第一次真正科学的或哲学的探讨;他同意苏格拉底的传统所持的观点:政治哲学所关切的是自然权利。他力图表明"法律是什么,就像是柏拉图、亚里士多德、西塞罗和许许多多其他人所做过的一样";他没有提及普罗泰戈拉、伊壁鸠鲁或卡尼亚德。他担心他的《利维坦》会让读者想起柏拉图的《理想国》;没有人会梦想到要把《利维坦》比作卢克莱修的《物性论》。〔3〕

霍布斯是基于对理想主义传统的根本赞同而对其加以拒斥的。他想要以恰当的方式,做好苏格拉底的传统以全然不妥的方式做过的事情。他想要在苏格拉底的传统失败之处取得成功。他将理想主义传统所遭到的失败追溯到一个根本性的错误:传统政治哲学假

---

* 卡尼亚德(Carneades,约公元前215—前130),古希腊重要的哲学家,新学园的创立者。——译注
〔3〕《法律原理》,献辞;《利维坦》,第xv章(94-95),第xxvi章(172),第xxxi章(241),以及第xlvi章(437-438)。

定,人天生就是政治或社会动物。霍布斯既拒绝了这一假定,就加入了伊壁鸠鲁的传统。他接受了伊壁鸠鲁传统的观点,即人天生或者本来是非政治的、甚至是非社会的动物,还接受了它的前提,亦即善根本而言等同于快乐。[4] 然而,他是为了政治的目的而在利用那种非政治的观点。他给那种非政治的观点赋予了政治的内涵。他试图将政治理想主义的精神贯注于享乐主义传统之中。于是,他成了政治享乐主义的创始人,这种学说使人类生活的每个角落都革命化了,其范围之广超过了任何别的学说。

我们所要追溯的这一划时代的变化,爱德蒙·柏克对之有着很好的理解:"鲁莽草率原本并非此类无神论者的品格。倒毋宁说他们有的是相反的品格:他们原本像是老伊壁鸠鲁派,毫无进取之心。但是晚近以来,他们变得积极主动、狡猾诡谲、野蛮狂暴而富于煽动性。"[5] 政治上的无神论分明是一个现代现象。前现代的无神论者中没有人会怀疑社会生活需要对于上帝或诸神的信仰和崇拜。倘若我们不为转瞬即逝的现象所蒙蔽,我们就会认识到,政治无神论与政治享乐主义是同气相应、同枝相连的。他们在同样的时刻、同样的人心之中一起出现。

要想理解霍布斯的政治哲学,我们一定不能忽视他的自然哲学。他的自然哲学属于以德谟克里特-伊壁鸠鲁物理学为经典代表

---

[4] 《论公民》,Ⅰ,2;《利维坦》,第 vi 章(33)。比起快乐来,霍布斯更加强调自我保全,因此看来更加接近于斯多亚派而不是伊壁鸠鲁派。霍布斯强调自我保全的理由是,快乐是一种"表象",它背后的实在是"纯粹的运动",而自我保全不仅属于"表象"的领域,也属于"运动"的领域(参见斯宾诺莎《伦理学》,第三部分,命题9和11)。霍布斯之强调自我保全而不是快乐,要归因于他关于自然和自然科学的观念,因此与表面上看来并无二致的斯多亚派观点有着完全不同的动因。
[5] 《法兰西时事随想》,载《爱德蒙·柏克文集》("波恩标准文库",第3卷),第377页。

的那一类。然而，他不是把伊壁鸠鲁或德谟克里特，而是把柏拉图视为"最杰出的古代哲学家"。他从柏拉图的自然哲学那里学到的，不是宇宙若非由神的理智主宰就无法理解。无论霍布斯背地里是怎么想的，他的自然哲学与伊壁鸠鲁的物理学一样是无神论的。他从柏拉图的自然哲学学到的是数学是"一切自然科学之母"。[6]霍布斯既是数学的机械论者，又是唯物主义的机械论者，他的自然哲学乃是柏拉图的物理学和伊壁鸠鲁的物理学的结合。在他看来，前现代的哲学或科学整体而言可以说"更其是梦幻而非科学"，其中缘由正是它没有想到要有那种结合。他全部的哲学，可说是政治理想主义与一种唯物主义和无神论整体观的典型的现代结合的经典范例。

相互之间原本不能相容的立场可以以两种方式结合起来。第一种方式是保留在原来立场层面上的折中主义的妥协。另一种方式则是通过原来立场的层面向完全不同层面的思想过渡，由此综合变得可能。霍布斯所实现的结合是综合。他实际上是将两种相反对的传统结合起来了，对此他或者有所意识，或者昧然不觉。他充分地意识到，他的思想的前提，是与所有传统思想的决裂，或者说是抛弃了"柏拉图主义"和"伊壁鸠鲁主义"赖以进行它们世俗争斗的那个层面。

霍布斯与他那些最有才智的同代人一样，因为感受到了传统哲学的完全失败而窘迫不安或兴高采烈。对当前或过去种种争论的一瞥，就足以让他们相信，哲学或者说对智慧的寻求未能成功地将自己变成智慧。这一早该完成的转变现在可以实现了。要在传统遭受失败之处取得成功，人们一开始就得思考使智慧成为现实的必备条件：人们一开始就得思考正确的方法。进行这些思考的目的是确保

---

[6] 《利维坦》，第xlvi章（438）；《英文著作集》，第7卷，346。

智慧成其为现实。

传统哲学的失败在这样的事实中最清楚不过地表现出来：怀疑论哲学总是与教条主义哲学相伴，如影随形。教条主义从未一劳永逸地克服过怀疑论。要确保智慧成为现实，就得肃清怀疑论，同时又公正地对待怀疑论中所包含的真理：经受住了极端怀疑论的攻击的东西，就是智慧的绝对可靠的基础。智慧之成为现实，就等于在极端怀疑论的基础上建立起绝对可靠的教条主义的大厦。[7]

极端怀疑论的实验，是在对于一种新型教条主义的预期的指引下进行的。在所有已知的科学探求中，只有数学是成功的。因此，新的教条主义哲学必须按照数学的模式来建立。人们所能获得的唯一确定的知识并不关心目的，而是"只对图形和运动进行比较"，单纯这一事实就导致了一种反对任何目的论观点的偏见，或者说是一种有利于机械论观点的偏见。[8]或许更确切地说是，它加强了某种业已存在的偏见。也许霍布斯心目中最要紧的，不是对于一种崭新的哲学或科学的见解，而是一种对宇宙的看法——除却物体及其漫无目标的运动之外，宇宙一无所是。主流哲学传统的失败可以直接归结到每一种目的论的物理学都会面临的困境，并且人们很自然地会产生这样的怀疑：由于各种各样的社会压力，机械论的观点从来就没有得到过公平的机会来展示它的优点。然而，倘若霍布斯的主要兴趣之所在真是机械论的观点，他就会无可避免地被引向一种基于极端怀疑论的教条主义哲学观念。因为他从柏拉图或亚里士多德那里懂得了，如果宇宙具有德谟克里特-伊壁鸠鲁物理学所归之于它的那种性质，那么它就排除了任何物理学和任何科学的可能

---

[7] 比较霍布斯对笛卡尔《第一沉思录》主题的赞同。
[8] 《法律原理》，献辞和I, 13, sec. 4；《论公民》，献辞；《利维坦》，第xi章（68）；参见斯宾诺莎《伦理学》，第一部分，附录。

性，或者换句话说，那种融通一贯的唯物主义必定以怀疑论为其顶峰。如果人们不是首先成功地针对由唯物主义所引起的怀疑论，而确保了科学的可能性的话，"科学的唯物主义"就无从成其为可能。唯有对于唯物主义所理解的宇宙进行先知先觉的反叛，才能使有关此种宇宙的科学成为可能。人们必须发现或创造一个能够幸免于机械因果之流的安全岛。霍布斯得考虑一个自然的安全岛的可能性。一个非物质性的心灵当然会毫无问题。另一方面，他从柏拉图和亚里士多德那里所学到的，促使他认识到，伊壁鸠鲁所可以满足的由极其润滑浑圆的微粒构成的物质性心灵，并不是什么恰当的解决方法。他只得设想，宇宙是否没有给一个人为的安全岛、一个由科学所创造的安全岛留下余地。

事情的解决由以下的事实所提示：数学——新哲学的样板——自身遭到了怀疑论的攻击，并且证明它在经历了一种特别的变化或阐释之后，能够经受住那种攻击。"为了免遭怀疑论者对那些人所共知的几何学证明的吹毛求疵……我以为有必要在我的定义中表达那些线、面、体和图形所由之得到描绘的运动。"总的来说，只有对于那些我们就是其产生的原因，或者其构造在我们能力范围之内或取决于我们任意的意志的东西，我们才具有绝对可靠的或科学的知识。构造中只要有单独一个步骤没有完全处于我们的操控之下，整个构造就不会全然处于我们的能力范围之内。构造一定得是有意识的构造；不可能知道一个科学真理，而不在与此同时知道是我们造就了它。如果构造利用了任何物质，亦即任何本身不是出于我们的建构之物，那么它就不会完全在我们的能力范围之内。我们所建构的世界并无神秘可言，因为我们是它的唯一原因，并且因此我们对它的原因就有着完满无缺的知识。我们所建构的世界并没有更进一步的原因，一个不在或者不完全在我们能力范围之内的原因；我们所建构的世界有着一个绝对的开端，或者说，它是一个严格意义上的造物。我们所建构的世界因此就是避免了盲目而漫无目标的因果之流的安全岛。[9] 安全岛的发现或创造确保了一种唯物主义的和机械论的哲学或科学的可能性，与此同时又没有强迫人们去设定一个不可化约为被动的物质的灵魂或心灵。那一发现或创造实际上允许人们对于唯物主义与唯灵论（spritualism）之间的世俗冲突持一种中立的或淡然的态度。霍布斯急切地渴望着成为一名"形而上学"的唯物主义者。然而，他只能停留在满足于一种"方法论的"唯物主义上。

我们只能理解我们所创造的事物。既然我们并未创造自然的存在物，严格说来，它们就不是我们所能够理解的。在霍布斯看来，这一事实与自然科学的可能性是完全相容的。可是它所导致的结果是，就其根本而言，自然科学是而且将永远是假说性质的。然而，

---

[9] 《英文著作集》，第7卷，179以下；《论人》，X，4–5；《论公民》，XVIII，4，以及XVII，28；《论物体》，XXV，1；《法律原理》，托尼斯编，第168页；对笛卡尔《沉思》的第四个反驳。霍布斯的科学观所面临的困难可由以下事实表明：如他所说，一切哲学或科学都"编织结果"（参见《利维坦》，第ix章），而其开端则来自"经验"（《论公民》，XVII，12），这也就是说，哲学或科学最终依赖于被给定而非被建构之物。霍布斯试图通过区别纯然建构的或证明的科学（数学、运动学［cinematics，又作kinematics，指不涉及力和质量而抽象研究运动的力学的分支。——译注］和政治科学）和等而下之的物理学（《论物体》，XXV，1；《论人》，X，5），来解决这一困难。这种解决办法导致了一种新的困难，因为政治科学的前提是对于人性的科学研究，而后者又是物理学的一个部分（《利维坦》两个版本均在第ix章；《论人》，献辞；《论物体》，VI，6）。霍布斯显然企图以下述方式来解决这一新的困难：要想知道政治现象的原因，既可以从更具普遍性的现象（运动的性质、有生命物的性质、人性）下降到那些原因，也可以从政治现象本身——人人都从经验中了解了它们——上升到同样的原因（《论物体》，VI，7）。无论如何，霍布斯强调，政治科学可以基于经验，或者由经验构成——那指的是有别于"证明"的"经验"（《论人》，献辞；《论公民》，序言；《利维坦》，导论，以及第xxxii章开篇）。

要使我们成为自然的主人和所有者,这就足够了。再进一步说,无论人们在征服自然时取得多大的成功,他们都永远无法理解自然。宇宙将一直保持它那完全的神秘。怀疑论之所以长盛不衰,终究正是由于这一事实,它也在某种程度上论证了怀疑论的合理性。怀疑论是宇宙的不可理解的性质,或者是对于宇宙的可理解性的毫无根据的信仰的必然结果。换言之,既然自然事物本身是神秘莫测的,由自然而产生的知识或确定性必定是缺乏证据的。基于人类心灵的自然运作而产生的知识,必然会遭到人们的怀疑。出于这一缘由,霍布斯不再与尤其是前现代的唯名论为伍。前现代的唯名论怀有对于人类心灵的自然运作的信念。它尤其是以教导 *natura occulte operatur in universalibus*［自然隐秘地运作于普遍性中］,或者我们借以在日常生活和科学中判明方位的"预期"乃是自然的产物,表明了此种信念。对霍布斯来说,普遍物或预期的自然起源乃是迫使人们将它们抛弃,转而青睐人为的"理智工具"的理由。在人的心灵与宇宙之间并没有什么自然的和谐。

  人类能够保障智慧的实现,因为智慧就是自由的建构。然而,如果宇宙是可以理解的,智慧就不可能是自由的建构了。我们可以说,正是因为宇宙不可理解,人类才能确保智慧的实现;而不能说,尽管宇宙不可理解,人类还是能够确保智慧的实现。只是因为对于人道没有什么来自宇宙的支持,人类才能成为主宰。只是因为他在宇宙中完全是个陌生人,他才成了主宰。只是因为他被迫成为主宰,他才成了主宰。既然宇宙不可理解,既然对于自然的控制并不需要理解自然,那么,他对于自然的征服就并不存在什么可知的界限。他失去的只是锁链,得到的将是一切。再有,我们可以确定的就是,人类的自然状态是很悲惨的;幻想在上帝之城的废墟上建立起人之城,那是不能指望的。

我们很难理解，为什么霍布斯在有着诸多令人绝望的理由的地方，如此地满怀希望。不知怎么回事，经验以及对于人类所能控制领域内前所未闻的进步的合理预期，一定使得他对于"无限空间的永恒静寂"*或moenia mundi［世界之墙］的崩溃麻木不觉了。必须这样说对他才够公平：后代的人所经历的那一长串的失望，还没有能够成功地熄灭他与他最杰出的同代人所点燃的希望之火。他们也没有能够打碎他仿佛是为了限制自己的视野而建起的墙垒。有意识的建构实际上是被"历史"那毫无计划的工作所取代的。然而，"历史"限制了我们的视野，一如有意识的建构限制了霍布斯的视野；"历史"还通过使人们淡忘整体或永恒，而起到了加强人及其"世界"的地位的作用。〔10〕这种典型的现代局限，最终在如下见解中表达得极其明确：与整体的可能原因或原因无关的最高原则本身，乃是"历史"的神秘领地，它属于而且只属于人类，它远非永恒，而与人类历史同在。

---

* 语出帕斯卡《思想录》。——译注

〔10〕 我们可举属于敌对阵营而又属于同一精神家系的作者的两段话为证。在弗里德里希·恩格斯的《路德维希·费尔巴哈与德国古典哲学的终结》中，我们读到："在它［辩证的哲学］面前，除了发生和消灭、无止境地由低级上升到高级的不断的过程，什么都不存在……我们在这里没有必要去研究这种看法是否完全跟自然科学的现状相符合的问题，自然科学预言了地球本身的可能的末日和它的可居性的相当确实的末日，从而承认，人类历史不仅有上升的过程，而且也有下降的过程。无论如何，我们现在距离那个转折点还相当远。"［此段译文依据的是《马克思恩格斯选集》中的中译文，略有改动。——译注］在巴霍芬的《坦纳克的传说》中我们看到："东方注重的是自然观，西方用一种历史观取而代之……人们或许会觉得，这种神圣观念是从人的观念中派生出来的，是原初的崇高立场走向衰败的最后一个阶段……尽管如此，在退步过程中还是包含着进步的萌芽。因为，宇宙学和物理学的生活观束缚了我们的精神，每摆脱一次这样的束缚，我们都获得了一次进步……如果感觉迟钝的伊特拉斯坎人相信他们的部落会有灭顶的一天，那么，罗马人则以为他们的国家会天长地久，对此，他们根本不会产生任何的怀疑。"（作者注：楷体系着重，非原文所有。）

第五章 现代自然权利论

我们回到霍布斯。认为目的论的宇宙论是不可能的这一信念，以及认为机械论的宇宙论不能够满足可理解性的要求的这种情感，乃是他的哲学或科学概念的根源所在。他所提出的解决办法是，没有它现象就无从得到理解的那一目的（或诸种目的），并不见得是内在于现象中的；内在于对知识的关切的目的就足够了。作为目的的知识提供了不可或缺的目的论原则。成为目的论的宇宙论的替代物的，不是新的机械论的宇宙论，而是后来所谓的"认识论"。然而，倘若整体全然不可理解，知识就无法维系目的：*Scientia propter potentiam*［有关力量因的知识］。[11]一切意义的全部可理解性，其最终根源都在于人类的需要。目的，或者说人类欲望的最为迫切的目的就是最高的、统辖性的原则。但是，一旦人类利益成了最高的原则，政治科学或社会科学就成了最重要的知识部类，就像亚里士多德所预言的。用霍布斯的话来说，就是 *Dignissima certe scientiarum haec ipsa est, quae ad Principes pertinet, hominesque in regendo genere humano occupatos*［这本身就是一切知识中最为重要的，它属于那些领袖人物、那些统治着人类的人］。[12]人们不能只停留于说，关于政治哲学的功能和范围，霍布斯是赞同理想主义传统的。他对于政治哲学所抱的期望无可比拟地远远大于古人的期望。没有什么由对于整体的真实洞见所烛亮的西庇阿式的梦境*，会让他的读者们想

---

[11]《论物体》，Ⅰ，6。抛弃了柏拉图主义与伊壁鸠鲁主义展开论战的那个层面，其必然结果就是抛弃了玄思或理论的优先性，而主张实践的优先性。因为对柏拉图主义和伊壁鸠鲁主义的综合，其成立与否系于理解就是创造的观点。

[12] 亚里士多德《尼各马可伦理学》1141^{a}20—22；《论公民》，序言；参见《拉丁语文集》，Ⅳ，487–488；哲学中唯一严肃的部分就是政治哲学。

* 见作者前引西塞罗对话，西庇阿（此处应为 *Scipio Aemilianus Africanus Minor*, Publius Cornelius，约公元前184—前129，古罗马著名将领、政治家和文学爱好者）是西塞罗《国家篇》中的主要对话人物。——译注

到，人们所做的一切终归徒劳无益。如此这般意义上的政治哲学，霍布斯确确实实是始作俑者。

发现了霍布斯能够将其屋宇建立于其上的那块大陆的，是马基雅维里——那个更加伟大的哥伦布。当人们想理解马基雅维里的思想时，最好是记着马罗（Marlowe）灵感突发时用来说他的话："我……认为，没有罪孽，有的只是无知。"这几乎是对于哲学家的定义。此外，没有什么紧要的人物会怀疑马基雅维里对于政治事务的研究充满了为公精神。作为一个充满了公共精神的哲学家，他延续着政治理想主义的传统。但是，他将理想主义关于政治家固有的崇高性与一种反理想主义的观点结合在了一起。那种反理想主义的观点如果不是事关整体的话，无论如何也是关系到人类或公民社会的起源的。

马基雅维里对于古典时期尤其是罗马共和国时期政治实践的仰慕，只不过是他对于古典政治哲学的拒斥的背面。他将古典政治哲学，从而是完全意义上的政治哲学传统视作徒劳无益的而加以拒斥：古典政治哲学以探讨人应该怎样生活为己任；而回答何为社会正当秩序的问题的正确方式，是探讨人们实际上是怎样生活的。马基雅维里对于传统的"现实主义"的反叛，导致了以爱国主义或纯粹的政治品行取代人类的优异性，或者更具体地说，取代道德品行和玄思的生活。它有意地将最终目标降低了。目标之被降低，是为了增加实现它的可能性。正如后来霍布斯丢弃了智慧的本来含义，是为了确保智慧之成为现实一样，马基雅维里丢弃了善的社会或善的生活的本来含义。对于其欲求全然超出了那一低下目标的人或人类灵魂，他们的那些自然倾向会发生什么变化，这并不是马基雅维里所关心的。他无视那些倾向。他限制住自己的视野，以便有所得。至于偶然性的力量，在他看来，命运女神就像是妇人一般，能

178

被处置得当的男人所强制：偶然性是可以征服的。

马基雅维里通过反思公民社会的基础——而这最终就意味着反思人类生活于其中的整体——而使得他对于"现实主义"政治哲学的要求合理化了。正义并没有什么超人的、也没有什么自然的根据。全部的人类事物都变动不居，不可能服从于稳定的正义原则。决定了在每一个例中何为合理行动的，与其说是道德目的，不如说是势在必行的必然性。因此，公民社会甚至不能指望自己是纯然公正的。一切合法性的根据都在于不合法性；所有社会秩序或道德秩序都是借助于道德上颇成问题的手段而建立起来的；公民社会的根基不在于正义，而在于不义。所有国家中最著名的那一个是依靠兄弟相残而建立起来的。只有在社会秩序建立之后才谈得上任何意义上的正义；只有在一个人为的秩序中才谈得上任何意义上的正义。而政治的最高范例——公民社会的建立，在公民社会内是一切极端情形都要仿效的。马基雅维里所探讨的，更多的是极端的事例，而非人们是如何生活的。他相信，对于公民社会的起源并且因此对于公民社会的性质而言，极端的情形比之正常的情形更具启发性。[13] 起源或有效因取代了目的或目标的地位。

正是以纯粹的政治品行取代道德品行所带来的困难，或者由马基雅维里之推崇罗马共和国时期所采取的狼一样的政策[14]所带来的困难，促使霍布斯试图在马基雅维里"现实主义"的层面上恢复政治的道德原则，亦即自然法。在做出此种努力时，他清醒地认识到这一事实：如若人们对于正当的社会秩序及实现它的条件都不具备确定的、准确的或者科学的知识的话，他们就无法保障正当社会秩

---

[13] 参见培根《崇学论》（"人人文库"版），第70—71页。
[14] 《论公民》，献辞。

序的实现。因而,他首先对自然法或道德法则进行了严密的推演。为"避免怀疑论者的吹毛求疵",必须使自然法独立于任何自然的"预期"以及由此而来的 consensus gentium [各民族共识]。[15] 占主导地位的传统为着作为理性和社会性动物的人的目的和完满,定义了自然法。霍布斯基于马基雅维里对于传统的乌托邦学说的根本反对(尽管他反对马基雅维里自己的解决方法)所要做的,是试图保持自然法的观念,但又要使它脱离人的完满性的观念;只有当自然法能够从人们实际生活的情况,从实际支配了所有人或多数时候多数人的最强大的力量中推演出来时,它才可能是有效的或者有实际价值的。自然法的全盘基础一定不能在人的目的,而是得在其开端[16],在 prima naturae[第一本性;译者按:此处 prima 为阴性]或者毋宁说是 primum naturae [第一本性;译者按:此处 primum 为中性]中来寻求。而对多数时候多数人而言,最强有力的不是理性而是情感。倘若自然法的原则不为情感所信任或赞同,它们就不会有实际作用。[17] 自然法一定得从一切情感中的最强烈者推演出来。

但是,一切情感中最强烈的情感乃是一桩自然事实,并且我们不能认定,正义或者人的通情达理有什么自然的根据。或者,是否有一种情感,或情感的目标之所指,它在某种意义上是反自然的,它标志着自然的与非自然的界限泯灭之处,它仿佛是自然的 *status*

---

〔15〕《论公民》,Ⅱ,1。
〔16〕 在《利维坦》的别名(《国家的质料、形式和动力》)中,目的没有被提及[亚里士多德的四因说认为,形成事物的四个原因为质料因、形式因、动力因和目的因。——译注]。又见霍布斯在《论公民》序言中对他的方法的论述。实际上,他把目的看作是理所当然的;因为他是在目的(和平)在胸时才由分析人性和人类事务而发现开端的(参见《论公民》,Ⅰ,1,以及《利维坦》,第 xi 章开篇)。类似的情况是,霍布斯在分析正当或正义时,把公认的正义观念视为理所当然的(《论公民》,献辞)。
〔17〕《法律原理》,献辞。

evanescendi［消失之处］，因此可能是征服自然的或自由的起源。一切情感中最强烈的乃是对死亡的恐惧，更具体地说，是对暴死于他人之手的恐惧；不是自然，而是"自然的可怕对头——死亡"，提供了最终的指南。然而此种死亡依然是人对之能够有所作为的，亦即是人们可以避开或进行报复的死亡。[18]死亡取代了 *telos*［目的］。或者，为了保持霍布斯思想的含混性，我们可以说，对于死于暴力的恐惧最深刻地表达了所有欲求中最强烈、最根本的欲求，亦即最初的、自我保全的欲求。

如果自然法必须得从自我保全的欲求中推演出来，如果，换句话说，自我保全的欲求乃是一切正义和道德的唯一根源，那么，基本的道德事实就不是一桩义务，而是一项权利；所有的义务都是从根本的和不可离弃的自我保全的权利中派生出来的。因此，就不存在什么绝对的或无条件的义务；义务只在其施行不致危及到我们的自我保全时，才具有约束力。唯有自我保全的权利才是无条件的或绝对的。按照自然，世间只存在着一项不折不扣的权利，而并不存在什么不折不扣的义务。确切说来，阐明人的自然义务的自然法并非一项法则。既然基本的、绝对的道德事实是一项权利而非一桩义务，公民社会的职能和界限就一定得以人的自然权利而不是其自然义务来界定。国家的职能并非创造或促进一种有德性的生活，而是要保护每个人的自然权利。国家的权力是在自然权利而不是别的道德事实中看到其不可逾越的界限的。[19]倘若我们把自由主义称为

---

［18］《法律原理》，Ⅰ，14，第6节；《论公民》，献辞，Ⅰ，7和Ⅲ；31；《利维坦》，第xiv章（92）和第xxvii章（197）。人们应该由此出发来理解侦探小说在当今道德取向中所扮演的角色。

［19］《论公民》，Ⅱ，10结尾，18-19；Ⅲ，14，21，27和注33；Ⅵ，13；ⅩⅣ，3；《利维坦》，第xiv章（84，86-87），第xxi章（142-143），第xxviii章（202）和第xxxii章（243）。

这样一种政治学说，它将与义务判然有别的人的权利视为基本的政治事实，并认为国家的职能在于保卫或维护那些权利，那么，我们必须说自由主义的创立者乃是霍布斯。

在将自然法移植到马基雅维里那一层面时，霍布斯确实开启了一种崭新的政治学说。前现代的自然法学说教导的是人的义务；倘若说它们多少还关注一下人的权利的话，它们也是把权利看作本质上是由义务派生出来的。就像人们常常观察到的那样，在17和18世纪有了一种前所未有的对于权利的极大重视和强调。可以说重点由自然义务转向了自然权利。[20] 然而此种性质的量上的变化只有当其被置于质的根本性变化的背景之下时，才能为人理解，更不用说，此种量上的变化唯有经由质的根本性的变化才成其为可能。由以自然义务为取向转到以自然权利为取向的根本性变化，在霍布斯的学说中得到了最为明晰有力的表达。他直截了当地使一项无条件的自然权利成为一切自然义务的基础，因而义务就不过是有条件的。他是明确的现代自然法学说的经典作家和创立者。我们所考察的这一深刻变化可以直接追溯到霍布斯所关注的对于实现正当社会秩序所必需的人所应具备的条件，或者可以直接追溯到他那"现实主义"的意图。一种以人的义务来界定的社会秩序的实现，必然是不确定的，甚而是不大可能的；这样一种秩序也许不过是乌托邦。而以人的权利来界定的社会秩序，其情形则大为不同。因为此类权利表达了、而且旨在表达每个人实际上都欲求着的某些东西；它们

---

[20] 参见奥托·冯·基尔克（Otto von Gierke）《政治理论的发展》（纽约，1939年），第108，322，352页；以及菲吉斯（J. N. Figgis）《君权神授论》（第2版，剑桥：剑桥大学出版社，1934年），第221—223页。对于康德而言，道德哲学之被称为义务学说而非权利学说，已然成为一个问题（见福尔伦德编《道德形而上学》，第45页）。

将人人所见而且很容易就能看到的每个人的自我利益神圣化了。对人而言，最好指望他们为了他们的权利而战，而不是履行他们的义务。用柏克的话来说："关于人权的小小的教义问答很快就能教人学会；推论全都在激情之中。"[21]对于霍布斯的经典表述，我们可以补充说，前提都已在激情之中。要使得现代自然权利论发挥实效，需要做的不是道德感化，而是启蒙或宣传。由此我们可以理解这一人们屡见不鲜的事实：在现代时期，自然法远比从前成为一种更具革命性的力量。这一事实乃是自然法学说本身的性质发生根本性变化的直接后果。

霍布斯所反对的传统认为，人们除了在公民社会中并且通过公民社会，就不能达到其本性的完美，因而，公民社会优先于个人。认为首要的道德事实是义务而非权利的观点，就是由此种看法带来的。人们不可能不在断定自然权利的优先性的同时，强调个人在所有方面都先于公民社会：公民社会或主权者的一切权利都是由原本属于个人的权利派生出来的。[22]此种个人，不考虑其各种特质的个人——而不只是像亚里士多德所争辩的那种超出人道的人——必须被视为在本质上完全独立于公民社会。在认为在公民社会之先存在着一种自然状态的论点中，已经包含了此种概念。照卢梭的说法，"所有审视过公民社会的基础的哲学家，都感到有必要回到自然状态"。的确，对正当社会秩序的寻求，与对于公民社会起源或人类进入政治状态之前的生活的反思，是不可分的。然而，将人类进入政治状态之前的生活等同于"自然状态"，是一种特殊的看法，这种看法绝不是"所有"政治哲学家都持有的。只有在霍布斯这里，

---

[21]《法兰西时事随想》，第367页。
[22]《论公民》，Ⅵ，5-7；《利维坦》，第xxviii章（202-203）。

自然状态才成了政治哲学的一个核心论题，而他还因为使用了那个术语心存不安。只是从霍布斯开始，关于自然法的哲学学说根本上成了一种关于自然状态的学说。在他之前，"自然状态"这个术语更其为基督教神学而非政治哲学所有。自然状态尤其是与蒙恩状态（the state of grace）相区别，它又可以再分为纯洁的自然状态和堕落的自然状态。霍布斯抛弃了这一区分，以公民社会状态取代了蒙恩状态。于是，他所否定的如果不是堕落这一事实本身的话，无论如何也是否定了其重要性。相应地，他断言说，为了弥补自然状态的缺陷或"不便"，需要的不是神的恩宠，而是正当的人类政府。要将"自然状态"的反神学蕴含与其内在的哲学蕴含分开，还得费一番周折。其哲学蕴含使得有别于义务的权利的优先性能为人理解：自然状态的本来特征就是，其中有着不折不扣的权利，而没有什么不折不扣的义务。[23]

---

[23]《论公民》，序言："公民社会之外的人类状况（此种状况可称之为自然状态）。"参见洛克《政府论》，下篇，sec. 15。关于此词的本来含义，参见亚里士多德《物理学》246ª10–17；西塞罗《论官职》i. 67；《论目的》iii. 16, 20；《法律篇》iii. 3（又见《论公民》，Ⅲ，25）。按古典派的看法，自然状态应该是在一个健康的公民社会中的生活，而不是在公民社会之先的生活。习俗主义者的确强调，公民社会是习俗性的或人为的，而这意味着对公民社会的贬抑。大多数习俗主义者并不把先于公民社会的生活认同为自然状态：他们把合于自然的生活认同为人类实现自己的生活（无论是哲学家的还是僭主的生活）；因此，合于自然的生活在先于公民社会的原始条件下是不可能的。另一方面，那些把合于自然的生活或自然状态等同于先于公民社会的生活的习俗主义者，认为自然状态比之公民社会更为可取（蒙田《文集》，Ⅱ，12，《法文书信集》，Ⅲ，311）。霍布斯的自然状态观念是以既拒斥古典派，又拒斥习俗主义者为前提的，因为他否认有某种自然目的、某种 summum bonum ［至善］的存在。于是，他将自然的生活等同于"开端"，亦即由最原始的欲望支配着的生活；与此同时，他又认为这一开端有着缺陷，而那一缺陷要以公民社会来救治。这样，在霍布斯看来，在公民社会与自然之物之间并无紧张关系存在，而在习俗主义看来，公民社会与自然之物之间存在着紧张关系。于是，习俗主义认为合于自然的生活比之公民社会更优越，而霍布斯则认为，它比公民社会要低劣。我们还可说，习俗主义并不见得就是（转下页）

如果说，每一个人依据自然都具有自我保全的权利，那么对于为他的自我保全所必需的手段，他也必定具有权利。就此而论，问题在于，谁来裁定何种手段为某个人的自我保全所必需，或者何种手段为恰切或正当。古典派们会回答说，天然的裁定者乃是具有实践智慧的人，而此种答案最后又会回到这一观点：纯然最佳的制度乃是睿智者的绝对统治，而最佳的在实践中可行的制度乃是高尚之士的统治。在霍布斯看来，依据自然，每个人都是何为其自我保全的正当手段的裁定者。因为，即使我们承认，在原则上一个睿智者比之一个傻瓜乃是更好的裁定者，但是，他对某个傻瓜的自我保全的关切程度，比之后者自己却要淡漠得多。然而，倘若每个人无论有多么愚蠢，依据自然都是其自我保全所必需的手段的裁定者，那么人们就可以合理地把任何东西都视作自我保全所必需：依据自然，一切皆为正当。[24] 我们可以谈论一个傻瓜的自然权利。再有就是，如果每个人依据自然都是何者有利于其自我保全的裁定者，同意就优先于智慧了。但是，如若同意不能将自己改变为对主权者的服从，它就不会有什么实际作用。由于我们业已表明的理由，主权

（接上页）平等主义的，而霍布斯的思想倾向却必定是平等主义的。照托马斯·阿奎那的说法，status legis naturae [自然法状态] 是人们先于摩西法的启示的生活状态（《神学大全》i. 2. qu. 102, a. 3 ad 12）。那是异教徒们的生活状态，因而是一种公民社会的状态。参见苏亚雷斯《论法律》，Ⅰ, 3, sec. 12；Ⅲ, 11 ["在纯粹的自然中，或者在各民族中"]；Ⅲ, 12 ["在纯粹的自然状态下，倘若共和国崇拜真正的上帝的话"]；又，格劳秀斯《战争与和平法》ii. 5, sec. 15.2 以"自然状态"与"基督法状态"对举；当格劳秀斯 [iii. 7, sec. 1] 说："在没有人的作为或在最初的自然状态"时，他通过加上"最初"一词表明，自然状态本身并不是"没有人的作为"，并且因此就不在本质上先于公民社会。如若人为法被视为人类腐败的产物的话，"自然法状态"就是人们只服从于自然法而不服从于任何人为法的状态（威克利夫《论公民权力》，Ⅱ, 13, 普尔编，第154页）。关于霍布斯自然状态概念在此前的历史，还可参看苏亚雷斯（前引书，Ⅱ, 27, sec. 9）所传索托（Soto）的学说。

[24]《论公民》，Ⅰ, 9；Ⅲ, 13；《利维坦》，第 xv 章（100）和第 xlvi 章（448）。

者之所以是主权者，不是因为他的智慧，而是因为他被根本契约确定为主权者。这就导致了更进一步的结论：主权之核心乃是命令或意志，而非深思熟虑或推理；或者说，法律之为法律，不是出于真理性或合理性，而完全是出于权威。[25] 按霍布斯的教诲，权威（而非理性）的至高无上，来自个人自然权利的某种超常的扩展。

由自我保全的自然权利或对死于暴力的恐惧这种无可逃遁的力量，推演出自然法或道德法则的努力，引起了对于道德法则内容的影响深远的修正。首先，此种修正在很大程度上是简单化的。16和17世纪的思想一般来讲倾向于简化道德教条。我们至少可以说，此种倾向轻易地使自己致力于更宏阔的问题，它关注的是要确保正当社会秩序的实现。有人企图以一种单一的德性或者所有其他德性都可由其导出的一种单一的基本德性，来取代"紊乱无章"的、繁复多样的种种不可化约的德性。此种化约有两条现成的道路可走。在亚里士多德的道德学说中（用霍布斯的话说，"其见解在当今这些领域内比之任何其他作品都有着更大的权威"），有两种德性构成了所有其他的德性，或者可以说，有两种"总的"德性：恢宏大度（magnanimity）构成了使个人具有优异性的所有其他德性，正义构成了使人们能够服务于别人的所有其他德性。相应地，人们可以通过把道德或者化约为恢宏大度、或者化约为正义，来简化道德哲学。笛卡尔完成了前者，霍布斯完成了后者。后一种选择有着一种特别的好处，它有利于对道德学说的进一步简化：不加限制地在德性学说与道德法则学说或自然法学说之间画等号。反过来，道德法则又因其从自我保全的自然权利中推演而来，而被极大地简化了。

---

[25]《论公民》，Ⅵ，19；ⅩⅣ，1和17；《利维坦》，第xxvi章（180）；参见罗伯特·菲尔默爵士《论政府之起源》，前言。

要自我保全，就得要和平。因此，道德法则就成了人们如果想要和平就必须得遵守的规则的总和。正如马基雅维里将德性化约为爱国主义的政治德性，霍布斯将德性化约为获取和平而必需的社会德性。那些与获取和平没有直接的、毫不含糊的关系的人类优异性的形式——勇气、节制、恢宏大度、慷慨，更不用说智慧了——都不再是严格意义上的德性。（与平等和慈爱相联系的）正义仍旧是一种德性，但其内涵发生了急剧的变化。倘若说仅有的无条件的道德事实乃是每个人对其自我保全的自然权利，并且因此所有对他人的义务都源自契约的话，那么，正义就等于是一个人履行契约的习惯了。正义不再是遵从独立于人类意志的标准。一切实质性的正义原则——交换的正义和分配的正义的规则，或"十诫"中的规则——就都不再具有内在的有效性。一切实质性的义务都来自订立契约者的同意，并且因此实际上就来自主权者的意志。[26]因为那使得一切别的契约成为可能的契约，乃是社会契约或者说服从于主权者的契约。

如果德性就等于获取和平，那么恶就是那样一种习惯或激情，它本身与和平水火不容，因为它根本上就是要冒犯别人的，并且仿佛是存心要冒犯别人的；实际上恶就等于是骄傲、虚荣或 *amour-propre*［虚荣心］，而不是灵魂的淫逸放荡或软弱。换言之，如果德性被化约为社会德性或者仁慈、善良、"宽宏之德"，那么自我节制的"严肃德性"就没有了立锥之地。[27]此处我们得再次回顾柏克对

---

[26]《法律原理》，Ⅰ,17, sec. 1；《论公民》，献辞；Ⅲ, 3-6, 29, 32；Ⅵ, 16；Ⅻ, 1；ⅩⅣ, 9-10, 17；ⅩⅦ, 10；ⅩⅧ, 3；《论人》，ⅩⅢ, 9；《利维坦》，第 xiv 章（92），第 xv 章（96, 97, 98, 104）和第 xxvi 章（186）。

[27] "节制与其说是一种道德品行，毋宁说是对恶的摆脱，那些恶来自人的自然禀赋（共同体不会受到它们的损害，受到损害的是它们自身）。"（《论人》，ⅩⅢ, 9）这一步距离"个别的恶，恰是公共的善"（private vices, public benefits）就已经很近了。

于法国革命的精神的分析；因为柏克论战时言大而夸的论点，对于揭开"新道德"自身那些有意或无意的伪装，在过去和现在都必不可少："巴黎的哲学家们……将那一班节制欲望的德性或者毁灭殆尽，或者使得它们令人厌憎，为人鄙薄……他们以一种他们称之为人道或仁慈的新德性取而代之。"[28] 此种替代乃是我们所谓的"政治享乐主义"的核心之所在。

要想更确切地厘定政治享乐主义的含义，我们必须将霍布斯的论旨与伊壁鸠鲁不带政治意义的享乐主义进行对比。霍布斯所能够同意的伊壁鸠鲁的观点是：基本上，善等同于快乐；因而，德性并不因其自身、而只是因其有助于达成快乐或避免痛苦才是可取的；对于名望和荣耀的向往纯属无益，也就是说，感官的快乐本身比之名望或荣耀更加可取。为使得政治享乐主义能够成立，霍布斯在两个关键问题上是反对伊壁鸠鲁的。首先，他拒斥了伊壁鸠鲁对于严格意义上的自然状态（人们在进入政治状态之前的享有自然权利的生活状态）的隐然否定；因为霍布斯在认为公民社会的权利要求成立与否取决于自然权利的存在这一观点上，是赞同理想主义传统的。此外，霍布斯不能够接受伊壁鸠鲁对必需的自然欲望和并非必需的自然欲望之间的区分；因为那种区分就意味着，幸福要求人们过一种"苦行禁欲"的生活，或者说幸福就在于一种平静的状态。伊壁鸠鲁对于自我节制的高度要求，就绝大多数人而论，注定了是乌托邦；它们因此要被一种"现实主义"的政治学说所抛弃。对于政治的"现实主义"的研究路数，使得霍布斯除了那些为和平所必需的限制之外，将所有对于追逐不必需的感官快乐，或者更准确地说是对 commoda hujus vitae [世俗生活的诱惑] 的限制，或

---

[28] 1791年6月1日致李瓦罗尔（Rivarol）的信。

者对追逐权力的限制统统解除了。诚如伊壁鸠鲁所说,"自然[只]使得必需之物容易得到",要想从对于舒适的欲望中解放出来,就得让科学服务于满足那一欲望。尤其是,要把公民社会的功能彻底重新加以确定:"善的生活"——人们是为此而进入公民社会的——不再是人类优异性的生活,而是作为艰苦劳作报偿的"便利的生活"。而且统治者的神圣职责不再是"使公民们为善或成为高尚事务的从事者",而是要"研究,就法律所及范围内,为公民们丰裕地提供能使人们愉悦的……一切美好的事物"。[29]

就我们的论旨而言,没有必要追踪霍布斯从人人具有的自然权利或自然状态到建立公民社会的思想历程。他这一部分的学说不过是他恪守自己前提所得到的结果。其顶峰乃是主权学说——他往往被认为是这一学说的代表人物。主权学说是一种法学理论,其要旨并不是说,把足够的权力赋予统治权威乃是合宜的,而是说,那足够的权力乃是作为权利而属于统治权威的。主权权利之被赋予最高权力,不是基于实在法或一般习俗,而是基于自然法。主权理论表达了自然公法。[30]自然公法——*jus publicum universale seu naturale*

---

[29]《论公民》,Ⅰ,2,5,7;ⅩⅢ,4-6;《利维坦》,第xi章(63-64)和第xiii章末尾;《论物体》,Ⅰ,6。
[30]《利维坦》,第xxx章,拉丁文版第3和4段;《论公民》,Ⅸ,3;Ⅹ,2开始部分,以及5;Ⅺ,4结尾;Ⅻ,8结尾;又见马勒伯朗士《道德论》,约里编,第214页。在通常意义上的自然法与自然公法之间存在着这种差别:自然公法及其主题(国家)是以一个根本性的虚构为基础的,那个虚构就是,主权者的意志就是所有人和每个人的意志,或者说主权者就代表了所有人和每个人(《论公民》,Ⅴ,6,9,11;Ⅶ,14)。主权者的意志必须被视作所有人和每个人的意志,而实际上,在主权者的意志与个人意志(唯一自然的意志)之间存在着本质的分别;服从于主权者,正意味着去做主权者所意愿的而非我所意愿的事。即使出于习惯,我的理性告诫我要以主权者之意志为意志,这种理性的意志也不必然等同于我的全部意志,我的实实在在的或明明白白的意志(参见《法律原理》,Ⅱ,9,sec.1中所提到的"隐而不显的意志";又见《论公民》,Ⅻ,2)。从霍布斯的前提出发,"代表"不是一种权宜之计,而是一种根本的必然。

[万民公法或自然公法]——是在17世纪出现的一门新学科。它的出现乃是我们所试图理解的那一急剧转向的结果。自然公法代表了政治哲学两种典型的现代形式中的一种,另一种形式就是马基雅维里的"国家理由"(reason of state)意义上的"政治学"。这两种形式都根本上有别于古典政治哲学。尽管它们彼此之间相互反对,但它们却都是由根本相同的精神所驱动着的。[31] 它们起源于对一种正当的或健全的社会秩序的关切,此种秩序的实现如果说并非确定无疑的话,也是有可能的,或者说并不是要委之于偶然的。与此相应,它们有意降低了政治的目标;它们不再关注于要对最高的政治可能性了然于心,以使得所有现实的政治秩序都可以借此得到可靠的评判。"国家理由"学派以"有效政府"取代了"最佳制度"。"自然公法"学派以"合法政府"取代了"最佳制度"。

古典政治哲学已经认识到了最佳制度与合法制度之间的区别。因此,它断言说有着各种不同类型的合法制度;那也就是说,在给定环境下何种制度为合法,要取决于那种环境。另一方面,自然公法关心的是那种在一切环境下都有可能实现的正当的社会秩序。因此,它试图描画出那种无论环境如何,在所有情形下都可称为合法或正义的社会秩序。我们可以说,自然公法以关于正义的社会秩序的观念取代了关于最佳制度的观念。后者没有回答,也没有打算回答此时此地何为正当秩序这一问题;前者则一劳永逸地,也就是

---

[31] 参见斯达尔(Fr. J. Stahl)《法哲学史》(第2版),第325页:"现代的一大特征在于:国家学说(自然法)和国家艺术(主要是政治)成了两种完全不同的科学。这种区分是精神的产物,这种精神在当时主宰着科学。人们到理性中去寻找习俗,而理性对天赋和自然结果没有任何控制能力。外在自然所要求和强迫的一切,根本就不合乎理性,甚至与理性为敌,因此,国家伦理学也不可能关心这方面的内容。"参见格劳秀斯《战争与和平法》,导论,第57节。

说置地点和时间于不顾,回答了这一基本的实际问题。[32] 自然公法想要对政治问题给出这样一种普遍有效的解决办法,使之在实践中能够普遍应用。换言之,在古典派看来,政治理论随时随地需要政治家的实践智慧的补充,而新型的政治理论本身就解决了关键的实际问题:此时此地何为公正秩序的问题。于是,在要紧的方面,不再有必要把政治家资格(statesmanship)和政治理论区别开来了。我们可以将这种思想称为"教条主义"*,并且我们可以说,教条主义首次出现在政治哲学内部——因为律师们也自成一个阶层了——是17世纪的事情。那时候,古典政治哲学的明达灵活让位给了偏执的僵硬不化。政治哲学家与党派越来越难解难分。19世纪的历史思想企图为政治家恢复其崇高地位——自然公法曾对之严加限制。然而由于那种历史思想完全听命于现代"现实主义",它只是在其进程中破坏了政治的一切道德原则的同时,才成功地破坏了自然公法。

专就霍布斯关于主权的学说而论,它那空谈理论的特性要从它所蕴含的否定中才表现得最清楚不过。它蕴含了对于区分好的和坏的制度(君主制和暴政、贵族制与寡头制、民主政治和暴民政治)的可能性的否定,以及对于混合制度和"法治"的可能性的否定。[33] 由于这些否定与人们看到的事实不相吻合,其主权学说实际

---

[32] 参见《论公民》,序言,临近结尾处,关于两个问题的全然不同的地位:一方面是政府的最佳形式的问题,另一方面是主权者的权利的问题。

* 此处所译"教条主义"原文为doctrinairism,指撇开实际、只谈理论,与dogmatism(通常也译为"教条主义")主要指拘泥不化、死守教条略有语义上的差别。——译注

[33] 《论公民》,Ⅶ,2-4;Ⅻ,4-5;《利维坦》,第xxix章(216)。见《论公民》,Ⅻ,1和3中所提到的合法君主和不合法的统治者。《论公民》,Ⅵ,13结尾和Ⅶ,14表明,霍布斯所理解的自然法为客观地区分君主制和暴政提供了基础。又见同上书,Ⅻ,7和ⅩⅢ,10。

上就不是否定存在着前面所提到的可能性,而是否定那些可能性的合法性:霍布斯的主权学说给拥有主权的君主或人民赋予了不受限制的权利,令他们随心所欲地置一切法律的或宪法的限制于不顾[34],它甚至于给明达的人设置了一项自然法的禁令,让他们不能审查主权者和他的所作所为。但是,我们也应该看到,主权学说的根本缺陷,乃是所有其他形式的自然公法理论在不同程度上所共同具有的。我们只需提醒自己注意到这一学说的实际内蕴,那就是唯一合法的制度乃是民主制。

古典派们更多地不是从体制的角度,而是从共同体或者其掌握权威的部分所实际追求的目标来考察制度(politeiai[政治])的。相应地,他们认为最佳制度乃是以美德为目标的制度,他们还认为,正确的体制对于建立和确保有德者的统治而言是必不可少的,但是它与"教养"亦即品格的养成相比,只有第二位的重要性。另一方面,从自然公法的角度看,要建立起正当的社会秩序,更要紧的不是品格的养成,而是设计出正当的体制。正如康德在否定正当社会秩序的建立必须有待于一个由天使组成的民族而后方可时*所说的:"听起来也许有些令人难以置信,然而,建立起一个国家[公正的社会秩序]的问题即使对于一个由恶魔组成的民族来说,也是可以解决的,只要他们足够明智",也就是说,只要他

---

[34] 关于霍布斯的学说与人类实践之间的分歧,见《利维坦》,第xx章结尾和第xxxi章结尾。有关霍布斯主权学说的革命性后果,见《论公民》,Ⅶ,16和17,以及《利维坦》,第xix章(122)和第xxix章(210):不存在任何由时效性而来的权利(right of prescription);主权者乃是当前的主权者(见《利维坦》,第xxvi章[175])。

* 康德此处所否认的乃是卢梭在《社会契约论》中的论点。参见该书第三卷第四章:"如果有一种神明的人民,他们便可以用民主制来治理。但那样一种十全十美的政府是不适于人类的。"(商务印书馆,1990年,第90页)——译注

们能为开明的自利所引导。根本的政治问题纯粹就是一个"人的确有能力达到的良好的国家组织"的问题。用霍布斯的话来说："当[国家]不是出于外来的暴力,而是因为内部的混乱而要分崩离析时,罪过不在于作为质料的人,而在于作为他们的创造者和支配者的人。"[35]作为公民社会创造者的人,可以一劳永逸地解决作为公民社会质料的人所固有的问题。人们能够确保正当社会秩序的实现,因为他们能够通过理解和操纵激情的运作方式而战胜人性。

有一个词以最凝练的方式表达了霍布斯引发的变化所带来的结果。这个词就是"权力"(power)。正是在霍布斯的政治学说中,权力第一次 eo nomine[以其名义]成了主旋律。考虑到在霍布斯看来科学本身也是为着权力而存在的这一事实,人们可以把霍布斯的全部哲学称作第一部权力哲学。"权力"是一个含混的词,它一方面代表着 potentia[力量],另一方面又代表着 potestas[权力](或者是 jus[法律]或 dominium[财产])。[36]它既意味着"身体"的力量,又意味着"法定"的权力。这种模棱两可具有根本意义:只有在 potentia[力量]和 potestas[权力]彼此之间根本相属时,正当社会秩序的实现才有了保障。国家本身既是最伟大的人类力量,又是最高的人类权威。法定的权力乃是不可抵抗的力量。[37]最伟大的人类力量和最高的人类权威的必然重合,与最强烈的情感(对

---

[35]《利维坦》,第 xxix 章(210);康德《永久和平论》,各明确条款,第一条附录。

[36] 参见,比如《利维坦》英文版和拉丁文版第 x 章的题目,以及《法律原理》Ⅱ,3和4及《论公民》Ⅷ和Ⅸ的题目。把 potentia 和 potestas 当同义词使用的例子,见《论公民》,Ⅸ,8。对于《利维坦》书名与《论公民》前言(论方法一节的开始)的比较表明,"权力"就等于"萌生"(generation)。参见《论物体》,Ⅹ,1: potentia 与 causa[原因]相同。与布拉姆霍尔主教(Bishop Bramhall)相反,霍布斯坚持认为"权力"就等于"潜能"(potentiality)(《英文著作集》,Ⅳ,298)。

[37]《论公民》,XIV,1和XVI,15;《利维坦》,第 x 章(56)。

死于暴力的恐惧）和最神圣的权利（自我保全的权利）的必然重合恰相对应。Potentia［力量］和 potestas［权力］有一个共同点，那就是它们都只有与 actus［活动］相对照、相联系才能够得到理解：一个人的 potentia［力量］是他所能够（can）做的事情，而一个人的 potestas［权力］，或者更一般性地说，一个人的权利，是他所可以（may）做的事情。对于"权力"的关注占了上风，那不过是对于 actus［活动］的相对淡漠的反面而已，而这就意味着，对于人的"身体的"和"法定的"权力所从事或应该从事的目的的相对冷淡。这种淡漠可以直接追溯到霍布斯对于一种精确的或科学的政治学说的关切上。"身体的"权利的合理使用以及权利的合理施行有赖于 prudentia［审慎］，而处于审慎界域内的一切，都不会有精确性。精确性有两种：数学上的精确性和法律上的精确性。从数学上的精确性的角度来看，对 potentia［力量］的研究替代了对于 actus［活动］以及从而对于目的的研究。"身体的"权力有别于要应用它来达成的目的，它在道德上是中立的，并且因此比其应用更服从于数学上的严格性：权力是可以测算的。这就说明了为什么尼采远远超出了霍布斯，声称权力意志乃是实在之本质，以"权力的量"来思考权力。从法律上的精确性的角度来看，对 potestas［权力］的研究代替了对于目的的研究。主权者的权利有别于这些权利的施行，对于它们可以有一个精确的界定，而无须考虑任何不可预见的情形，而且这种精确性与道德中立又是不可分的：权利说的是被许可之事，不同于带来荣誉之事。[38]权力——不同于用它或者应该用它来

---

[38]《论公民》，Ⅹ，16，和Ⅵ，13，注释末尾。参见《利维坦》，第 xxi 章（143），对于被许可之事与带来荣誉之事的区分（见萨尔马修斯［Salmasius］《保卫朝廷》[1649年]，第40—45页）。参见《利维坦》，第 xi 章（64）和托马斯·阿奎那《反异教徒大全》iii. 31。

196 达到的目的——成了政治思想的主旋律，这是由于有了那种为保障正当社会秩序的实现所必需的对于视野的限制。

霍布斯的政治理论是旨在具有普遍适用性的，因此，它也适用于、而且特别适用于极端的情形。这的确可以说是古典主权理论所爱自我炫耀的：它对于极端情形、对于紧急状况下应有何种作为给予了恰当的考虑，而质疑这一学说的那些人却被指责为其眼光从未越出常态的范围。于是，霍布斯在考察极端情形的基础上建立起了他的全部道德和政治学说；他的自然状态理论所依据的经验就是内战*时期的经历。正是在极端状况下，当社会结构完全被摧垮时，一切社会秩序最终所必须依托的稳定根基就呈现在人们眼前了，那就是对于死于暴力的恐惧这一人类生活中最强大的力量。霍布斯也被迫退一步，承认对于死于暴力的恐惧只是"在通常情形下"或在大多数情况下才是最强大的力量。这样，旨在使得一种具有普遍适用性的政治理论成为可能的原则，就并非普遍有效，因而在霍布斯所认为是最重要的情形亦即极端情形下，就是毫无用处的了。因为，人们如何能够排除例外的情况出现在极端情形下的可能性呢？〔39〕

197 更具体地说，有两种政治上很重要的现象，可以特别清楚地表明霍布斯对于死于暴力的恐惧乃是压倒一切的力量这一论点的局限

---

* 指17世纪英国革命中，自1642年开始的王军与议会军队之间的战争。——译注

〔39〕《利维坦》，第xiii章（83）和第xv章（92）。人们也可以这样来表达此种困难：霍布斯出于那种基于怀疑论的独断论，把怀疑论者卡尼亚德所明确认作是对于基于正义而提出的要求的最终反驳，看成了对于这些要求的唯一可能的辩护：极端状况——两个遭逢海难的人挤在只能让一个人得救的一根木条上——表明的不是正义之为不可能，而是正义的基础何在。何况，卡尼亚德也没有争辩说，在此种情况下一个人被迫得把他的对手杀掉（西塞罗《国家篇》iii.29–30）；极端情况并没有展示出一种真正的势在必行。

性。首先，如果唯一不受制约的道德事实就是个人自我保全的权利的话，那么，公民社会就很难要求个人在参加战争和被处极刑时舍弃那一权利。在死刑的问题上，霍布斯够前后一贯的，他认为，一个人在被公正而合法地处以死刑时，他并没有丧失通过抵御"那些伤害他的人"来保卫他的生命的权利：一个被公正判决的杀人犯保留着——不，他是获得了——杀死阻碍他逃生的看守或者别的任何人以挽救性命的权利。[40]然而，既已认可了这一点，霍布斯实际上就承认了，在政府的权利和个人自我保全的自然权利之间存在着无法解决的冲突。这一冲突是由贝卡里亚*以霍布斯的精神实质（如果在字面上是相反的话）来加以解决的，贝卡里亚从自我保全的权利的绝对优先性中推论出来了废止死刑的必然性。关于战争，霍布斯——他自豪地声称当内战爆发时他是"所有人中第一个逃出来的"——也足够连贯一致地认为"要容许人们天生的胆小畏怯"。而且当他想要再清楚不过地表明他在何种程度上反对罗马那种尚武精神时，他接着说："两军交战时，一方或双方都会有逃跑之事发生：然而如果他们逃跑不是出于叛逆而是出于恐惧的话，那他们的所作所为就并非不义，而是不光彩。"[41]可是，在认可了这一点之后，他就破坏了国家防御的道德基础。既要保持霍布斯政治哲学的精神，又要解决这一难局，唯一的办法就是宣布战争为非法或者建立一个世界国度。

对霍布斯的根本预设只有一个根本性的反对意见，对此他有

---

[40]《利维坦》，第xxi章（142-143）；参见《论公民》，Ⅷ，9。

* 贝卡里亚（Beccaria, 1738—1794），意大利著名法学家。——译注

[41]《利维坦》，第xxi章（143）；《英文著作集》，Ⅳ，414。参见《利维坦》，第xxx章（227）和《论公民》，ⅩⅢ，14，以及洛克论征服的一章［即洛克《政府论》，下篇，第16章"论征服"。——译注］。

着敏锐的感受并且想要全力克服。在许多情形下都已证实,对于死于暴力的恐惧比之对于地狱之火或上帝的恐惧而言,其力量更加微弱。《利维坦》中分开得很远的两段话很清楚地说明了这一难点。在第一段话中,霍布斯说,对于人的权力的恐惧(对于死于暴力的恐惧),"通常"比之对于"不可见的神灵"的力量的恐惧(宗教)来得更剧烈。在第二段话中他说,"对于幽暗和鬼神的恐惧比之别种恐惧更加强烈"。[42]霍布斯找到了解决这一冲突的办法:只要人们还信仰不可见的力量,也即只要他们还受到对于实在的真实性质的幻觉的支配,对于不可见的力量的恐惧就比对于死于暴力的恐惧更加强烈;一旦人们得到启蒙,对于死于暴力的恐惧就会充分发展起来。这就意味着,霍布斯所提出来的全盘体系要想行之有效,就得削弱或者毋宁说是要消除对于不可见力量的恐惧。这就有待于一种取向上的彻底转变,此种转变只有由世界的祛魅、科学知识的传布或者是大众的启蒙才能带来。霍布斯的学说是第一个必然无误地以一个完全"启蒙"的,亦即非宗教的或无神论的社会,来作为社会或政治问题的解决之道的学说。霍布斯学说中这一最为重要的含义在他死后没有多少年,就由皮埃尔·培尔*明确指出,培尔力图证明一个无神论的社会乃是可能的。[43]

---

[42] 《利维坦》,第xiv章(92)和第xxix章(215);参见同上书,第xxxviii章开篇;《论公民》,Ⅵ,11;Ⅻ,2,5;ⅩⅦ,25和27。
* 培尔(Pierre Bayle,1647—1706),法国思想家,启蒙运动的先驱人物。以反宗教为其主要思想特色。——译注
[43] 将培尔的著名论点与霍布斯的而不是福斯特·索西努斯(Faustus Socinus)的学说联系起来的一个很好的理由,由比如说是培尔的如下论述提供了(《历史批判辞典》,"霍布斯"词条,注D):"霍布斯因为此书[《论公民》]而结下了许多仇敌;但是他更加敏锐地认识到,人们从未如此深入地理解政治的基础。"在这里我不能证明霍布斯是一个无神论者,即使是依据他自己的无神论观点。我必须将自己仅限于提请读者比较《论公民》,ⅩⅤ,14和《英文著作集》,Ⅳ,349。当今就此问题进行著述的许多学者,似乎对于(转下页)

于是，只有通过大众启蒙的前景，霍布斯的学说才获得了它所具有的那种融贯性。他指望启蒙所能达到的效能实在超乎寻常。他说，野心和贪婪的力量来自庸人们所持的有关正确与错误的错误意见；因此，一旦人们所了解的正义原则像数学知识一样地确定，野心和贪婪就会丧失力量，人类将享有永久的和平。很显然，如果庸人们不知晓数学知识的结果的话，有关正义原则的有类于数学的知识（也即有关自然权利的新学说和建立于其上的新的自然公法）就不能廓清他们的错误见解。柏拉图说过，倘若哲学家不能成为国王，哲学与政治权力不能合一的话，邪恶就不会从城邦中消失。他这种对于拯救人性的期待，是要合乎情理地指望于某种哲学所无法控制，人们只能够期望和祈盼的合一。另一方面，霍布斯确信，哲学只要成为普及化了的哲学并且从而成其为公众见解，它自身就能带来哲学与政治权力的合一。在系统化的启蒙中所阐发出来的系统哲学将会战胜偶然性：*Paulatim eruditur vulgus*［人民是被逐步教化的］。[44]发明了正确的制度，启蒙了公民大众，哲学就能够确保社会

（接上页）公认的观点缺乏足够的审慎和变通的观念，那在以前的时代里是为那些想要在和平环境下生存或死亡的"偏离正统者"（deviationists）所需要的。那些学者心照不宣地假定，霍布斯著述中讨论宗教主题的若干页，如果以人们应该用来阅读比如说是伯特兰·罗素爵士的相应论述的方式来阅读的话，是可以为人理解的。换句话说，我很熟悉这样的事实：霍布斯的著述中有无数段落被霍布斯用来证明、也可以被别的任何人用来证明，霍布斯是一个有神论者，甚至于是一个好的圣公会教徒。风行的程式只会使人们犯历史问题上的错误（如果说是严重的历史问题上的错误的话），但是那是出于这一事实：其结果被人们用来支持认为个人的心灵无法从主流社会意见中解放出来的教条。霍布斯关于公众崇拜问题的最终见解，是国家可以建立公众崇拜。倘若国家未能建立起公众崇拜，亦即它容许"多种崇拜"的话（这是完全可能的），"那就不能说……国家是属于某种宗教"（参见《利维坦》，第xxxi章［240］和拉丁文本［p.m.171］）。

[44]《论公民》，献辞；参见《论物体》，Ⅰ，7；内战的原因乃是对于战争与和平的原因的无知；因此救治之方乃是道德哲学。于是霍布斯偏离了亚里士多德（《政治学》1302ᵃ35以下），主要是到虚假的学说中来寻找理由（转下页）

问题的解决,而如果指望道德训诫的话,社会问题是无从被人们稳妥解决的。

霍布斯反对古典派的"乌托邦主义",他所关心的是可能实现的、甚至确定无疑能够实现的社会秩序。实现此种社会秩序的确定性或许来自这一事实:健全的社会秩序是基于最强烈的激情之上的,并且从而是基于人们身上最强大的力量之上的。然而,如果对于死于暴力的恐惧真是人们身上最强大的力量,人们就应该指望,他们所意欲的社会秩序就是一直存在着的,或者几乎是一直存在着,因为它是由自然的必然性、由自然秩序所创造的。霍布斯通过假设处于愚昧之中的人干扰了自然秩序,从而克服了这个困难。正当的社会秩序并不由于自然的必然性就会正常到来,因为人们对于那一秩序是无知的。"看不见的手"倘若得不到《利维坦》或者(如果你愿意的话)《国富论》*的支持,只能是软弱无力的。

在霍布斯的理论哲学和他的实践哲学之间,有着显著的相似性,也有着甚至更加显著的歧异性。在他的哲学的这两个部分中,他都教导说,理性是无能的,又是无所不能的,或者说理性正因其无能而无所不能。理性之为无能,是因为理性或人道没有来自宇

(接上页)(《论公民》,XII)。对于大众启蒙的前景的信念——《论人》,XIV,13;《利维坦》,第xviii章(119),第xxx章(221,224—225)及第xxxi章末尾——基于这样的观点:人类在智力禀赋上的自然不平等是微不足道的(《利维坦》,第xiii章[80]和第xv章[100];《论公民》,Ⅲ,13)。霍布斯对于启蒙所怀的期待,似乎与他对于激情,尤其是骄傲或野心的力量的信念是相矛盾的。这种矛盾之得到解决是由于如下的考虑:威胁着公民社会的野心乃是少数人的特性,是"一个王国中富裕而有力的臣民或者说那些被认为是最有学识的人"的特性;倘若那些出于必然性而"专注于他们的营生和劳作"的"常人"得到恰当的教化的话,少数人的野心和贪婪就会无能为力。又参见《英文著作集》,Ⅳ,443—444。

* 即亚当·斯密的著作《国民财富性质和原因之研究》,严复译名为《原富》。——译注

的支持：宇宙不可理喻，而自然又将人"分裂"。然而宇宙不可理喻这一事实本身，就使得理性能够满足于它的自由创造，通过它的创造建立起一个阿基米德支点，并且预见到它征服自然的不可限量的进步。理性针对激情而言是无能为力的，但是如果它能与最强烈的激情合作，或者如果它自己能够效力于最强烈的激情，它就会无所不能。霍布斯的理性主义最终基于这一信条：感谢自然的仁慈，最强烈的激情乃是唯一能够成为"庞大而持久的社会的源泉"的激情，或者说最强烈的激情乃是最合乎理性的激情。就人事而论，那一根基并非某种自由的创造，而是人身上最强大的自然力量。就人事而论，我们不仅理解我们所创造之物，而且理解创造了我们的创造及创造物之物。关于自然的哲学或科学根本上还是假说性质的，与此同时，政治哲学却是基于有关人性的并非假说性质的知识的。[45] 只要霍布斯的研究路数还能盛行，"有关人事的哲学"就会是自然的最后避难所。因为在某些时候，自然还能被人倾听。现代那种认为人类能够"改变世界"或"阻挡自然"的看法并非没有合理性。人们甚至满可以远远超出于此，声称人可以用一把干草叉子来驱逐自然。只有当人们忘记了哲学诗人所补充说的 *tamen usque recurret* ［然而，（自然）又随处返回］时*，他们才不再是有合理性的了。

B. 洛克

乍看起来，洛克似乎全盘拒绝了霍布斯的自然法观念，而追随着传统的教条。他理所当然地谈论自然权利，仿佛它们是由自然

---

［45］ 参见前面注9。

* 哲学诗人是指贺拉斯，引语出自贺拉斯《书信集》，I，X，第24行。——译注

法派生出来的,而且相应地,他谈论自然法,就仿佛那是严格意义上的法律一样。自然法给人之为人强加了不折不扣的义务,无论他是生活在自然状态还是公民社会。"自然法对于所有人来说都是一项永恒的准则",因为它"对于所有有理性的生物来说都是清楚明白的"。它等同于"理性法"。它"可以为自然之光所知晓,也就是说,无须借助于明确的启示"。洛克认为,要将自然法或道德法则提升到证明的科学(demonstrative science)之列是完全可能的。那种科学"由不证自明的前提出发,通过必然的结论……"得出"衡量正误的尺度"。人类因此就能够"从理性的原则入手"提炼出"一套伦理学,它被证明是自然法,并且教导人们一切生活中所应承担的义务",或者是"一套完整的'自然法'"或"全部的德性",或者是一套给予我们"全部"自然法的"法典"。那套法典在其他东西之外,还应包含自然的刑法。〔46〕然而洛克却从未做出任何郑重其事的努力来提炼出那套法典来。他之所以未能从事这项伟大的事业,是出于神学所提出的问题。〔47〕

自然法乃是上帝意志的宣告。它是人心中的"上帝之声"。它因此可以称作"上帝法"或"神法",或者甚至是"永恒法";它是"至高无上的法"。它之为上帝法,不能只停留在事实上。它要成为法,就必须得让人们知道它是上帝法。没有这样的知识,人们就无法行动得有道德。因为"德性的真正基础……只能够是上帝的意志和法"。自然法之所以能够被证明,那是因为上帝的存在和秉

---

〔46〕《政府论》,上篇,secs. 86, 101;下篇,secs. 6, 12, 30, 96, 118, 124, 135。《人类理解论》,Ⅰ, 3, sec. 13,以及Ⅳ, 3, sec. 8。《基督教的合理性》(《约翰·洛克九卷本著作集》,Ⅵ〔伦敦,1824年〕,140-142)。

〔47〕参见笛卡尔所说的"造物主不情愿写一部伦理学"(《文集》,亚当-丹纳利编,Ⅴ, 178)。

性能够被证明。这种神法的传布，不仅是在理性之内或者通过理性，而且也是通过启示。实际上，它最初是通过启示而完全地为人所知，但是理性证实了被如此这般启示了的神法。这并不意味着上帝就不会向人们启示某些纯然的实在法：洛克保留了在约束着人之为人的理性法，与约束着基督徒的福音书中所启示的法之间所存在着的区别。[48]

人们会怀疑，洛克关于自然法与启示法之间关系的说法就没有什么困难吗？无论如何，他的论点面临着一个更具根本性的、更加明显的困难，一个看起来危及到了自然法概念本身的困难。他一方面说，要成其为法，自然法就一定得不仅是由上帝赐予的，而且还得让人们知道那是上帝赐予的，然而它又必须附加上神"在来生的无比重大和漫长的报偿与惩罚"来作为裁可。另一方面，他又说，理性不能证明来生的存在。只有通过启示我们才能知道对于自然法的裁可，或者说是"道德品行的唯一真正柱石"。因而，自然理性是不能够了解作为法的自然法的。[49]这就意味着并不存在严格意

---

[48]《政府论》，上篇，secs. 39，56，59，63，86，88，89，111，124，126，128，166；下篇，secs. 1，4，6，25，52，135，136注，142，195；《人类理解论》，Ⅰ，3，secs. 6和13；Ⅱ，28，sec. 8；Ⅳ，3，sec. 18，和10，sec. 7；《基督教的合理性》，13，115，140，144（"至高无上的法，自然法"），145；《再论基督教的合理性》（《文集》，Ⅵ，229）："作为人，我们有上帝做我们的君王，服从于理性法；作为基督徒，我们有基督救世主做我们的君王，服从于福音书中他所启示给我们的法。并且尽管每个基督徒，无论是自然神论者还是基督徒，都有义务既研究自然法又研究启示法……"参见下面注51。

[49]《人类理解论》，Ⅰ，3，secs. 5，6，13；Ⅱ，28，sec. 8；Ⅳ，3，sec. 29；《基督教的合理性》，第144页："但是在哪里它们的约束力［作为判断正误的公正尺度的约束力］才能完全被知晓和认可，它们才能被作为某种法、至高无上的法和自然法的准则为人所接受？没有对于立法者的清楚了解和承认，没有对于那些服从或者不服从于他的人的巨大报偿与惩罚，那就是不可能的。"同上，第150—151页："天堂和地狱的观念会使得人们看到当下状态的短暂快乐，给予人们追求德性的吸引力和勇气，那是理性和利益以及对于我们自身的关切所只能认可和选取的。德性在此基础上、而且唯有在此基础上（转下页）

上的自然法。

"上帝的真实不妄就是对于他所启示的真理的证明"这个事实,很显然地克服了这一困难。[50]这就是说,自然理性实际上无法证明人们的灵魂将会永生。然而自然理性能够证明,《新约》乃是不折不扣的启示录。而且既然《新约》教导说人们的灵魂将会永生,自然理性就能够证明德性的真正基础,并从而建立起作为真正的法的自然法的尊严。

通过证明《新约》是一部启示录,人们就证明了耶稣所传布的法乃是恰当意义上的法。这种神法是与理性全然吻合的;它是自然法的绝对完备的和完美的表达。人们就此看到,孤立无助的理性本来是无法发现完整的自然法的,然而学习了启示的理性就可以认识到,《新约》中所启示的法的全然合理性。对于《新约》中的教诲与所有其他道德教诲的比较表明,完整的自然法可以在《新约》中、而且只能在《新约》中获得。完整的自然法只能在《新约》中获得,而且它在那里可以以完美无瑕的清晰性和明白性获得。[51]

(接上页)才能牢固树立,并且能够战胜一切对手。"《再答渥塞斯特主教》(《文集》,Ⅲ,489;还可参见474和480);"真理的精神所发布的那一真理牢不可破:尽管自然之光对于将来的状态能够给予某些暗淡的光亮和摇移不定的希望,然而人类理性不可能对它达到什么清晰确定的认识,但是,只有耶稣基督才能'通过福音让人们看清生命和不朽'……这一由《圣经》给我们确认的启示……唯有启示才能建立和确定。"(作者注:楷体系着重,非原文所有。)

[50]《再答渥塞斯特主教》,第476页,参见同上第281页:"我认为在我知道是对于上帝的证明之处,……对于上帝的证明是有可能确信不疑的;因为在此种情形下,那个证明不仅能够使我信仰,而且倘若我们认为它是正确的话,还能使我知道事实就是如此;因此我就可以确信不疑了。因为上帝的真实不妄正如其他的证明方式一样,能够使我知道某个前提之为真,并且因此我在此种情形下就不再仅仅是信仰,而是知道此种前提是真实的,并且达到确定性。"又见《人类理解论》,Ⅳ,16,sec.14。

[51]《基督教的合理性》,第139页:"迄今为止人们在那个方面所取得的些微成绩表明,孤立无助的理性要在其真正基础上以清晰有力的方式确立起完整的德性,那实在是一项过于艰巨的任务。"同上,第142—143页:"的确(转下页)

如果完整的自然法，并且从而是其中的任何部分的"最确定、最稳妥和最有效的教导方式"，是由"充满灵感的书籍"所提供的，那么，特别是有关政府的完全而绝对清晰的自然法的教导，就应该是由《圣经》，尤其是《新约》中的引语精心排列而成。相应地，人们就会期待洛克写上一本"Politique tirée des porpres paroles de l'Ecriture Sainete"［《圣经》话语中的政治学］。然而，事实上他写的是两篇《政府论》。他的所作所为与他的言论适成鲜明对比。他自己"总是认为人们的行动乃是他们思想的最好的解释"。[52] 倘若我们把这条规则应用于或许是他最重大的行动中，我们就被迫去猜想，他在迈向一种有关政府的严格依照圣书的自然法学说时，碰到了某些隐藏的障碍。他本可以意识到那些障碍的，它们或者是妨碍了对于《圣经》的启示性质的证明，或者是妨碍了将《新约》的法与自然法相等同，或者是对两者都产生了妨碍。

洛克本不应在这些困难面前止步不前的。他是一个谨慎的作者。他作为一个谨慎的作者的名声广为人知这一事实，表明他的谨慎是超出常人的，因此也许并不是人们通常所理解的谨慎了。无论

（接上页）存在着一种自然法；但是，是谁确曾把它作为法全盘给予了我们；比之其中所蕴含的，不多也不少，并且具有了那种法的约束力？是谁创造了法的各个部分，将它们结合到一起，向世人展现它们的约束力？哪里有着这样的法典，那是在我们的救世主之前，人们所本该求救于它，作为他们准确无误的准则的？……这样的道德法耶稣基督已在《新约》中……启示给了我们。我们从他那里得到了指引我们方向的完备而充分的法则，那是与理性的法则相吻合的。"同上，第147页："这里需要的不是更多的东西，而是去阅读充满灵感的书籍，从中得到启迪：一切的道德责任都在那里清楚明白地呈现着，容易为人所理解。我向这里寻求，而不管这是不是最确定、最稳妥、最有效的教导方式。尤其是，如果我们再有这种进一步的考虑：它在适合于有理性的生物的最低下的能力之时，也就抵达了和满足了、而且启蒙了最高的能力。"（作者注：楷体系着重，非原文所有。）

[52]《人类理解论》，I，3，sec. 3。

如何,那些注意到了洛克的谨小慎微的学者,并不总是考虑到"谨慎"一词标示着一系列的现象,而洛克的谨慎的唯一地道的解释者乃是洛克本人。尤其是,当今的学者们并不去设想这样的可能性:从他们的观点出发完全可以视作是不合时宜的程式,也许在别的时代和别种类型的人看来,却是无可非议的。

谨慎乃是一种高尚的畏惧。"谨慎"乃是这样一种东西,它在运用于理论和运用于实际或政治时是有所不同的。一个理论家如果不是在任何情形下都澄清他所运用的各种论点的价值,或者如果他隐瞒了任何相关的事实,人们就不会说他是谨慎的。而一个在此种意义上谨慎的实干家,却会被人们指责为不够谨慎。或许会有某些至关重要的事实,倘若对之加以强调的话,就会点燃大众的激情,从而妨碍对那些事情本身的明智处置。一个谨慎的政治作家为了善良事业来对事情进行表述,会出之以一种有望创造出普遍的善良意志来追求善良事业的方式。一切可能会"揭开"社会中令人肃然起敬的那些用来"掩盖其分歧"的"面纱"的东西,他都要避免提到。谨慎的理论家蔑视那种对于成见的指望,而谨慎的实干家则会努力列出所有让人敬重的成见,以为善良的事业效劳。"逻辑学不允许折中,而政治的本质就在于折中。"那些为1689年的解决办法——洛克在他的两篇《政府论》中就是为之进行辩护的——负责的人本着这种精神,"极少关心他们的大前提是否与他们的结论吻合,如果他们的大前提得到了两百票的话,他们的结论得到的超过了两百票"。[53] 洛克也本着同样的精神,在为革命成果进行辩护时,尽可能多地求助于胡克尔的权威——那可是前人中最不具革命色彩的人之一。他充分利用了他对于胡克尔的部分同意。他又避

---

〔53〕 麦考莱《英国史》(纽约:阿里森,无日期),Ⅱ,491。

免了对于胡克尔的部分异议可能会带来的麻烦,靠的是实际上对这些异议缄默不言。既然写作就是行动,他在写作他最富理论性的著作《人类理解论》时,并没有采用全然不同的方法:"既然所有或者大多数相信某个上帝的人都没有费心,或者说也没有能力去审查和明白领会有关上帝存在的证明,我就不想再去表明这里所谈到的论证的软弱无力[《人类理解论》,Ⅳ,10, sec. 7];既然有些人可能会因之而强化对于上帝的信仰,这种信仰足以令他们内心中保留纯真的宗教和道德情感。"[54] 就像伏尔泰所喜欢称呼他的那样,洛克一直就是"明智的洛克"。

洛克在他《基督教的合理性》的某些段落中,最充分地解释了他对于谨慎的看法。在谈到古代哲学家时,他说:"人类中有理性和思想的部分……当他们追寻他的时候,他们发现了一个至高无上的、不可见的神;然而,如果说他们承认他并且崇拜他的话,那也不过是在他们内心之中而已。他们将这一真理密藏在自己心中,从来不敢将它在人民中间传布;在祭司——那些他们自己的教义和可以获利的发明的小心翼翼的看护者——中间更少传布。"苏格拉底确实"反对和嘲笑他们的多神论,以及对于神祇的错误见解;而我们看到了他们是如何报答他的。无论柏拉图和哲学家中最理智清明者是如何思考自然和某个神的存在的,他们在公开的表白和崇拜中,都愿意追随民众,忠于他们那由法律确立的宗教……"看来洛克并不认为古代哲学家们的所作所为应该受到谴责。但是那种所作所为可以被视作与《圣经》所要求的道德不相容。洛克并不这样看。在谈到耶稣的"谨慎"、"自制"或"掩藏自身"时,洛克说耶稣使用了"过于可疑而不能用来反对他的言辞"或者"模棱两可、

---

[54]《致渥塞斯特主教的信》(《文集》,Ⅲ,53-54)。

疑窦丛生，更不能用来反对他"的言辞，而且他还试图"使自己远离各种在罗马代理人看来是公正而严重的指控"。耶稣"使他的意思模糊不清"，"他的处境既是如此，没有这样的谨慎和自制，他就不能够完成他此来所要做的事情……他把他的意思包裹起来，使它不易为人把握"。倘若他采取的是别样的行动，犹太当局和罗马当局都会"取走他的性命；至少他们会……阻挠他要干的事情"。此外，假如他不是小心谨慎的话，他就会造成"显明昭彰的暴乱和骚动的危险"；人们有"理由害怕那［他对于真理的宣扬］会导致……公民社会和世间各国政府的动乱"。[55]我们看到，照洛克的看法，倘若不加限制的坦白会妨碍一个人所要努力完成的崇高的工作，或者会使他遭受迫害，或者会危及公共和平，那么谨慎的言语就是合乎情理的了；而且合情合理的谨慎就与以下各项是完全相容的了：在公开的表白方面紧随民众，使用含糊的语言，把自己的意思包裹起来使之不易为人所理解。

我们暂且假设洛克是一个彻头彻尾的理性主义者，也即他认为孤立无助的理性不仅是人"唯一的星辰和指南"[56]，而且也足以引领人们走向幸福，因此他就把启示视作是肤浅的并且因而是不可能的而加以拒斥。即使是在那种情况下，考虑到他写作时的环境，他的原则也没有容许他超出这一步：他争辩说，他之所以把《新约》中的教诲视为真理而加以接受，是因为它之得到启示是被证明了的，而且还因为它所传达的行为准则，是以最完美的方式表达了完整的理性法。不管怎样，要理解他为什么写了两篇《政府论》而不是"《圣经》话语中的政治学"，并不必然就得假定他自己对于前

---

［55］《基督教的合理性》，第35，42，54，57，58，59，64，135—136页。
［56］《政府论》，上篇，sec. 58。

面所提到的两种论点的真理性有什么疑虑。我们只需假定，对于他倾向于认为是牢固的证明在他所有的读者看来是否也是如此，他多少有些疑惧。因为，如果他有此种疑惧的话，他就得使他的政治学说，亦即他的关于统治者和臣民的权利与义务的自然法学说，尽可能地独立于《圣经》。

要知道洛克为什么不能确定他的所有读者是否都会认为《新约》的启示性质乃是明白无误的，我们只需看看他对关于耶稣神圣使命的证明是如何看待的。那个证明是由"他在各色人等面前所做出的众多神迹"提供的。洛克在这一点上是不声不响地追随着斯宾诺莎的，他认为，人们无法通过证明某一个特定现象是超自然的，就证明这一现象是神迹；因为，为了证明某个现象不能归之于自然的原因，人们就必须了解自然力量的限度，而这样的知识是不大能得到的。只要那个可说是验证了某个人的神圣使命的现象，比之可说是否证了他的现象表现出更大的力量就够了。人们是否能够就如此这般地建立起神迹与非神迹之间的明确区分，或者一个论证是否可以建立在洛克的神迹概念的基础之上，也许还是颇成疑问的。无论如何，为了打动那些并不是亲眼所见的人，神迹必须得到充分的验证。《旧约》中的神迹没有得到充分的验证，不能让异教徒们信服，但是，耶稣和使徒的神迹却得到了充分的验证，令所有人信服到了这样的程度——"［耶稣］所做出的神迹……从没有、也不会被基督教的任何敌人或反对者所否认"。[57] 这样一个极其大胆的断

---

[57]《论神迹》，《文集》，Ⅷ，260-264；《基督教的合理性》，第135和146页。同上，第137—138页；《旧约》的"启示被封闭在世界的一个小角落里……在我们的救世主的时代，在若干时代之前，除了从犹太人本身、一个不为人类更广大部分所知的民族那里，外邦人的世界不能够验证希伯来人据以建立起他们的信仰的神迹；被那些知道他们的民族所轻侮和低看……但是，我们的救世主……没有把他的神迹或消息限于迦南之地，或者是（转下页）

言出自霍布斯和斯宾诺莎一个最干练的同代人之口,尤为令人惊异。如果人们能够确定,他对于"那些受到公正的谴责"的作者并没有很好地阅读,也许就会发现洛克的说法并没有那么怪异。[58]然而,一个人是否必须先好好读读霍布斯和斯宾诺莎,才能够知晓他们否定了任何神迹的真实性或者至少是确定性?还有,洛克对于霍布斯和斯宾诺莎的著作不够熟悉,是否就严重地有损于他作为17世纪后期讨论这类主题的著作家的能力呢?事情远不是这样,倘若没有人否认《新约》中所报道的神迹的话,那所有的人就都会是基督徒了,因为"凡承认了神迹的,就不会拒绝教义"。[59]可是洛克知道,有不少人熟悉《新约》但并不信基督教:他在《基督教的合

(接上页)限于耶路撒冷的崇拜者们,而是自己在撒马利亚宣道,在泰尔和西顿的边界处,在从各处聚集而来的众人面前做出神迹。而且在他复活之后,伴随着神迹,在各民族间传送福音;那些神迹在所有地方如此频繁地,在如此众多的各色见证人面前,在光天化日之下做出。……基督教的敌人从不敢否认它们;甚至是尤利安本人也不敢:他可是不缺少能力和权力来探求真相的"。参见下面注59。〔尤利安(Julian,公元331—363),罗马皇帝君士坦丁之侄,后为罗马皇帝,反对基督教,史称叛教者尤利安(Julian the Apostate)。——译注〕

[58]《再答渥塞斯特主教》,第477页:"我对霍布斯和斯宾诺莎读得不多,无法说出他们在此问题〔来生〕上的见解是怎样的。但是可能会有人认为对他们而言,在此问题上比之那些受到公正谴责的人,主教阁下的权威更有教益。"《再论基督教的合理性》(《文集》,Ⅵ,420):"我……不知他从《利维坦》中所引述的这些词句,是否真出自那里,或者与之有着相似性。除了相信它们是在那里,出自他的引文外,我别无所知。"

[59]《论神迹》,第259页。或许也有人会提出,洛克在"不否认神迹"与"承认神迹"之间做了微妙的区分。在那种情形下,《新约》中所报道的神迹从未被否认、也不可能被否认这一事实并不能证明耶稣的神圣使命,对于这一使命不存在什么明确的证明。无论如何,前面这种提法与洛克在别处所说的相互矛盾。参见《再论基督教的合理性》,第340页:"此中最主要者〔特别归于弥赛亚的标志〕是他的死而复生;这是他作为弥赛亚的最有力最明确的证据……"还有同上,第342页:"他是不是弥赛亚,取决于〔他的复活〕……相信其中的一桩,你就会两者都相信;否定了其中的一桩,你就会一样也不相信。"

理性》中对于《新约》中的神迹做了最有力的陈述，那本书"主要是为着自然神论者写的"，在他那时代，有着"大量"的自然神论者。[60] 既然洛克正如他所坦言的那样，知道在他那时代、他那国度存在着自然神论者，他一定会意识到，一种基于《圣经》的政治学说，是不会被人们普遍接受为无可置疑的真理的，至少在没有一个在先的并且非常复杂的论证——我们在洛克的著述中找不到这种论证——的情况下，会是如此。

我们可以用更加简单的方式来谈这个问题：上帝之真实不妄乃是他所启示的任何论旨的明证。然而"其确定性的全部力量取决于我们知道，上帝启示了"这一论旨，或者说"关于它是来自上帝的启示，我们之相信它不会比我们之知道它来得更甚"。而且，至少对于所有那些仅仅是通过传统了解到启示的人来说，"我们所具有的关于启示最初来自上帝的知识，绝不会比我们所具有的从与我们的观念是一致或不同的清楚明白的洞察而来的知识更加确定。"相应地，我们关于人类灵魂永生的信心属于信仰的而非理性的领域。[61] 而且，没有那种信心，"关于正确与错误的公正尺度"就不具有法律的性质了，那些公正的尺度并不是对理性而言的法律。这就意味着并没有什么自然法的存在。因此，倘若有"一种为自然之光所能知晓的法，也即不必求助于明确的启示"，那种法也必然是由一系列其有效性无须假设来生或对于来生的信仰的规则所组成。

这样的规则是由古典哲学家们所确立的。异教哲学家们"从理性出发立言，在他们的伦理学中没怎么提到神"。他们表示说，德性"乃是我们天性的完善和卓越；她本身就是对我们的报偿，会

---

[60]《再论基督教的合理性》，第164，264—265，375页。
[61]《人类理解论》，Ⅳ，18，secs. 4-8；参见前面注50。

令我们的名字万古流芳",可是他们认为德性"并非来自天赋"(unendowed)。[62] 因为他们无法说明在德性与成功或幸福之间有着必然的联系,这种联系并非今生可见,而是只有有了来生才能保证的。[63] 然而,在孤立无助的理性无法在德性与成功或幸福之间建立起必然联系的同时,古典哲学家们认识到,而且几乎所有的人都认识到,在某种成功或幸福与某种德性或德性的某一部分之间有着必然的联系。在"公共幸福"或"某些人的成功和现世的幸福"与人们对于"若干道德准则"的普遍服从之间,确实有着明显的联系。这些准则显然是全部的自然法的一个部分,"在人们既不了解也不承认道德的真正根基的情况下,得到了人类普遍的认可;那只能是上帝的意志和法,上帝在暗中看着人,他执有赏罚之柄,有力量来责罚最胆大妄为的冒犯者"。然而,甚至当(而且正是当)那些准则脱离开了"道德的真正根基"时,它们就"立于它们的真正基础之上":"[在耶稣之前],那些由于势在必行而到处出现的、民法所规定的、或者哲学家所建议的有关正确与错误的公正尺度,立于它们的真正基础之上。人们仰视着它们,视之为社会的合约、共同

---

[62] 在这下面接着是:"无论看起来有多么怪异,立法者与道德上的善恶并无关系",而只把自己的责任限于保护财产(参见《政府论》,下篇,sec.124;以及高夫[J. W. Gough]的《约翰·洛克的政治哲学》[牛津:克拉伦顿出版社,1950年],第190页)。如果德性本身并无效力,公民社会就必须具有除了人的完善或者人的社会趋向之外的别的基础;公民社会必须奠基于人心中最强烈的欲望,亦即自我保全的欲望,并且因此也就要奠基于人们对于财产的关切之上。

[63]《基督教的合理性》,第148—149页:"德性与成功并非常常相互伴随;因此德性罕有追随者。当陪伴着她的不便触手可见,而报偿却遥不可及时,她就很难在这么一个国家中盛行开来。人类是要追求幸福的,而且必须得让他们追求幸福,不能阻挠他们;他们只能摆脱对于规则的严格遵循,那对于他们的主要目标幸福来说并无补益;当他们与享受今生隔离开来时,对于来生却毫无信心和保障。"参见,同上,第139,142—144,150—151页;《人类理解论》,I, 3, sec.5, 以及II, 28, secs.10-12。

生活的便利设施和让人敬重的常规"。[64] 无论全部的自然法的地位在洛克思想中变得多么可疑，局限于为"政治上的幸福"——一种"现世的人类的善"——所明确要求的部分的自然法，却似乎具有了稳固的地位。总的来说，只有这一部分的自然法被他所认可，视之为理性法并且从而是真正意义上的自然法。

现在我们必须考虑一下我们权且称之为部分的自然法与《新约》法之间的关系。倘若《新约》提供了"不多也不少"的全部的自然法，倘若自然法的"所有部分"都在《新约》中以一种"清晰明白，晓畅易懂"的方式提了出来，《新约》就必定特别包含了对自然法那些规定的清楚明白的表达，那是人们为了政治上的幸福所必须遵循的。[65] 在洛克看来，"上帝法与自然法"的准则之一，实际上就是"政府未经人民自己或他们的代表所表示的同意，不能对人民的财产征收赋税"。洛克甚至于不想费心去以对《圣经》清楚明白的表述来论证这条准则。洛克所理解的另一条极其重要而突出的自然法的准则是，征服者没有权利和资格占有被征服者的财产：即使是在一场正义战争中，征服者也不能"处分被征服者的财产"。洛克本人承认说，这"像是一种奇怪的学说"，也即一种新奇的学说。事实上，相反的学说至少也与洛克的学说一样能够得到《圣经》同样多的支持。他不止一次地引用耶弗他的话"让审判人的主来审判"；但是他甚至于没有能够提到这一事实：耶弗他的话是在有关征服权的争论的背景中出现的，对于耶弗他那种完全不同于他的对于征服者权利的见解，洛克也未置一词。[66] 人们禁不住会

---

[64]《基督教的合理性》，第144和139页；《人类理解论》，I, secs. 4, 6和10 (作者注：楷体系着重，非原文所有)；《政府论》，下篇，secs. 7, 42和107。
[65] 又参见《人类理解论》，II, 28, sec. 11。
[66]《政府论》，下篇，secs. 142 (参见sec. 136注), 180, 184；又见 (转下页)

说，耶弗他用在两个民族之间的争论的说法，被洛克用作了政府与人民之间论争的 locus classicus［权威之言］。在洛克的学说中，耶弗他的话取代了保罗的话——"所有的灵魂都要服从于更高的权力"——的位置，那句话是他不大会引用的。[67]

此外，洛克政治学说成立与否要取决于他关于政治社会起源的自然法学说。政治社会起源学说不能奠基于《圣经》之上，因为《圣经》所主要关心的政治社会的起源——犹太国家的起源——只是一个不自然的政治社会的起源。[68] 再就是，洛克的全部政治学说是建立在自然状态的假说之上的。这个假说与《圣经》全然不同。如下的事实就足可说明问题了：在《政府论》下篇中，洛克提出了自己的学说，那里面有很多关于自然状态的明确解说；在《政府论》上篇中，他批判了菲尔默主张君权神授的据说是来自《圣经》的学说，因此，比在下篇中所用的《圣经》的材料要多得多，如果我没有弄错的话，其中只有一处提到了自然状态。[69] 从《圣经》的观点出发，真正要紧的区别并不是自然状态与公民社会状态之间的区别，而是天真无辜的状态与堕落之后的状态的区别。洛克所设想的自然状态，既不同于天真无辜的状态，又不同于堕落之后的状态。如果说在《圣经》的历史中洛克的自然状态有什么容身之处的

（接上页）前面注61。同上，secs. 21，176，241；参见《士师记》11：12-24；又见霍布斯《利维坦》，第 xxiv 章（162）。

[67] 特别比较一下《政府论》下篇，sec. 90 的注中引自胡克尔的引文，和胡克尔的上下文；在胡克尔原文中洛克所引此段之前有从《罗马人书》13：1 来的引文。保罗的话出现在一段引文中（《政府论》, sec. 237［原文如此，但中文译本相应处并无此引文。——译注］）。又见同上，sec. 13，洛克在那里提到一种反对意见，其中有言云"上帝确定无疑地指派了政府"，这话没有出现在洛克的反驳中。

[68]《政府论》，下篇，secs. 101，109 和 115。

[69]《政府论》，上篇，sec. 90。

话，自然状态就应该是开始于洪水之后，亦即在堕落之后的相当长的一段时期；因为在上帝应许诺亚和他的子孙之前，人类对于肉类并无自然权利——那是自我保全的自然权利的一个结果，而自然状态乃是人人在其中拥有"自然法的一切权利和利益的状态"。[70] 然而，如果自然状态开启于堕落之后的很长一段时期，自然状态似乎就分有了"蜕化的人类的腐败状态"的所有特征。事实上，那是一个"贫乏却有德性的时代"，其特征是"天真无邪"，用不着说是黄金时代了。[71] 正如堕落本身一样，在洛克的政治学说中，对于堕落的惩罚也不再具有什么意义。他认为，即使是上帝对夏娃的诅咒也没有给女性强加一种"不去设法避开"那一诅咒的义务："如果能够找到救治的办法的话"，女性可以避免生孩子时的剧痛。[72]

洛克的自然法学说与《新约》之间的紧张关系，或许可以从他关于婚姻及其相关论题的学说中得到最好不过的说明。[73] 在上篇中，他把通奸、乱伦和鸡奸都视作罪恶。他暗示说，撇开了"它们违背了自然的主要意图"这一事实，它们仍是罪恶。这样，人们

---

[70]《政府论》，上篇，secs. 27 和 39；下篇，sec. 25；又见下篇，secs. 6 和 87；以及下篇，secs. 36 和 38。在下篇，secs. 56-57 中，洛克似乎是在说，亚当处于堕落之前的自然状态。按同上，sec. 36（参见 107，108，116）的说法，自然状态处于"世界的最早时代"或"万物之初"（参见霍布斯《论公民》，V，2）；又见下篇，sec. 11 末尾，以及《创世记》4：14-15 和 9：5-6。

[71] 将《基督教的合理性》，第 112 页，和《政府论》，上篇，secs. 16 和 44-45，与同上，下篇，secs. 110-111 和 128 进行比较。注意复数的"所有那些［时代］"，同上，sec. 110；自然状态有许许多多的例证，而天真无辜的状态只出现过一次。

[72]《政府论》，上篇，sec. 47。

[73] 至于洛克有关财产的学说与《新约》学说之间的关系，此处只需提到他对于《路加福音》18：22 的解释："我以为这就是此处的意义；变卖他所有的一切，送给穷人，这并不是［耶稣的］固定法，而是一个考验这青年人的命令，试试他是否真的相信他就是弥赛亚，是否做好了准备听从他的命令，当他——他的主——需要的时候，抛弃一切去追随他。"（《基督教的合理性》，第 120 页）

不由得会想，它们之所以成其为罪恶，并非主要是因为"明确的启示"。接着，他又提出了这一问题："妻子与情妇之间在自然上有何区别？"他没有回答这个问题，但是他的上下文暗示说，自然法对这区别沉默不语。而且，他还表示，在男人们会娶和不会娶的那些人之间的分别，全然是基于启示法的。在他《政府论》下篇对于夫妻社会的专门讨论中[74]，他明确地说，按照自然法，夫妻社会对于人生而言并非必需；夫妻社会的目的（生育和教养）只要求"人类的男女比之别的生灵结合得更加长久"。他并不单单是说，"夫妻之间的结合"一定得比"别的动物物种更加持久"；他还提出，那种结合"在人类而言比之其他动物物种……更加稳固"；可是，他并没有能够告诉我们，它们应该有多么稳固。诚然，一夫多妻制和一妻多夫制与自然法都是完全相容的。我们还得注意到，洛克所说的人类的夫妻社会与禽兽中雄与雌的社会之间的分别——前者是（或者应该是）比之后者"更加稳固持久"的——并不要求禁止乱伦行为，因此他对于此种禁令一言未发。与此相一致，他后来宣称，公民

---

[74] 对于夫妻社会的专门讨论出现在《政府论》下篇第7章中，该章篇名不是"论夫妻社会"，而是"论政治的或公民的社会"。那恰好是全部《政府论》中唯一以"上帝"一词开始的章节。紧跟着它的又恰好是全部《政府论》中唯一以"人类"一词开始的章节。第7章的开篇显然指的是，照《创世记》2：18中的记载，婚姻乃是一种神圣的制度；然而更让人吃惊的是《圣经》中的学说（尤其是在基督教对它的解释中）与洛克本人学说的反差。奇妙的是，在《人类理解论》中同样的只有一章是以"上帝"一词开始的，紧跟着它的是全书中唯一以"人类"一词开始的章节（第三部分，1和2）。在《人类理解论》以"上帝"一词开篇的唯一一章中，洛克试图说明词语"归根结底都是由那些表示着感觉观念的词语而来的"，并且他根据自己的观察指出，"关于在语言的初创者的心目中，那些概念属于何种性质，又从何而来，我们可以做出某种猜测"（作者注：楷体系着重，非原文所有）。洛克就这样小心翼翼地与他在《政府论》（下篇，sec. 56）中所采纳的《圣经》的说法自相矛盾了，那种说法认为，语言的初创者亚当，"被创造成一个完美的人，他的肉体和心灵都充满了力量和理性，从他降生的第一刻起，他就能够……依据上帝植入他内心的理性法的命令来主宰自己的行为"。

社会乃是对于何种"出格"理应受到惩罚、何种"出格"不应受罚的唯一裁决者；他的这种立场与霍布斯完全一致，而与胡克尔大相径庭。[75]

洛克关于夫妻社会的学说，很自然地影响了他有关父母与子女的权利与义务的观点。他不厌其烦地引用"当孝敬父母"。然而他全然无视《圣经》在男人与女人合法和非法的结合之间所做出的区别，从而给《圣经》中的诫命赋予了并非《圣经》所包含的意义。而且，在子女要服从父母的问题上，他教导说，服从的义务"与未成年期一同结束"。如果父母在子女成年以后仍然"强烈地约束"着后者，那只能是由于这样的事实："通常在父亲的权限内，他可以根据这个或那个子女的行为是否顺从自己的意志或性情，而将［他的财产］或丰或吝地赏给他们。"用洛克那种轻描淡写的口吻来说，"这对于子女的顺从来说可不是一个微小的约束"。然而，诚如他所明确表述的，"不存在什么自然的约束"：没有任何自然法规定成年子女要服从父母。洛克极力地坚持子女有着"孝敬父母的永恒义务"。"没有什么东西能够取消"这一义务。它"永远是子女应该给予父母的"。洛克发现这一永恒义务的自然法基础在于父母生养了子女这个事实。洛克承认说，如果父母对于他们的子女"不自然地漫不经心"，他们"或许""可能"丧失他们对于"'当孝敬父母'的诫命中所包含的很多义务"的权利。他并未停留于此。在《政府论》下篇中，他暗示说，"仅仅是生养这一行为"并没有令父母有

────────

[75]《政府论》，上篇，secs. 59，123，128；下篇，secs. 65和79-81。一方面，试将《政府论》，下篇，secs. 88和136（及注），与胡克尔《教会政体法》，Ⅰ，10，sec. 10和Ⅲ，9，sec. 2进行比较；另一方面，又与霍布斯《论公民》，XIV，9进行比较。参见高夫前引书，第189页。关于母亲比之父亲所拥有的更高的权利，尤其参见《政府论》，上篇，sec. 55，洛克在那里是不声不响地追随着霍布斯的（《论公民》，IX，3）。参见后面注84。

权要求子女孝敬:"父母得之于子女的孝敬是一种永恒的权利,子女的尊重、崇敬、扶助和顺从的多寡,恰如父亲对他教养的关切、付出和仁爱的多寡。"〔76〕由此而来的就是,倘若父亲的关切、付出和仁爱为零的话,他对于孝敬的权利也为零。"孝敬你的父亲和母亲"这一定言命令,就变成了假言命令"孝敬你的父母,如果他们值得你如此做的话"。

我们认为,可以稳妥地说,洛克的"部分的自然法"并不等同于《新约》或总体而言的《圣经》中清楚明白的教诲。如果自然法的"所有部分"都以清楚明白的方式写在《新约》中,那么随之而来的就是,"部分的自然法"根本就不属于自然法。这个结论同样得到了以下考虑的支持:要成为严格意义上的法,人们就必须了解到自然法是由上帝赐予的。然而"部分的自然法"并不要求对于上帝的信仰。"部分的自然法"就规定了一个民族要想成为文明民族或开化民族所必须满足的条件。既然中国人是"一个非常伟大和文明的民族",暹罗人是一个"开化的民族",而中国人和暹罗人都"没有关于上帝的观念和知识"〔77〕,那么,"部分的自然法"就不是严格意义上的法了。〔78〕

---

〔76〕《政府论》,上篇,secs. 63, 90, 100;下篇,secs. 52, 65-67, 69, 71-73。洛克似乎有这样的意思:当其他情况相同时,富人的子女比之穷人的子女对其父母有着更为严格的义务。这与富有的父母比之贫穷的父母对于子女的顺从有着更高的要求这一事实完全吻合。

〔77〕《政府论》,上篇,sec. 141;《人类理解论》,Ⅰ,4,sec. 8;《再答渥塞斯特主教》,第486页。《基督教的合理性》,第144页:"那些关于正确与错误的公正尺度……建立在真正的基础之上。它们被人们青眼有加,看作社会的约束力,共同生活的便利物,和值得颂扬的常规。然而,〔在耶稣之前〕它们是在何处为人周知和认可,并被当作法律(最高的法律,自然法)的准则而接受的呢? 没有对于立法者的明确的知识和认可,是不可能的"(比较前面第213页〔指原书页码,下同。——中文版编者注〕和前面注49)。

〔78〕相应的是,洛克有时候不是把自然法等同于理性法,而是径直(转下页)

于是我们就得出结论，洛克本不能够承认任何严格意义上的自然法。这个结论与通常认为的他的学说，尤其是《政府论》下篇中的学说适成鲜明对比。在对《政府论》下篇进行考察之前，我要请求读者考虑一下下面的事实：公认的对于洛克学说的解释引向了这样的结果——"洛克充满了不合逻辑的瑕疵与前后不一"。[79] 关于前后不一，我们还得补充说，它们太过明显，逃不过像他那样高明的人的清澈眼光。再有就是，公认的解释是以完全无视洛克的谨慎为基础的。而洛克的那种谨慎往少里说，也是与人们对于一个不容易理解，但在外在的表露上又与大众一致的人的那种复杂感觉相匹配的。要紧的是，公认的解释对于《政府论》的性质没有给予足够的重视；它假定《政府论》中包含了洛克政治学说的哲学表述，而实际上其中包含的只是其"民政的"（civil）表述。在《政府论》中，洛克更多的是一个英国人而非一个哲学家，他的发言针对的不是哲学家而是英国人。[80] 正是由于这一原因，那一著作的论点部分地是基于公认的见解，甚至于在某种程度上是基于《圣经》中的原则："绝大部分人无法了解，因此他们必须相信"，既然如此，即使是哲学"能在像数学一样的一门科学中给予我们伦理学，其中每一部分都可以证明，……还是最好由福音书中的原则来指引大众"。[81]

无论洛克在《政府论》中本可以多么地遵循传统，但是对于

（接上页）等同于理性（比较《政府论》，上篇，sec. 101 和下篇，secs. 6，11，181；又参见同上，上篇，sec. 111 紧接末尾处）。

[79] 高夫，前引书，第123页。

[80] 将《政府论》，下篇，sec. 52开始处和上篇，sec. 109开始处与《人类理解论》，Ⅲ，9，secs. 3，8，15和第xi章sec. 11进行比较；《政府论》，前言，上篇，secs. 1和47；下篇，secs. 165，177，223和239。

[81] 《基督教的合理性》，第146页。比较一下《政府论》下篇，sec. 21末尾和sec. 13末尾。参见《政府论》下篇，secs. 92，112，209–210中对宗教的议论。

他的学说与胡克尔和霍布斯的学说的一个简单比较就会表明，洛克在很大程度上偏离了传统的自然法学说，走上了霍布斯所引导的道路。[82]的确，在《政府论》中只有一段话是洛克明确地表明自己偏离了胡克尔的。然而，这段话令我们注意到了一个急剧的偏离。在引述了胡克尔之后，洛克说："但是，我还得强调，所有人都天然地处于［自然状态］。"他就此暗示，在胡克尔看来，有些人实际上处于或者是偶然地置身于自然状态。胡克尔确实对自然状态未发一词：整个自然状态学说是基于与胡克尔的原则——那也就是传统自然法学说的原则——相决裂的基础之上的。洛克的自然法观念与"在自然状态下，每个人都有自然法的执行权"的学说密不可分。他在上下文中两次提到这种学说是"奇怪的"，亦即是新颖的。[83]

---

[82] 在《政府论》下篇，secs. 5-6中，洛克引用了胡克尔，Ⅰ，8，sec. 7。胡克尔这段话是用来确立爱邻人如爱己的义务的；洛克则是用这段话来确立一切人之间的自然平等。在同样的语境中，洛克以防止侵害别人的义务取代了互爱的义务，也就是说，他抛弃了博爱的义务（参见霍布斯，《论公民》，Ⅳ，12和23）。在胡克尔看来（Ⅰ，10，sec. 4），父亲们本于自然就有"在其家庭中至高无上的权力"；在洛克看来（《政府论》，下篇，secs. 52以下），父亲的任何自然权利至少也是由母亲所充分分享的（参见前面注75）。在胡克尔看来（Ⅰ，10，sec. 5），自然法给公民社会颁布命令；在洛克看来（《政府论》，下篇，secs. 95和13），"任何数量的人都可以"组成一个公民社会（作者注：楷体系着重，非原文所有）。参见霍布斯，《论公民》，Ⅵ，2和前面注67。将胡克尔，Ⅰ，5，sec. 2中对自我保全的解释与《政府论》，上篇，secs. 86和88中迥然不同的解释进行比较。首先要考虑到胡克尔（Ⅰ，8，secs. 2-3）和洛克（《人类理解论》，Ⅰ，3）关于自然法的 *consensus gentium* ［各民族共识］的证明的巨大分歧。

[83] 《政府论》，下篇，secs. 9，13和15；参见sec. 91注，洛克在那里引述胡克尔，在一处解释性的地方谈到自然状态，而那是胡克尔所未提及的；又比较sec. 14与霍布斯《利维坦》第xiii章（83）。关于在自然状态中人人都具有执行自然法的权力这一学说的"奇怪"性，一方面可见托马斯·阿奎那《神学大全》ii. 2. qu. 64，a. 3，和苏亚雷斯《论法律》，Ⅲ，3，secs. 1和3，另一方面，又可参见格劳秀斯《战争与和平法》ii. 20，secs. 3和7，以及ii. 25，sec. 1，还有理查德·库姆贝兰（Richard Cumberland）《自然法》第1章，sec. 26。

究竟是出于什么原因,在洛克看来,对自然法的承认就要求承认自然状态,尤其是要承认在自然状态下"人人都有权……成为自然法的执行者"?"……既然给人的自由行动设定一套规则,而不附加上善恶的实施来决定他的意志,就会归于徒劳,我们就必须在设定法律时也设定附加于那一法律之上的赏与罚。"要成为法律,自然法就必须具有制裁力。在传统观念看来,那些制裁是由良心的判断所提供的,而那也就是上帝的判断。洛克拒斥了这种看法。在他看来,良心的判断远非上帝的判断,良心"不是别的,而是我们对于我们自己的所作所为在道德上是纯洁无瑕还是腐化堕落的意见或判断"。或者,用洛克默然追随的霍布斯的话来说,"私人的良心……不过是私人的见解而已"。因此良心不能成为指南,更不能提供制裁。或者,如果良心的裁断等同于有关我们的所作所为的道德性质的正确见解的话,那么它本身就是全然软弱无力的,"试看一支洗劫城镇的军队,看下他们犯下的那种种罪孽,他们哪里遵循了或者是意识到了道德原则,又哪里有一丝良心的触动"。如果在此岸世界自然法还有什么制裁力的话,那只能是由人来提供。然而,自然法在公民社会中并经由公民社会的任何"施行",都仿佛是人类习俗的结果。因此,自然法如果在先于公民社会或政府的状态——自然状态——中不具效力的话,就不会在此岸世界中具有效力,也不会成其为真正的法律;即使是在自然状态中,每个人都必须对别人有效地负责。而这就要求自然状态中的每个人都有权利成为自然法的执行者:"倘若自然状态中没有任何人有权执行那一法律,自然法就会如同所有其他关涉现世人类的法律一样,归于徒劳无功。"自然法确确实实是上帝所赐予的,然而它之成其为法律并不有赖于人们知道它是由上帝赐予的,因为它在当下的施行,不是出之于上帝或良心,而是出之于人类。[84]

自然法如若在自然状态下无效的话,就不成其为真正的法律了。而如若自然状态不是和平状态的话,它就不可能是有效的。自然法给每个人施加了"尽其可能"保全其他人的绝对义务,但仅在"与他的自我保全并无冲突时"。倘若自然状态的特征乃是自我保全与保全他人之间的习惯性冲突,那"祈愿着所有人之间的和平和保全"的自然法就会归于无效:自我保全的更高诉求不会给对他人的关切留下余地。因此,自然状态一定得是"一个和平、善意、互助和保全的状态"。这意味着,自然状态必定是一个社会状态;在自然状态下,所有人通过自然法而"组成一个社会",尽管他们"在世间没有共同的上级"。就自我的保全需要食物和其他必需品,缺乏此类东西会导致冲突而论,自然状态必须是一个富足的状态——"上帝将一切丰裕地赐予了我们"。自然法如果不为人所知,就不成其为法律;它必须为人所知,因此它就必须在自然状态下是可以为人所知的。[85]

---

[84]《基督教的合理性》,第114页:"……如若对于[耶稣的法律]的违背者没有任何惩罚的话,他的法律就不是王者的法律了,……而不过是一堆空话,没有任何力量和影响。"《政府论》,下篇,secs. 7, 8, 13末尾, 21末尾;比较同上, sec. 11和上篇, sec. 56。《人类理解论》,Ⅰ, 3, secs. 6—9和Ⅱ, 28, sec. 6;霍布斯《利维坦》,第xxix章(212)。在谈到每个人成为自然法的执行者的自然权利时,洛克提到了"那条伟大的自然法,'凡流人血的,他的血也必被人所流'"(《创世记》9:6)。然而他略去了《圣经》中的理由,"因为上帝造人是照自己的形象造的"。洛克为将最大的惩罚施加于谋杀者的权利所提供的理由是,人们可以"毁灭"对人"犯罪之物"(作者注:楷体系着重,非原文所有)。洛克无视谋杀者和被害者都是照上帝形象来造的这一事实:谋杀者"可以被当作一头狮子或一只老虎一样来毁灭,人们无法和这些野兽中的任何一种结成社会,也不会和它们待在一起而具有安全感"(《政府论》,下篇,secs. 8, 10, 11, 16, 172, 181;参见上篇, sec. 30)。参见托马斯·阿奎那《神学大全》i. qu. 79, a. 13和ii. 1. qu. 96, a. 5 ad 3(参见a. 4, obj. 1);胡克尔,Ⅰ, 9, secs. 2—10, sec. 1;格劳秀斯《战争与和平法》,导论, secs. 20和27;库姆贝兰,前引处。

[85]《政府论》,上篇, sec. 43;下篇, secs. 6, 7, 11, 19, 28, 31, 51,(转下页)

当洛克特别是在《政府论》的开篇描绘了或者说是提出了自然状态的图景之后，他又随着自己论证的深入而将其破坏殆尽。初看起来，自然状态好像是由上帝或者是善良的精灵们所统治的黄金时代，就字面而论乃是一个没有政府的状态，"纯粹的无政府状态"。"如果不是由于堕落了的人的腐化和邪恶"，它可以永久地持续下去；但不幸的是，"大部分人""不严格遵循公平和正义"。由于此种缘由（且不说别的了），自然状态有着重大的"不便"。"相互之间的怨愤、伤害和苦楚……伴随着自然状态中的人"；在那里"争斗和麻烦无休无止"。其中"充满了恐惧和毫无止歇的危险"。这是"一种糟糕的状况"。它远离和平状态，乃是一个和平与安定毫无保障的状态。和平的状态乃是公民社会；早于公民社会的状态乃是战争状态。[86]这或者是自然状态并非丰足状态而是匮乏状态这一事实的原因，或者是这一事实的结果。那些生活于其中的人"贫乏而可怜"。要丰足，就得有公民社会。[87]自然状态作为"纯粹的无政府状态"，不大可能是社会状态。就事实而论，其特征乃是"社会之阙如"。"社会"与"公民社会"是同义词。自然状态是"松散的"，因为"上帝植入人心的最初的和最强烈的欲望"，并非对别人的关切，甚至不是对自己子孙后代的关切，而是对自我保全的关切。[88]

如果自然状态中的人服从于自然法的话，自然状态应当是一个

（接上页）56–57，110，128，171，172。
[86]《政府论》，下篇，secs. 13，74，90，91和注，94，105，123，127，128，131，135注，136，212，225–227。
[87] 同上，secs. 32，37，38，41–43，49。
[88] 同上，secs. 21，74，101，105，116，127，131开始，132开始，134开始（参见124开始），211，220，243；比较sec. 56和sec. 88。将此两段话和上篇，sec. 97以及下篇，secs. 60，63，67，170与《人类理解论》，I，3，secs. 3，9，19进行比较。

第五章 现代自然权利论

和平与善意的状态。然而"没有人会服从于不是向他颁布的法律"。倘若"自然法的诫令"是"植入人们内心"或者"书写在人们心中"的,自然状态中的人就会了解自然法。然而没有任何道德准则是"铭刻在我们心中"、"写在[我们]心上"、"烙在[我们]心灵"或"植入"我们内心的。既然并不存在什么道德原则的 *habitus* [惯例],不存在什么 *synderesis* [良知] 或良心,那么一切有关自然法的知识就都是由研习而获得的:要了解自然法,你就得成为"那种法的研习者"。自然法只有通过论证才能为人所知。因而,问题就在于,自然状态之中的人是否能够成为自然法的研习者。"人类中的最大部分想要有闲暇或能力来进行论证……你可以像指望所有那些短工、生意人、纺织女和挤奶女工成为高明的数学家一样,指望他们在伦理学上也同样精通娴熟。"而一个英格兰的短工比之一个美洲的国王还要来得更好,并且"起初整个世界都是美洲,比之现在更甚","最初时代"的特征乃是"拙朴无伪的天真无邪",而不是研习的习惯。[89] 人们生活于自然状态的状况——"持续的危险"和"拮据贫穷"——使得对于自然法的知识成为不可能:自然法并不是在自然状态中颁布的。既然如果自然法要成为严格意义上的法,就一定得是在自然状态中颁布的,我们就被迫再度得出结论,自然法并非严格意义上的法。[90]

那么,自然法在洛克的学说中究竟处于何种地位呢?它的基础又是什么?并不存在什么自然法的准则是生而有之的,"是……铭

---

[89] 首先比较《政府论》下篇,secs. 11末尾,56与《人类理解论》,Ⅰ,3,sec. 8和Ⅰ,4,sec. 12;《政府论》,下篇,secs. 6, 12, 41, 49, 57, 94, 107, 124, 136;《人类理解论》,Ⅰ,3,secs. 1, 6, 9, 11—13, 26, 27;《基督教的合理性》,第146,139,140页。参见前面注74。

[90] 比较《政府论》,下篇,secs. 10, 11, 87, 128, 218, 230与《人类理解论》,Ⅱ,28,secs. 7—9中对"犯罪"[crime](有别于"罪孽"[sin])一词的使用。

刻在心灵之上的一种义务"。这一点是由不存在自然法的准则的事实所表明了的,那种准则"作为实践原则应该是而且实际上也是永无休止地持续作用和影响于我们的一切行动,〔那〕是在所有人身上、在所有时代都可以屡试不爽地观察到的"。然而,"自然……在人心中注入了对于幸福的渴望和对于痛苦的厌憎;这些才是天生的实践原则":它们乃是放之四海而皆准的,是永无休止地发挥着作用的。渴望幸福、追求幸福所引致的并非义务,而是"必须容许人们……追求他们的幸福,而不能阻碍他们"。对幸福的渴望和追求具有一种绝对的权利、一种自然权利的性质。这样,存在着的就是一种生而有之的自然权利,而不是什么生而有之的自然义务。要理解这是如何成为可能的,只需重复我们上面所引的话:追求幸福乃是一种权利,它"必须得到容许",因为"它不可能被阻碍"。它之所以是一种先于一切义务的权利,乃是出于与霍布斯将自我保全的权利确立为根本性的道德事实同样的理由:必须容许人们保卫他们的生命,避免横死于暴力之下,因为他之被驱使着如此这般地行事,是由于某种自然的必然性,那与驱使一块石头往下掉的自然的必然性如出一辙。自然权利不同于自然义务,具有普遍有效性,它在自然状态下也是有效的:人们在自然状态下乃是"他自己的人身和财产的绝对主人"。[91] 既然自然权利是生而有之的,而自然法却不是,那么自然权利就比之自然法更为根本,而且是自然法的基础。

既然幸福要以生命为前提,那么在对生命的欲望和对幸福的欲望这二者之间发生冲突时,前者就具有优先性。理性的诫命同时也是一种自然的必然性:"上帝注入人心的第一位的和最强烈的欲

---

[91]《人类理解论》,Ⅰ,3,secs. 3 和 12;《基督教的合理性》,第 148 页;《政府论》,下篇,sec. 123(参见 sec. 6)。又见霍布斯《论公民》,Ⅰ,7,和Ⅲ,27 注。

望,并且使之成为他们天性的根本原则的,就是自我保全的欲望。"因此,一切权利中最根本的就是自我保全的权利。在人心中注入了"保全他的生命和存在的强烈欲望"的是自然,而教导了他何者"对他的存在是必需的和有用的"只能是理性。而理性——或者不如说是应用于目前所要澄清的论题的理性——就是自然法。理性教导说,"人作为自己和自己生命的主人,对于保全其生命的手段也具有权利"。理性还教导说,既然所有人在自我保全的欲望,并且因此在自我保全的权利上都是平等的,那么他们在关键性的方面就也是平等的,尽管在其他方面还存在着某些自然的不平等。[92] 由此,洛克正如霍布斯一样得出结论,在自然状态下每个人都是何种手段有利于其自我保全的裁判者,而这就使得他也像霍布斯一样,得出了进一步的结论:在自然状态下,"任何人都可以做他认为适宜的事"。[93] 这样,自然状态"充满了恐惧和持续不断的危险"就不足为奇了。然而,理性教导说,除了在和平状态下,生命是无法保全的,更不用说享受生命了:理性盼望着和平。相应地,理性就规定说"任何人都不应该伤害别人",伤害了别人的人——他因此就弃绝了理性——人人都可得而惩罚之,被伤害者可以得到补偿。这些就是《政府论》的论点所建基于其上的自然法的根本准则:自然法不过就是理性为着人们的"相互保障"或人类的"和平与安全"而发出的诫命。由于在自然状态下,所有人都是他们自己境况的裁判

---

[92]《政府论》,上篇,secs. 86–88,90开始,111结尾处;下篇,secs. 6, 54, 149, 168, 172。人们可以这样来描述自我保全的权利和追求幸福的权利两者之间的关系:前者是"维持生存"(subsist)的权利,蕴含着对于人的生存所必需之物的权利;后者是"享受生活之便利的权利"或者是"舒适的生活"的权利,因此还蕴含着对于那些对人的生存而言虽有用却并非必需之物的权利(参见《政府论》,上篇,secs. 86, 87, 97;下篇,secs. 26, 34, 41)。

[93] 同上,下篇,secs. 10, 13, 87, 94, 105, 129, 168, 171。

者,并且由于因此自然状态的特征就是由自然法本身所引发的持续不断的冲突,自然状态就是人们"无法忍受"的了:唯一的弥补方法就是政府或者公民社会。理性规定了公民社会必须如何建立起来,其权利或界限为何:有着一部理性的公法或者说一部自然的宪法。那部公法的原则是,一切社会的或政府的权力都是由本然地属于个人的权力派生而来的。个人之间关注于他们的自我保全的契约——既不是父亲们之间的契约,也不是神的分派,也不是独立于一切个人的实际意志的人的目的——创造了社会的全部权力:"每一个共同体的最高权力只不过[是]社会每一成员共有的权力。"[94]

只要人们把他所认可的自然法看作是霍布斯所说的,"不过是有利于人们针对他人而保全和维护自身的结论或原理",洛克的自然法学说就可以得到很好的理解。而且对它必须这样来理解,因为别样的观点会面临我们已提出过的困难。洛克所设想的自然法,阐明了和平的条件,或者更一般性地说,阐明了"公共幸福"或"任何民族的繁荣兴盛"的条件。因而,在现世有着一种自然法的制裁方式:无视自然法就会导致公共的痛苦或贫乏。然而,此种制裁尚有不足。对自然法的普遍顺从确乎在各地都能保障永久的和平与繁荣。可是,没有这样的普遍顺从,也很有可能出现这样的情况:一个顺从于自然法的社会所享有的现世的幸福,比之一个违背自然法的社会要来得更少。因为在外交和内政事务中,胜利并非永远青睐"正当的一方":"大盗们……并非虚弱的正义之手所能摆布。"然而,至少在那些严格地遵守自然法和那些不遵守自然法的人中间还存在着这一分别:只有前者能够言行一致;只有前者能够表里如一地坚持认为,在公民社会与盗匪团伙之间有着根本的区别,此种区

---

[94]《政府论》,下篇,secs. 4,6–11,13,96,99,127–130,134,135,142,159。

分是每个社会和每个政府都要一再地去向之吁求的。简而言之，自然法"更是理智的产物而非自然的作品"；它"只在于人心"，是一种"概念"，而不是"在于事物本身之中"。这就是伦理学之所以能够被提升到证明的科学（demonstrative science）之列的最终理由。[95]

不考虑到自然状态的地位，就无法弄清楚自然法的地位。洛克比霍布斯更明确地强调，人们确实曾生活于自然状态中，或者说自然状态并非仅仅是一个假说。[96]他这么做，首先指的是人们确实或者可以在不服从于任何共同的上级的情形下生活。此外，他还指的是，生活在那种状况下的人是自然法的研习者，他们应该知道如何着手来弥补他们那现状的种种不便，并为公共幸福奠定基础。但是，只有那些已经在公民社会中生活过，或者不如说在理性于其中已恰当地培植起来了的公民社会中生活过的人，才可能在生活于自然状态之中时了解自然法。因此，在自然状态下服从于自然法的人的范例，就应该是美洲的英国殖民者中的杰出人士，而不是土著的印第安人。更好的范例则是那些其社会已然崩溃瓦解了的高度文明和开化的人。只需再进一步，就到了这样的观点：自然状态下服从于自然法的人的最显明的范例，乃是那些生活于公民社会中的人，

---

[95] 《政府论》，下篇，secs. 1，12，176–177，202；《人类理解论》，Ⅲ，5，sec. 12，和Ⅳ，12，secs. 7–9（参见斯宾诺莎《伦理学》，Ⅳ，导言和附释18）。关于"自然法和理性法"中所涉及的法律拟制的原理，比较《政府论》sec. 98开始和 sec. 96。参见《基督教的合理性》，第11页："理性法，或者所谓的自然法。"又见前面霍布斯部分注8，和后面注113和119。霍布斯《论公民》，献辞，及《利维坦》，第xv章（96和104–105）。

[96] 比较《利维坦》，第xiii章（83）——还可见拉丁文版——与《政府论》，下篇，secs. 14，100–103，110。洛克偏离了霍布斯，其理由在于，在霍布斯看来自然状态比之任何种类的政府都更加糟糕，而在洛克看来，比之专断和无法无天的政府，自然状态更为可取。因此洛克教导说，从有理智的人的观点看来，自然状态比之"绝对君主制更加可行"：自然状态必定是、或者曾经是实际存在的。

只要他们反省到他们从公民社会可以正当地要求什么，或者在何种条件下公民的服从乃是合理的。于是，自然状态被理解为人们只服从于自然法，而不服从于现世的任何共同的上级的一种状态，这样的自然状态是否实际存在过，最终便是无关紧要的了。[97]

洛克是站在霍布斯的自然法观念的基础上来反对霍布斯的结论的。他力图表明，霍布斯的原则——自我保全的权利——远不是有利于专制政府，而是要求有限政府的。自由，"免于专断和绝对权力的自由"乃是自我保全的"屏障"。因此奴隶制除了作为极刑的替代之外，是违背自然法的。任何与自我保全的基本权利不相容之物，并且因此任何一个有理性的生物所不会自由同意之物，都不可能是正义的；由此，公民社会或政府不能以强力或征服而合法地建立起来：唯有同意"才可以作为世间任何合法政府的开端"。出于同样的理由，洛克指责绝对君主制，或者更准确地说，"任何一个人或者更多人的……专断的绝对权力"，是"没有固定的常规法律的政府"。[98] 尽管洛克进行了诸多限制，但国家对他而言仍然像对霍布斯一样，是"巨大的利维坦"：人们在进入公民社会时，"将他们全部的自然权力让渡给了他们所进入的社会"。洛克恰如霍布斯一样，只承认一个契约：每个个体与同一人群中其他个体所订立的联合契约，与服从的契约是同一个。洛克也像霍布斯一样教导说，由于根本性的契约，每个人"都将自己置于对那一社会的每个人的义务之下，服从多数人的决定，由它做出裁定"；于是，那

---

[97] 参见《政府论》，下篇，secs. 111, 121, 163；见霍布斯，《论公民》，导言："在共同体的法律内必须能够找到公民们的各种义务，这不是因为不如此共同体就会破裂，而是因为不如此共同体就会被人们认为是破裂了。"
[98]《政府论》，上篇，secs. 33 和 41；下篇，secs. 13, 17, 23, 24, 85, 90–95, 99, 131, 132, 137, 153, 175–176, 201–202；参见霍布斯，《论公民》，V，12 和 VIII，1–5。

个根本性契约就立即建立起来了不折不扣的民主制；这种初期的民主制可以通过多数表决，或者继续下去，或者转化成为别的政府形式；而且社会契约因而实际上就等于是服从于"主权者"（霍布斯）或者"最高权力"（洛克），而不是服从于社会的契约。[99]洛克反对霍布斯，他教导说，无论"人民"或"共同体"，也即多数人在何处树立起了最高权力，他们仍旧保有"推翻或变更"现有政府的"最高权力"，也就是说，他们仍旧保有革命的权利。[100]但是此种权力（它通常总是蛰伏着的）并没有对个人之服从于共同体或社会有什么限制。相反，要说霍布斯比洛克更加强调，个人当其自我保全遭致危险时具有反抗社会或政府的权利，才是公平的。[101]

洛克仍然不无理由地辩称，他所建立起来的巨大的利维坦，比之霍布斯的利维坦，为个人的自我保全提供了更大的保障。为霍布斯所强调而洛克也没有否认的个人抵抗有组织的社会的权利，对于个人的自我保全来说并非有效的保障。[102]既然纯粹的无政府状态——在此种状态下，每个人的自我保全都处于持续的危险之中——的唯一替代物，就是"人们将他们全部的自然权力都让渡给

---

[99]《政府论》，下篇，secs. 89，95-99，132，134，136；霍布斯，《论公民》，V，7；VI，2，3，17；VIII，5，8，11；又见《利维坦》，第 xviii 章（115）和第 xix 章（126）。

[100]《政府论》，下篇，secs. 149，168，205，208，209，230。洛克一方面教导说，社会没有政府也能够存在（同上，secs. 121 结尾和 211）；另一方面又说，社会没有政府就无法存在（同上，secs. 205 和 219）。如果我们考虑到唯有在革命关头，社会没有政府也存在和行动着，这种矛盾就消失了。倘若社会或"人民"在没有政府，亦即合法政府时就不能存在，并且因而也无法行动，那么就不会有"人民"反对 de facto［实际上的］政府的行动了。照此理解的革命行动是一种多数人的决定，它在废除了旧有权力的那一刻就确立起了一个新的立法权力或最高权力。

[101] 与此相一致的是，洛克比霍布斯更加强调个人服兵役的义务（参见《政府论》，下篇，secs. 88，130，168，205 和 208，与《利维坦》，第 xxi 章［142-143］，第 xiv 章［86-87］和第 xxviii 章［202］）。

[102]《政府论》，下篇，secs. 168 和 208。

他们所进入的社会";对于个人权利的唯一有效的保障,就是社会要建立得能够压制其成员:只有如此建立起来的一个社会或一个政府才是合法的,或者说才是符合于自然法的;只有这样的一个社会才能够正当地要求,个人要将其全部自然权力交付给它。在洛克看来,对于个人权利的最好的制度性保障乃是由这样一种宪制提供的:它在几乎所有的内政事务上都严格地使执行权(那一定是很强大的)隶属于法律,并且最终隶属于有明确界定的立法议会。立法议会必须局限于制定与"随心所欲的专断的命令"判然有别的法律;它的成员必须得由人民选举,任期较短,从而使"他们服从于他们所制定的法律";选举制度一定要考虑到人数和财富这两个因素。[103] 因为,尽管洛克似乎认为个人的自我保全受到的来自君主制或寡头制的统治者的威胁,比之来自多数人的威胁要更大,也不能说,他就暗中相信多数人能够成为个人权利的保障者。[104] 在那些他似乎将多数人描述为这样的保障者的段落中,他是在讨论个人的自我保全受到暴虐的君主制或寡头制统治者的威胁的情形,在那种情形下,遭受不幸的个人的最后的和唯一的指望显然只能是多数人的了断。洛克把多数人的权力视为对坏政府的制约,以及反对暴虐政府的最后凭借;他并不把它视为政府的替代物,或者就等同于政府。他认为,平等与公民社会是不能相容的。在自我保全方面的人人平等,并没有全盘抹杀那些更加通情达理的人的特殊权利。相反,那种特殊权利的施行是有利于一切人的自我保全和幸福的。最要紧的是,由于自我保全和幸福要以财产为前提,因而公民社会的

---

[103]《政府论》,下篇,secs. 94, 134, 136, 142, 143, 149, 150, 153, 157–159。
[104] 见《政府论》下篇,sec. 201 中所提到的暴政的例子:他没有提到多数人的暴政的例子。又参见洛克对于人民的性质的评论,同上,sec. 223;与其说人民是"不稳定的",不如说他们是"迟缓的"。

目的就可以说是保护财产，保护社会中富有的成员免于贫困者的索要——或者说保护勤劳而富于理智的人免受懒惰而惹是生非的人的侵扰——对于公共幸福或共同利益来说乃是至关重要的。[105]

洛克的财产学说，实际上差不多是他政治学说中最核心的部分，当然也是其中最具特色的部分。[106]这使得他的政治学说不仅与霍布斯的，而且与传统的学说最鲜明不过地区分开来。作为他的自然法学说的一个部分，它也具有后者全部的复杂性。我们权且将它所特别面临的困难表述如下：财产是一种自然法的制度；自然法规定了正当占有的途径和限度。人们在公民社会之先就拥有了财产；他们进入公民社会是为了保全和维护他们在自然状态下所取得的财产。但是，公民社会一旦形成（如果不是在此之前的话），有关财产的自然法就不再发生效力；我们所谓的"习俗性"财产或"公民"财产——在公民社会中所拥有的财产——只能以实在法为基础。而公民社会在其是公民财产的创造者的同时，并非其主人：公民社会必须尊重公民财产；公民社会似乎除了效劳于它自己的创造物之外，别无其他职能。相对于自然财产，亦即完全以自然法——"至高无上的法"——为基础的财产，洛克给公民财产赋予了大得多的神圣性。那么，为什么他要如此急切地证明财产先于公民社会呢？[107]

---

[105]《政府论》，下篇，secs. 34，54，82，94，102，131，157-158。
[106] 我写完此章后，注意到了麦克弗森（C. B. Macpherson）的论文，《洛克论资本家的剥削》，《西方政治季刊》，1951年，第550—566页。麦克弗森先生对于论财产一章的解释与正文中所提出的解释颇有相同之处。参见《美国政治科学评论》，1950年，第767—770页。
[107] "在把'同意'视作实际的财产权的基础，与认为政府的存在是为了保护自然的财产权利的理论之间似乎有某些不一致之处。洛克无疑是像他一贯的做法那样，以从'自然法'的术语转到功利主义的考虑来解决了这一矛盾。"（帕尔格雷夫［R. H. Palgrave］，《政治经济学词典》，"洛克"词条）。（转下页）

对财产的自然权利乃是自我保全的根本权利的一个推论；它不是由合约、由社会的某一行动衍生而来的。如果说每个人都有保全自己的自然权利的话，他必然就具有对于为他的自我保全所必需的一切东西的权利。刀枪并不像霍布斯似乎所相信的那样，和食物储备同样为自我保全所必需。食物只有在被人吃掉时，亦即在以某种方式成为个人所独占的财产之时，才有利于自我保全；因而就存在着某种对于某些"排除了所有别人的私人管辖物"的自然权利。在 *mutatis mutandis*［做了适当的变更］之后，适用于食物的也可以用于为自我保全甚至是舒适的自我保全所必需的其他所有事物之上，因为人们不仅具有自我保全的自然权利，也有追求幸福的自然权利。

每个人占有一切对他有用的东西的自然权利，如果说并非与人类的和平和保全不相容的话，也必须受到限制。那一自然权利必须排除占有已被别人所占有的东西的权利；夺走别人已经占有了的东西，就是伤害别人，就是违背了自然法。自然法也并不鼓励乞讨；需要本身并不就使人有资格占有财产。劝导和强力一样，并不能带来占有财产的资格。占有事物的唯一正当的办法，就是直接从自然、从"万物之母"而不是从他人那里得到它们；要使原来不属于任何人因此人人都可以获得的东西成为自己的，唯一正当的办法就是通过自己的劳动来占有它。每个人都天然地就是他的肉体的独一无二的所有者，因此也是他肉体的工作（劳动）的独一无二的所有者。因此，如果一个人将他的劳动——即使只不过是在采摘草莓中所包含的劳动——结合在没有主人的东西之上，那些东西就

（接上页）洛克并不是非得从自然法"转到"功利主义的考虑不可，因为照他所理解的自然法，亦即他所表述的和平与公共幸福的条件本身就是"功利的"。

成了他所独有的财产与无主财产的牢固的混合物,因此就成了他所独有的财产。劳动乃是与自然权利相符合的唯一的占有财产的资格。"人类乃是他自身的主人和他的人身及其活动和劳作的所有者,在他自身之中就[有着]财产的重大基础。"[108]不是社会,而是个人——全然由其自身利益所驱动的个人——才是财产的创始人。

自然树立起了"财产的尺度":对于一个人所可以占有的东西,自然法对之有着限制。每个人都可以凭借自己的劳动多多地占有对其自我保全来说是必需的或有用的东西。因而他尤其是可以多多地占有土地,用来耕作或放牧。倘若某一类东西(a)是他用不完的,而另一类东西(b)不敷使用,他就可以通过用a交换回b来,使前者对他有用。于是,每个人可以通过劳动而占有的东西,不仅是那些本身对他有用之物,而且还包括那些他通过用来交换对他有用的别的东西而变得有用之物。人们可以通过劳动占有那一切东西,但也仅仅是那些对他有用或者可以变得对他有用的东西;他不可以占有经他占有之后就不复有用的东西;他可以多多地占有"在其腐坏之前对生活有所裨益的"东西。因而,比起"一星期内就会烂掉"的李子,他可以蓄积起多得多的坚果,那在"一整年内吃起来都会是完好的"。至于那些根本不会腐坏,又没有什么"真正用途"的东西,比如黄金、白银和钻石等,他尽可以随心所欲地"堆积如山"。因为使得一个人犯下违背自然法的罪行的,不是他通过劳动(或者通过交换他劳动所得的产品)而占有的东西数量"庞大",而是"让[他]财产中的某些东西毫无益处地烂掉"。因此,他可以蓄积很少量容易烂掉而又有用的东西,可以蓄积很多持久而又

---

[108]《政府论》,下篇,secs. 26–30, 34, 44。

有用的东西，他可以毫无限制地蓄积金和银。[109] 对自然法感到恐惧的，不再是贪婪之徒，而是暴殄天物之徒。有关财产的自然法关切着防止浪费；在通过劳动而占有时，人们必须全盘考虑的就是不能浪费；他并不非得考虑到别的人。[110] *Chacun pour soi*; *Dieu pour nous tous*［人人为自己；上帝为大家］。

我们至此所总结的有关财产的自然法，只适用于自然状态或者是自然状态的某个阶段。它是人类在"世界之初"或"起始时期"所得到的"原初的自然法"。[111] 它之所以是在那么久远的过去所得到的，只是因为人们生活于其中的境况需要它。自然法可以对其他人的利益或需求保持缄默，因为这些需求得到了"万物之母"的照抚；无论一个人可以通过劳动占有多少东西，"给别人总留下了共有的充足的好东西"。原初的自然法乃是理性在起始时期的诫命，因为在起始时期地广人稀，"自然供应丰沛充足"。[112] 这并不意味着，早期的人们生活在由他们共同的母亲所赐予的丰裕状态；因为如果真是这样，人们就不会从一开始就被迫为了谋生而劳作，自然法也不会如此严厉地禁止任何浪费了。自然的丰足只是一种潜在的丰足："自然和大地只提供了本身几乎没有价值可言的原料"；它们提供了"橡子、水、叶子和皮"，这是黄金时代或伊甸园里的食物、饮品和蔽体之物，而不是"面包、酒和衣服"。自然的丰足、最早时期的丰足，在最早的时期从未变成现实的丰足；在现实中的是贫乏。情形既是如此，人们要通过劳动占有比之生活必需品或比之

---

［109］《政府论》，下篇，secs. 31，37，38，46。
［110］ 参见，同上，secs. 40–44 与西塞罗《论官职》ii. 12–14；西塞罗用来证明人们帮助他人的美德的同一类事例，被洛克用来证明劳动的美德。
［111］ 同上，secs. 30，36，37，45。注意 secs. 32–51 中由现在时态到过去时态的变化；尤其注意 sec. 51。
［112］ 同上，secs. 27，31，33，34，36。

单纯自我保全（而不是舒适的自我保全）所绝对必需之物更多的东西，显然是不可能的；对于舒适的自我保全的自然权利是虚幻不实的。然而正因如此，每个人都被迫通过自己的劳动占有为他的自我保全所需要的东西，而不顾及别人。因为，人们只有当"他的自我保全不成问题"时才会去关注他人的自我保全。[113]洛克明确地论证了人们不顾及他人需要而占据或拥有的自然权利，但他指的是在起始时期人们所能获得的自然的供应还很充足的情况；然而，如果有人假设人们是生活在匮乏状态下，以洛克的原则同样能够很好地说明此种对于他人的漠不关心的合理性；而且后一种情况必须得到论证，因为洛克说过，原初的自然法仅仅适用于那些生活于匮乏状态的人。正是这个世界最早时候的贫困说明了为什么原初的自然法（1）要求只能依凭劳动而占有，（2）要求防止浪费，以及（3）允许对于他人需要的漠不关心。不关切他人需要的占有之所以合理，是因为不管人们是生活在丰足状态还是匮乏状态它都是合理的。

现在让我们来考察一下关于财产的自然法的形式，它已取代了原初的自然法，而在公民社会中对财产进行管辖。根据原初的自然法，人们可以通过劳动占有很多东西，只要他在它们腐烂之前能

---

[113]《政府论》，下篇，secs. 6, 32, 37, 41, 42, 43, 49, 107, 110。洛克说，早期的人们并不想拥有"超出所需的东西"。但是，人们一定会怀疑，在起始时期居住在大地上的"贫乏而可怜的"人是否总是拥有他们所需要的东西。由于正文中所给出的理由，人们必定拥有通过劳动去占有为他的自我保全所需要的东西的自然权利，而不管留给别人的东西是否足够。同样的推理可以得出更进一步的结论：合法的占有不能限于通过劳动而占有；因为在极端匮乏的状况下，每个人都可以为了纯粹的自我保全而从别人那里夺走他所需要的东西，而不管别人是否挨饿。但是这只不过意味着，在极端匮乏的状况下，和平是完全不可能的，倘若和平并非完全不可能的话，自然法就阐明了人们为了和平应该如何行事：有关财产的自然法必须停留在为自然法本身所设置的范围内。但是在超出那些范围之外的迷蒙的原野之上，只存在着自我保全的权利，它在那里身陷危境，但它如同在任何地方一样都是不可移易的。

够对之加以利用；其他的限制并不需要，因为给别人还留下了足够的、差不多的、尚未被任何人占有的东西。根据原初的自然法，人们可以随心所欲地占有大量的金银，因为这些东西本身并无价值可言。[114]在公民社会中，几乎所有的东西都被人占有了；土地尤其变得稀缺起来。金银不仅稀缺，而且由于货币的发明，它们变得"极其珍贵，被人们聚藏起来"。[115]因此人们会期待着，某种对于占有施加了比之自然状态下严厉得多的限制的规则，能够取代原初的自然法。[116]由于没有再给每个人都留下足够的和同样的共有之物，公平似乎就应当要求人们占有他所能使用的那么多东西的自然权利，被限制为占有他所需要的那么多东西的权利，否则贫者就"无立锥之地"了。并且，既然金银在眼下变得珍贵无比，公平似乎就应当要求人们失去随心所欲积累大量货币的自然权利。然而洛克教导的却相反：占有的权利在自然状态下比之在公民社会中要更受局限。人们在自然状态下所享有的某项权益的确在公民社会中被否定了：劳动不再创造占有财产的充分的资格。[117]但是这个损失只不过是占有权在"最早时期"结束之后所获得的巨大收益中的一部分而已。在公民社会中，占有权完全摆脱了它在洛克的原初的自然法那里仍然受到的羁绊：货币的引入导致了"更大的财产和对于它们的权利"；现在人们可以"在不伤害他人的情况下正当地拥有比之

---

[114]《政府论》，下篇，secs. 33，34，37，46。
[115] 同上，secs. 45 和 48。
[116] "自然法所规定的义务并未在社会中消失，而是在许多情形下表述得更加详尽"（同上，sec. 135）（作者注：楷体系着重，非原文所有）。财产的情形不属于洛克所说的"许多情形"。
[117] "刚开始时，劳动赋予了人们财产权"（同上，sec. 45）；"劳动在起初开启了占有财产的资格"（sec. 51）；参见 secs. 30 和 35（作者注：楷体系着重，非原文所有）。

他自己所能利用的更多的东西了"。[118] 尽管洛克强调货币的发明使得财产革命化了这一事实,但是关于人们随意聚敛大量金银的自然权利受到那场革命的影响所产生的结果,洛克未置一词。按照自然法——而这意味着按照道德法则——公民社会中的人可以随心所欲获取大量的各种财产,尤其是大量货币;而且他可以用实在法所许可的每一种途径来获取,实在法维系着竞争者之间的和平,保护着竞争者们的利益。甚至于自然法对浪费的禁令在公民社会中也失去了效力。[119]

---

[118]《政府论》,下篇,secs. 36,48,50。
[119] 鲁易吉·柯萨(Luigi Cossa),《政治经济学研究导论》(伦敦,1893年),第242页:洛克"通过明确肯定劳动的生产效能,避开了霍布斯所犯的老错误,后者把土地和节俭也算作生产的组成部分"。在洛克看来,有关财产的原初的自然法在不同公民社会之间的关系方面仍然有效,因为"所有的国家彼此之间处于自然状态"(《政府论》,下篇,secs. 183和184;参见霍布斯,《论公民》,XIII,11和XIV,4,以及《利维坦》,第xiii章[83]和第xxx章[226])。因此原初的自然法就决定了在一场正义战争中征服者所获得的对于战败者的权利;比如说,一场正义战争中的征服者并没有获得占有被征服者地产的资格,但是他可以夺走他们的钱财,作为自己所遭受的损失的弥补,因为"这些财富和珍宝……只有一种虚幻的和想象中的价值;自然并未赋予它们这些价值"(《政府论》,下篇,secs. 180-184)。在做出此番断言时,洛克并没有忘记货币在公民社会中价值巨大,并且征服乃是以公民社会的存在为前提的这一事实。这一困难通过如下的考虑而得到解决:洛克探讨征服的首要任务是要表明,征服并不能成为合法政府成立的资格。因而,他就得特别表明,征服者并不能通过成为被征服者土地的所有人,就变成后者的合法统治者,于是,他就得强调土地与货币之间的本质区别,以及前者对于自我保全所具有的更大的价值。再者,他是在一个贸易和工业陷入停顿,需要考虑的不是舒适的自我保全而是(被征服者中那部分无辜的人的)纯然的自我保全的背景下发言的。此种情形与自然状态下所存在的情形大相径庭:在前一种情形下,征服者"只能宽免",被征服者没有什么留下来的共有的东西可用;征服者因此就有仁慈的义务(《政府论》,下篇,sec. 183);然而,在自然状态下,或者是没有人"只能宽免",或者是给别人留下了充足的共有的东西。洛克没有讨论如果征服者不是"只能宽免"时,或者换句话说,"当全世界都居民过多时",他们可以做些什么。既然,根据他的原则,征服者在其自我保全并无保障时没有任何义务来考虑被征服者的要求,他就必须像霍布斯一样来回答那个问题:"因而最后的通盘解决的办法就是战争;那对于每个人(转下页)

洛克并没有荒诞不经到通过诉诸并不存在的绝对的财产权,来论证释放贪欲的合理性。他是以唯一可以得到辩护的方式来论证释放贪欲的合理性的:他表明那是有利于共同利益、公共幸福或社会的现世繁荣的。在自然状态下需要限制贪欲,因为自然状态乃是匮乏的状态。在公民社会中完全可以将这些限制抛弃,因为公民社会乃是丰足的状态:"……[在美洲]一片广袤而物产丰饶的地域的国王,在吃、住、穿方面还比不上英格兰的一个短工。"[120]英格兰的短工甚至于不能抱怨他丧失了通过劳动来占有土地和别的东西的自然权利:自然状态下一切权利和权益的施行所能够给他带来的财富,比之他因为自己的工作而获得的"维持生计"的工资要来得更少。穷人远不是因为贪欲的释放而无立锥之地,而是因之而变富了。因为贪欲的释放不仅与普遍的丰足相协调,而且乃是造成它的缘由。对他人的需要漠不关心的毫无节制的占有,乃是真正的仁慈。

无疑,劳动赋予了拥有财产的最初资格。然而,劳动也是几乎所有价值的源泉:"劳动创造了我们在世间所享有的事物的价值的绝大部分。"在公民社会中,劳动不再赋予拥有财产的资格;但是它依旧像一直以来那样,是价值或财富的源泉。劳动的重要性,最终不是来自它创造了拥有财产的资格,而是来自它之作为财富的源

(接上页)来说,不是胜利,就是死亡。"(《利维坦》,第xxx章[227];参见《论公民》,献辞)

[120]《政府论》,下篇,sec. 41。"我将财产权——一个人为着他们自己个别的和私人的利用和享受而拥有或占有他们的产业的产出的权利,以及以最适宜于他们自己的方式来自由处置全部那些东西的权力,视作对社会福利,甚而对社会之持续存在来说是至关重要的……相信……洛克先生所说的,自然建立了此种权利"(托马斯·霍吉斯金[Thomas Hodgskin]《比照自然的与人为的财产权》[1832年],第24页;引自斯塔克[W. Stark]《经济思想的观念基础》[伦敦,1943年],第59页)。

泉。那么，什么是劳动的动因呢？是什么驱动人们去工作的呢？人是被他的欲望、他的自私的欲望驱动着去工作的。而他为了纯然的自我保全所需甚少，因此并不需要很多的劳动；捡拾橡子，采摘树上的苹果就够了。真正的工作——要改进自然那出自天然的惠赐——是以人们不满足于他所需要之物为前提的。如果他的视野没有先扩展开来的话，他的欲望也就不会膨胀。视野开阔的人是"理性的"，他们是少数。而且，真正的工作还意味着，人们愿意并且能够为着将来的便利而承受当前劳作的艰辛；而"吃苦耐劳"的人是少数。"懒惰和思虑不周的人"占了"更大的数量"。从而，财富的生产就要求那些自动努力工作的、吃苦耐劳和理性的人，引导和强迫懒惰的和思虑不周的人违背他们的意愿来工作——如果是为了他们自己的利益的话。那些努力工作以改进自然的赐予的人，是为了获得不仅是需要的而且是可以利用的东西，而不是出于别的理由，他们"没有减少而是增加了人类的共同财产"。比之给穷人施舍的那些人来，他们给人类带来的利益更大；前者是减少了而不是增加了人类的共同财产。事情还不止于此。通过占有尽可能多的他们可以利用的东西，吃苦耐劳的和理性的人就减少了被白白浪费掉的"世间公有之物"的范围；经由"这样的圈定"，他们就创造出一种匮乏的情形，迫使懒惰而思虑不周者更加努力地工作（否则他们是做不到这一点的），这样，就在改善全体的处境的同时改善了他们自己的处境。然而，如若个人不具有占有比他所能利用的更多的东西的动机，真正的丰足也不会出现。甚至于吃苦耐劳的和理性的人也会陷入懒散无为（这正是早期的人们的特征）之中，只要他们的 *amor habendi*［占有欲］除了那些本身就有用的东西（如丰饶的土地、有用的动物和可以住人的房子）之外，就别无其他目标的话。倘若没有货币的话，创造丰足所需的劳动就不会产生："你将看到，一旦发现在他的邻居那里某种东西有着货币的用处和价值，那同一个人马上就会开始扩张自己的财产"，"那是超出了他的家庭的用处和对他那家庭用度的充足供应之外的"。劳动是丰足的必要条件，却不是充分条件；创造了真正的丰足的劳动，其动机乃是贪欲——拥有比之自己所能利用的更多的东西的欲望，而贪欲是在货币发明之后才出现的。我们必须再补充说，货币只有通过自然科学所积累的发现和发明，才能发挥其效能："对自然的研究……比之医院和救济院的创立者们花费巨大代价、出于悲天悯人情怀而办成的慈善标本，给人类带来的好处更大。最早……让公众认识和利用金鸡纳霜的人……比之那些修建……医院的人挽救了更多人的性命。"[121]

如果说政府的目的除了"人民的和平、安全和公共利益"之外别无他物；如果说和平与安全乃是丰足之不可或缺的前提条件，而人民的公共利益就是丰足；如果政府的目的从而就是丰足；如果想要丰足就得释放贪欲；还有，如果贪欲所得到的报偿并不必定属于那些理应得到报偿的人，贪欲就必定会萎缩凋零——如果一切真是如此，那么公民社会的目的就是"保护财产"。"人们在国家中联合起来并将自己置于政府之下的……重大的和主要的目的就是要保护他们的财产。"洛克的这一核心论断，并不意味着人们进入公民社会是为着保护那些"每个人的微不足道的财产的狭小边界"——在那边界之内他们的欲望受到"起始时期"或自然状态中"简朴、贫困的生活方式"的局限。人们进入社会更多的是为了扩大而不是保护他们的财产。需要得到公民社会"保护"的财产不是"静态的"财产——一个人从他的先人那里继承下来又想传之后世

---

[121]《政府论》，下篇，secs. 34，37，38，40—44，48—49；《人类理解论》，Ⅰ，4，sec. 15 和Ⅳ，sec. 12；参见霍布斯《利维坦》，第xxiv章："货币乃是国家的血液。"

的小农场——而是"动态的"财产。洛克的思想用麦迪逊的话可以很好地表达出来:"政府的第一要务就是保护[获取财产的不同的和不平等的能力]。"[122]

说政府或社会的目的是保护财产或者保护不平等的获取财产的能力,这是一回事;而像洛克一样,说财产先于社会又是另外一回事,而且似乎还是一件相当肤浅的事情。然而,正是因为说了财产先于公民社会,洛克才说即使是公民的财产——在实在法基础上所拥有的财产——在关键的方面也是不依存于社会的:它并不是社会的产物。"人",亦即个人,"在其自身之内仍然具有财产的重要基础"。财产是由个人创造的,而且是在不同程度上由不同个人创造的。公民社会只不过是创造了使得个人能够不受阻碍地进行其生产-获取活动(productive-acquisitive activity)的条件。

洛克的财产学说到今天还是明白可解的,如果我们把它看作是有关"资本主义精神"的经典学说,或者是关于公共政策的主要目标的学说的话。自19世纪以来,洛克的读者们就觉得很难理解,他为什么要使用"自然法的术语",或者为什么他要以自然法的方式来阐述他的学说。然而,要说公共幸福要求释放和保护贪欲,就等于是说随心所欲地聚敛尽可能多的货币和其他财富乃是正当的或正义的,亦即内在地就是正义的或本于自然就是正义的。而那些使得我们能够在本于自然的正义和本于自然的非正义之间做出分辨——或者是绝对的,或者是在某种特殊条件下的分辨——的准则,被称为"自然法的命题"。洛克在后几代中的追随者们不再相信他们需要"自然法的术语",因为他们把洛克没有视为理所当然

---

[122]《政府论》,下篇,secs. 42, 107, 124, 131;《联邦主义者》,No.10(作者注:楷体系着重,非原文所有),参见前面注104。

的东西视为理所当然的了:洛克还想着他得证明,毫无节制地获取财富并非不义,在道德上也并非错误。

在后人仅仅看到为了进步或他们自己而欢呼的地方,洛克的确很容易看到问题。因为在他那时代,大多数人仍旧执着于旧有的观点,而在那种观点看来,毫无节制地获取财富是不义的,在道德上是错误的。这也同样能够解释,为什么洛克在阐述他的财产学说时,"思路纠缠不清,难以理解",或者他尽其所能地"从众"。在他要向他的读者大众们掩盖起他的财产学说的革命性的同时,他又对之有着足够清楚明白的暗示。他是通过偶尔提及或者明确赞同旧有的观点来做到这一点的。他把"更大的财产及其权利"的引入追溯到"拥有比之所需要者更多的欲望",或者是"贪婪心"的增长,或者是"*amor sceleratushabendi*[肮脏的占有欲],邪恶的色欲"。他以同样的语调轻蔑地谈起"小片的黄色金属"和"闪光的卵石"。[123]然而,他很快就将这些*niaiseries*[蠢货]弃之不顾:他论财产一章的主旨是,贪婪心和色欲远非本质上就是邪恶或愚蠢的,如果用之得当的话,它们会是大有裨益于人的和合理的,比之"悲天悯人之心"更其如此。一旦将公民社会建立于自私的"低下的但却是稳固的基础"或者某种"个别的恶"之上,人们就会比之徒劳无益地求助于德性——那是自然所"未赋予人"的——而获得大得多的"公共利益"。人们的认识必须着眼于人们事实上是如何生活的,而不是他们应该怎样生活。洛克几乎是引用了使徒的话,"上帝赐给我们一切丰足的东西来享用",他还谈到"上帝慷慨的手赐福于[人]",然而"自然和大地仅仅提供了本身并无价值的原材

---

[123]《政府论》,下篇,secs. 37,46,51结尾,75,111。

料"。[124] 他说，上帝乃是"整个世界唯一的主和所有者"，人们是上帝的财产，而且"人类对生物的所有权只不过是上帝所许可的利用它们的自由"；但是他又说"自然状态下的人［是］他自己人身和财产的绝对主人"。[125] 他说过，"任何有产者任由他的兄弟由于不能从他的丰裕中得到救济而受损，那都永远是一桩罪孽"。然而在他专门探讨财产时，对于慈善的义务却又不置一词。[126]

　　洛克的财产学说以及他整个的政治哲学，不仅就《圣经》传统而言，而且就哲学传统而言都是革命性的。通过将重心由自然义务或责任转移到自然权利，个人、自我成了道德世界的中心和源泉，因为人——不同于人的目的——成了那一中心和源泉。洛克的财产学说比之霍布斯的政治哲学，是这一根本转变的更加"先进"的表达。按洛克的看法，人而非自然，人的劳作而非自然的赐予，才是几乎一切有价值的东西的源泉：人们要把几乎一切有价值的东西都

---

［124］《政府论》，上篇，secs. 40，43；下篇，secs. 31，43。比较洛克对于自然的赐予和人类劳动的相对重要性的论述，以及安布罗斯（Ambrose）在《希克斯梅隆》(*Hexaemeron*) 中的论述，见乔治·博斯（Georges Boas）在《中世纪的原始主义及相关观念》中的译文（巴尔的摩：约翰·霍普金斯大学，1948年），第12页。

［125］《政府论》，上篇，sec. 39；下篇，secs. 6，27，123。人们偶尔也会注意到，如果"自然状态下的人［是］他自己……财产的绝对主人"，或者如果财产是"为着所有者的利益和他所独有的好处"，子女"继承他们父母的东西"（同上，上篇，secs. 88，93，97；下篇，sec. 190）的自然权利，在洛克看来（同上，上篇，sec. 87；下篇，secs. 57，65，72，116结尾），就要受到重要的限制，那就是，只有当父母没有另外处置他们的财产（而他们是可以这么做的）时，子女才有此权利。因而，子女继承其父母财产的权利仅止于此：如果父母死时未留遗嘱，可以假定比之陌生人而言，他们宁愿自己的子女成为自己财产的继承人。比较同上，上篇，sec. 89和霍布斯《论公民》，IX，15。

［126］《政府论》，上篇，sec. 42（关于"罪孽"一词的使用，参见前面注95）。参见同上，sec. 92："财产……是为着所有者的利益和他所独有的好处的"（作者注：楷体系着重，非原文所有）。关于论征服一章所提到的慈善的义务（同上，下篇，sec. 183），见前面注119。参见前面注73。

归功于他自己的劳动。因此，成为人类高贵性的标志的，不是感恩戴德和有意识地顺从或模仿自然，而是充满希望的自强自立和创造性。通过释放人的具有生产效力的贪欲，人们实际上从自然的束缚中解放出来，并且个人也从先于一切同意或协约而存在的社会束缚中解放出来。那种贪欲必定是（即使偶尔才是）有益的，并且从而是有可能成为最强有力的社会束缚的：对欲望的限制被一种带来了人道效果的机制所取代了。而那种解放是通过习俗性事物的范本，亦即货币的斡旋而实现的。人类的创造性活动成了最高主宰的世界，实际上就是习俗的统治取代了自然规则的统治的世界。自此以后，自然仅仅提供本身并无价值的质料；赋予其形式的是人，是人的自由创造。因为自然的形式并不存在，理智的"本质"并不存在："抽象的理念"乃是"理智为着它自身有用而做出的发明和创造"。理智和科学与"给定之物"处于同样的关系，在这一关系中，人类的劳动被金钱最大限度地激发起来，作用于原材料上。因此，并不存在什么理智的自然原则：一切知识都是习得的；一切知识都依赖于劳动，都是劳动。[127]

洛克是一个享乐主义者："所谓的好和坏，不过就是快乐与痛苦。"然而，他所持的是一种奇特的享乐主义："最大幸福"并不在于享受最大的快乐，而在于"拥有那些产生出最大快乐的东西"。出现这些断言的章节，并且也是《人类理解论》全书中最长的章节，被冠以"力量"（power）之名，并非纯出偶然。因为，如果霍布斯说的是，"一个人的力量……乃是他为获得某种将来明显可见

---

［127］ 在谈到他的论敌们所不可能做出的一个让步时，洛克说道："如果他们认为有关那些原则的知识来自我们思想的劳动，那就会毁了他们如此之喜爱的自然的慷慨赐予"（《人类理解论》，Ⅰ，2，sec. 10）（作者注：楷体系着重，非原文所有）。

的好处的当下可用的手段",那么洛克实际上是在说,最大幸福就在于最大的力量。既然不存在什么可知的性质,也就不存在什么人性,是我们可以据之来分辨合于自然的快乐与违背自然的快乐,或者是就其本性来说更高级的快乐与就其本性来说更低级的快乐的:快乐与痛苦是"因人而异的"。因此,"旧有的哲学家们徒劳无益地探讨,summum bonum [至善] 是在于财富、肉体的愉悦呢,还是在于美德或沉思?"在没有 summum bonum [至善] 的情况下,如果还没有 summum malum [至恶] 的话,人生就全然失去了指针。"欲望总是被恶所促动的,想要逃避它。"[128]最强烈的欲望乃是自我保全的欲望。最强烈的欲望所避之唯恐不及的就是死亡。因此,死亡必定就是最大的恶:使我们依恋生命的,不是生活的自然甜美,而是对于死亡的恐惧。自然所稳固建立起来的,是欲望所由之起步的东西,是欲望的出发点;欲望所趋向的东西是次要的。首要的东西乃是欲求。但是此种欲求,此种缺乏,不再被视作是指向某种齐备完美之物。生活的必需品不再被看作是对于完备的或美好的生活所必需的,而只不过是不可或缺的。于是,欲求的满足不再限于美好生活的需要,而是漫无目标的了。欲望的目标只是由自然否定性地划定了——对痛苦的否定。激发人的努力的,并不是人们或明或暗地预期到了的快乐:"激励人类上进心和行动的主要的(如果不是唯一的)动因乃是忧虑不安。"痛苦具有如此显赫的自然的地位,以至于对痛苦的积极否定本身就是痛苦的。排除痛苦的痛苦就是劳动。[129]原本正是此种痛苦,并且从而是一种缺欠,赋予了人们一切权利中最为重要的权利:产生权利的,不是功德或美德,而是痛

---

[128]《人类理解论》,Ⅱ,21,secs. 55,61,71;第20章,sec. 6。
[129]《政府论》,下篇,secs. 30,34,37,42。

苦和缺欠。霍布斯把理性的生活看作是受到对于恐惧的恐惧、受到使我们摆脱恐惧的恐惧支配的生活。本着同样的精神，洛克把理性的生活看作是由减轻痛苦的痛苦所支配着的生活。劳动取代了模仿自然的技艺的位置；因为，用黑格尔的话说，劳动是对于自然的一种否定性态度。人类努力的起点是苦难：自然状态是一个凄惨可怜的状态。通向幸福之路就是脱离自然状态、脱离自然的运动：否定自然乃是通向幸福之路。而且，如若通向幸福的运动就是自由的实现的话，那么自由就是否定性的。正如首要的痛苦本身，减轻痛苦的痛苦"至死方休"。既然纯粹的快乐并不存在，在作为巨大的利维坦的公民社会或强制性社会与美好的生活之间，就不必然存在着紧张关系：享乐主义变成了功利主义或政治享乐主义。减轻痛苦的那种痛苦的过程不是在最大快乐，而是在"拥有那些产生出最大快乐的东西"中臻于顶峰。生活就是对于愉悦的毫无愉悦的追求。

第六章

现代自然权利论的危机

A. 卢梭

现代性的第一次危机出现在让-雅克·卢梭的思想中。感受到现代的历险是一个巨大的错误,并返回古典思想中去寻求解救之道的,卢梭并非第一人。我们只需再提及斯威夫特的名字就够了。然而卢梭并非一个"反动派"。他使自己沉溺于现代性中。有人禁不住要说,唯有这样接受了现代人的命运,他才能够返回到古代。无论如何,他之返回古代同时又是现代性的一个推进。在由霍布斯、洛克或百科全书派,而诉诸柏拉图、亚里士多德或普鲁塔克时,他丢弃了他那些现代的先行者仍然保留了的古典思想中的重要因素。在霍布斯看来,理性以其权威使激情得到解放;激情获得了像是得到了解放的妇女的地位;理性继续统治着,如果说只是通过遥控来统治的话。在卢梭看来,激情本身就是主动的,它进行了反叛;激情夺占了理性的位置,愤怒地声讨它那放浪不羁的过去,开始以加图式的德性的那种严峻的语调来对理性的堕落做出判决。卢梭所喷发出来的熊熊燃烧着的岩浆覆盖了西方世界,在其冷却和被劈砍之后,被用于18世纪后期和19世纪早期伟大的思想家们所建立的华章巨构。他的信徒们的确澄清了他的观点,然而人们会怀疑,他们是否还保持着他那视野的宽阔气度。他以古典的古代,同时又以一种更加先进的现代性的名义，对现代性所作的激情洋溢而强劲有力的攻击，被尼采以毫不逊色的激情和力量再来了一次，尼采由此就预言了现代性的第二次危机——我们时代的危机。

卢梭以两种古典观念的名义来攻击现代性：一方面是城邦与德性，另一方面是自然。[1]"古代政客们无休无止地谈论的是风尚和德性；今天的政客们除了贸易和钱，什么都不谈。"贸易、金钱、启蒙、解放贪欲、奢侈、信仰立法万能，乃是现代国家的特征所在，无论它是绝对君主制的国家还是代议制共和国。风尚和德性在城邦中如鱼得水。日内瓦确实是个城邦，但是它不如古典古代的那些城邦，尤其是罗马更像个城邦：正是在对日内瓦的颂扬中，卢梭不是把日内瓦人，而是把罗马人称颂为一切自由民族的典范，一切自由民族中最令人敬重的民族。罗马人之所以是一切民族中最令人敬重的，是因为他们是有史以来最有德性、最强有力和最自由的民族。日内瓦人之所以不是罗马人，或者斯巴达人，甚至于雅典人，乃是由于他们缺乏古人的为公精神或爱国主义。他们更其关心的不是他们的祖国，而是他们私人的或家庭的事务。他们缺乏古人

---

[1] 在这个部分的注释中，将使用以下缩略的篇名："达朗贝尔"=《就观剧致达朗贝尔的信》，列昂·丰丹那编；《博蒙》=《致博蒙先生的信》（伽涅尔编）；"忏悔录"=《忏悔录》，樊·贝夫编［以下中译文作《忏悔录》］；"C.S."=《社会契约论》[以下中译文作《社会契约论》]；"第一篇论文"=《论科学与艺术》，哈文斯编［此书全名为《论科学与艺术的复兴是否有助于敦风化俗》，以下中译文作《论科学与艺术》］；"第二篇论文"=《论不平等的起源》（弗拉马隆编）［此书全名为《论人类不平等的起源和基础》，以下中译文作《论不平等》］；"爱弥儿"=《爱弥儿》（伽涅尔编）［以下中译文作《爱弥儿》］；"阿谢特"=《全集》，阿谢特编［以下中译文作《全集》］；"于丽"=《于丽或新爱洛漪丝》（伽涅尔编）［以下中译文作《新爱洛漪丝》］；"山"=《山中书简》（伽涅尔编）［以下中译文作《山中书简》］；"那喀索斯"=《那喀索斯·序言》（弗拉马隆编）［以下中译文作《那喀索斯》］；"遐想录"=《一个孤独漫步者的遐想》，马赛尔·雷蒙编［以下中译文作《漫步遐想录》］。

心灵的那种伟大气质。他们更其是市民而非公民。城邦那种神圣的统一性,在古典时期之后被世俗权力和精神权力的二元论,最终是被尘世中的祖国和天堂中的祖国的二元论破坏了。[2]

现代国家将自己呈现为一个经由习俗而存在的人造物,弥补了自然状态的种种欠缺。因此对于现代国家的批评者来说,就出现了一个问题:自然状态是否就不如公民社会可取。卢梭提出要从人为的、习俗性的世界返于自然状态、返于自然。终其一生,他从来没有满足于仅仅是从现代国家而诉诸古典城邦。他几乎是以同样的语气要从古典城邦自身,而诉诸"自然人"——处于政治状态之前的野蛮人。[3]

在返于城邦与返于自然状态之间有着明显的紧张关系。此种紧张关系乃是卢梭思想的实质之所在。他向他的读者们展示了令人模糊难解的景象:一个在恰相反对的两个位置上持续不断地前后摆动的人。有时他诚挚地为个人或心灵摆脱一切限制或权威的权利而辩护;有时他又同样诚挚地要求个人完全顺从社会或国家,站在了严苛的道德或社会戒律的一边。今天,绝大部分严肃的卢梭研究者们倾向于认为,他最终成功地克服了那在他们看来是暂时的摇摆不定。他们认为,成熟期的卢梭找到了一个解决方法,在他看来同样地既满足了个人的、又满足了社会的合法要求,解决之道在于某种

---

[2] 《论科学与艺术》,第134页;《那喀索斯》,第53—54页,第57页注;《论不平等》,第66,67,71—72页;"达朗贝尔",第192,237,278页;《新爱洛漪丝》,第112—113页;《社会契约论》,第4卷,4,8;《山中书简》,第292—293页。现代思想家中没有人比卢梭能更好地理解 polis [城邦]的哲学概念:polis [城邦]是与人的求知能力和爱的能力的自然界限相对应的完全的联合。尤其可见《论不平等》,第65—66页,以及《社会契约论》,第2卷,10。

[3] 《论科学与艺术》,第102页注,第115页注,第140页。"人们指责我爱在古人中选取美德的范例。倘若我能够追溯到更早的时候的话,那可能我可以找到的例子还要更多。"(《全集》,第1卷,35—36)

类型的社会。[4]此种解释碰到了关键性的反对意见。卢梭至死都认为,即使是正当的社会也是一种形式的束缚。因此,他顶多把他对于个人与社会之间的冲突这一问题的解决方法,看作不过是一个能够容忍的近似的解决方法——一种人们完全可以提出疑问的近似的解决之道。因此,告别社会、权威、限制和责任,或者说返于自然,对他而言就是一种合理的可能性。[5]于是,问题就不是他如何解决了个人与社会之间的冲突,而是他是如何看待那种无法解决的冲突的。

卢梭的《论科学与艺术》为我们更准确地阐述这一问题提供了锁钥。在他那篇最早期的重要著述中,卢梭以德性的名义来攻击科学与艺术:科学与艺术是同德性不相容的,而德性乃是唯一要紧之物。[6]德性显然需要得到信仰或有神论(尽管不一定是一神论)的支持。[7]然而他所强调的还是德性自身。卢梭通过提到公民哲学家苏格拉底、法布里基乌斯*以及尤其是加图(加图乃是"最伟大的人")的样板,对于德性的内涵做了对其目的而言足够清楚的暗示。[8]德性主要地乃是政治品德,爱国者的品德,或者是一整个民

---

[4] 此种对于卢梭的阐释的古典表述,可见康德的《世界公民观点之下的普遍历史观念》,定理7(《康德的哲学》,弗里德里希编["现代文库"版],第123—127页)。
[5] 《社会契约论》,第1卷,1;第2卷,7,11;第3卷,15;《爱弥儿》,第1卷,13–16,79-80,85;《论不平等》,第65,147,150,165页。
[6] 《论科学与艺术》,第97—98,109—110,116页。《全集》,第1卷,55:道德比之理智所创造的奇迹来说,无比崇高得多。
[7] 《论科学与艺术》,第122,140—141页;《爱弥儿》,第2卷,51;《新爱洛漪丝》,第502页以下,第603页;《山中书简》,第180页。
* 法布里基乌斯(Fabricius),古罗马政治家,公元前282年任罗马执政官,以道德纯朴著称。——译注
[8] 《论科学与艺术》,第120—122页;《论不平等》,第150页;《新爱洛漪丝》,第325页。《全集》,第1卷,45–46:原初的平等乃是"一切德性的源泉"。《全集》,第59页:加图给人类做出了有史以来最纯洁的德性的展示和样板。

族的品德。德性要以自由的社会为前提,而自由的社会又以德性为前提:德性与自由的社会彼此相属。[9]卢梭在两个地方偏离了他古典的楷模们。他追随孟德斯鸠,将德性视作民主制的原则:德性与平等或对平等的承认是不可分的。[10]再有,他相信,为德性所必需的知识不是由理性,而是由他所谓的"良知"(或者"纯朴心灵的崇高科学")或情感和本能提供的。他心目中的情感将被证明原本是同情的情感,那是一切真正的善行的自然根基。卢梭在他之倾向于民主制和他之将情感置于理性之上之间,看到了某种联系。[11]

由于卢梭认为德性与自由社会是彼此相属的,他就可以通过证明科学与自由社会不相容,来表明科学与德性是不相容的。《论科学与艺术》中的推论可以简化为五个主要论点,在那本著作中这些论点的确还没有充分地发展起来,但是如果我们在阅读《论科学与艺术》时还考虑到卢梭以后的著述,这些论点就会相当清晰了。[12]

在卢梭看来,公民社会本质上是一个特殊的、或者更准确地说是一个封闭的社会。他认为,公民社会只有在其具有自己的特性时才会是健康的,而这就要求其个性要由民族的、独一无二的制

---

[9]《那喀索斯》,第54,56页,第57页注;《爱弥儿》,第1卷,308;《社会契约论》,第1卷,8;《忏悔录》,第1卷,244。

[10]《全集》,第1卷,41,45–46;《论不平等》,第66,143—144页;《山中书简》,第252页。比较一下《论科学与艺术》(第118—120页)中出自柏拉图《苏格拉底的申辩》(21ᵇ以下)的引文和柏拉图的原文:他未能引述苏格拉底对(民主制或共和制)政治家的指责;他以对于艺术家的指责代替了苏格拉底对手艺人的指责。

[11]《论科学与艺术》,第162页;《论不平等》,第107—110页;《爱弥儿》,第1卷,286–287,307;《忏悔录》,第1卷,199;《全集》,第1卷,31,35,62–63。

[12] 这一程序是不容反驳的,因为卢梭自己就说过,他在《论科学与艺术》中并未将自己的原理充分表达出来,而且也出于其他原因,这本著作有些失当(《论科学与艺术》,第51,56,92,169—170页);而在另一方面,《论科学与艺术》比之后来的著述更清楚地表现了卢梭基本观念的统一性。

度来创造和养成。这些制度必须要由某种民族"哲学"、某种不可能转让给其他社会的思维方式来赋予其生机:"一个民族的哲学不大会适用于另一个民族。"另一方面,科学或哲学本质上又具有普遍性。科学或哲学必定会削弱民族"哲学"的力量,从而削弱公民们对于他们那共同体的某种特殊的生活方式或风尚的依恋。换句话说,尽管科学本质上是放之四海而皆准的,但社会却必须由一种爱国主义的精神、一种与民族的仇敌势不两立的精神来激励。政治社会乃是一个要针对别的国家来防卫自己的社会,它必须培养尚武的美德,而且它通常养成的是一种好战的精神。相反地,哲学或科学是要破坏好战精神的。〔13〕此外,社会要求其成员全心全意地献身于共同利益,他们要为了他们的同胞而费心操劳:"每个懒惰的公民都是一个恶棍。"另一方面,众所周知,悠闲乃是科学的要素*,悠闲被错误地与懒惰区分开来。换言之,真正的公民献身于职责,而哲学家或科学家则自私地追逐他的快乐。〔14〕另外,社会要求其成员对某种宗教信仰坚定不移。这些有益于人心的坚定信念,"我们的信条"或"法律授权的神圣信条",受到了科学的威胁。科学关注的是真理本身,而不在意它所能带来的功利,因此由于它的意图就会有导向无用的甚而是有害的真理的危险。而实际上,真理是无法达到的,因此对真理的寻求导向的是危险的错误或者是危险的怀疑

---

〔13〕《论科学与艺术》,第107,121—123,141—146页;《那喀索斯》,第49页注,第51—52页,第57页注;《论不平等》,第65—66,134—135,169—170页;《社会契约论》,第2卷,8(靠近末尾处);《爱弥儿》,第1卷,13;《波兰政府》,第2和3章;《山中书简》,第130—133页。

* 古希腊名言曰:"悠闲出智慧。"在亚里士多德《形而上学》第1卷中有类似的提法。——译注

〔14〕《论科学与艺术》,第101,115,129—132,150页;《全集》,第1卷,62;《那喀索斯》,第50—53页;《论不平等》,第150页;"达朗贝尔",第120,123,137页;《新爱洛漪丝》,第517页;《爱弥儿》,第1卷,248。

主义。社会的要素乃是信仰或意见。因此，科学，或者说要以知识来取代意见的努力，必定会威胁到社会。[15]再者，自由社会的前提是，其成员放弃了他们原初的或自然的自由，来换取习俗性的自由，也就是说，他们选择了要服从于共同体的法律或者统一的行为准则，他们每个人都可以为制定这些法律和准则出力。公民社会要求服从，要求将作为自然存在者的人转变为公民。然而，哲学家或科学家却一定要以绝对的真诚来依循他"自己的天才"，全然不顾公意或共同的思维方式。[16]最后，自由社会通过以习俗性的平等取代自然的不平等而实现了。对科学的追求，需要对天赋的呵护，那是属于自然的不平等的；它对于不平等的悉心照顾乃是它鲜明的特征，因此人们满可以说，对于卓越性或者傲气的关切，乃是科学或

---

[15]《论科学与艺术》，第107，125—126，129—133，151，155—157页；《那喀索斯》第56, 57页注；《论不平等》第71, 152页；《社会契约论》，第2卷，7；《忏悔录》，第2卷，226。《全集》，第1卷，38注："它的那些不同学派阐述各种有害的准则和不信宗教的信条，对于哲学来说这事实上是一个相当有损名誉的细节……在它的所有这些学派中，是否只有一个并未陷入到某种危险的错误之中？另外，我们是否应该说出两种学说的区别，这种区别已被所有哲学家充满渴望地接受，并正是通过它，这些哲学家才暗地里教授那些与公开传授的完全不同的看法。毕达哥拉斯是第一个使用内部学说的人，他只是在长期检验之后，才以一种最神秘的方式向他的学生们揭示它。在为朱庇特举行盛大的百牲大祭的同时，私底下他却向学生讲授无神论。哲学家们发现这种方法是如此的好，以至于它在古希腊、罗马迅速扩展，人们从西塞罗的著作中就能看到这一点：西塞罗与他的朋友们嘲讽那些不朽的神，同时又极其夸张地以长篇大论证实神的审判。内部学说并未从欧洲传到中国，但是它是与哲学一起产生的，正是因此中国人是受惠于他们中的那些无神论者或哲学家的。这一无可避免的学说的历史，由一位有知识的真诚的人所完成，将是对古典和现代哲学的沉重一击。"（作者注：楷体系着重，非原文所有。）参见《忏悔录》，第2卷，329。

[16]《论科学与艺术》，第101—102，105—106，158—159页；《论不平等》，第116页；《社会契约论》，第1卷，6，8；第2卷，7；《爱弥儿》，第1卷，13-15。

哲学的根源。[17]

卢梭是凭借着科学或哲学建立起了这样的论旨：科学或哲学与自由社会、从而与德性是不相容的。在这样做时，他就默认了科学或哲学也可以是于人心颇有裨益的，也就是说，与德性是相容的。他并没有停留于此。正是在这篇《论科学与艺术》中，他高度赞颂了那些有学识的社会，那些社会的成员必须将学问与德性结合在一起；他把培根、笛卡尔和牛顿称作人类的导师；他提出第一流的学者们要将君王的宫廷当作自己光荣的避难所，好从那里对人民就他们的职责进行启蒙，并因此为人民的幸福做出贡献。[18]

卢梭对这一矛盾提出了三种解决方法。照第一种解决方法，科学对于一个好社会而言是坏的，而对于一个坏社会而言是好的。在一个腐化的社会中，在一个专制统治的社会中，对于一切神圣的意见或成见的攻击都是合理的，因为社会道德不会比它如此这般的模样更糟糕了。在这样一个社会中，只有科学能够给人们提供救济之道：对于社会的基础的探讨，可能导致发现对于当下种种恶行的救治之方。倘若卢梭的著作只是对他的同时代人——腐化社会的一员——的发言的话，这种解决方法就足够了。然而他想要成为一个超越自己时代的作者，而且他预见到了一场革命。因此，他的写作也考虑到了一个好社会（实际上是一个比迄今为止的社会都更加完美的社会）的需要，那种社会在革命之后是可以建立起来的。此种对于政治问题的最好的解决方法是哲学发现的，而且也只能由哲学

---

[17]《论科学与艺术》，第115，125—126，128，137，161—162页；《那喀索斯》，第50页；《论不平等》，第147页；《社会契约论》，第1卷，9（结尾处）；《全集》，第1卷，38注。
[18]《论科学与艺术》，第98—100，127—128，138—139，151—152，158—161页；《那喀索斯》，第45，54页。

来发现。因此，哲学就不仅仅对于一个坏社会而言才是好的；它对于最好的社会的出现也不可或缺。[19]

照卢梭提出的第二种解决方法，科学对于"个人"，亦即对于"某些伟大的天才"或"某些得天独厚的心灵"或"一小群真正的哲学家"（他自己是其中之一）而言是好的，对于"人民"或"公众"或"庸人"（les hommes vulgaires）而言则是坏的。因此，在《论科学与艺术》中，他攻击的不是科学本身，而是普及化了的科学或科学知识的流播。科学知识的流播不仅对于社会，而且对于科学或哲学本身都是灾难性的；科学一经普及，就退化为意见，或者，对于偏见的反抗本身就成了偏见。科学必须保留为极少数人的领地；对于普通人来说，它一定得是秘而不传的。由于每本书不光是极少数人，而且也是每一个识文断字的人都能看到的，卢梭的原则就迫使他在表达他的哲学或科学学说时做了很多保留。他确信，在一个像是他所生活于其中的那样的腐化社会中，哲学知识的流播就不再是有害的；然而正如我们前面所说，他不只是为同代人写作的。必须考虑到这些事实才能理解《论科学与艺术》。那本书的功用是警告人们要远离科学，但指的不是所有的人，而只是普通人。当卢梭把科学当作纯然坏的东西来加以拒斥时，他是以普通人的身份来对普通人说话。然而他又暗示，他远不是什么普通人，而只是一个以普通人的面目出现的哲学家，而且，他远不是在最终向"人民"发话，而只是在向那些不屈从于他们的时代、他们的国家或他

---

[19]《论科学与艺术》，第94页（参见第38，46，50页）；《那喀索斯》，第54，57—58页，第60页注；《论不平等》，第66，68，133，136，141，142，145，149页；《新爱洛漪丝》，前言（开始处）；《社会契约论》，第1卷，1；《博蒙》，第471—472页。

第六章　现代自然权利论的危机

们的社会的意见的人发话。[20]

这样看起来,卢梭之相信在科学与社会("人民")之间存在着根本的不谐,乃是他之相信个人与社会之间的冲突无法解决的主要缘由,或者是他最终给"个人",亦即极少数"得天独厚的心灵"反对即使是来自最好社会的要求留有余地的主要缘由。卢梭在肉体的需求中找到了社会的基础,以及他在谈到自己时说,没有任何与他的肉体利益相关的东西会真正占据他的心灵这样的事实,验证了我们的这个印象:他自己只有在纯净的、无功利心的沉思——比如说,以提奥弗拉斯特*的那种精神来研究植物——所带来的欢愉和狂喜之中,才能找到完美的幸福和像神一样的自足。[21] 于是我们就产生了这样的印象:卢梭是在试图恢复与启蒙运动相反对的古典的哲学观念。他之再度强调人们在智力天赋方面的自然不平等的极端重要性,当然与启蒙运动是针锋相对的。然而我们必须马上就

---

[20]《论科学与艺术》,第93—94页,第108页注,第120,125,132—133,152,157—162,227页;《全集》,第1卷,23,26,31,33,35,47注1,48,52,70;《论不平等》,第83,170,175页;"达朗贝尔",第107—108页;《博蒙》,第471页;《山中书简》,第152—153,202,283页。《论科学与艺术》的一个批评者说:"人们并不明白将与一般看法相违背的真相公诸于世……"卢梭是这样回答他的:"我完全不主张这样,我认为应该留点骨头给孩子们。"(《全集》,第1卷,21;参见《忏悔录》,第2卷,247)卢梭的原则是要说出"全然有用"的真理(《博蒙》,第472,495页;《漫步遐想录》,第4卷);因此,人们不仅可以压制或掩盖可能毫无益处的真理,而且甚至还可以积极地进行欺瞒,宣称与它们恰相反对的东西,但并不因此就犯下了撒谎的罪。有害的或危险的真理所要带来的后果显而易见(参见《论不平等》第一部分结尾处,及《博蒙》,第461页)。比较狄尔泰,《全集》,第11卷,92:"[米勒(Johannes von Mueller)提到了]特殊使命,即这样来表达自己,以便使下层学会真理,而又不至于让下层人民理解他们;并且要这样来教导下层人民,以便使他们对自己的幸福处境深信不疑。"

* 提奥弗拉斯特(Theophrastus,约公元前372—约前287)。古希腊亚里士多德学派的哲学家,著有《植物研究》。——译注

[21]《论科学与艺术》,第101页;《山中书简》,第206页;《忏悔录》,第3卷,205,220-221;《漫步遐想录》,第5—7部分。

补充说，卢梭在采取了古典观念的同时，又再次拜倒在他所竭力要将自己从中解放出来的力量面前。那迫使他从公民社会来求诸自然的同一种理由，又迫使他从哲学或科学来求诸自然。[22]

《论科学与艺术》中有关科学的价值的矛盾之处，由卢梭的第三种解决方法得到了完备的解决，第一和第二种解决方法都构成了其中的组成部分。前两种解决方法都是通过区分科学的两种接受者来解决矛盾。第三种方法是通过区分两种科学来解决矛盾：一种科学是与德性不相容的，人们可以称之为"形而上学"（或者纯粹的理论科学），还有一种科学是与德性相匹配的，人们可以称之为"苏格拉底式的智慧"。苏格拉底式的智慧乃是自我认识；是知道自己的无知。因此那是一种怀疑论，一种"并非出自本心的怀疑论"，但这不是一种危险的怀疑论。苏格拉底式的智慧与德性并不能等同，因为德性乃是"纯朴灵魂的科学"，而苏格拉底并不是一个纯朴的灵魂。虽然所有人都可以是有德性的，但是苏格拉底式的智慧却是极少数人才能够保有的。苏格拉底式的智慧本质上是次要的；细微无声的德性的践履才真正要紧。苏格拉底式的智慧有着针对种种诡辩巧计来保护"纯朴灵魂的科学"或良心的职责。对于此种保护的需要并非偶尔才有，也不限于腐化之时。就像卢梭最伟大的信徒之一所说的，纯朴或天真确实是美好事物，然而却容易误入歧途；"因此，那在其他方面不在于知而在于行或克制而行的智慧，需要科学"。需要苏格拉底式的智慧的，不是苏格拉底，而是那些纯朴的灵魂或人民。真正的哲学家要履行绝对必须的职责，成为自

---

[22]《论科学与艺术》，第115页注；《那喀索斯》，第52—53页；《论不平等》，第89，94，109，165页；《新爱洛漪丝》，第415—417页；《爱弥儿》，第1卷，35-36，118，293-294，320-321页；《全集》，第1卷，62-63："人们敢决定以本能来反对理性吗？这正是我所要求的。"

由社会的德性的导师。作为人类的导师,他们,也只有他们,能够就人民的义务以及善的社会的各种特性来启蒙人民。为了履行此种职能,苏格拉底式的智慧需要全部的理论科学作为基础;苏格拉底式的智慧乃是理论科学的鹄的和王冠。理论科学并非本来就要服务于德性,因此是不好的,要使它变好,就必须使它能够服务于德性。[23] 然而,只有对它的研究仍旧是那些天生就注定了要指引人民的极少数人的领地,它才能成为好的科学;只有某种秘而不传的科学才能成为好的科学。这并没有否认,在那些腐化的时代,对科学普及化的限制可以而且必须放松。

如果卢梭的最高标准乃是有德性的公民而非"自然人"的话,这种解决方法就可以看作是一劳永逸的了。然而在他看来,哲学家在某些方面比之有德性的公民更接近于自然人。我们在此处只需提到哲学家与自然人所共同享有的"懒惰"。[24] 卢梭以自然的名义,不仅对哲学提出了质疑,而且也对城邦和德性提出了质疑。他之所以不得不如此行事,是因为他那苏格拉底式的智慧最终是以理论科学,或者不如说是以某种特殊的理论科学也即现代自然科学为基础的。

要理解卢梭的理论原则,我们必须转向他的《论不平等的起源和基础》。和当今大多数研究者的倾向相反,他一直认为这部著作

---

[23]《论科学与艺术》,第93,97,99—100,107,118—122,125,128,129页,第130页注,第131—132,152—154,161—162页;《全集》,第1卷,35;《那喀索斯》,第47,50—51,56页;《论不平等》,第74,76页;《爱弥儿》,第2卷,13,72,73;《博蒙》,第452页。参见康德《道德形而上学基础》,第1章(结尾处)。
[24]《论科学与艺术》,第105—106页;《论不平等》,第91,97,122,150—151,168页;《忏悔录》,第2卷,73,第3卷,205,207—209,220—221;《漫步遐想录》,第6部分(末尾)和第7部分。

"有着头等的重要性"。他声称，在这部著作中他将自己的原则"完整地"发挥出来了，或者说，《论不平等》乃是他"最直截了当、勇敢无畏地"表达了他的原则的著述。[25]《论不平等》的确是卢梭最具哲学意味的作品；其中包含了他根本的反思。尤其是，《社会契约论》是在《论不平等》所铺垫好的基础上展开的。[26]《论不平等》确实是一个"哲学家"的著作。道德在那里，不是被当作一个未经质疑的或者无可质疑的预设，而是被当作一个对象或者一个问题来加以考虑的。

《论不平等》旨在成为一部人类的"历史"。那部历史是以卢克莱修在他的诗篇的第五卷中所叙述的人类命运为样板的。[27]但是，卢梭将那一叙述从其伊壁鸠鲁派的背景中提取出来，置入现代自然科学和社会科学的背景之中。卢克莱修描述人类的命运是为了表明，不求助于神明的活动，人类的命运也完全能够得到理解。就他不得不谈到的那些病症的救治之方而论，他是从哲学从政治生活中的退隐来寻求它们的。另一方面，卢梭讲述人类的故事，是为了发现与自然权利相吻合的那种政治秩序。而且，至少在开始时，他追随的是笛卡尔而非伊壁鸠鲁：他认定动物乃是机器，而人超越了一般的机械或者说是（机械的）必然性的方面，只是因为他的灵魂所具有的精神性。笛卡尔将"伊壁鸠鲁派的"宇宙论整合到了一种有神论的框架之中：上帝创造了物质，确立了物质运动的规律，除

---

[25]《忏悔录》，第2卷，221，246。
[26] 尤其参见《社会契约论》，第1卷，6（开始处），那里表示说，社会契约的 raison d'être［存在理由］不是在《社会契约论》中，而是在《论不平等》中建立起来的。又见《社会契约论》，第1卷，9。
[27]《论不平等》，第84页；又见《忏悔录》，第2卷，244。见摩雷尔（Jean Morel）《关于〈论不平等〉一书起源之研究》，《卢梭学会年鉴》，V（1909年），163-164。

了人的理性的灵魂之外，宇宙乃是经由纯粹的机械过程而产生的；理性的灵魂需要特殊的创造方法，因为思想不能够被看作是对于被动的物质进行修正而产生的；理性乃是人有异于禽兽的特殊之处。卢梭不仅质疑了物质的创造，而且也质疑了传统上对于人的定义。他接受了禽兽乃是机器的观点，认为人类和禽兽之间在知性（understanding）上只有程度上的不同，或者说机械的规律就可以解释观念的形成。不能从物质角度加以解释的，是人进行选择的能力和他对于此种自由的意识，而这就证明了他的灵魂的精神性。"构成了人之作为自由行动者的特质而使他区别于动物的，并不在于知性。"然而，无论卢梭对这一点如何地深信不疑，《论不平等》中的论证并不是基于意志自由乃是人的本质这个假定的，或者，说得更宽泛一些，它并不是基于二元论的形而上学的。卢梭继续说，上述对于人的定义会引起纷争，因此他要用"可完善性"（perfectibility）来代替"自由"；没有人能够否认人是以可完善性区别于禽兽这一事实。卢梭想要将他的学说置于不败之地；他不想让它依赖于二元论的形而上学，那是要遇到"无法化解的反对意见"、"强有力的反对意见"或者"无法克服的困难"的。[28]《论不平等》的论点既要能让唯物主义者接受，又要能让别的人接受。它要在唯物主义与反唯物主义之间的冲突中保持中立或"科学"——今天意义上的科学。[29]

《论不平等》中的"自然的"（physical）研究[30]就等于是对自

---

[28]《论不平等》，第92—95，118，140，166页；《新爱洛漪丝》，第589页注；《爱弥儿》，第2卷，24，37；《博蒙》，第461—463页；《漫步遐想录》，第3部分。参见《论科学与艺术》，第178页。
[29] 有关此种研究路数的前史，参见同上，第173—174页和第203—204页。
[30]《论不平等》，第75，173页。

然权利的基础从而也就是对道德的基础的研究;"自然的"研究旨在揭示自然状态的确切性质。在卢梭看来,要确立自然权利就必须返回自然状态,这是理所当然的。他接受了霍布斯的前提。他摒弃了古代哲学家们的自然权利学说,认为"霍布斯已经非常清楚地看到了所有关于自然权利的现代定义的缺陷"。"现代人"或者"我们的法学家们"(有别于"罗马的法学家们",也即乌尔比安)错误地以为,人本于自然就能够充分地运用他的理性,也即人之作为人是服从于自然法的不折不扣的义务的。卢梭所谓的"自然权利的现代定义",显然指的是在当时的学术思想中还占据着支配地位的传统定义。因此,他赞同霍布斯对于传统自然法学说的攻击:自然法的根基必定在于先于理性的原则之中,也即在于不见得就一定是人类所特有的情感之中。他还进而赞同霍布斯在自我保全的权利中找到了自然法的原则,那一原则就包含了每一个人作为何者为其自我保全的恰当手段的唯一裁判者的权利。在这两位思想家看来,此种观点预先就假定,自然状态下的生活乃是"离群索居"的,也就是说,其特征不仅是社会的阙如,而且还是社会性的阙如。[31] 卢梭以"较不完满、然而可能更加有用的准则'利己不损人'……"取代了"理性的正义的崇高准则'待人如欲人之待己'",并以此表达了他忠诚于霍布斯变革自然法学说的精神。他与霍布斯同样严肃地通过考察"人类的实然状况"而非他们的应然状况,来寻找正义的基础。并且他接受了霍布斯之把德性简约为社会的德性。[32]

---

[31]《论不平等》,第76,77,90,91,94—95,104,106,118,120,151页;《新爱洛漪丝》,第113页;《社会契约论》,第1卷,2;第2卷,4,6;又见《爱弥儿》,第2卷,45。

[32]《论不平等》,第110页;又见《社会契约论》,第1卷(开始处);"达朗贝尔",第246,248页;以及《忏悔录》,第2卷,267。卢梭充分地认识到了自然状态概念有着反《圣经》的蕴含。出于这个原因,他原来将他对于(转下页)

卢梭之所以脱离霍布斯,与他脱离所有以前的政治哲学家是出于相同的两个理由。首先,"审查过社会的基础的哲学家们,全都感觉到了回到自然状态的必要性,然而没有任何人做到这一点"。他们所有人都是描绘了一个文明人,然后号称是描绘了一个自然人或者说是自然状态中的人。卢梭的先驱者们试图以观察人的现状来确立起自然人的特征。一旦假定了人本于自然就是社会性的,这种程序就有了合理性。一经做出这种假定,我们就可以通过将习俗的等同于明显由习俗所建立者,从而在自然的与实在的或习俗的之间做出划分。我们可以理所当然地将至少是所有那些独立于社会裁可而产生的情感视作是自然的。然而,一旦和霍布斯一样否认了人有天生的社会性,我们就必定认为,有可能我们所观察到的人心中所

(接上页)自然状态的描述表现得纯然是假说性质的;自然状态一度实际存在过的观点,与所有基督教哲学家都注定了要接受的《圣经》中的教诲格格不入。然而《论不平等》中的学说并不是一个基督徒的学说;那是一个人对人类发言的学说;它更应该待的地方不是18世纪,而是柏拉图和色诺克拉底时代的吕克昂学园;它是一种通过将自然的光明投射到对于人性的研究而达到的学说,而自然是从不骗人的。与这些论述相一致,卢梭后来强调说他已经证明了他对于自然状态的描述。仍然是假说性质的,或者说比之对于自然状态的描述更为确实性的,乃是对于从自然状态到专制主义的发展的描述,或者也可以说是"政府的历史"。在这本由两个部分组成的著作中,卢梭在第一部分的结尾处把自然状态称作"事实":问题在于"以一系列中介的和确实未知的或者据认为是未知的事实"来将"两个真实的事实"联系起来。既定的事实就是自然状态和当前的专制统治。当卢梭在《社会契约论》中说他并不知道它们时,他指的不是自然状态的特征,而是中介的事实。倘若卢梭对于自然状态的描述是假说性质的,他的全部政治学说就都是假说性质的了;实际产生的后果就会是祈祷和忍耐,而不是不满和随处可能发生的变革。参见《论不平等》,第75,78—79,81,83—85,104,116—117,149,151—152,165页;还可将他所提到的人类心灵发展所需要的"上千个世纪"(同上,第98页)与《圣经》中的年代学进行比较;又见摩雷尔前引书,第135页。[吕克昂学园是亚里士多德所创办的一个讲学场所;色诺克拉底(Xenocrates,约公元前395—约前314)是柏拉图的学生,曾担任柏拉图学园的主持人。——译注]

出现的许多种情感都是习俗性的,只要它们是在社会、从而是在习俗的微妙和间接的影响之下产生的。卢梭偏离了霍布斯,是因为他接受了霍布斯的前提;霍布斯极其前后不一,因为他一方面否认人天生有社会性,另一方面又企图通过参照他对于人的阅历(那是对于社会中人的阅历)来确定自然人的特征。[33] 通过思考霍布斯对于传统观点的批判,卢梭直接面对着困扰了当今绝大多数社会科学家的一个难题:并不是对于人们关于人的阅历的反思,而只是某种特殊的"科学"程序似乎才能够给人们带来有关人性的真知。卢梭对于自然状态的反思与霍布斯的反思相比照,具有"自然的"研究的特色。

霍布斯把自然人视同为野蛮人。卢梭常常接受他的这种看法,并且由此广泛地运用了当时的人类学文献。然而他关于自然状态的学说在其原理上是独立于这类知识的,因为正如他所指出的,野蛮人是已经被社会所塑造了的,不再是严格意义上的自然人了。他还提出了一些实验方法,可能会有助于人们了解自然人的秉性。但是这些实验完全是将来的事情,不能成为他学说的基础。他运用的方法是"思索人类心灵中最初的和最单纯的运作";那些以社会为前提的精神活动,不可能属于人类的自然构成,因为人天然地乃是离群索居的。[34]

卢梭之所以偏离霍布斯的第二个缘由可以表述如下。霍布斯曾经教导说,自然权利必定要植根于情感中才会切实生效。另一方面,他又显然是以传统的方式来看待自然法(规定了人们的自然义务的准则)的,将其视作理性的诫命;并把它们说成是"由定理推

---

[33] 《论不平等》,第74—75, 82—83, 90, 98, 105—106, 137—138, 160, 175页。
[34] 同上,第74—77, 90, 94—95, 104, 124, 174页;还可参见孔多塞《人类精神进步史表纲要》,"开端时期"(开始处)。

出的结论"。卢梭得出的结论是,既然霍布斯对于传统观点的批判是健全合理的,那么,人们就必定要对霍布斯的自然法观念产生疑问:不仅自然权利,而且自然法或人的自然义务或人的社会德性都必定植根于情感之中;它们就必定有着比之推理或盘算更强有力的支柱。依据自然,自然法"必定直接道出自然之声";它一定是先于理性的,是由"自然情操"或情感所驱策的。[35]

卢梭以人天性善良的论断,总结了他对于自然人的研究所得到的结果。这个结果可以理解为是从霍布斯的前提出发、对霍布斯的学说进行批判而产生的成果。卢梭是这样论证的:人的天性是非社会的,正如霍布斯所坦言的。但是骄傲心或 *amour-propre*〔虚荣心〕为社会的出现做了铺垫。于是自然人不可能是骄傲的或者虚荣的,而霍布斯却辩称自然人乃是如此这般的。然而正如霍布斯也辩称的,骄傲或虚荣乃是万恶之源。因而,自然人于种种邪恶毫不沾染。自然人被自爱心或者说对于自我保全的关切所支配着;因此他就会伤害他人,只要他认为这能够使他保全自己;然而,他也不会为着伤害他人而伤害他人,而如果他是骄傲的或虚荣的,那他是有可能如此行事的。此外,骄傲心和同情心是不相容的;就我们关切着自己的声誉而论,我们对于别人的苦难是无动于衷的。文雅或习俗的增进,伴随着同情心的减弱。卢梭认为,自然人充满同情心:倘若自我保全的本能的强大推动力没有为同情心所缓解的话,那么在任何习俗性的限制出现之先,人类都是无法生存下来的。他似乎认为,保全物种的本能愿望分成两个部分:生殖的愿望和同情心。同情心是一切社会德性都由之而来的那种情感。他的结论是,人天性善良,因为他天生是被自爱心和同情心所支配,而与虚荣心和骄

---

〔35〕《论不平等》,第76—77,103,107—110页;又见《爱弥儿》,第1卷,289。

傲心无缘。[36]

出于与自然人缺乏骄傲心同样的理由,他也缺少理智或理性,从而就没有自由可言。理性与语言相伴而生,而语言又是社会出现的前提:在社会之先,自然人是在理性之先的。卢梭在这里再次得出了由霍布斯的前提出发而霍布斯并没有得出的一个必然结论。具有理性就意味着具有一般观念。然而,有别于记忆或想象中的形象,一般观念并非某个自然过程或者无意识的过程的产物;它们是以定义为前提的;它们有赖于定义而存在。因此,语言乃是它们存在的先决条件。既然语言不是自然的,理性也就不是自然的。由此我们可以很好地理解,卢梭为什么要以一种新的定义来取代传统之把人定义为理性的动物。再就是,既然自然人是前理性的,他就完全不可能得到任何有关自然法(也即理性的法则)的知识,尽管"他[依据]理性赋予了自己以对于他所需之物的权利"。就每一方面而论,自然人都是前道德的:他全无心肝。自然人乃是次人(subhuman)。[37]

卢梭关于人天性善良的论旨必须借助于他关于人天生乃是次人的观点来加以理解。人天性善良,乃是因为他天生就是既可为善又可为恶的次人。对人来说,没有什么自然的构成可言:一切专属人类的东西都是由人为或习俗而获得的,或者说最终是依赖于人为或

---

[36]《论不平等》,第77,87,90,97—99,104,107—110,116,120,124—125,147,151,156—157,160—161,165,176—177页。

[37] 同上,第85,89,93—94,98—99,101,102,105—106,109,111,115,118,157,168页。摩雷尔(前引书,第156页)正确地指出卢梭"以一般观念的科学研究的构造代替了它们的自然构成"(参见本书上文第172—174页)。在卢梭的样板卢克莱修的诗篇中(v. 1028-1090),在描述语言的产生时并未提到理性的产生:理性属于人类的自然构成。在卢梭这里,语言的产生与理性的产生恰相重合(《社会契约论》,第1卷,8;《博蒙》,第444,457页)。

习俗的。人本于自然几乎是可以无穷地完善的。对于人的几乎无穷无尽的进步而言，或者说对于他使自己从邪恶中解放出来的能力而言，并不存在什么自然的障碍。基于同样的理由，对于人的几乎无穷无尽的堕落而言，也不存在什么自然的障碍。人本于自然有着几乎是无穷的可塑性。用芮那尔神父（Abbé Raynal）的话来说，我们想让人类变成什么样子，它就会变成什么样子。如果说本性的确切意义是给人能将自己造就成什么样子划定了界限的话，那么人就是没有本性的。[38]

倘若人们获得了人道（humanity），就必须说明获得的过程。与"自然的研究"的要求相一致，人道也必须被理解为偶然因果的产物。这个问题对霍布斯来说几乎就没有存在过。然而这是从他的前提出发所必然会出现的。他在自然物的自然的或机械的产生过程，与人为物的自觉的或任意的产生过程之间进行了区分。他把人的世界看作是某种宇宙中的宇宙。他将人脱离自然状态、建立公民社会视作是人对于自然的一种反叛。正如斯宾诺莎所暗示的，他对于整体的观念要求把自然状态与公民社会状态的二元论，或者自然世界与人类世界的二元论，化约为自然世界的一元论，或者是将从

---

[38] 卢梭关于人天性善良的说法故意有些含混不清。它表达了两种互相抵触的观点———一种非常传统的观点和一种彻底反传统的观点。第一种观点可以这样来表述：人天性善良；他是由于自己的过错而变坏的；几乎所有的邪恶都出自人身上，几乎所有的邪恶都要归咎于文明；文明植根于骄傲，也即对于自由的误用。此种观点的实际结果就是，人们应当以耐心和祈祷的精神来忍受文明所不可避免要带来的邪恶。在卢梭看来，这种观点是基于对《圣经》启示的信仰。此外，自然人或者处于自然状态中的人如同卢梭所描述的，不可能有骄傲心；因此骄傲不可能是他脱离自然状态（天真无辜的状态）而冒险进入文明的缘由。更一般性地说，自然人缺乏意志自由；因此他不可能误用他的自由；自然人的特征不是自由，而是他的可完善性。参见《论不平等》，第85, 89, 93—94, 102, 160页；《社会契约论》，第1卷，8；参见前面注32。

自然状态到公民社会的过渡（或人对于自然的反叛）理解为一个自然过程。[39]霍布斯对自己掩盖了这种必然性，部分地是因为他错误地认为先于社会的人就已经是理性的存在者，是能够缔结契约的存在者。因此，由自然状态到公民社会的过渡，对他而言就与社会契约的缔结恰相对应。然而卢梭却由于认识到了霍布斯的前提所必然具有的蕴含，而不得不设想那一过渡乃是一个自然的过程，或者至少是由一个自然的过程做好了铺垫：人们脱离自然状态，冒险进入文明，不是由于很好地或糟糕地运用了他的自由，也不是出于根本的必然性，而是由于机械的因果或者一系列的自然的偶发事件。

　　人们获得了人道或理性。理性来得比肉体的初级欲望更晚一些。理性是在满足这些欲望的过程中出现的。本来，这些简单一律的欲望是很容易就能满足的。然而正是这一事实导致了人口的巨大增长，并且使得要满足这些初级欲望变得越来越困难。因此，人们被迫为了生存而思考——学着思考。另外，在不同的气候和其他条件下，初级欲望是以不同的方式得到满足的。于是，心智的发展，就恰好对应于特殊的环境改变基本欲望或基本欲望的满足的特定方式。这些环境塑造了人们的思想。一经塑造成形，人们就发展起新的欲望，并且在试图满足这些欲望时，又进一步地发展了心智。于是，心智的进步乃是一个必然的进程。它之所以是必然的，是因为种种变故（岛屿的形成，火山的爆发，等等）迫使人们去发明创造，这些变故不是指向某个目的，因而是偶然的，但它们依然是自然原因的必然后果。偶然事件将理智和理智的发展强加给人类。这就是由自然状态到文明生活的过渡所独具的特征，文明的进程可能

---

[39] 比较斯宾诺莎在《书信集》50和《神学政治论》，第4章（开始处）以及《伦理学》第3部分"序言"中对霍布斯的批评；参见前面第五章中"霍布斯"部分注9。

破坏了作为次人乐园的自然状态,或者人们在组织社会时可能是犯下了弥天大错,这样说也许并不令人吃惊。然而所有这一切苦难和所有这一切过错都是必然的;它们乃是早期的人们缺乏经验和缺乏哲学的必然结果。尽管如此,理性无论有多少欠缺,它是在社会中、并且通过社会而得到了发展。最终,原先对于经验和哲学的缺乏得到了克服,人们成功地在稳固的基础上建立起了公共权利。[40] 在那一瞬间(卢梭的瞬间),人们不再被偶在的环境、而是被理性所塑造。作为盲目命运的产物的人,最终成了他的命运的有远见的主人。理性的创造力和理性对于自然的盲目力量的主宰地位,乃是那些盲目力量的产物。

在卢梭的自然状态学说中,现代自然权利论达到了其关键阶段。通过对那一学说的透彻思考,卢梭面对着完全抛弃它的必然性。倘若说自然状态是次人的,那么要返于自然状态来为人类在其中寻找规范,就未免是荒诞不经的。霍布斯否认人有着自然的目的。他坚信,他能够在人类的开端时期为权利找到一个自然的或者说绝非任意武断的根据。卢梭表明了,人类在其开端时期缺乏所有的人的特质。因此,由霍布斯的前提出发,就必然要全盘抛弃掉在自然、在人性中找寻权利的基础的图谋。然而卢梭似乎也指出了别样的选择,因为他已经表明了,人类的特质并非自然的赐予,而是人们为了克服或改变自然而有所作为(或被迫有所作为)的结果:人道乃是历史过程的产物。在某一时刻——这一时刻比一个世纪更长——人们似乎有可能在历史过程中找到人类行动的准绳。这种解决办法所预设的前提是,历史过程或者其结果无可置疑地比之自然

---

[40]《论不平等》,第68,74—75,91,94—96,98—100,116,118—119,123,125,127,128,130,133,135,136,141,142,145,179页;《那喀索斯》,第54页;《新爱洛漪丝》,第633页注。

状态更为可取，或者那一过程乃是"有意义"的。卢梭无法接受这一预设。他认识到，就历史过程乃是偶然的而言，它无法给人类提供标准，而且如果那一过程有着某个隐蔽的目的的话，其有目的性也是人们所无法认识的，除非存在着超历史的标准。没有对于历史过程的目的或目标的预先了解，就不可能把历史过程看作是进步的。历史过程要有意义，就必须最终达到对于真正的公共权利的完美的知识；人们不具备此种知识，就不会或者无法成为自己命运的有预见力的主宰者。因此，给人们提供了真正的标准的，不是有关历史过程的知识，而是有关真正的公共权利的知识。

前面已经指出，卢梭所陷入的困境纯然是出于误解。在他那时代的学术思想中，人们不是把自然状态理解为人们在开端时期所实际生活过的一种状况，而是当作一种"假设"：生活在自然状态中的人，其所有重要的官能都有了适当的发展，但是他们"被看作"只服从于自然法，因此是所有那些义务和权利、那些只能从自然法中推演出来的义务和权利的承担者。人们是否曾实际生活在不服从于任何实在法的这样一种状态中，就是无关紧要的了。在《论不平等》中，卢梭自己提到了这种自然状态的概念，并且似乎是接受了它。在《社会契约论》的开篇，他大致是说，有关"历史上的"自然状态的知识与有关自然权利的知识并无关联。于是，他关于自然状态的学说的价值就仅仅在于，相当清楚地表明了将两种毫不相干的自然状态的含义完全区分开来的必要性：作为人类原初状况的自然状态（并且因此就是一桩过去的事实），以及作为人之为人的法理地位的自然状态（并且因此就是一种抽象或假说）。换言之，卢梭似乎不大情愿地看到，纯学理的自然权利论比之霍布斯和洛克等人的学说要更加优越。[41]这番批评没有看到，在有关自然权利的存在及其内容的问题，与有关自然权利的裁可的问题之间，有着必然的联系；而后一个问题就等于是有关人类在整体中的地位、或者说有关人的起源的问题。因此，当卢梭说所有的政治哲学家都感觉到了返于自然状态，亦即返于人类的原初状况的必要性时，他并不完全是错的；所有的政治哲学家都不得不思考，正义的要求是否以及在何种程度上具有某种独立于人类立法之外的支柱。卢梭除了径直采纳传统的自然神学外，就无法回到他那时代的纯学理的自然权利论，此种理论是或明或暗地建立于自然神学之上的。[42]

自然权利的特征和内容，受到人们设想人类起源的方式的决定性影响。这并没有取消自然权利是对当前的人而言，而非对生活于卢梭的自然状态之下的愚蠢动物而言的这个事实。因此，要想理解卢梭如何能够将他的自然权利学说建立在他所深信不疑的他对于自然人或自然状态下的人的了解之上，是相当困难的。他的自然状态概念指向的是一种不再以对于人性的考虑为基础的自然权利学说，或者说，它所指向的是不再被理解为自然法的一种理性的法则。[43]可以说，卢梭以他的公意学说、以一种可以视作是他为传统的自然法找寻一种"现实主义的"替代物的努力的结果的学说，表明了这样一种理性法则的特质。按照那种学说，对于人类欲望的限制不是由毫无实效的对人的完满性的要求而达到的，而是由对于所有其他人都有着同样的权利（人们会为了自身而要求它）的认识而达到

---

〔41〕摩西·门德尔松（Moses Mendelssohn）《全集》（纪念版），第2卷，92；参见《论不平等》，第83页，和本书第230—231页。
〔42〕参见《社会契约论》，第2卷，6（参见前面第三章注18）。关于《社会契约论》与《论不平等》之间的关联，见前面注26和32。
〔43〕参见《社会契约论》，第2卷，4，和《论不平等》，第77页。

的；没有人，或者说只有很少的人才会实实在在地对人的完满性或他人的利益发生兴趣。情况既是如此，我的欲望就通过"普遍化"，亦即通过被看作是同等地约束着全体社会成员的某种法则的内容，将它自己转化成了一种理性的欲望。一种经历了"普遍化"的考验而依然存在下来了的欲望，正是由于它通过了考验的这一事实，而被证明是合理的并且从而是正义的。卢梭不再把理性的法则看作是一种自然法，他本可以就此得出彻底独立于自然科学的苏格拉底式的智慧。然而他并没有走出这一步。他从孟德斯鸠那里得到的教诲在他的思想中抵消了内在于自然宪制法（natural constitutional law）中的那种空谈理论的倾向；而极端的空谈理论乃是企图彻底将理性法则独立于有关人性的知识的结果。[44]

卢梭从霍布斯的前提那里所得出的关于自然状态的结论，似乎表示着回归到了将人视为社会动物的这种概念。卢梭本可以回归那一概念，还有着更深一层的原因。在霍布斯看来，所有德性和义务都只来源于自我保全，并且因此就直接来源于盘算。而卢梭则感到，盘算或一己的利益作为联系社会的纽带而言不够强有力，作为社会的根基而言则不够深厚。然而，他拒绝承认人生而是社会的存在。他认为，社会的根基要到人的激情或情感中去寻找，而那是有别于人的根本的社会性的。他的理由可以表述如下：倘若社会是自

---

[44] 卢梭赞同古典派，明确同意"孟德斯鸠所确立的原则"："自由并非一切气候下都能长出的果实，并非所有民族都能得到。"（《社会契约论》，第3卷，8）对这一原则的接受可以解释卢梭大多数提议的中庸性质，那些建议是他想要当下就能运用的。卢梭不同于孟德斯鸠和古典派，他认为"所有合法的政府都是共和制的"（第2卷，6），并且从而几乎所有现有的政权都是非法的："没有几个国家具有法律。"（第3卷，15）这等于是说，在很多情形下，专制政权是无可避免的，但并不因此是合法的：绞死一个暴君的行为就与暴君的所有政府行动同样是合法的（《论不平等》，第149页）。

然的，它在本质上就不是基于个人的意志的；就根本而言，使人成其为社会成员的，乃是他的本性，而非他的意志。另一方面，如果霍布斯所赋予盘算或一己之利的地位被分派给了激情或情感，则个人在与社会的关系中的优先性就得到了保持。因此，卢梭拒绝返回到人是社会动物的概念，是由于他所关注的是个人，亦即每一个人的彻底的独立性。他保留了自然状态的概念，是由于自然状态保障了个人的彻底独立。他保留了自然状态的概念，是由于他所关注的是这样一种在最大可能的程度上有利于个人独立的自然的标准。[45]

倘若在卢梭的思想中，他无意中所导致的对于自然状态的削弱和抽空，没有被独立或自由（这是生活在自然状态中的人的基本特征）的重要性的相应的增长所超过的话，卢梭就不可能继续保留自然状态的概念了。在霍布斯的学说中，自由，或者说每个人作为有利于自己的自我保全的手段的唯一裁断者的权利，是从属于自我保全的；在自由与自我保全发生冲突时，自我保全具有优先性。而在卢梭看来，自由是比生命更高的善。事实上，他将自由等同于德性或善。他说，自由就是服从于个人对自己的立法。这首先意味着，不仅是对法律的服从，而且立法本身都必须源自个人。其次，这意味着，与其说自由是德性的前提或结果，不如说自由就是德性本身。对于德性来说是如此，对于善（卢梭是将善区别于德性的）来说也是如此：自由就是善；自由，或者说成为一个人自己，就是成就善——这是他关于人天性善良的论点的一个含义。尤其要紧的是，他提出要以一种新的对人的定义来取代传统的定义，在新的定义看来，不是理性而是自由成了人的特质。[46]可以说卢梭开创了

---

[45]《全集》，第1卷，374；《爱弥儿》，第1卷，286-287，306，第2卷，44-45。
[46]《论不平等》，第93（参见斯宾诺莎，《伦理学》，第3部分，第9定理），116，130，138，140—141，151页；《社会契约论》，第1卷，1（开始处），（转下页）

"自由的哲学"。没有人比黑格尔更加清楚地认识到,在"自由哲学"的发达形式也即德国唯心主义,与卢梭并且因此与霍布斯之间所存在的关联。黑格尔注意到了在康德和费希特的唯心主义与"反社会的自然权利论体系",亦即否认了人天然的社会性并"把个人的存在当作首要的和最高的事情"的那些自然权利论之间的亲缘关系。[47]

"反社会的自然权利论体系"是通过对伊壁鸠鲁主义的某种改造而出现的。在伊壁鸠鲁的学说看来,个人本然地乃是摆脱了一切社会约束而自由的,因为自然的善就等于是快乐,也即基本上就等于肉体的快乐。然而,根据同一学说,个人本然地是处于明确的界限之内的,因为对于快乐存在着自然的限制,也即最大的或最高的快乐:无休无止的奋斗是有悖于自然的。霍布斯对于伊壁鸠鲁主义的改造意味着,个人的解放不仅指的是从并非源于其意志的所有社会束缚中解放出来,而且还指要从任何自然目的中解放出来。他拒绝了人的自然目的的概念,不再将个人的"善的生活"理解为他顺从于或同化于某种普遍的模式——那是在人们意愿之先就已经为人们所领会了的。他是以人的开端时期或人的自然权利(而不是人的义务或完满性或德性)来设想善的生活的。他所理解的自然权利,疏通了而不是遏制了无尽的欲望:那种导源于自我保全的无尽的权力欲,就等同于对幸福的合理追求。如此这般理解的自然权利只能

(接上页)4,8,11(开始处);第3卷,9注释(末尾)。参见霍布斯《论公民》中头两卷的题目;又见洛克《政府论》,下篇,secs. 4,23,95,123。
[47]《对自然权利的科学研究》,《政治和法哲学文集》,拉松版,第346—347页:"关于自然法的科学研究方法,作为一种低级概念,无限性在幸福学说中也是主体的绝对性,特别是在制度的自然法体系中,比如反社会主义的制度,它们把个体的存在提高到至高无上的地位,但并没有达到康德或费希特的唯心主义所要求的纯粹抽象的高度。"参见黑格尔《哲学全书》,第481—482节。

导向有条件的义务和唯利是图的德性。卢梭确信，霍布斯所理解的幸福与持续不断的苦难难以区别[48]，而且霍布斯与洛克对于道德的"功利主义的"理解也并不恰当：道德必须有比之盘算更加稳固的基础。在试图恢复对于幸福和道德的恰当理解时，卢梭求助于一种经过相当大程度修正的传统的自然神学，但是他感到，即使是此种自然神学也面临着"无法解决的反对意见"。[49]他所强烈地感觉到了的这些反对意见的力量，迫使着他力图由霍布斯式的权利或自由的优先性（而非完满性或德性或义务的优先性）出发，来理解人类生活。他试着将无条件的义务和无关功利的德性的观念移植到霍布斯式的自由或权利优先的观念上去。他似乎承认，必须把义务看作是来自权利的，或者准确地说，并不存在什么先于人类意志的自然法。然而他也认识到，根本性的权利不能够是自我保全的权利，那是一种只能导致有条件的义务的权利，而且它本身也是从一种人与禽兽共同具有的冲动而派生出来的。想要恰当地理解道德或人道，就要将它们追溯到某种为人所独具、为人所独有的权利或自由。霍布斯隐晦地承认了此种自由的存在。因为他已经隐晦地承认说，倘若抛弃了传统的实体二元论、心物二元论，除非唯有从人的创造性活动中产生出意义、秩序和真理，或者除非人类具有作为创造者的自由，科学就不可能存在了。[50]究其实，霍布斯不是以唯物主义的一元论，而是不得不以一种新颖的自然（或实体）与自由的二元论，取代了传统的心物二元论。事实上，霍布斯关于科学所提出的见解，被卢梭运用在了道德方面。他倾向于把根本的自由或者根本

---

[48]《论不平等》，第104—105，122，126，147，160—163页；参见《爱弥儿》，第1卷，286-287。
[49] 参见前面注28。
[50] 参见本书第172—174页。

的权利,视作是在建立无条件的义务(而不是别的任何事情)时所发挥出来的创造性活动:自由本质上就是自我立法。此种努力的最终结果就是自由取代了德性,或者是这样的观点:并非德性使人自由,而是自由使人有德性。

卢梭的确将真正的自由或道德自由——此种自由就在于服从于自己对自己的立法,并且以公民社会为其前提——不仅与公民自由区分开来,而且,尤其要紧的是,也与那种属于自然状态的自然的自由区分开来,而自然状态乃是一种以盲目的欲望的支配从而是道德意义上的奴役为特征的状态。然而,他的确也模糊了这些区别。因为他也说,在公民社会中每个人都"只服从于他自己并像以往一样地自由",也即像在自然状态中一样自由。这就意味着,自然自由仍然是公民自由的样板,正如自然的平等仍然是公民平等的样板一样。[51] 公民自由反过来又是只服从于某人自己的一种方式,当然与道德自由就非常地接近了。自然自由、公民自由与道德自由之间的区别被模糊,并非出于偶然的错误:对于道德自由的新颖理解来自这样的观念——最初的道德现象乃是自然状态下的自由。无论如何,"自由"的地位得到加强,使已经奄奄一息的自然状态概念在卢梭的思想中获得了一线生机。

在霍布斯和洛克的学说中,正如有人所说,自然状态是一个消极的标准:自然状态的特征是自相矛盾的,以至于只有一种解决之道才是充分合理的,那就是"巨大的利维坦",它的"血液就是金钱"。而卢梭却认为,公民社会本身,更不用说霍布斯和洛克所设想的公民社会,其特征就是根本的自相矛盾,而摆脱了自相矛盾的

---

[51]《社会契约论》,第1卷,6,8;《论不平等》,第65页。关于"自由"的含混性,参见《论不平等》,第138—141页。

恰恰是自然状态；生活在自然状态中的人是幸福的，因为他是彻底独立的，而生活在公民社会中的人则并不幸福，因为他根本上是依赖性的。因此，公民社会必须被超越，但不是朝着人的最高目的的方向，而是朝着人的开端时期、人的最早的过去的方向。于是，自然状态对于卢梭就成了一个积极的标准。但是他承认，偶然发生的必然性迫使人们离开了自然状态，并且将他改变得再也无法返回到那种幸福的状态。因此卢梭对于有关善的生活的问题的解答就是这样的：善的生活就在于在人道的层次所可能达到的限度内最大程度地接近自然状态。[52]

在政治层面上，此种最大程度的接近，是由按照社会契约的要求建立起来的一个社会达成的。如同霍布斯和洛克，卢梭据以出发的前提是：在自然状态下，人人自由而平等，根本性的欲望乃是自我保全的欲望。不同于他的前驱者的是，卢梭认为在开端时期或原初的自然状态，自我保全欲望的驱动力被同情心所调谐，而且还在人们进入公民社会之先，偶然发生的必然性就已经在很大程度上改变了原初的自然状态；只是在自然状态的相当晚的阶段，公民社会才成了必然。在自然状态中所发生的具有决定性意义的转变，就是同情心的削弱。同情心的削弱是由于虚荣心和骄傲心的出现，最终是由于不平等的出现，并且从而人们开始依赖于他们的同伴了。作为此种发展过程的结果，自我保全变得日益困难了。关键时刻一到，自我保全就要求有某种人为的替代品来取代自然的同情心，有某种习俗性的替代品来取代在开端时期存在着的自然的自由和自然的平等。正是每一个人的自我保全，要求在社会之中达到对于原初

---

[52]《论不平等》，第65，104—105，117—118，122，125—126，147，151，160—163，177—179页；《新爱洛漪丝》，第385页；《社会契约论》，第2卷，11；第3卷，15；《爱弥儿》，第2卷，125。

的自由和平等的最大可能限度的接近。[53]

于是，公民社会的根基只能够在自我保全的欲望或自我保全的权利中去寻找。自我保全的权利就表明，人们对于为自我保全所需要的手段具有权利。相应地，也存在着占用（appropriation）的自然权利。每个人都本然地具有为自己占用所需要的大地果实的权利。每个人通过他的劳动，而且唯有通过他的劳动，才能获得对于他所垦殖的土地上的产品的排他性权利，并且也就是对于那块土地本身（至少在下一次收获之前）的排他性权利。持续不断的垦殖甚至可以使得对于被垦殖土地的持续不断的占有合法化，但是这并不能产生对于那块土地的财产权；财产权是由实在法所创造的；在实在法的裁可之先，土地是被侵占的，也即是依靠强力而获得的，并非真正的拥有。否则的话，自然权利就会将最早的占领者的权利神圣化，而这是有损于那些人——他们也许并非出于自身的过错而未能拥有土地——的自我保全的权利的；穷人保持着像自由人一样去获取为他们的自我保全所必需之物的权利。倘若他们无法通过在自己的一小块地上劳作而占有他们所需之物，因为一切都已被别人先行占有了，那么他们就会使用暴力。于是，在最早的占领者的权利与那些必须仰赖暴力的人的权利之间，就发生了冲突。占有生活必需品的需要就将自然状态的最后阶段变成了最为可怖的战争状态。一旦到了这一步，对于每个人来说，对于穷人富人来说，权利取代暴力都是符合他们的利益的，也就是说，通过协议或契约，和平得到了保障。这无异于是说"按照明智的洛克的格言，没有财产的地方就没有不义"，或者在自然状态下每个人"对于诱惑他而他

---

[53]《论不平等》，第65、75、77、81、109—110、115、118、120、125、129、130、134页；《社会契约论》，第1卷，6（开始处）；第2卷，2。

又能够得到的一切都具有不受限制的权利"。契约作为事实上的社会的基础,就将人们在自然状态末期事实上所占有的东西转变成了真正的财产。它由此就裁可了早先的侵占。事实上的社会的基础乃是富人欺瞒穷人的一场骗局:政治权力建立于"经济"权力之上。不能够指望有什么改进能够弥补公民社会这一原初的缺陷;法律必定是偏向有产者而不利于无产者的。然而尽管如此,每个人的自我保全还是要求缔结并遵守社会契约。[54]

如若社会契约不允许个人仍然做自己的自我保全所需手段的裁断者,或者说仍然像过去一样自由,那么它就会危及个人的自我保全。另一方面,公共的判断取代私人的判断乃是公民社会本质之所在。倘若那些在行政活动中发布的公共判断严格地符合法律,倘若那些作为法律的公共判断是由公民团体做出的,而且倘若每一个服从于法律的成年男子都可以通过投票来影响法律的内容,那么,这些相互冲突的要求就尽可能地得到了调和。对某项法律投票,就意味着把某个人私人的或自然的意志的目标看作是一项法律的目标,而法律是平等地约束所有人,又平等地造福于每个人的;或者,对某项法律投票就意味着,由于考虑到如果每个人都只沉溺于自私的欲望便会带来人们不愿意见到的后果,从而要限制人们自私的欲望。因此,由协议而产生的无所不包的公民团体的立法就替代了自然同情心。公民比之自然状态下的人更少自由,因为他不能够再依循他那不受限制的判断,然而他又比自然状态下的人有更多自由,因为他会得到他的同胞们的习惯性的保护。公民像(原初的)自然状态下的人一样地自由,因为他只服从于法律或公共意志或公意,

---

[54]《论不平等》,第82,106,117,118,125,128—129,131—135,141,145,152页;《社会契约论》,第1卷,2,8,9;第2卷,4(结尾处);《爱弥儿》,第1卷,309;第2卷,300。

他不服从于任何别人的个别的意志。然而,如果要避免所有的人身依附或"个别政府"的话,一切人和一切物就都要服从于公意;社会契约要求"每个参加者都要将他所有的权利全部让渡给整个共同体",或者"每一个就自己来说都是一个完整和单独的整体的个人"都要转变为"一个更大的整体的一部分,在某种意义上,个人是从它那里获得自己的生命和存在的"。为了在社会中仍然像以往一样地自由,人们必须完全地"集体化"或"非自然化"。[55]

社会中的自由,只有通过每个人(尤其是政府)都彻底服从于自由社会的意志才成其为可能。既然将自己全部的权利都让渡给了社会,人们就丧失掉了不服从社会的裁定(实在法)而向自然权利申诉的权利:所有的权利都成了社会性的权利。自由社会根植和依赖于实在法对自然权利的吸纳。自然权利被一个社会的实在法所合法地吸纳于其中,那种实在法是符合于自然权利而建立起来的。公意取代了自然法的地位。"主权者正由于他是主权者,便永远都是他所当然的那样。"[56]

卢梭有时候把他所设想的自由社会称为"民主制"。民主制比之其他任何制度都更接近于自然状态的平等。然而民主制也必须得到"明智的调和"。在一人须有一票的同时,投票的方式必须安排得有利于中产阶级和农业人口,而不利于大城镇中的 *la canaille* [恶人]。否则,那些没有什么东西可以丧失的人就会出卖自由来换取面包。[57]

---

[55]《社会契约论》,第1卷,6,7;第2卷,2—4,7;《爱弥儿》,第1卷,13。《论不平等》中对社会契约的讨论被承认为是临时性的(第141页)。
[56]《社会契约论》,第1卷,7;第2卷,3,6。将此书第2卷,12("法律的分类")与霍布斯、洛克和孟德斯鸠(更不用说胡克尔和苏亚雷斯)的相应文字进行比较;卢梭甚至于从来没有提到过自然法。
[57]《论不平等》,第66,143页;《新爱洛漪丝》,第470—471页;(转下页)

如果能够确保公意——而这实际上指的就是法定多数的意志——不会犯错误的话，人们就可以辩护说，得到了恰当限定的民主制中的实在法吸纳了自然权利。公意或人民意志绝不会犯错误，因为它总是意愿着人民的利益，而人民并不总是能看清自己的利益所在。因此，公意需要得到启蒙。启蒙了的个人能够看清社会的利益之所在，但是我们无法确保，当那与他们个别的利益相冲突时，他们还会支持它。盘算和私利还没有强大到能够成为社会的纽带。作为整体的人民与个人两者都同样需要得到指导；必须教导人民，使其知道他们意愿的是什么，而作为自然存在者只关心一己之利的个人，必须转变成在公共利益与一己之利之间毫不犹豫地选择前者的公民。这一双重问题的解决之道是由立法者，或一个民族之父，亦即一个有着非凡才智的人提出来的，他给自己发明的法典赋予了神圣的起源，或者以自己的智慧给众神增添了荣耀，这两种情形都使得人民相信了他提交给他们表决的法律的善好，并将个人从自然的存在者改造成了公民。只有通过立法者的行动，习俗之物才获得了至少是自然之物的力量（如果不是地位的话）。毋庸多说，立法者用于说服公民们，让他们相信他的使命系由神遣或他那法典得到了神的裁可的种种论据，都必定是令人疑窦丛生的。有人会认为，一旦法典得到批准，某种"社会精神"就会发育起来，而明智的立法之会被人们接受，是出于它那得到验证了的明智的性质，而非它那假冒的起源，对于法典的超人起源的信仰就不再是必须的了。然而此种看法忽视了以下事实：为社会的健康存在所必不可少的对于旧有法律、"古代偏见"的活生生的敬重之情，要想在公众对其来

（接上页）《社会契约论》，第4卷，4；《山中书简》，第252，300—301页。参见卢梭在《那喀索斯》第50—51页和《论不平等》第179—180页中对古典派的贵族制原则的批评。

源提出质疑后还保持下来，会有不少困难。换言之，要将自然人改造为公民，这是一个与社会本身相伴始终的问题，并且因此社会就一直需要至少是与立法者的神秘而令人敬畏的活动有着同样分量的东西。只有由社会产生的意见和情感克服了、而且似乎是破坏了自然情感时，社会才能保持健康。这就是说，社会必须想尽一切办法，使公民们淡忘掉社会之基础何在这一问题，而那正是政治哲学一直引以为自己的关注焦点的。自由社会之兴衰取决于某种特别的模糊，而那是哲学所必然要反抗的。倘若政治哲学所引出的解决之道要管用的话，就必须忘记政治哲学所提出的问题。[58]

毫无疑问，卢梭关于立法者的学说旨在澄清公民社会的根本问题，除了暗示着卢梭本人的功效这一点之外，它并不是要提出一种实际的解决问题的办法。他之所以要放弃古典的立法者的观念，就是因为那种观念容易模糊人民主权，在实践中导致以法律的优先性取代人民的充分主权。古典的立法者观念与卢梭的自由观念是彼此抵触的，他的自由观念要求，要定期地将全部既定的体制诉诸人民的主权意志，或者要将过去各世代的意志诉诸正生活着的这一世代的意志。因此，卢梭就得为立法者的活动找到替代品。按照他最终的想法，原先托付给立法者的功能必须改由某种公民宗教来承担，此种公民宗教分别在《社会契约论》和《爱弥儿》中得到了角度有所不同的阐发。唯有公民宗教才能够产生公民所需要的情感。我们不必追问这一问题：卢梭本人是否完全服膺他在萨瓦牧师的信仰自白中所表达的那种宗教，这一问题无法由他在因为那一自白而遭到

---

[58]《那喀索斯》，第56页；《论不平等》，第66—67，143页；《社会契约论》，第2卷，3，6—7；第3卷，2，11。将"论立法者"一章（《社会契约论》，第2卷，7）中对奇迹的论述，与《山中书简》(ii–iii) 中对奇迹问题的明确讨论进行比较。

迫害时所说的话来加以解答。真正要紧的是如下的事实：按照他关于知识、信仰和人民之间关系的明确见解，关于此种或别种宗教的真理，人民所能拥有的不过是意见而已。人们甚至会产生疑惑，既然萨瓦牧师所鼓吹的宗教也面临着"无可辩驳的反对意见"，那么人类在这个方面是否还能够获得真正的知识呢？因此，每一种公民宗教归根结底就似乎都与立法者关于其法典起源的描述有着相同的特征，至少两者都遭逢了由科学所培植起来的"危险的怀疑主义"的威胁；即使是所有宗教中最好的宗教也面临着的那种"无可辩驳的反对意见"，就是危险的真理。如果那些怀疑公民宗教的根本教义的人在表面上也不服从它，那么自由社会就无法维系了。[59]

除了公民宗教，能与早期立法者的活动起到同样作用的就是风俗。除了立法活动中所发生的意志的普遍化之外，风俗也能将各个个人的意志社会化。因为公民社会之先是民族或部族，也即一个由风俗维系在一起的群体，而风俗的产生是由于那一群体的所有成员都置身于同样的自然影响力之下，并由同样的自然影响力来塑造。处于政治状态之先的民族比之公民社会更加自然，因为自然的原因在它的产生中比之在由契约所创造的公民社会的产生中起到了更大的作用。民族比之公民社会距离原初的自然状态更近，并且因此在某些重要方面就比公民社会更加优越。倘若公民社会有着几乎是自然的民族性的基础，或者倘若它有着民族的个性的话，那么公民社会就会在更高的程度上于人道的层面更加接近自然状态，或者说它会更加健康。民族风俗或民族的凝聚力比之盘算和自利，从而比之社会契约，乃是公民社会更加深厚的根基之所在。民族风俗和民族

---

[59]《新爱洛漪丝》，第502—506页；《社会契约论》，第4卷，8；《博蒙》，第479页；《山中书简》，第121—136，180页；参见前面注28。

"哲学"乃是公意的发源地,正如情感乃是理性的发源地一样。因而,一个人自己的民族的过去,尤其是较早的过去,就比之任何世界主义的情怀都具有更加崇高的尊严。如若人道是由于偶然的缘由而获致的,那么人道就会因民族和时代的不同而大相径庭了。[60]

卢梭没有把他所设想的自由社会视作人类问题的解决之道,这不足为奇。即使那一社会比之任何其他社会都更加接近于满足自由的要求,随之而来的也不过是,真正的自由只有在公民社会之外才能找到。如果公民社会与义务是相伴相随的,如卢梭所认为的那样,那么我们甚至于只能到义务或德性之外去寻找人类自由。卢梭看到了德性与公民社会之间的关联,亦即德性与幸福之间关系的不确定性,他在德性与善之间做出了区分。德性要以努力和习惯为前提;它首要地乃是一种负担,它提出的要求是严厉的。善,也即为善的愿望,或者是至少完全没有为恶的愿望,纯粹是自然的;善的愉悦直接来自自然;善直接与同情心的自然情感相联系;它属于心灵而非良知或理性。卢梭教导说,德性的确比之善更优越。然而,他的自由概念的含混不清,或者换句话说,他对于进入政治状态之前的幸福生活的向往,使得他的教导从他自己的观点来看非常的可疑。[61]

明乎此,我们就可以理解卢梭对于家庭,或者更确切地说,对

---

[60]《那喀索斯》,第56页;《论不平等》,第66—67,74,123,125,150,169—170页;《社会契约论》,第2卷,8,10,12;第3卷,1;《爱弥儿》,第2卷,287-288;《波兰政府》,第2—3章;又见柯班(Alfred Cobban)《卢梭与现代国家》(伦敦,1934年),第284页。

[61] 尤其参见《社会契约论》,第1卷,8和第2卷,11;《论不平等》,第125—126,150页;《新爱洛漪丝》,第222,274,277页;《爱弥儿》,第2卷,48,274-275;《忏悔录》,第2卷,18,259,303;第3卷,43;《漫步遐想录》,第6部分。

于夫妻之爱、父爱和异性之爱的态度了。爱比公民社会、义务或德性更加接近于原初的自然状态。爱与强迫、即使是对自己的强迫水火不容；它是自由的，或者是不自由的。正因为如此，夫妻之爱和父爱就是"人所能知道的""最甜美的情感"，甚至是"自然中最甜美的情感"，而异性之间的爱只不过是"激情中最甜美的"或者"人心之中最耐人回味的情感"。这些情感产生出了一种"血的权利"和"爱的权利"；它们创造出了比任何人为的纽带更加神圣的纽带。通过爱，人们在人道的层面上比之他通过公民生活或道德生活所能达到的要更加接近于自然状态。卢梭由古典的城邦返回到家庭和相爱的伴侣。用他自己的话来说，我们可以说他从对于公民的关注返回到了对于市民阶级的最崇高的关注。[62]

然而，至少从卢梭"以最大的勇气和果敢"来表白他的原则的那篇作品来看，即使在爱之中也有着习俗性的或人为的因素。[63]爱是一种社会现象，而人的本性是反社会的，因此就有必要考虑，离群索居的个人是否能够达到在人道层面上所可能达到的对自然状态最大限度的接近。卢梭以流光溢彩的语言来描述冥思玄想的魅力和愉悦。他所谓的"冥思玄想"指的不是哲学或哲学的登峰造极。他所谓的"孤独的遐思"是完全不同于（不如说是敌对于）思考或观察的。它指的是，或者说它所导向的是"存在感"，亦即一个人感受到自己存在的愉悦之情。倘若一个人从外在于他的所有事物中退隐出来，倘若他除了对存在的感悟之外去除了所有的情愫，他就享有了至高无上的快乐——神一样的自足和无所动于心；他只从完全

---

[62]《论不平等》，第122，124页；"达朗贝尔"，第256—257页；《新爱洛漪丝》，第261，331，392，411（又见第76，147—148，152页，第174页注，第193，273—275页）页；《漫步遐想录》，第10部分（第164页）。
[63]《论不平等》，第111，139页。

是自己、完全属于自己当中得到慰藉,因为过去和将来对他而言都消亡了。正是通过使自己完全沉入这种感悟之中,文明人才完成了在人道层面上向着原初自然状态的回归。当社会性的人似乎完全是从他的同伴的意见中得到他自己存在的感悟时,自然人——甚至于野蛮人——却是自然地感受到自己的存在;他使自己"全力感受他当前的存在,丝毫不念及将来"。对存在的感悟是"人们最初的情感"。它比自我保全的欲望更为根本;人们关注于保全自己的存在,因为存在本身、单纯的存在天然地就是令人愉悦的。[64]

卢梭所体验和描述的对于存在的感悟,有着丰富的内涵,那必定是自然状态之下的人在体验对于存在的感悟时所缺乏的。就此而论,文明人或者那些从公民社会返回到独处状态的人最终所得到的幸福,是为愚蠢的动物所绝对不可能达到的。归根结底,只是出于文明人(或者说文明人中最优秀者)的这种优越性,才使得卢梭能够毫不踌躇地争辩说,尽管公民社会的出现对于人类或共同利益而言是坏事,但对于个人而言却是好事。[65]于是,公民社会最终的合理性的根据就在于,它允许某种类型的个人通过从公民社会中退隐,亦即生活在其边缘而得享至高无上的幸福。在他最早的那些重要著作中,这位日内瓦公民说过:"每一个无用的公民都可以被视作是危险的人",而在他最后的著作中,他说自己一直是一个无用的公民,但他的同侪们却错误地把他当作危险的成员而逐出社会,而不是仅仅将他当作无用的成员而排除在社会之外。[66]卢梭所预示着的、使得公民社会有理由超越自身的那类人,不再是哲学家,而

---

[64]《论不平等》,第96、118、151、165页;《爱弥儿》,第1卷,286;《漫步遐想录》,第5和7部分。参见本书上文第261—262页。
[65]《论不平等》,第84、116、125—126页;《博蒙》,第471页。
[66]《论科学与艺术》,第131页;《漫步遐想录》,第6部分(结尾)。

是后世所谓的"艺术家"。他之要求得到优待,是基于他的灵心善感而非他的智慧,是基于他的善良或同情心而非他的德性。他承认他的要求岌岌可危:他是一个良知败坏的公民。然而,既然他的良知所要控诉的不只是他自己,而且同时还有他所从属的社会,他就倾向于把自己看作社会的良知。但是,他既是社会的败坏了的良知,他就注定了是良知败坏的。

我们必须将卢梭那种梦呓似的冥思玄想,与哲学思辨的清明理智进行比较。此外,还必须考虑到在他那冥思玄想的预设前提与他那自然神学(以及基于那种神学之上的道德)之间无法解决的矛盾。这样,我们就会认识到,他站在个人、或者说某些极少数的个人的立场上所提出的针对社会的要求,缺乏明晰性和确定性。更准确地说,提出要求这一行动的明确性,与所提要求的内容的含混性适成鲜明对比。这并不奇怪。善的生活就在于在人道层面上回归自然状态(也即回归全然没有一切人道特征的某种状态)的这一观念,必然导致这样的结果:个人所要求的摆脱社会的这种终极自由,缺少任何明确的人道的内容。然而正是自然状态作为激励人类的目标所具有的此种根本缺陷,在卢梭眼中成了它最完美的合理性根据之所在:自然状态作为激励人类的目标的含混性,使得它成了通向自由的观念上的工具。以自然状态的名义保留了一块针对着社会的地盘,意味着拥有了一块针对社会的保留地,而不必——或者是被迫,或者是有能力——去说明为了何种生活方式或事业或追求做出保留的。在人道的层面上返于自然状态的想法,乃是要求从社会中获取自由(而不是为着某种东西的自由)在观念上的根据。它乃是一种观念上的依据,使得人们由社会而诉诸某种不明确的、也不可界定的东西,诉诸某种个人——作为万劫不复、无可赦免的个人——所具有的最终的裁可。对于相当一部分人来说,自由的蕴含就是如此。一切为着某种东西的自由,一切由于某种比之个人、比之纯然的人更高的事物而得到其合理性根据的自由,必定会限制自由,或者——也是同一回事——在自由与放纵之间树起牢固的分界线。这使得自由受到它所要求的目的的制约。卢梭与他的许多追随者们的不同之处在于,他清楚地看到了在此种未经界定也无法界定的自由与公民社会的要求之间所存在着的不谐。他在垂暮之年坦言,没有别的书能像普鲁塔克的著作那样吸引他,并带给他诸多教益。[67] 孤独的梦游者仍然崇敬着普鲁塔克笔下的英雄们。

B. 柏克

卢梭接受了现代自然权利论,并以之贯穿他的思考,他所碰到的困难,也许提示了对于前现代自然权利概念的回归。这种回归在最后关头似乎是由爱德蒙·柏克做出了尝试。柏克站在西塞罗和苏亚雷斯的立场上来反对霍布斯和卢梭。"我相信,在近两代人中,我们对于那些健全的古代作家比之大陆要阅读得更加广泛。他们占领了我们的心灵。"柏克站在"健全的古代作家"一边来反对"巴黎的哲学家们",尤其是卢梭——那位"新道德"的始作俑者或者说"大胆的道德试验家"。他轻蔑地拒斥"那种假装在道德的 terra australis [南国疆土] 有所创发的哲学"。[68] 他的政治活动确乎是由他对英国宪制的忠心所指引着,但是,他是以类似于西塞罗之看待罗马政体的精神来看待英国宪制的。

柏克没有就政治原则写过单独的理论著作。他所有关于自然

---

[67]《漫步遐想录》,第4部分(开始处)。
[68]《柏克文集》("博恩标准文库"),第2卷,385,529,535,541;第4卷,21-23。下文引用时作《文集》。

权利的议论都是 *ad hominem*［诉诸感情］的，并直接服务于具体的实际目标。相应地，他关于政治原则的陈述在很大程度上也随着政治情势的变化而变化。因此，他容易让人觉得并不一贯。其实，终其一生，他都执着于同样的原则。某种单一的信念激励着他支持美洲殖民者和爱尔兰天主教徒，反对华伦·黑斯廷斯和法国革命。*与他思想中注重实际的显著倾向相一致，当他所心仪的原则在法国革命爆发后遭到最坚决、最切身的攻击之时，当表达这些原则成为亟须之时，他才最有力、最清晰地将这些原则陈述了出来。法国革命扰乱了他对于欧洲未来进步的预期；但是它并没有扰乱、而不过是加强了他关于在道德和政治上何者为对、何者为错的见解。[69]

柏克思想注重实际的特性，部分地解释了为什么他毫不犹豫地使用现代自然权利论的言辞，只要那有助于他说服他的现代读者们相信他所力主的政策的健全性。他谈到了自然状态，自然权利，人权，社会契约，以及共同体的人为性质。[70]但是，他可以说是将这些概念都整合到了一个古典的或托马斯主义的框架之中了。

我们只能举很少的几个例子。柏克乐于承认，自然状态下的人，"未订立契约的人"拥有自然权利；在自然状态下，每一个人都具有"自我防护的权利，这是自然法的第一要义"，拥有支配自

---

* 柏克在其政治生涯中，除以反对法国革命最为知名外，还曾反对英国当局的美洲殖民地政策，主张对爱尔兰天主教徒实行宗教宽容，反对英国驻印度当局的暴虐行为。黑斯廷斯（Warren Hastings，1732—1818）为当时英国驻印度官员，柏克曾与之进行诉讼。——译注

[69] 同上，第2卷，59-62；第3卷，104；第4卷，144-153。关于进步问题，参见第2卷，156；第3卷，279，366；第6卷，31，106；第7卷，23，58；第8卷，439；《爱德蒙·柏克书信选》，拉斯基编，第363页（下文作《书信选》）；又见《柏克选集》，佩恩编，第2卷，345。

[70] 参见，例如《文集》，第1卷，314，348，470；第2卷，19，29-30，145，294-295，331-333，366；第3卷，82；第5卷，153，177，216；第6卷，29。

己的权利,亦即"为自己做出判断,强调自己的理由"的权利,甚至具有"对所有事物的权利"。但是"既然具有了对于一切事物的权利,他们就向往着一切事物"。自然状态乃是"我们赤裸裸的、摇摆不定的天性"的状态,或者说是我们的天性未受到我们的德性的任何影响的状态,或者说是原初的野蛮状态。因此,自然状态与从属于它的"人们的充分权利",不能给文明生活提供标准。我们天性的一切向往——当然是我们天性中全部较高的向往——都脱离自然状态而指向公民社会:成其为真正的自然状态的,不是"粗鲁无文的自然状态",而是公民社会。柏克承认,公民社会乃是"习俗的产物",或者是"一项契约"。然而,它是一种特殊的"契约",一种特殊的"伙伴关系"(partnership)——"所有德性和一切完美性的伙伴关系"。倘若整个的天意的秩序、"永恒社会伟大的原始契约"可以说是一项契约的话,公民社会也几乎在同样的意义上是一项契约。[71]

柏克承认,公民社会的宗旨是要维护人权,尤其是追求幸福的权利。然而,只有经由德性、经由"德性对激情所施加的限制",幸福才能获致。因此,对理性、政府、法律的服从,或者"对人们的限制,与他们的自由一样,都应被视作在他们的权利范围之内"。人们绝不能"挣脱道德纽带"而行动,因为"人们从来没有处于彼此彻底独立的状态过"。人们的意志必须一直置于理性、审慎或德性的主宰之下。柏克从而是在"对我们义务的服从"中,而不是在"虚幻的人权"中来寻找政府的基础的。于是,他就否认了那种认为我们的一切义务都来自同意或契约的立场。[72]

---

[71] 参见,例如《文集》,第2卷,220,332-333,349,368-370;第3卷,82,86;第5卷,212,315,498。
[72] 同上,第2卷,310,331,333,538;第3卷,109;第5卷,80,122,216,424。

关于"虚幻的人权"的探讨，集中在每个人乃是何者有利于他的自我保全或他的幸福的唯一判断者的权利之上。正是所谓的此种权利，似乎提供了合理的根据，使得人们能够要求每个人都必须多多少少地分享（并且，在某种意义上，和别人同样多地分享）政治权力。柏克通过回溯到此种所谓的权利所凭借的原则，而对这种要求提出了质疑。他承认，每个人都有着自我保全或追求幸福的自然权利。但是他否认了，倘若每个人并不具有对于何者有利于他的自我保全和幸福做出判断的权利，那么每个人的自我保全和追求幸福的权利就会变得微不足道。于是，满足欲望或获得社会所带来的好处的权利，并不必然就是参与政治权力的权利。因为，许多人的判断，或者"许多人的意志和他们的利益必定经常是相互歧异的"。政治权力或者参与政治权力并不在人权之列，因为人们有权拥有一个好政府，但是在好政府与由许多人主宰的政府之间并不存在任何必然的关联；恰当理解的人权，指向的是"真正的天然贵族"（natural aristocracy）的统治，并且从而是财产尤其是地产的统治。换言之，每个人确确实实是能够以他的情感来判断他的苦楚的，只要他没有被煽动家蛊惑着要以他的想象来判断他的苦楚。然而导致苦楚的原因"不是来自情感方面，而是来自理性和远见，并且经常是来自遥不可及的思虑，是各种情势的巨大混合，那是［多数人］所完全不能领会的"。于是，柏克不是从"虚幻的人权"，而是在"满足我们的欲望，服从我们的义务"之中来寻找政府的基础的。相应地，他否认自然权利本身就可以说明某一既定宪制的合法性：某一特定社会中最适合于满足人类欲望、提升那一社会中的德性的宪制就是合法的；它那适合的性质不能由自然权利，而只能由经验来加以判断。[73]

　　柏克并未拒绝这样的看法：一切权威的最终来源都是人民，或者主权最终来自人民，或者一切权威最终都源自从前"未曾订约"的人所达成的一项契约。然而，他否认这些终极真理或半吊子的真理在政治上有什么太大的干系。"如果说公民社会是约定的产物的话，约定必定就是它的法律。"着眼于实际来看，约定、原初的契约，亦即既定的宪制乃是最高的权威。既然公民社会的职责在于满足欲望，那么既定的宪制的权威就更多地来自它在许多世代中的造福人民的工作或者说是它所取得的成果，而较少地来自原初的约定或者说是它的起源。合法性的根据更多地不在于同意或契约，而在于业经证明的造福于人的业绩，亦即其长久因袭性（prescription）。唯有区别于由"未曾订约"的野蛮人所订立的契约的长久因袭性，才能体现出宪制的智慧，并从而赋予宪制以合法性。在原初契约的基础上形成的习惯，尤其是德性的习惯，比之原初的行动本身有着无与伦比的重要性。只有区别于原初行动的时效性，才能够赋予某一既定的社会秩序以神圣性。人民不是宪制的主人，而是其产物。严格意义上的人民主权的概念意味着，当前的世代是主权者："当下的便利"就成了"忠诚于"宪制的唯一"原则"。共同体中"那些暂时的拥有者和终生的租赁者们""对于他们从他们的祖先那里继承来的东西无所萦心"，他们也必定对于"理应归于后世的东西"无所萦心。人民，或者在这桩事体上别的什么主权者，并非自然法的主人；自然法并没有被主权者的意志或公意所囊括。其结果就是，在正义战争与非正义战争之间的分别对于柏克而言，仍然具有

---

[73]《文集》，第1卷，311，447；第2卷，92，121，138，177，310，322–325，328，330–333，335；第3卷，44–45，78，85–86，98–99，109，352，358，492–493；第5卷，202，207，226–227，322–323，342；第6卷，20–21，146。

完全的重要性；他憎恨那种认为某个国家的对外政策要完全从"物质利益"出发的观点。[74]

柏克不否认，在某些条件下人民可以改变现有的秩序。然而，他只承认这是一种最后的权利。社会的健康要求人民的最高主权几乎一直是隐而不显的。他之所以反对法国革命的理论家们，是因为他们将"某种势在必行的情况"变成了"一项法律的准则"，或者说是因为他们把只有在极端情形下才有效的东西当作是在通常情形下也是有效的。"然而此种讲述这些极端情形的习惯并不值得赞许，也不稳妥可靠。"另一方面，柏克的见解"从不会导致某个极端，因为它们的根基就在于反极端"。[75]

柏克将法国革命走极端的倾向追溯到了新的哲学。"旧的道德"乃是"对社会的仁慈和对个人的自我否弃"的道德。巴黎的哲学家们否定了"个人的自我克制"、或节制、或"严刻而戒律森严的德性"的崇高性质。他们只认可"自由的"德性："一种他们称之为人道或仁慈的德性"。[76] 这样理解的人道与放荡不羁并行不悖。甚

---

[74]《文集》，第2卷，58，167，178，296，305-306，331-332，335，349，359-360，365-367，422-423，513-514，526，547；第3卷，15，44-45，54-55，76-85，409，497，498；第5卷，203-205，216；第6卷，3，21-22，145-147；第7卷，99-103。

[75] 同上，第1卷，471，473，474；第2卷，291，296，335-336，468；第3卷，15-16，52，81，109；第5卷，120。参见多吉（G. H. Dodge）《流散时期胡格诺派的政治理论》（纽约，1947年），第105页：于芮（Jurieu）认为，人民不知道他们的权力的真实范围所在，对于"公共和平"是桩好事；人民的权利乃是"在碰到微小的错误时一定不要浪费或运用的治疗剂。它们乃是神秘，一定不能够太多地在普通人面前展露它们，使其遭到亵渎"。"当国家或宗教要被毁灭时，就要创造出［这些救治剂］；除此之外，我以为以沉默将它们掩盖起来并非罪过。"

[76] "1791年6月1日致利瓦罗的信"（参见《文集》，第1卷，130-131，427；第2卷，56，418），《文集》，第5卷，208，326。参见孟德斯鸠《论法的精神》，第20章，1（以及第19章，16）论商业与温和风尚（有别于纯洁）之间的关联。

至于前者哺育了后者；它使得婚姻的纽带松弛下来，以戏院取代了教堂。而且，"使得他们道德松懈的……同样的戒律""将他们变成了铁石心肠"：法国革命的理论家们的极端的人道主义所必然导致的乃是兽性大发。因为那种人道主义所依据的前提是，最根本的道德事实就是与基本的肉体欲望相对应的权利；一切的社会性都是派生而来的，并且就事实而论，是人为的；公民社会当然彻头彻尾是人为的。因此，公民的德性不能铭刻在"自然情感的材质之上"。可是，公民社会被认为不仅是必须的，而且是尊贵的和神圣的。于是，自然情感、全部的自然情感，必须坚定不移地为了所谓的爱国主义的或者人道的要求而牺牲。法国的革命者们通过以科学家、几何学家或化学家的态度来处理人类事务，迎合了这些要求。因此，他们从一开始就"比之对那些情感和习惯——它们乃是道德世界的支柱——淡漠置之还要更糟"。他们"把他们用来做试验的人，看作不过是气泵或者是毒气瓶里的老鼠"。所以，"他们随时都会宣布，他们不认为对于他们所要追求的善来说，两千年的时间太长了"。"他们的人道并未消解。他们只是让它长期地延搁起来……他们的人道就在他们的地平线上——而且，就像地平线一样，它总是在他们走到面前时又倏然飞离。"正是法国革命者们和他们的导师们的这种"科学"态度，部分地解释了为什么他们的放荡不羁——这是他们作为某种自然的东西提出来以反对更早时期的骑士风尚的——成了"迂腐和放浪的粗鲁无文、陈腐可怖的杂绊儿"。[77]

柏克所反对的，不仅是道德教条在实质内容上的变化。他同样地、甚至于首先是反对道德教条在方式上的变化：新的道德教条乃

---

[77]《文集》，第2卷，311，409，419，538-540；第5卷，138，140-142，209-213。

是那些像几何学家思考图形和平面一样（而不是像实际行动者思考他们眼前的事情一样）来思考人类事务的人的产物。在柏克看来，正是此种由实际的行事方式到理论化的行事方式的根本性变化，赋予了法国革命以独一无二的特质。

"在我看来，当前的法国革命……与任何那些在欧洲所发生过的纯然建立于政治原则基础上的革命绝少相通或相似之处。它是一场学说和理论教条的革命。它与那些在宗教方面所发生的变革有着更多的相似之处，在那些变革中，背教改宗的精神成为其中重要的成分。"因而，法国革命与宗教改革有着某些相似性。然而"此种一般性政治宗派的精神"，或者说"此种以武力为后盾的教义"是"与宗教相分离的"，而且实际上是无神论的；指引着法国革命的"理论教条"纯粹是政治性的。但是，由于那场革命将政治权力延伸到了宗教以及"甚至是人类心灵的构成"，它就是人类历史上首次"彻底的革命"。它的成功不能由激励着它的政治原则来加以解释。那些原则一直以来就有着强大的感染力，因为它们"最能迎合没有头脑的大众的天然倾向"。所以，以前有好些反叛"是以这些人权为根据的"，比如说中世纪的扎克雷起义和约翰·保尔，以及英国内战时期的极端派。* 然而，这其中没有一次反叛的企图取得了成功。法国革命的成功只能由它的特征中区别于所有同类事件的那种特征才能得到解释。法国革命是第一场"哲学革命"。它是第一场由文人、哲学家、"纯种的玄学家们"所发动的革命，他们"不是叛乱的附属工具和鼓吹者，而是主要的策划者和经营者"。它是"雄心勃勃的精神与思辨的精神相互联系

---

* 扎克雷（Jacquerie）起义是1358年法国北方农民反对贵族的大规模起义；约翰·保尔（John Ball，？—1381），英国教士，农民起义领袖，举事失败后被处死。——译注

起来的"第一场革命。[78]

可以说，柏克在反对将思辨的或理论的精神注入实际的或政治的领域中时，恢复了古老的观念，按照此种观念，理论不能够成为实践的唯一的或充分的指南。可以说他尤其是回归到了亚里士多德。但是，且不做出其他限制，我们还必须马上再补充一句，柏克之前还没有人如此强调、如此有力地阐述过这一主题。我们甚至可以说，从政治哲学的角度来看，柏克关于理论和实践问题的论述是他著作中最为重要的部分。他特别是比之亚里士多德更着重、更有力地论述了这个问题，这是因为他不得不与"思辨论"（speculatism）的一种新的、最强有力的形式进行抗争，要与源自哲学的一种政治上的墨守理论的倾向进行抗争。早在法国革命之前，那种对政治问题的"思辨化"的处理方式就引起了他批判性的注意力。在1789年之前，他就谈到了"我们这个思辨的时代的思辨派们"。在他的早年，思辨在政治方面日益增长的重要性，就最有力不过地将他的注意力转向了"思辨与实践之间亘古以来的争执"。[79]

正是出于那一争执，他酝酿了自己最功勋彪炳的政治活动：不仅是他反对法国革命的活动，而且还有他支持美洲殖民者的活动。在这两个事件中，柏克所反对的政治领袖都执着于某些权利：英国政府执着于主权者的权利，而法国的革命者们则执着于人权。在这两个事件中，柏克的行事方式如出一辙：他所质疑的，不是人们是否拥有这些权利，而是人们是否具有践行这些权利的智慧。在这两

---

[78] 《文集》，第2卷，284–287，299，300，302，338–339，352，361–362，382–384，403–405，414，423–424，527；第3卷，87–91，164，350–352，354，376，377，379，442–443，456–457；第5卷，73，111，138，139，141，245，246，259（楷体着重，为原文所有）。

[79] 同上，第1卷，311；第2卷，363；第3卷，139，356；第5卷，76；第7卷，11。

个事件中,他都试图恢复真正的政治方法而反对法学的方法。他鲜明地将法学的方法视作"思辨论"的一种形式,别的形式还有历史学家的、玄学家的、神学家的和数学家的方法。所有这些处理政治事务的方法都有一个共通之处:它们不是由那支配一切实践的德性——审慎——所支配着。不管柏克的用语是否恰当,我们这里只需指出,在他毕生最重大的两次活动中,他对自己所反对的政治领袖做出判断时,他把他们之缺乏审慎精神更少地归之于激情,而更多地归之于理论精神对实践领域的入侵。[80]

人们常说,柏克以历史的名义来攻击盛行于他那个时代的种种理论。我们在后面会看到,此种解释并非完全没有道理。然而,为了看到它那有限的正确性,我们必须从这一事实出发:在柏克的后世看来是转向历史的(更不用说是发现历史了),其实根本上乃是对于传统观念——不同于实践或审慎,理论本质上是有局限的——的回归。

"思辨论"就其最彻底一贯的形式而论,乃是这样一种观点:实践所需要的一切光明都由理论、哲学或科学提供了。柏克坚决反对这种观点,他强调理论是不足以指引实践的,而且还往往会使实践误入歧途。[81]实践,并且因此实践的智慧或审慎,首先由于它们所关注的是特殊和可变之物,而理论所关注的是普遍和不变之物,因而就与理论大相迥异。"有关人和人类事务的"理论,首先关注的是道德原则,以及"真正的政治原则——[它们]乃是道德原则

---

[80]《文集》,第1卷,257,278,279,402,403,431,432,435,479–480;第2卷,7,25–30,52,300,304;第3卷,16;第5卷,295;第7卷,161;第8卷,8–9;又见欧内斯特·巴克尔《政府论集》(牛津,1945年),第221页。
[81] 同上,第1卷,259,270–271,376;第2卷,25–26,306,334–335,552;第3卷,110;第4卷,148;《书信集》,第131页。

的放大",或者"政府的正当目的"。就算是了解了政府的正当目的之所在,人们关于此时此地在这些稳定的和不断变化的环境下,那些目标如何以及在多大程度上能够实现,照样一无所知。而正是环境赋予了"每一条政治原则以其特定的色彩和各不相同的效果"。比如,政治自由就会因环境的不同,或为福祉,或为祸害。因此,"创建、革新或者改造一个共同体的科学",不同于有关政治原则的知识,乃是一门"试验的科学,是不能 a priori [先天地] 就教给人的"。因而,理论不仅要关涉政府的正当目的,而且也要关涉实现那些目的的手段。然而,几乎没有什么有关那些手段的准则会是普遍有效的。有时候,人们甚而会面临"可怕的危急关头,在那种时刻,道德为了它自身的原则要将其准则悬搁起来"。[82] 因为有很多这类准则,它们在大多数情况下是畅通无阻的,然而却可能在碰到罕见的情形时将人引入歧途,在那种情形下运用这些准则会带来致命的后果。这类准则不大会给偶然性留下余地,"思辨家们很少会愿意给偶然性留下它在人类事务中本来理应占有的很大份额"。他们无视偶然性的力量,并且因此就忘记了"也许我们手中唯一能够切实把握的道德义务,就是对于我们当代的关切","他们不是像政治家,而是像先知一样地发话"。对普遍物或一般物的关注,很可能会导致某种对于特殊的和独一无二的事物的茫然无知。政治准则来自经验,它们反映了迄今人们从成功和失败中所汲取的教训。因而它们并不适用于新的情势。有时候新的情势的出现,正是针对先前那些屡试不爽的、声称是普遍有效的准则所做出的反应;人类

---

[82]《文集》,第1卷,185,312,456;第2卷,7-8,282-283,333,358,406,426-427,431,520,533,542-543,549;第3卷,15-16,36,81,101,350,431-432,452;第5卷,15,216;第6卷,19,24,114,471;第7卷,93-94,101。

在善与恶的方面都是可以推陈出新的。因此,很可能"基于别的素材的(而不是事情所处的现实环境)经验,是所有事物中最虚妄不实的"。[83]

由此而论,历史所具有的价值只是相当有限的。从历史中"可以学到许多政治智慧",但那只是"习惯而非定则"。历史容易让人们的理智从"当下的事情"移开,转向让他们走上歧途的类似事件,而人们的天性是难以抵御这种诱惑的。因为,要阐明一个迄今为止未经阐明的情势的特殊性质,比之以人们已经阐明过的先例来对它进行解释,需要花费更加艰巨的努力。柏克说:"我不断地看到,大多数人至少在政治上落伍了五十年,……在书本中,一切问题都已经为他们解决好了,用不着他们施展什么勤奋和才华"。这并没有否认,政治家"为着当下的事情"有时也需要历史。理性与良好的见识坚决地要求,比如说,"一旦我们碰到了由我们的举措所带来的困难,我们就得郑重其事地返观那些举措",或者,我们就得"深入最为丰富的历史细节"。历史与实践的智慧的相同之处,就在于二者所关心的都是特殊性的事物;历史与理论的相同之处则在于,历史研究的对象,亦即过去的活动或人们之间的交互影响(acta [行迹]),并不是活动本身的对象(agenda [事项]),亦即我们当下要做的事情。于是,历史或"反省的智慧"就创造出了这样的幻觉,仿佛它能够"很好地调和思辨与实践之间的古老争执"。[84]

人们为了躲避在澄清和应对复杂情势时所碰到的困难,采取的另一种途径是律法主义(legalism)。有时候,他们的活动所依据的假定是,关涉到此时此地的政治问题本身,能够通过诉诸法律而

---

[83]《文集》,第1卷,277–278,312,365;第2卷,372,374–375,383;第3卷,15–17;第5卷,78,153–154,257。
[84] 同上,第1卷,311,384–385;第2卷,25;第3卷,456–457;第5卷,258。

得到圆满的解答，法律本身所关注的乃是普遍性的事物。正是有见于审慎与律法这两种路数之间的差别，柏克有时将律法的路数称为"思辨的"或"玄学的"。他比照了两者：律法的路数有着"限定而拘束"的特点，"适合于通常的情形"；而唯有审慎的路数能够在"崭新而令人困扰的一幕打开时"成为人们的指南。[85]

理论可以具有简洁、一贯或精确性，这些都是实践的智慧所必定缺少的。有关人与人类事务的理论的特征在于，它首先关注的要么是最佳的（或仅仅是正义的）秩序，要么是自然状态。这两种形式的理论主要关注的都是最简单的情况。此种简单情况从来不会在实际中出现；没有任何现实的秩序是纯然正义的，并且每一种社会秩序都根本有别于自然状态。因而，实践的智慧就总是与例外、修正、平衡、折中或混合打交道。"这些形而上学的权利在进入日常生活时，就像光线在穿过厚厚的介质时一样，由于自然规律的作用，它们笔直的线路被扭折了。"既然"社会的目标有着最大可能的复杂性"，"原初的人权"就无法坚持"它们在原先方向上的那种简洁性"；"[这些权利]在形而上学上有多么真确，它们在道德和政治上就有多么虚假"。与理论相反，实践的智慧所需要的，就是"最精妙复杂的技巧"，那是只有在漫长而多变的实践中才能养成的。[86]

另一方面，柏克又把理论的特征视作是"机巧"或"精微"，并认为健全的政治的特质乃是简洁明快："精微的政策乃是混乱之母。"可以说，社会所需要去满足的缺匮和它所需要去履行的职责，是每个人凭着自己的感觉和良知就都能够知晓的。政治理论提出了如何才能最好地解决政治问题的疑问。为此，且不说别的，它就超

---

[85]《文集》，第1卷，199，406–407，431，432；第2卷，7，25，28；第5卷，295。
[86] 同上，第1卷，257，336–337，408，433，500–501；第2卷，29–30，333–335，437–438，454–455，515；第3卷，16；第5卷，158；第6卷，132–133。

出了日常经验的局限：它是"精微"的。具有公民行事权的人，对于何为最佳解决方法只有模糊不清的意识，然而对于在当下处境中对最佳解决方法的何种修正最为适宜，他们却再清楚不过了。举一个当前的例子，他们明白在当前唯有"某种更广阔的（即便是更素朴的）文化"才是可能的。[87] 健全的行动所需要的明晰性，并不必定因为有关最佳解决方法的强化了的明晰性或者是别的什么强化了的理论的明晰性而得到加强：象牙塔的光亮，或者就此而论，实验室的光亮使得政治事务暗淡不清，因为它破坏了它们存身于其中的介质。要创造出在某一特定情形下与政府目标相和谐一致的政策，需要"最精妙复杂的技巧"。然而倘若人民不能看到其健全性，这样的政策就会归于失败："精微的政策"会破坏信用，从而破坏彻底的服从。就"政策的一切更加广阔的背景"而论，政策应该是"简明的"，然而，"构成了计划的一部分的某一具体举措的背景"，并不见得一定就要"与享受那一举措成果的人那普通寻常的智能相匹配"，或者甚至于不见得一定就要将那个背景透露给他们。"就实质而论"，"那些不大寻根究底的人"由于"他们的感觉和经验"，可以而且应该"与那些最睿智多识者"平起平坐。[88]

再进一步说，实践是以对于某种特殊物，或者更准确些说，是以对于"某个人自身之物"（他自己的国家、自己的人民、自己的宗教团体等等）的依存为前提的，而理论则是疏离的。依存于某物意味着关切它，对它在意，受它影响，或者与它休戚相关。与理论不同，实践之为物"让人感同身受"。理论家本身对于他自己的事情或他那团体的事情并不比别的事情来得更加关切。他是公正不偏

---

[87] 温斯顿·丘吉尔《血、汗、泪》（纽约，1941年），第18页。
[88]《文集》，第1卷，337，428–429，435，454，489；第2卷，26，30，304，358，542；第3卷，112，441；第5卷，227，278；第6卷，21，24；第7卷，349。

和中立的,更不用说是"冷淡而无活力的"。"思辨家应该中立。大臣却不能这样。"行动者必定对于他自己的东西有所偏私,这是合乎情理的;他的职责就是要站在某一方。柏克并不是说,理论家一定不能下"价值判断",而是说,作为理论家,他就要站在优异性的一边,而不管它是在何时何地被发现的;他要在好的与他自己的这两者之间无条件地选取前者。而行动的人主要关心的是什么是他自己的、什么对他而言是最亲最近的,而不管它多么缺乏优异的性质。实践的视野必定比之理论的视野要狭窄很多。理论因其开辟了更加广大的领域,揭示了任何实践事务的局限性,从而很容易威胁到人们对于实践的全力以赴。[89]

实践不具备理论所拥有的自由,还因为它无法等待:"我们办事情必须……赶时间。"实践的思想是考虑到某种最后期限的思想。它关注的是最紧迫的事而非最合意的事。它缺少理论那种闲情雅致。它不让人"回避意见"或悬置自己的判断。因此,它必须满足于比理论的思想更低一层的明晰性或确定性。一切理论的"决断"都是可逆的,而行动却是不可逆的。理论可以而且必须一再地从头开始。最佳社会秩序的问题意味着人们"假定宪制已被破坏……而使事情流于空泛",也就是说人们是在做在实践思想中被称作"坏毛病"的事情。与理论相反,实践受制于过去的决断,并且从而受制于既定之物。在人类事务中,拥有财产被看作是具有所有权,而在理论上没有任何推定是有利于人们所业已接受的观点的。[90]

思辨本质上是"私人的",它关切的是真理,而不考虑公众的

---

[89]《文集》,第1卷,185–186,324,501;第2卷,29,120,280–281,548;第3卷,379–380;第6卷,226;第8卷,458。

[90] 同上,第1卷,87,193,323,336,405;第2卷,26,427–428,548,552;第6卷,19;第7卷,127。

意见。然而"国家的举措"或"政治问题所首要关注的并不是真理或谬误。它们与善或恶相关联"。它们与和平以及"相互之间的便利"相关联，而且它们的成功操作就要求"毫无疑虑的信任"、同意、一致和妥协。政治行动要求"明智地掌控人民的脾性"。即使是在赋予"共同体的普遍理解力……以方向"时，它也必须"依循……公共的倾向"。不管人们会怎样看待"人民的声音的抽象价值……，意见——国家的伟大支柱——全然〔依赖〕于那一声音"。因此很可能会出现这样的情况，那在形而上学上是真确的东西，在政治上却是谬误。"既定的意见"，"对于公共安宁贡献良多的众所公认的意见"，一定不能动摇，即便它们并非"不会犯错误"。必须"姑息"偏见。政治生活要求那些超越了既定体制的根本性的原则本身要保持在一种蛰伏状态。对于持久问题的临时权宜的解决之道一定要"避人耳目"，或者，一定要给它们盖上一层"政治性的、精心织就的面纱"。"要给所有政府的开端都盖上一层神圣的面纱"。鉴于思辨总是"推陈出新"，鉴于科学的"洪流""必定会在发挥它们的美德之前就陷入困境"，因此实践就一定要尽可能地贴近先例、样板和传统："古老的风俗……乃是世间一切政府的伟大支柱。"社会确实是建立在同意的基础之上的。然而，同意并不是单单由推理就能获得的，尤其不是由纯然的对于共同生活所带来的好处的算计——这种算计在很短一段时间内就能完成——就能获得的，而只能是由漫长时期所滋长起来的习惯和成见（prejudice）才能获得。理论要拒斥错误、成见或迷信，而政治家却要运用它们。[91]

---

[91]《文集》，第1卷，87，190，257，280，307，352，375，431，432，471，473，483，489，492，502；第2卷，27–29，33–34，44，292，293，306，335，336，349，429–430，439；第3卷，39–40，81，109，110；第5卷，230；第6卷，98，243，306–307；第7卷，44–48，59，60，190；第8卷，274；《书信集》，（转下页）

理论侵入政治，容易造成扰乱人心、使人激愤昂扬的后果。没有任何现实的社会秩序是完美的。"思辨的探究"必定会使得既定秩序那种不完美的性质昭然若揭。倘若这种探究被引入政治讨论——此种讨论必然是缺乏"哲学研究的冷静"的——它们就会激起"人民"对于既定秩序的"不满"，而这会使得合理的变革成为不可能。最合情合理的理论问题到了政治竞技场上，都会变成"令人烦心的问题"，并且引发起"争讼好辩的精神"和"狂热偏执"。对于那些超出了"各个国家和王国的理据（arguments）"的思考，必须让它们止步于"学园之内；只有在那里对它们的探讨才会安全稳妥"。[92]

正如我们从以上文字可以推断出来的，柏克并不满足于为实践的智慧做辩护而反对理论科学的僭越。他站在亚里士多德的传统一边，轻视理论尤其是形而上学。他常常用贬义谈到"玄学"和"玄学家"。*这种用法和以下事实互相关联：他认为亚里士多德的自然哲学"配不上他这个人"，而伊壁鸠鲁的物理学则"最接近于理性"。[93]在他对于形而上学的非难和他的同代人休谟和卢梭的怀疑论倾向之间，也有着联系。至少我们必须得说，柏克对于理论与实践的区分，与亚里士多德的区分有着根本的不同，因为柏克的区分并非基于此种明确的信念：理论或理论生活终究是更加优越的。

要支持这个论点，我们不必完全依赖于从柏克的用语和他的思想倾向中得来的总体印象。他写过一本理论著作：《对我们心中崇

（接上页）第299—300页。
[92]《文集》，第1卷，259-260，270-271，432；第2卷，28-29，331；第3卷，12，16，25，39，81，98-99，104，106；第6卷，132。
* 此节译文在遇到柏克以贬义来提到 metaphysics（形而上学）和 metaphysician（形而上学家）时，分别译为"玄学"和"玄学家"。——译注
[93] 同上，第6卷，250-251。

高与优美观念的来源的哲学探讨》。在那本著作中，他以一种并非与人争辩的语调谈到了理论科学的局限："我们只要稍稍越出事物当下的可感性质，就力所不及了。我们所在做的不过是一场微弱的努力，表明我们是在做不属于自己本分的事。"我们关于肉体现象和精神现象的知识局限于它们的运作方式上，局限在它们是怎么样的（How）之上；我们的知识无从达到它们是因为什么（Why）。这篇研究著作的书名就表露了柏克的全部理论努力的谱系；它让人想起洛克和柏克的老熟人休谟。关于洛克，柏克说过"这个伟人的权威毫无疑问是罕有其匹的"。《论崇高与优美》中最重要的论点与英国感觉主义完全一致，与古典派则显然正相反对；柏克否认，在优美与完美、均衡、美德、便利、秩序、适度和其他诸如此类"理解力的产物"之间，存在着什么关联。也就是说，他拒绝用理智的美来理解可见的或感性的美。[94]

传统上是将感性的美朝着理智的美的方向来加以理解的，将感性的美从这种理解中解放出来，预示着或者说伴随着的是，将情感和本能从理性中解放出来，或者是对于理性的贬抑。正是此种对于理性的崭新态度，使得柏克对于理论与实践之间的分别的议论，有了一种非古典派所有的弦外之音。柏克对于现代"理性主义"的反对，几乎在不经意之间变成了对于"理性主义"本身的反对。[95]他所说到的理性的缺陷确实有一部分来自传统。在某些场合，他贬

---

[94]《文集》，第1卷，114以下，122，129，131，143–144，155；第2卷，441；第6卷，98。

[95] 在《论崇高与优美》中，柏克说"倘若不是别的东西的话，我们的花园也令我们开始感受到，那种数学观念并非衡量美的真正标尺"，而这种错误的观点"来自柏拉图关于适度和合宜的理论"。在《法国革命论》中，他把法国的革命派比作是法国"观赏花园的园丁"（《文集》，第2卷，413）。参见同上，第1卷，280；第2卷，306，308。

低个人的判断，而青睐"人类的判断"，"全物种"的智慧或"古老而永恒的人类理智"，亦即 *consensus gentium*［各民族共识］。在别的场合，他又贬低个人所可能获取的经验，而青睐"漫长的世代延续"才能获得的更加深厚丰富的经验，或者是"岁月所积累起来的理性"。[96]柏克对理性进行的批判中所蕴含的新因素，在其最重要的实际后果中表现得最不含糊：他拒绝了宪法可以"制定"的观点，而青睐那种认为宪法只能够"长成"的见解；因此，对于那种认为最佳的社会秩序可以是或者应该是某个个人、某个睿智的"立法者"或创立者的成就的观点，他尤为反感。[97]

要把这一点看得更清楚，我们就有必要将柏克关于英国宪法——那在他看来，至少是不输于任何别的宪法的——的观点与古典派关于最佳宪法的观点进行比较。在古典派看来，最佳的宪法乃是理性的发明，也即是由某个个人或少数个人有意识的活动或计划而发明出来的。它合于自然，或者说它是自然的秩序，因为它在最大程度上满足了人性的完满性的要求，或者说是因为它的结构效仿的是自然的模式。然而就其产生方式而论，它却不是自然的：它是设计、筹划、有意识的创造的产物；它并不是由于自然过程或者对于自然过程的模仿而产生的。最佳宪法指向一系列的目标，这些目标由自然以这样一种方式相互联系起来，其中的一个目标乃是最高的；因而，最佳宪法就特别地以某个单一目标为其鹄的，那个目标

---

［96］《文集》，第2卷，359，364，367，435，440；第6卷，146–147。
［97］《法国革命论》的德译者根茨（Friedrich von Gentz）说："制度绝对不会是人为的，和自然作品一样，制度也是自己慢慢形成的……这是一条颠扑不破的真理。或许是唯一具有现实意义的新真理（因为它最多被认识到，但此前从未获得承认），法国大革命用这种真理充实了更高意义上的国家学说。"（《政治论文与书信》［慕尼黑，1921年］，第1卷，344）（作者注：楷体系着重，非原文所有）。

依据自然乃是最高的。另一方面，在柏克看来，最佳宪法也是合于自然的或者说就是自然的，主要是因为它不是通过计划，而是通过对于自然过程的模仿而产生的，也即因为它无须那引领着人们的反思，而在"漫长的时间中，经过形形色色的众多事件"持续缓慢地（用不着说，是难以觉察地）产生的；一切"凭空想出来的和凭空造就出来的共和国"必定都很糟糕。最佳宪法因而就不是"按照中规中矩的计划或以某种设计的统一性而形成的"，而是以"最丰富复杂的目标"为其鹄的。[98]

如果有人认为柏克本人的观点是，健全的政治秩序必定是历史的产物，那就未免言过其实了。对柏克来说，所谓"历史的"就仍然是"地方性的和偶然的"。对他而言，所谓"历史过程"仍然是偶然的因果关联，或者说是由对于正在出现的情势的审慎处理所修正了的偶然的因果关联。于是，对他来说，健全的政治秩序归根结底乃是偶然的因果关联的意外产物。他将现代政治经济学关于公共繁荣的产生所教导的，用之于健全的政治秩序的产生：公共利益乃是那些其本身并不以公共利益为取向的活动的产物。柏克服膺于现代政治经济学的原理，那是与古典派的原理正好相反的："追逐财富"，"这种自然的、合理的……原则"，"乃是使所有国家繁荣昌盛的伟大动因"。[99]良好秩序或合理之物，乃是那些其本身并不以良好秩序或合理之物为目标的力量所产生的结果。此项原理首先是用

---

[98]《文集》，第2卷，33，91，305，307–308，439–440；第5卷，148，253–254。
[99] 同上，第2卷，33；第5卷，313；第6卷，160；《书信集》，第270页。关于柏克与现代"经济的政治家们"的一致之处，尤其可见《文集》，第1卷，299，462；第2卷，93，194，351，431–432；第5卷，89，100，124，321；第8卷，69。柏克从法国革命中所学到的很少几样东西之一，就是权力和势力并不必然与财产相伴。将《文集》第3卷，372，456–457；第5卷，256与第6卷，318进行比较；又见巴克尔，前引书，第159页。

在行星系，而后又用在了"需求的体系"亦即经济学上。[100]这一原理之运用于健全政治秩序的产生，乃是历史的"发现"的两个重要因素中间的一个。另一个同等重要的因素，就在于将同一个原理运用于对人道的理解；人道被看作是由偶然的因果关联的作用而获得的。此种观点——其经典表述见之于卢梭的《论不平等》——导致的结果是，"历史过程"被视作是在某一个绝对的瞬间达到了顶点：在那个时刻，作为盲目命运产物的人，由于第一次以恰当的方式理解了在政治和道德方面何者为对或错，从而成了自己命运的明察秋毫的主人。它引发了一场"彻底的革命"，一场甚至于扩展到了"人心的构成"的革命。柏克否认有存在着此种绝对时刻的可能性；人绝不会成为自己命运的明察秋毫的主人；那最睿智的个人所能为自己构想的，比之那"在极其漫长的时间中由一系列纷纭复杂的偶然事件"所创造出来的，总是更加逊色。他因此至少就是否定了一场"彻底的革命"的合法性（如果不是可行性的话）；与构成法国革命基石的错误比起来，一切其他的道德或政治上的错误几乎都是微不足道的。法国革命的年代绝非什么绝对的时刻，而是"最少启蒙的时代，兴许是自公民社会初次形成以来最不配立法的时代"。人们禁不住会说，那是一个全然罪恶的时代。对当前的轻蔑而不是崇拜，对古老秩序并且最终对骑士时代的崇拜而非轻蔑，才是健全的态度——一切好的东西都是继承而来的。人们需要的不是"形而上学的法学"，而是"历史的法学"。[101]柏克就这样为"历史学派"做好了铺垫。然而他对于法国革命毫不妥协的反对，也断不能让我们对这样的事实视而不见：在反对法国革命时，他所诉诸的

---

[100] 参见黑格尔《法哲学》，第189节附录。
[101]《文集》，第2卷，348—349，363；第6卷，413；又见柯普兰（Thomas W. Copeland）《六论柏克》（伦敦，1950年），第232页。

乃是与作为革命公理之基础同样的一些根本原则，那与一切更早的思想都是格格不入的。

毋庸多说，柏克把"追逐财富"以及繁荣，与"一系列纷纭复杂的偶然事件"以及健康的政治秩序之间的联系，视作天意秩序的一个部分；这是因为，不由人类的反思所指导的过程，乃是天意秩序的一个部分，那些过程的产物比之反思的产物，在智慧上不知道要高明多少。从类似的观点出发，康德将卢梭在《论不平等》中的说教解释为对于天意的确证。[102] 于是，历史的观念正如现代政治经济学一样，似乎都可以通过对于有关天意的传统信仰进行修正而成立。那种修正通常被称作"世俗化"。"世俗化"乃是精神之物或永恒之物的"时间化"（temporalization）。这是一种将永恒之物整合到时间背景中的努力。它的前提是永恒之物不再被看作是永恒的。换言之，"世俗化"所预设的前提是思想上一种剧烈的变化，一种从某个层面到全然不同的另一个层面的转变。这一剧烈变化在现代哲学和科学出现的过程中一览无余地表现出来；它主要不是神学内部的变化。那表现为神学概念的"世俗化"的，归根结底要被理解为传统神学对于由现代哲学或科学（既包括自然科学又包括政治科学）所造成的思想气候的适应。对天意的理解的世俗化，其顶峰在于，将上帝之道看作是那些得到了足够的启蒙的人所能够探测的。神学的传统特别地是由上帝为了达到他善的目的而利用或容许邪恶这一点，看到了天意的神秘性质。因此，它强调人不能从神的天意而只能从神的法律那里出发来承担自己的职责，后者明确地禁止人们为恶。随着天意的秩序被看作是人们所能理解的，并且因而邪恶

---

[102]《文集》，第2卷，33，307；第5卷，89，100，321；康德《全集》（福尔伦德版），第8卷，280。

也被看作显然是必要的或有用的,不得为恶的禁令也就失去了它的证据。于是,各种各样原先被诅咒为恶的行动现在也可以被当作是善的了。人类活动的目标被降低了。然而,被降低的只是那些现代政治哲学从一开始就明确追求的目标。

柏克对于法国革命之为彻头彻尾的邪恶深信不疑。他指责法国革命正有如我们今天指责共产主义革命一样地强烈和漫无节制。他认为,挑起了"一场反对所有派别和所有宗教的战争"的法国革命有可能会取得胜利,因此那个革命的国度有可能"作为令人厌憎之物存在好几百年"。因此,他也认为,法国革命的胜利也可能是出之于天意。和他对天意的"世俗化"的理解相一致,他得出的结论是,"倘若欧洲的制度,包括法律、风尚、宗教和政治"都注定了要遭到厄运,那么"那些执着地反对人类事务中这一巨大浪潮的人……就并非是坚毅果敢,而是执迷不悟和顽固不化了"。[103] 柏克几乎是在说,反对一个人类事务中彻底邪恶的潮流乃是执迷不悟,倘若那个潮流足够强大的话;他忘记了抵抗到最后一刻的那种崇高的性质。他没有考虑到,对于人类敌人的知其不可为而为之的抵抗,"在枪炮齐鸣、旗帜飞舞中倒下",会以某种人们无法预知的方式极大地有助于人们,使他们关于人类所蒙受的巨大损失的记忆保持鲜活,会激励和鼓舞人们重振旗鼓的希冀和热望,这会成为那些在黑暗和废墟那看似无尽的山谷中艰难地促进人道的人的一座灯塔。他没有考虑到这点,是因为他太确信,人们无法知道他们目前遭受了失败的事业是否万劫不复,或者说是因为他太确信,人们能够充分地理解有别于道德法则的天命的意义。柏克这一思想再往前走一小步,就是要以进步与倒退,或者是合于历史进程者与不合于

---

[103]《文集》,第3卷,375,393,443;第8卷,510;《书信集》,第308页。

历史进程者之间的分别，来取代好与坏之间的分别。我们这里当然是与加图——他敢于献身于注定要失败的事业——针锋相对的。

尽管柏克的"保守主义"与古典思想高度一致，但他对于他的"保守主义"的阐释却准备好了一种应对人类事务的方法，那对于古典思想而言，比之法国革命的理论家们的"激进主义"甚至还要陌生一些。政治哲学或政治理论从一开始就是对于应然的公民社会的寻求。柏克的政治理论就是（或者说倾向于成为）一种有关英国宪法的理论，那也就是一种"发现弥漫于"现实之物的"潜存的智慧"的努力。有人会以为，柏克要以一种超越英国宪法的标准来对它进行评判，以便认识到它的智慧，在某种程度上他的确是如此做的：他喋喋不休地谈到自然权利，而自然权利本身是先于英国宪法的。但是他也说"我们的宪法是一部长久因袭（prescriptive）的宪法，这部宪法的唯一权威就在于它从我们记不起的时间开始就存在着了"，或者说，英国宪法提出和强调了，英国人的诸种自由"乃是特别地属于这一王国的这一民族的财产，它们不需要参照任何别的更为一般的或先天的权利"。长久因袭性无法成为一部宪法的唯一权威来源，因而诉诸先于宪法的权利亦即自然权利就并非心血来潮，除非长久因袭性本身就是善的性质的充足保障。倘若标准就内在于过程之中，超越的标准就可以置之一旁了；"现实的与当前的就是合理的"。这看似回到了原初，将善的与祖传的等同了起来，但这实际上是为黑格尔做好了铺垫。[104]

我们前面已经提到，那在后来看作是历史的发现的，原本更是对于理论与实践之间区分的恢复。那种区分被17和18世纪的教条

---

[104]《文集》，第2卷，306，359，443；第3卷，110，112；第6卷，146；黑格尔，前引书，导言；又见巴克尔，前引书，第225页。

主义，或者，根本上是同一回事情，被那种把所有理论都看作本质上是服务于实践（*scientia propter potentiam*［知识就是力量］）的观点，给弄得含混不清了。对理论与实践之间的分别的恢复，一开始就被针对理论形而上学的怀疑论所修正，这种怀疑论的顶峰就是贬抑理论而青睐实践。与这些前提相一致，最高形式的实践——政治社会的奠定或形成——就被看作是不由反思控制的一个准自然的过程；这样它就成了一个纯粹的理论的主题。政治理论就成了对于实践的产物或现实之物的理解，而不再是对于应然之物的寻求；政治理论不再是"在理论上是实践性的"（第二等的深思熟虑），而是纯粹理论性的，就像形而上学（和物理学）在传统上被理解为纯理论性的一样。这就产生了一种新型的理论，一种新型的形而上学，它的最高主题不是大全，而是人类活动及其产物，大全不会是人类活动的目标。在大全和有关它的形而上学中，人类活动占有一个很高的但却是次要的位置。当形而上学像眼下这样，把人类活动及其产物视作一切别的存在物或过程所趋向的目标，形而上学就成了历史哲学。历史哲学首要地乃是有关人类实践并且从而必定是有关已经完成了的人类实践的理论，亦即玄想；它预先就假定有意义的人类活动——历史——已然完成。要成为哲学的最高主题，实践就不再是实践本身，亦即对 *agenda*［事项］的关切。克尔凯戈尔和尼采对于黑格尔主义的反抗，就其目前在公共意见中产生了强大的影响而言，就像是试图恢复实践的可能性，亦即恢复这样的可能性：有着这样一种人生，它有着有意义的和未经决定的将来。然而这些企图徒然增添了混乱，因为在它们中蕴藏着理论的可能性的同时，它们也消灭了理论的可能性。"教条主义"和"存在主义"在我们看来是错误的两个极端。它们在彼此反对的同时却又在关键之处彼此一致——它们都一样地忽视审慎，"这一下界的上帝"。[105] 没有关于"上界"的某些知识，没有真正的 theoria[理论]，我们就无法看清审慎和"这个下界"。

在既往的伟大理论著作中，再没有比西塞罗的《国家篇》在精神上更接近于柏克对英国宪法的评论的了。由于柏克不可能知道西塞罗的这部杰作（那是直到1820年才又重新发现的），这种相似性就更加引人注目了。正如柏克将英国宪法视为样板一样，西塞罗认定最好的政体乃是罗马的政体；西塞罗选择了去描述罗马的政体，而不是像苏格拉底在柏拉图的《理想国》中那样，发明出一个新的政体。柏克和西塞罗的这些见解就其本身来看，是完全符合古典原则的：最好的政体本质上乃是"可能的"，它在某时某地本是可以成为现实的。然而，人们会注意到，尽管柏克认为样板宪法在他那时代是现实的，西塞罗却认为最好的政体在过去曾经是现实的，但已不复是现实的了。要紧的是，西塞罗极其清楚地表明，最好政体的特征无须任何例证，尤其是罗马政体的例证，就可以得到确定。就我们讨论的这个方面而言，西塞罗与（特别是）柏拉图并无不同；柏拉图给他的《理想国》写了续篇即《克里底亚篇》，他在这一篇中表明，《理想国》中所"发明"的政体在雅典的过去曾经是现实的。柏克与西塞罗之间以下的一致之处似乎更具重要性：正如柏克将英国宪法的优异性归之于它是经历了"漫长的时代"而产生，从而体现了"岁月所积累的理性"，西塞罗将罗马政体的优越性归之于它不是一个人或一代人的作品，而是许多人和许多世代的作品。西塞罗把罗马秩序发育为最佳政体的途径称为"某种自然的道路"。再者，"构造一个新政府这个观念本身"在西塞罗并没有像在柏克那里一样，"激起厌恶和恐惧之情"。倘若说，比之由一个人

---

[105]《文集》，第2卷，28。

造就的斯巴达政体而言,西塞罗更加青睐由许多人、许多世代所造就的罗马政体,但他并没有否认斯巴达政体是让人心生敬意的。在他对于罗马政体起源的描述中,罗慕路斯几乎就成了来库古的对应者*;西塞罗并没有抛弃这样的观念:公民社会乃是由优越的个人所建立的。与偶然机遇相反的"协商和熏陶",被西塞罗看作是罗马政体走向完满的"自然之路";他不把"自然之路"理解为不由反思引指的过程。[106]

柏克在健全社会秩序起源的问题上与古典派意见不一,这是因为他在关于健全社会秩序的性质的问题上持有与他们不同的见解。在他看来,健全的社会或政治秩序一定不能"建立在中规中矩的计划或任何设计的统一性之上",因为此种"按部就班的"进展,此种"对人类设计的智慧的设定",与最大可能程度的"人身自由"无法相容;国家必须追求"最大量的纷繁各异的目标",必须尽可能少地"为了别人或整体而牺牲他们中的任何一个人"。它必须关注"个性",或者对"个人情感和个人利益"给予最大可能限度的考虑。正是由于这个原因,健全社会秩序的产生就一定不能是由反思所指引的过程,而是必须尽可能地靠近自然的、难以觉察的过程:自然之物乃是个别的,普遍之物则是理智的产物。自然性和个性的自由发抒乃是同一回事。因此,个人在其个性中的自由发展绝不是导致混乱,而是能够产生出最佳的秩序,此种秩序不仅与"全部整体的某种不规则性"相容,而且还要求这种不规则性。美就在不规

---

* 罗慕路斯(Romulus)是传说中罗马城的创建者,来库古(Lycurgus)则是传说中公元前9世纪斯巴达的立法者。——译注
[106] 西塞罗,《国家篇》,i. 31-32,34,70-71;ii. 2-3,15,17,21-22,30,37,51-52,66;v. 2;《论官职》,i. 76。又见波利比乌斯,vi. 4.13,9.10,10.12-14,48.2。

则中,"对于美的产生来说,条理和精确性——均衡感的灵魂——更多地带来的不是效劳而是损害"。[107]古人与今人之间的争执,最终(而且也许甚至是从一开始)关系到的是"个性"的地位问题。柏克本人太深地浸淫于"健全的古代"的精神之中,他不能容许对个性的关切超过对于德性的关切。

---

[107]《文集》,第1卷,117,462;第2卷,309;第5卷,253—255。

索 引

（条目后数字系指原书页码，即本书边码；
"101n." 即指原书第 101 页注释。）

A

Acton, Lord 阿克顿爵士 7
Aeschylus 埃斯库罗斯 101n.
Ambrose 安布罗斯 247n.
Antiphon 安提丰 105n., 109n.
Aristophanes 阿里斯托芬 93, 101n.
Aristotle 亚里士多德 8, 10n., 15, 23, 28n., 36, 41n., 60n., 82, 83n., 86n., 89nn., 93n., 94, 95nn., 96nn., 97nn., 100n., 101n., 102n., 103n., 105n., 106n., 107n., 108n., 116, 119n., 120, 121, 127n., 129n., 130n., 132n., 133n., 134n., 135, 137n., 139n., 140, 143n., 144-146, 151, 152n., 156-163, 167, 168, 172, 177, 183, 184n., 187, 200n., 252, 303, 311-312
Averroës 阿威罗伊, 158-159

B

Babeuf 巴贝夫 68
Bachofen, J. J., 巴霍芬 176n.
Bacon 培根 60n., 179n., 259
Barker, Ernest 巴克尔, 欧内斯特 2n., 304n., 315n., 319n.
Bayle, Pierre 培尔, 皮埃尔 91n., 198-199
Beard, Charles 比尔德, 查尔斯 92
Beccaria 贝卡里亚 197
Bergbohm, Karl 贝格玻姆, 卡尔 10n.
Burke 柏克 70n., 83n., 138n., 168, 183, 188, 294-323

C

Calvin 加尔文 58-62
Carneades 卡尼亚德 168, 196n.
Cathrein, Victor 卡瑟莱恩, 维克多 94n.
Charnwood, Lord 查恩武德爵士 70n.

389

Churchill 丘吉尔 70n., 308n.

Cicero 西塞罗 83n., 84n., 92n., 95nn., 96nn., 97n., 98nn., 103nn., 105n., 106n., 107nn., 109n., 110n., 111n., 114n., 120n., 121n., 122n., 127n., 129n., 130nn., 132n., 134n., 135, 137n., 143, 145n., 146n., 148n., 150n., 151n., 152n., 153-156, 163, 167, 168, 184n., 196n., 237n., 258n., 295, 321-322

Cobban, Alfred 柯班, 阿尔弗雷德 290n.

Condoret 孔多塞 269n.

Copeland, Thomas W., 柯普兰, 托马斯 316n.

Cossa, Luigi 柯萨, 鲁易吉 241n.

Cumberland, Richard 库姆贝兰, 理查德 222n., 223n.

Cynics 犬儒学派 146, 154

D

Democritus 德谟克里特 170, 172

Descartes 笛卡尔 13n., 171n., 187, 202n., 259, 264-265

Dilthey, Wilhelm 狄尔泰, 威廉 261n.

Diogenes, Laërtius 第欧根尼, 拉尔修 95n., 110n., 143n., 146n.

Dodge, G. H. , 多吉 300n.

E

Engels, Friedrich 恩格斯, 弗里德里希 176n.

Epicurus 伊壁鸠鲁 109-113, 154, 168, 169, 170, 172, 177n., 188-189, 264-265, 279, 311

F

Fichte 费希特 279

Figgis, J. N. , 菲吉斯 182n.

Filmer, Sir Robert 罗伯特·菲尔默爵士 186n., 215

Fortescue 佛特斯克 103n.

Fustel de Coulanges 福斯特尔·德·古朗治 84n.

G

Gassendi 伽桑狄 111n.

Gentz, Friedrich von 根茨, 弗里德里希·冯 313n.

Gierke, Otto von 基尔克, 奥托·冯 2n., 182n.

Gough, J. W. , 高夫 212n., 218n., 220n.

Grene, David 格伦, 大卫 152n.

Grotius, Hugo 格劳秀斯, 雨果 94n., 95n., 130n., 185n., 191n., 222n., 223n.

H

Hegel 黑格尔 29, 35, 96n., 250, 279, 315n., 319, 320
Heraclitus 赫拉克利特 93, 101n.
Herder 赫尔德 15n.
Herodotus 希罗多德 83n., 85
Hobbes 霍布斯 9n., 60n., 95n., 110n., 111n., 114, 120n., 166-202, 210, 211, 214n., 216n., 218, 221, 222, 223n., 227-233, 234, 235, 241n., 244n., 247n., 248-250, 252, 266-282, 286n., 295
Hodgskin, Thomas 霍吉斯金, 托马斯 242n.
Homer 荷马 90n.
Hooker, Richard 胡克尔, 理查德 153n., 165-166, 207, 215n., 218, 221-222, 223n., 286n.
Hume 休谟 20, 312

I

Isocrates 伊索克拉底 130n., 132n., 137n.

J

Jurieu 于芮 300n.

K

Kant 康德 15n., 20, 43, 60n., 77, 96n., 182n., 193-194, 255n., 263n., 279, 316
Kelsen, Hans 凯尔森, 汉斯 4n.
Kierkegaard 克尔凯戈尔 320
Klein, Jacob 克莱恩, 雅可布 78n.

L

Leibniz 莱布尼茨 94n.
Lessing 莱辛 22
Locke 洛克 9n., 99n., 165-166, 184n., 197n., 202-251, 252, 275, 279n., 280, 282, 284, 286n., 312
Lucretius 卢克莱修 112-114, 168, 264, 271n.

M

Macaulay 麦考莱 207n.
Machiavelli 马基雅维里 4, 60n., 138n., 161-162, 177-180, 182, 187, 190
Macpherson, C. B., 麦克弗森 234n.
Madison, James 麦迪逊, 詹姆斯 245
Maimonides 迈蒙尼德 83n.
Malebranche 马勒伯朗士 190n.
Marlowe 马罗 177

Marsilius of Padua 帕多瓦的马西利奥 9n., 158
Marx, Karl 马克思,卡尔 143
Melanchthon 米兰奇顿 110n.
Mendelssohn 门德尔松 15n., 275n.
Mill, J. S. ,密尔,约翰·斯图尔特 138n.
Milton 弥尔顿 144n.
Montaigne 蒙田 146n., 185n.
Montesquieu 孟德斯鸠 9n., 164, 256, 277, 286n., 300n.
Morel, Jean 摩雷尔,让 264n., 267n., 271n.

N

Newton 牛顿 259
Nietzsche 尼采 26, 65, 195, 253, 320
Nominalism 唯名论 174

P

Palgrave 帕尔格雷夫 235n.
Parmenides 巴门尼德 91n.
Pascal 帕斯卡 83n.
Plato 柏拉图 9n., 11, 12, 15, 26, 35, 36, 58, 82n., 83n., 84-85, 86n., 89n., 91n., 93n., 95n., 96nn., 97nn., 98n., 101nn., 102n., 103nn., 105n., 106n., 107nn., 108, 109, 111n., 114-117, 119-121, 122n., 125, 126n., 127n., 129n., 130n., 132n., 133n., 134n., 135, 137n., 139, 140, 143n., 144, 145, 146-156, 162, 163, 167, 168, 170, 172, 177n., 199, 208, 252, 256n., 267n., 313n., 321
Plutarch 普鲁塔克 167, 252, 294
Polybius 波利比乌斯 96n., 140n., 143n., 322n.
Protagoras 普罗泰戈拉 117, 168
Pythagoras 毕达哥拉斯 120n.

R

Raynal, Abbé 芮那尔神父 271
Reinhardt, Karllai 莱因哈特,卡尔 90n.
Rommen, Heinrich 罗门,海因里希 144n.
Rousseau 卢梭 9n., 14, 94n., 107n., 183, 252-295, 312, 315
Russell, Lord Bertrand 伯特兰·罗素爵士 198n.

S

Salmasius 萨尔马修斯 195n.
Seneca 塞涅卡 151n., 167
Sextus, Empiricus 塞克斯图,恩披里柯 95n., 97n., 146n.
Socinus, Faustus 索西努斯,福斯特 94n., 198n.
Socrates 苏格拉底 6, 36, 42, 85, 93,

118, 119, 120-126, 135, 141, 146-156, 165-168, 208, 255, 262-263, 277

Sophists 智者 115-118, 168

Soto, D. , 索托 184n.

Spinoza 斯宾诺莎 94n. , 169n. , 171n. , 210, 211, 230n. , 272, 279n.

Stahl, Fr. J. , 斯达尔 191n.

Stark, W. , 斯塔克 242n.

Stintzing, R. , 斯廷琛 153n.

Stoics 斯多亚派 15, 83n. , 120, 135, 146-156, 163, 165, 169n.

Suarez 苏亚雷斯 184n. , 222n. , 286n. , 295

Swift 斯威夫特 252

T

Tacitus 塔西佗 167

Tawney, R. H. , 陶奈 60n.

Theophrastus 提奥弗拉斯特 261

Thomas Aquinas 托马斯·阿奎那 7, 8, 70n. , 89nn. , 93n. , 120, 132n. , 134n. , 135n. , 140n. , 143n. , 144n. , 145n. , 146. , 152n. , 157, 159, 163-164, 165, 185n. , 195n. , 222n. , 223n. , 296

Thrasymachus 色拉叙马库斯 6, 107n. , 114

Thucydides 修昔底德 58, 109n. , 134n.

Troeltsch, Ernst 特罗尔奇,恩斯特 2n. , 60n.

U

Ulpian 乌尔比安 144, 266

V

Voltaire 伏尔泰 22, 207

W

Weber, Max 韦伯,马克斯 36-78

Whitehead, A. N. , 怀特海 89n.

Wyclif 威克利夫 184n.

X

Xenocrates 色诺克拉底 267n.

Xenophon 色诺芬 84n. , 86n. , 97n. , 101nn. , 105n. , 106n. , 107n. , 109n. , 119n. , 121nn. , 122n. , 129n. , 134n. , 135n. , 137n. , 140n. , 143n. , 148n. , 150n.

译后记

列奥·施特劳斯的政治哲学近来在国内学界颇受瞩目，他的一些重要著作的中文译本已经和将要在国内陆续面世。在本书的翻译过程中，业师何兆武先生和叶秀山先生为我解答了一些疑难问题，刘小枫先生促成了此书的翻译，帮助解决了个别相关问题。友人彭小瑜先生、曹卫东先生和顾杭先生则分别帮助我解决了涉及拉丁文、德文和法文的若干问题。没有以上师友的热情帮助，本书的翻译是难以顺利完成的，谨在此致谢（当然，译本中的文责概由译者本人自负）。本书正文中出现其他文种的地方，译文均先列出原文后，再在方括号内补出对应的中文，注释中以上各文种的大量原文则未再一一列出。译者就一些背景知识和翻译过程中的某些考虑酌情增加了一些译注，此处不再赘言。译文中的错漏不妥之处，还请读者不吝指正。

译 者
2000年11月于清华园